《프린세스 투란도트》 따르딸랴 역의 Б. В. 슈킨
―Т. Б. 슈킨의 그림

티무르 ─ Б. Е. 자하바
≪프린세스 투란도트≫
Т. Б. 슈킨의 카툰

칼라프 의상 스케치
《프린세스 투란도트》 −무대미술 디자인 И. И. 니빈스키

판탈로네 −Р. Н. 시모노프, 따르딸랴 −Б. В. 슈킨
ЕВГ 박탄고프 극단 단원 И. М. 뻬뚜홉의 그림

무대 1막 스케치
≪프린세스 투란도트≫
-무대미술 디자인 И. И. 니빈스키

И. И. 니빈스키의 무대 스케치들

И. И. 니빈스키의 무대 스케치들

И. И. 니빈스키의 무대 스케치들

И. И. 니빈스키의 무대 스케치들

박탄고프
연출수업

박탄고프
연출수업

H. M. **고르차코프** 지음
김영선 옮김

도서출판 **동인**

옮긴이의 글

2001년 봄, 나는 모스크바 슈킨 대학 입학을 앞두고 러시아어 수업을 받기 위해 격일로 아르바트 거리의 학교 도서관을 다녀야 했다. 학교의 작고 오래된 도서관에서 하는 어학 수업은 보통 러시아어 수업뿐 아니라, 연극 극장 용어 및 전문 러시아 용어들을 배울 수 있는 특별한 수업이었다. 슈킨 연극대학 도서관은 자신이 서가를 돌아다니며 책을 뽑아볼 수 있는 구조가 아닌, 반드시 사서를 통해 조언을 구하고, 사서의 도움을 통해야만 책을 빌리거나 읽을 수 있는 폐가식(閉架式) 구조였다. 책은 사서들만 접근 가능한 숨겨진 공간에 진열되어 있던 것이었다. 어학수업은 온통 사방에 책들이 가득한 그 비밀스런 공간 안에서 이루어졌다. 처음에는 매우 생경했지만 두어 달이 지나자 장소와 분위기에 익숙해지면서, 꽁꽁 숨겨져 있던 책들이 차츰 눈에 들어오기 시작했다. 어느 날, 한 권의 고풍스러운 책이 눈에 띄었다. 나는 더듬거리며 철자를 조합하여 제목을 읽어내려 갔다. 『박탄고프 연출수업』. . . 그것이 첫 만남이었다.

당시 국립 박탄고프 극장 산하 슈킨 연극대학에서 연극을 배우기 시작한 나에게는 이 책의 제목만으로도 두근거렸고, 어서 러시아어 실력을 향상시켜서 완독해보고 싶었다. 하지만 당시 아직 형편없던 내 러시아어 실력으로는 몇 장 읽어 보지도 못한 채, 그 해 가을부터 수업을 시작하게 되었다. 막상 학기가 시작되자 매일 이른 아침부터 오밤중까지 이어지는 학과 수업을 따라가는 것만으로도 벅찼다. 쉴 새 없이 이어지는 수업 및 과제들 그리고 수도 없이 발표해야 했던 장면 연기수업들은 무척 힘들었지만, 스타니슬랍스키 시스템을 교육적으로 커리큘럼화

럼화 시킨 그의 수업 체계 안에서, 우리들은 매일매일 새로운 예술적 자극을 받았고 고무되었다. 그렇게 그가 정립했던 커리큘럼은 책과 이론이 아닌, 나의 생활로, 나의 정신에, 그리고 나의 교육현장과 작업 현장에 뼈 속 깊이 경험으로 미리 새겨졌다. 그렇게 정신없이 박탄고프의 유산을 먼저 온몸과 영혼으로 경험하고 체득하는데 몇 년이 쏜살같이 흘렀고, 석사과정에서 박탄고프에 관한 주제로 논문을 쓰면서 그에 관한 여러 서적들을 섭렵하게 되며, 그의 세계를 더 깊이 이해할 수 있었다.

졸업 후, 한국으로 돌아와 연극 현장에서 배우 및 스텝들을 만나 공연 작업을 하면서, 커다란 고민에 마주하게 되었다. 동료들은 다들 전문 연극인들이었지만, 자유롭고 창의적인 작업과정으로 자신들의 예술 세계를 펼쳐 보이기보다는, 대부분 연출가의 지시 하에 수동적으로 주어진 작업을 완수하는 모습이었다. 어쩌면 아직 연출가로서 나의 미숙함이 원인이었을지도 모르겠다. 나의 지난 작업들을 기억해보면, 가능한 열린 마음으로 배우들에게 창조적 발판을 만들어 주고자 했으나, 쉽지 않았다. 대부분의 연극인들이 열정, 성실과 재능의 탁월한 자질을 가지고서도, 그저 연출가가 주는 그림에 자신을 끼워 맞추고자 부단히 노력하는 작업에 익숙하였다. 물론 배우들과 스텝들은 현장에서 다양한 스타일의 연출가들을 만날 것이고, 먼저 연출가가 작품에서 드러내고자 하는 그림을 인식하고 이를 형상화 시키고자 하는 노력을 하는 것은 당연한 일이다. 그러나 자신이 참여하는 작품에 대한 개인적 판단과, 고민 없이 잘 길들인 부품이 되려고만 한다면, 그들의 창조성과 예술성은 도대체 어디에서 찾을 수 있단 말인가? 또한 연출가도 수직적 위계에 의한 관행을 당연시 여기고 있는데, 이러한 관행이 무엇보다도 자유롭고 창조적 상태에 도움을 주어야 할 촉매자로서 합당한 것인가?에 대한 의문을 해소할 수 없었다. 결국 이는 무대예술의 예술성의 실종으로 이어지고 있다는 생각이 들었다. 예술에 대한 본질적인 질문들이 대담하고 자유롭게 이어지는 현장 분위기가 조성되지 않는다면 (연출가나 배우들 모두가 스스로의 질문에 확신할 수 없다면, 심지어 정작 근본적으로 고민을 해야 할 방향조차 무엇을 향해야 하는지 모르고 있다면) 악순환은 반복될 것이다. 이러한 관행 속에 해결되지 못하는 갈등과 반복되는 고민으로부터 많은 예술가들이 고통 받고 있다는 생각을 지울 수 없었다.

그간의 시행착오의 시간들은 내 기억 한편에 잠들어 있던 이 책을 다시 끄집어냈다. 박탄고프에 관해 연구한 여러 책들이 있었지만, 한국에 그를 소개하는 책으로는 공연 현장에서 작업하는 공연관계자들과 그리고 이제 막 전공을 하려는 학생들이 편안하게 곁에 두고 읽기 시작할 만한 책이어야 한다는 생각이 들었다. 때문에 나는 주저 없이 이 책을 선택하고 번역하였다.

이 책은 박탄고프가 그의 스승 스타니슬랍스키의 연기 시스템을 정립하고 보급시킨 교육자로서의 수업 과정과, 연출가로서 그의 작업에 대한 고르차코프의 생생한 기록으로 되어있다. 여기에는 박탄고프가 스타니슬랍스키의 시스템을 어떻게 커리큘럼화시키고, 연출적으로 어떠한 역사적 의의를 남겼는지에 대한 찬양보다는, 저자가 직접 생전의 박탄고프의 수업과 공연에 참여자로, 수업에서 목격된 구체적이고 실제적인 예시들과, 박탄고프가 공연에 임하는 태도와 정신, 치열한 탐구의 시간들을 생생한 모습으로 기록했다. 본문에 나와 있듯, 수업이나 작업에 있어 꽤나 엄격했던 박탄고프였지만, 그의 제자들은 끊임없이 그에게 질문하기를 멈추지 않았으며, 호기롭게 새로운 의문에 도전을 하며 예술에 자신을 던지는 일에 주저하지 않았다. 박탄고프 본인 스스로가 그랬듯 말이다. 또한 그가 고민했던 교육철학과 공연예술에 있어 동시대성은 백여 년 가까이 지난 현대의 연극인들이 고민하는 그것과 동일 선상에 있다. 바로 이러한 것들이 요새 침체된 한국 공연계에 다시 한 번 되짚어야 할 질문이 아닌가 싶다.

나는 창조적 과정에 몸담고 있는 한국의 많은 연극 예술가들에게 용기를 주고 예술가로서의 도전에 힘을 보태고자 한다. 이를 위해, 가장 먼저 선행되어야 할 것은 연출가들의 자유롭고 열린 작업 자세와 치열한 탐구정신이어야 할 것이며, 배우들 및 현장 관계자들 역시 작업에 있어 동등한 주인의식을 갖고 작품에 임할 수 있어야 할 것이다. 그리고 모든 연극인들이 동등한 창조자로서 그 몫을 할 수 있도록 도움을 줄 수 있게끔, 실력을 키우고 방법을 배울 수 있도록, 그리고 그 책임에 대해 고민하는 미래의 연출가들과 나의 동료들에게 이 책을 권하고 싶다.

이 책이 나오기까지 그간 좋은 자극을 주었던 동료들 및 GAS에게 감사한다. 또한 번역에 도움을 주었던 알리샤와, 곁에서 지지를 아끼지 않았던 나의 남편에게 감사를 보낸다. 마지막으로 척박하고 어려운 상황에서 출판을 도와주신 동인 대표님과 편집장님께도 존경과 감사의 마음을 전한다.

핀란드에서

김영선

들어가는 말

█

H. M. 고르차코프의 책 『박탄고프 연출수업』은 소비에트 러시아 공연 문화에 있어 걸출한 인물인 박탄고프의 연출작업의 특성과, 실제적 연습 작업을 드러내는 내용들이 담겨 있다.

저자는 그의 책에서 순전히 학문적으로만 접근하거나 소비에트 연극의 전체가 박탄고프라는 한사람의 뛰어난 연출가에 의해 창조되고 통합되었다는 주장은 하지 않는다. 하지만 H. M. 고르차코프의 책은 박탄고프 연극의 연출적인 면과 교육적인 면의 특성을 함께 실어서, 독자들이 충분히 폭넓게 박탄고프 연극 예술의 시야에 대한 이해를 가능하게 하였다.

출판사는 이 책의 서문으로 1928년 박탄고프의 파리 해외 공연과 관련해서 집필했던 A. B. 루나차르스키의 글을 붙이는 바이다.

루나차르스키의 그리 잘 알려지지 않은 이 기사에는 박탄고프가 다방면의 예술적 개성들을 흥미 있게 전달하고 있으며, 이 훌륭한 연출가가 차지하는 지위와 의미에 대해 말하고 있다. 또한 박탄고프가 창조한 공연은 소비에트 시대 첫 10년 동안의 연극 문화계의 다양한 공연들 중 한가운데에 자리하고 있음을 명시하고 있다.

이 책을 준비하기 위해 박탄고프 극장에서 실제로 활동하고 있는 관계자들의 많은 도움을 받았다.

문화의 교류

A. B. 루나차르스키*

"예브게니 바그라찌온노비치 박탄고프 공연이 파리로 출발하다."

이 소비에트의 공연은 굉장히 흥미로운 현상을 드러내어 제시하고 있다. 전반적으로 혁명 이후 지난 10년간 이 소비에트 극장문화계는, 혁명 이후에 직면한 우리 현실 속의 주요 문제들을, 점진적으로 극장 안으로 조명하여 접근한다는 포부를 가지고 본연의 개성을 드러내고자 했다. 이를 위해 우리들은 철두철미하게 보호되던 우리의 위대한 과거 공연 유산들을 전통적 공연 자원으로서 활용했으며, 이를 온전한 예술성으로 발현시키고자 했다.

다른 한편으로는 혁명이 낳은 격동의 시대를 최대한 크고 깊게 담을 수 있는 새로운 연극 형태를 모색하고자 했다. 이를 통해 지금 우리는 처음으로 사회적 리얼리즘을 바탕으로 한, 온갖 종류의 기법들로 만들어진 새로운 양식과 판타지, 과장들이 풍부하게 결합되어 발현된 이 놀라운 조합을 가질 수 있게 되었다.

천재 박탄고프는, 러시아 혁명 이후 우리의 연극을 찾는데 매우 특출한 역할을 해냈다. 죽음은 그의 작품들을 통해 그가 계획했던 중요한 비결들을 그 심연의 마지막 줄에 다다르지 못하게 하고 일찍 그를 데려갔다. 거의 모든 다른 예술 분야에 있었던 핵심적 인물들과 동시대의 유명한 극장들은 이 위대한 인물을 찾아다녔다. 그는 《프린세스 투란도트》가 가지고 있던 완벽한 익살스러움과 특별한 우아함으로, 판타지와 자연주의 그리고 그로테스크의 요소를 가지고 만들었던 메테를링크의 《성 안토니의 기적》 공연으로, 신비하면서−시적인 그리고 동시에 악몽과 같았던 《가디부크》 공연으로−이 밖의 여타의 공연들에서도 우리 극장들을 혁신하고 발전시키는 중요한 원천적 힘의 하나로 도움을 주었다.

박탄고프의 이와 같은 노고가 그의 죽음으로 인해 무기력하게 사라지지 않은 것은, 우

• 소비에트 연방 당시 문화부 장관, 예술이론가

리 극장으로서는 커다란 축복이 아닐 수 없다. 그의 사후에도 그의 젊고 재능 있는 제자들은 양치기가 없는 양떼들처럼 흩어지지 않았다. 그의 제자들은 우리 시대 극장 발전에 제일 앞장서서, 여러 공연으로 우리의 현대성을 반영하고 훌륭히 성공시켜 나가며 박탄고프의 작업의 명맥을 이어가고 있다. 동시에 이들은 이전 시대의 극장이 갖고 있던 해석들을 거부하지 않으면서도, 때로는 치밀적인 희화된 양식들을 사용해가며, 그의 현대적 예리함을 접목시키는 등, 박탄고프의 가장 결정적인 메소드들을 등외시하지 않았다. 박탄고프라는 이름을 이은 젊은 극장은 거대한 줄기로 모아져서, 우리들 극장문화계의 전반에 미치는 두드러진 특징을 보여주게 되었다. 박탄고프는 서구에서 도입된 《프린세스 투란도트》 공연을, 그것을 서구의 것으로 별개로 분리하여 취급했던 여느 공연들과 달리, 그대로를 반영해서 취하지 않고, 오리지널 공연 이상을 뛰어 넘는 현대적 소비에트 공연으로 만들어냈다. 물론 그는 그의 공연을 통해, 원래의 오리지널 작품에서 주는 즐거움을 주는 것에만 그치지 않고, 이 오래된 이탈리아의 희곡 자체가 가지고 있던 자유로운 스타일의 유머와 즐거운 웃음들을 박탄고프와 그의 단원들 손으로, 마치 기발한 인형들처럼, 비범하고 번뜩이는 형상들로 진화시켜냈다.

우리 진지한 극장의 진중한 장인 중 한 명이었던 그는 아마도 이러한 탁월한 유머를 보여줌으로써, 얼마나 우리들이 모두 상아탑에 얽매여 있는지, 또 얼마나 우리들만의 경향에 치중되어 있는지를 증명하려 했던 것 같다.

언젠가 유럽에서도 때가 되면, 우리들의 무한한 영광스러운 시대를 예술에 투영한—때로는 눈물과 땀, 그리고 피로 가득 찬 우리들의 예술적 성찰을, 그 끝없는 진지함에 대해—보다 더 무겁고 어렵게 인지할 수 있으리라 생각한다.

「붉은 신문」 석간
1928년 6월 레닌그라드

차례

첫 번째 수업

박탄고프는 나에게 처음으로 공연에 대한 지식을 알려준 사람이자 내가 평생 공연을 봐오면서도 결코 듣도 보도 못했던 배우들의 삶에 관한 이야기를 들려주었던 분이었다.

　박탄고프가 이해하는 공연이란 평소 박탄고프와 스타니슬랍스키가 즐겨 말했듯 그저 위대한 상징으로서의 연극이 아닌 사회적 과제들과 민중에게 복무한다는 목적으로 결합한 집단의 구조물이었다. 독자들이 이 책을 읽으며 그 집단과 만나면 비단 무대 예술가로서의 정수를 담은 그의 모습뿐만이 아닌 박탄고프의 전 생애와 그의 모든 삶의 의미를 부여한 전체 구조물이었음을 깨닫게 될 것이다.

　박탄고프는 그의 집단(극단)을 하나의 커다란 가족으로 인식했다. 그는 막 뒤에 가려진 배우들의 삶을 바탕으로 창조의 원리를 만들었으며 그 원리로 집단을 구성하고 공연을 만들었다. 바탄고프는 우리에게 전체 공연 집단의 삶이 가자 개인적인 삶으로부터 분리될 수 없다는 인식을 끊임없이 학습시켰다. 또한 그가 주장하던 공연에 대한 그의 높은 윤리적 시각은 그의 수업을 통해 수많은 원리들로 보여주었으며, 이를 이 책 속에 담아냈다.

우리들은 바탄고프에게 그저 전문적인 연기 기술을 배우러 다닌 게 아니었다. 그는 우리의 삶의 스승이자 양육자였다.

나는 어렸을 때부터 공연을 사랑하고 극장에서 일하는 것을 꿈꿔왔으나 내게는 배우로서 좋은 재능이 없다는 것을 스스로 알고 있었다. 그렇지만 내게는 리더로서의 재능이 약간 있다는 것을 깨닫게 되면서 (소비에트 연방 시절, 내전이 일어났던 첫해에 나는 이러한 능력이 내게 있음을 확인하였고, 확신할 수 있게 되었다) 나는 연출가로서의 능력을 시험해보기 위해 유명한 차이콥스키 영화 연출 스튜디오에 입학하기로 결정했다.

영화 스튜디오에서의 연기 수업은 올가 블라디미로브나 라흐노바라는 분이 이끄셨는데 우리와 함께 작업하면서 전심을 다하는 훌륭한 선생님이었다. 하지만 청춘이란 이기적이고도 욕망 넘치는 시기가 아니던가! 우리에게 이 시기는 너무 짧기만 했다. 특히나 당시에 스타니슬랍스키의 <시스템>을 열성적으로 배우며 공연 작업에 매진했던 젊은이들에게는 말이다. 그 영화 스튜디오에서는 모스크바 예술 극장 제1스튜디오의 배우들이나 혹은 모스크바 예술 극장 배우들이 여기 학생들에게 <시스템>이라는 것을 가르쳤는데, 때로는 공연예술과 전혀 연관이 없던, 심리학자들 내지는 의사들, 심지어는 <시스템>을 추종하는 일반인들까지도 우리를 가르쳤다. 우리 영화 스튜디오 학생들은 이들 가운데 누구나 그 시스템에 관한 수업을 받을 수 있었다. 하지만 그들과의 작업들은, 정확히 선별되어 검증된 수업이 아니었고, 뭔가 불분명하고 미스터리 하며, 불가능할 만큼 복잡한 캐릭터들을 가지고 와서, 우리에게 연기하기를 요구했던 것이었다. 예를 들어, 우리들은 <프라나>¹라는 수업을 했는데 팔을 뻗어 손가락 끝마디에서 빛을 발산하는 연기를 했었다. 그러니까 내가 펼친 손가락 방향에 따라 동료가 그 빛의 방출을 느껴야만 하는 것이다. 때문에 우리들은 수업시간 직전이면 서로 연기를 짤 수밖에 없었다. "알렉산드르 알렉세이비치2께서 만약 나에게 프라나를 너한테 방출해보라는 지시를 한다면 너는 바로 그것이 느껴지는 것처럼 연기해": 내 동료는 나와 한패가 되어서 합을 짰고, 서로 같은 반응을 교환했다. 그렇게 '빛 방출하기'를 성공시켰던 것이다.

한편 <주의 집중> 훈련은 우리 영화 스튜디오의 학생들이 한데 '모여' 강의실 안의 특정 대상인 샹들리에나 카펫 등 우리들의 눈에 보이던 어떠한 것이든, 집중해서 약 10~15분 정도 깊게 침묵을 한 다음 상대방이 집중한 것이 무엇인지를 알아맞혀야 하는 것이었다.

이 역시 우리들은 상대방에게 자신이 주의 집중했던 것이 무엇인지 텔레파시로 전달할 수 없었기 때문에, 마찬가지로 사전에 동료들과 미리 짤 수밖에 없었다. 이 외의 기타 훈련 과제들도 마찬가지였다. 우리들은 초기 <시스템>에서 나오는 연기 기술 요소들인 근육의 자유라든지, 믿음, 천진성과 같은 단어 하나하나에 독립적 뜻의 가치를 획득해내기 위해서, 검증되지 않는 선생님들의 엄격한 감시 하에 억지로 그것들을 자신에게 주입해야 할 때마다 고통을 받아야만 했다.

그러는 사이 우리들은 본능적으로 스타니슬랍스키가 말하는 시스템은 이러한 것들이 아니며, 우리에게 필요로 했던 것은 이것이 아니라는 생각이 들었다. 모스크바 예술 극장에서 상연하던 공연들이 그것을 증명하고 있었다. 예술 극장의 배우들은 무거운 작품이든, 가벼운 작품이든 ≪현자들의 무지≫라든지 ≪밑바닥에서≫ 혹은 ≪빠주힌의 죽음≫과 같은 다양한 희곡들을 감동적으로 연기를 해냈다.

당시 극장가에서는 박탄고프가 현대 예술의 새로운 방법을 선도하는 인기 있는 젊은 연출가 중 한 사람이었다. 그 사실은 나만 아닌, 이미 모두가 그렇게 알고 있었다. 더구나 당시에 스타니슬랍스키는 박탄고프에 대해서 직접 "박탄고프는 내 시스템을 나보다 더 잘 가르치는 능력이 있다"라고 끊임없이 말하고 다녔기 때문이기도 하다. 이후에 나는 스타니슬랍스키로부터 직접 그 말을 들을 수 있었다. 여하튼 나는 스타니슬랍스키의 <시스템>을 모르고는 결코 연출가가 될 수 없을 거라 생각했다. 나는 그것을 정확히 알고 있었다.

그럼에도 우리들은 오랫동안 예브게니 바그라찌온노비치 박탄고프·에게 다가가 수업을 요청하는 것을 망설이고 있었다. 왜냐하면 박탄고프는 모스크바 예술 극장 제1스튜디오의 빛나는 배우이자 스타니슬랍스키로부터 특별한 배우 연기 기술 시스템을 사사 받은 사람이었으며, 모스크바 스튜디오와 계약한 교수이기도 했고, 만수롭스키 스튜디오의 대표이기도 한데, 우리들은 유명하지도 않고 아무도 모르는 고작 '햇병아리' 영화 연출 스튜디오의 작은 그룹이었기 때문이다!

그러던 중 우리들의 예술을 향한 내면의 갈망과 박탄고프에게 배우고 싶은 욕망이 들끓어 올라 마침내 그 뜨거운 희망이 우리들의 의심과 동요, 우유부단함을 굴복시키는 날에 이르렀다.

스튜디오의 동료들은 나를 대표자로 박탄고프에게 보냈다. 나는 예브게니 바그라찌온노비치 박탄고프에게 가서 우리의 차이콥스키 스튜디오에서 스타니슬랍스키 <시스템>을 가르쳐 달라는 부탁을 해야만 했다. 박탄고프는 당시 ≪홍수≫라는 공연에서 프레이저라는 이름을 가진 브로커 역할을 특별하고 흥미롭게, 그리고 아주 섬세하게 연기하던 시기였다. 그는 그 공연이 끝난 후 분장을 지우면서 나와의 대면을 했다.

나는 박탄고프와 약 10-15분가량 대화를 나누며 시간을 보냈는데, 나는 내가 그에게 무슨 말을 했었는지 기억이 나지 않는다. 다만 그가 분장을 지우던 섬세하고 경쾌한 손놀림, 비범하면서 풍부한 표정의 얼굴, 거울에 비춰서 나를 바라보던 조롱

• 러시아인의 성명은 이름+부칭+성으로 되어 있다. 격식을 차리거나 존칭을 사용할 경우 부칭과 성을 붙여 부른다. 하지만 역자는 독자들의 혼선을 막기 위해 풀 네임을 사용하였다. 예브게니: 이름, 바그라찌온노비치: 부칭, 박탄고프: 성. 한국은 이름을 사용하여 사람을 호칭하지만 러시아는 보통 성을 사용하여 호칭한다.

하는 듯한 눈빛만이 내게 각인되었을 뿐이다. 당시 무슨 일이 일어났는지 내 모습이 얼마나 우습게 보였는지 모르겠다. 하지만 그날 밤 박탄고프는 갑작스러운 우리들과의 수업을 흔쾌히 허락해주었다.

아마도 우리의 <영화 스튜디오>라는 간판이 단순히 그의 관심을 끌었던 것 같기도 하다. 당시만 해도 영화라는 장르는 새로운 예술 형식이었기 때문이다. 박탄고프는 영화 스튜디오라는 새로운 교육 과제에 대해 (물론 우리들 자체가 아니라) 흥미로워 했다. 언제나 그는 새로운 모든 것들에 대해 매료되곤 했다! 다음날 우리 전체 클래스는 (사실 우리 클래스가 있던 곳은 고등학교에 있는 칠판과 책상이 있는 교실이 있던 곳으로 우리들은 현재에도 있는 게르쩬 거리의 브류솝스키 골목 여자 고등학교에서 작업을 하고 있었다) 한마디로 흥분의 도가니였다. 예브게니 바그라찌온노비치 박탄고프는 이곳으로 와야만 했다.

스튜디오의 복도나 라커룸, 선생님들 주변으로 '경호원들'이 세워졌다. 보리스 비탈리예비치 차이코프스키와 올가 블라디미로브나 라흐마노바, 그리고 다른 선생님들도 우리 스튜디오를 방문하는 박탄고프를 환영하는 준비를 했다. 다른 그룹과 대표자들 역시, 우리들을 부러워하면서도 염려하는 마음으로 중앙 계단을 수시로 기웃거리면서 모두들 박탄고프의 방문을 놓치고 싶지 않아 했다.

예브게니 바그라찌온노비치 박탄고프는 우리와 약속했던 8시에 정확히 도착했다. 그와의 만남은 꽤 성대하게 진행되었다. 그 시각 영화 스튜디오의 수업도 중단했다. 스튜디오의 선생님들과 학생들은 모두 그를 환영했다. 15분간의 환영의 시간이 흐른 뒤에야 박탄고프는 우리의 강의실에 도착했다. 그는 선생님들이 쓰는 책상 뒤에 앉았고 우리 모두를 주의 깊게 살펴보았다. 그리고 곧바로 본론에 들어갔다.

─우리 무엇부터 시작할까요?

그의 질문은 우리들에게도, 자신에게도 하는 것 같았다.

─저는 여러분들께서 연출가가 되실 준비를 하고 있다는 것을 알고 있습니다. 하지만 곧바로 연출 수업을 시작하지는 않을 겁니다. 반드시 연출가는 먼저 배우가 되

어야 하니까요. 최소 반쪽 배우라도 되어야 하지요. 저처럼 말입니다. 웃지 마세요, 저는 제 자신이 정말 평범한 배우들 중 한 명이라고 생각합니다. 바로 미샤 체홉 같은 분이 최고의 배우이시죠. 물론 여러분들께서 이미 알고 있듯이요. 흠, 그러니까, 연출가가 되기 위해서는 반드시 조금이라도 배우가 되어야 합니다. 그리고 배우는 스타니슬랍스키의 <시스템>을 배우지 않고는 될 수 없고요. 저는 여러분께서 이 <시스템>을 배우고 싶어한다는 것을 알고 있습니다. 이를 위해서는 무엇보다도 먼저, 여러분 개개인들이 배우로서 어떠한 재능들이 각자에게 있는지 모두 알아야 합니다. 저의 수업 방향과 여러분들의 희망을 합쳐 봅시다. 이렇게 해보죠. 저는 연출에 관한 것이라면 여러분들에게 무엇이든 가리지 않고 알려 드리되, <시스템>의 요소들로 연구한 실습들을 여러분들 한 분 한 분과 함께 알아갈 겁니다.

또한 스타니슬랍스키 <시스템>(박탄고프는 <K-S> 시스템* 이라고 불렀다)은 오직 실기만으로 배울 수 있음을 모두들 기억하시길 바랍니다. 결과 및 종합해보는 발표는 나중에 수업을 시작하고 2-3개월 지난 이후에 하도록 하겠습니다. 그리고 좀 더 좋은 소식으로는 스타니슬랍스키께서 최근 제가 썼던 <시스템>에 따른 배우와의 작업에 대한 기록을 읽어 보시고, 직접 여러분들과 시스템을 실험해보라고 허락하신 겁니다. 대단히 흥미로운 일이지요! 그러니, 작업을 해보도록 하죠! 물론 여러분께서는 **에튜드**가 무엇인지 알고 계시겠지요?

박탄고프는 장난기 가득한 시선으로 매우 즐겁게, 우리에게 숙명적인 단어 <에튜드>를 거론했다. 당시 스타니슬랍스키의 <시스템>을 배웠던 배우라면 누구라도 두려워할만한 단어라는 것을, 그는 당시 배우로서 잘 알고 있었다. 에튜드는 온갖 군데에서 즉흥 연기라든가 연기 훈련 과제들, 짧은 내용으로 된 희곡들, 각종 연출 작업들의 시연 등에서도 사용되는 것이었다. 따라서 박탄고프의 질문에 누구도 대답하지 못했다.

• 콘스탄틴 스타니슬랍스키의 머리글자를 딴 줄임말이다.

―그동안 여러분은 어떤 에튜드들을 해오셨습니까?

박탄고프가 다시 물었다.

―옆방에서 제 동생이 죽어가는 상황을 에튜드로 했었어요.

우리들 중 누군가가 얼마 전 우리 클래스 전체가 순서대로 했었던 에튜드 중 하나를 떨리는 목소리로 말하기 시작했다.

―그리고는 제 동생을 몹시 사랑했던 엄마가 이제 곧 도착하는 거예요. 엄마는 동생이 가망 없는 상태라는 것을 모릅니다. 저는 엄마가 동생을 보면 어떻게 될지에 대한 생각 때문에 미쳐버릴 것 같았어요.

―그렇군요.

박탄고프는 불명확한 어조로 길게 발음했다.

―그런데 당신은 '미쳐버릴 것 같았을 때'의 연기를 어떻게 하셨나요?

―저는 전혀 기억이 안나요. 그냥 마치 안개 속에 있는 것처럼 연기했어요.

―그렇군요. 그리고 또 어떤 에튜드들을 했었나요?

박탄고프가 다시 물었다.

―옆방에 앉아서 시한부 선고를 기다리는 에튜드요. 의사가 사형 선고를 내릴 때, 무슨 일이 일어날지에 대한 두려운 마음으로 에튜드를 했어요.

우리 중 누군가 또 다른 에튜드의 내용을 전했다.

―또 '옆방에서'라구요!

갑자기 예브게니 바그라찌온노비치 박탄고프는 학생의 말을 가로막았다.

―그렇다면 '옆방'이라는 장소는 빼고, 보다 단순한 에튜드를 했던 것을 기억하는 사람들은 없습니까?

―아니요, 그런 에튜드는 안 했습니다.

나는 과대표로서 모두를 위해 대답했다.

―그렇다면 이제는 '옆방에서'의 에튜드가 아닌, 이와 같은 에튜드를 해봅시다. 그러니까 '이성을 잃는다거나', '미칠 것 같다' 또는 '두려움'과 같은 감정들이 없는 에튜드로요. 아무거나 아주 간단한 것들로 말이죠. 흠, 예를 들면 우리는 저 구석에

벽난로나 혹은 그냥 난로가 있다고 치는 겁니다. 거기로 가서 편지라든지, 아니면 종이뭉치라든지, 뭐든 간에, 아무거나 난로 속에 집어넣어 불을 지펴 태워보는 거죠.

—그게 다인가요?

누군가의 자신 없는 목소리가 들렸다.

—다입니다.

—이것이 에튀드의 다라구요?

—이것이 다입니다.

—그러면 그것들을 태우기 이전의 감정으로는, 어떤 감정으로 연기해야 하죠?

—모릅니다. 뭐든 원하는 것으로 하세요. 누가 이 에튀드를 해보겠습니까?

클라스 전원은 침묵했다. 박탄고프 앞에서 에튀드를 한다니! 그렇다면 그는 그만의 기준으로 우리들을 자신의 연출가나, 배우로서 가능성 있는지 평가할 것이다! 겨우 이렇게 단순한 에튀드에서 말이다! 이 에튀드에서는 아무것도 보여주지 못할 것이다. 그때까지만 해도 정말로 우리들은 에튀드는 마치 살얼음 속으로 뛰어드는 것으로 이해하고 있었다. 예를 들면 이전의 선생님은 우리에게 모파상의 《항구에서》라는 이야기를 주제로 에튀드를 하라고 제안했었다. 《항구에서》라는 작품의 내용은, 어느 항구의 선술집에서 한 선원이 여자를 만난다. 그 후에 그들은 남매 사이였음을 알게 되고 서로가 심한 충격을 받는다. 예전에 선원이 항해하러 떠났을 때 여동생은 너무 어린 소녀였을 뿐 아니라 그는 여동생이 어떻게 생겼는지도 기억하지 못했던 것이다. 그녀는 그 선원에게 그가 떠나있는 동안 부모님이 돌아가셨고 그 후 심한 가난 때문에 창녀가 되었다는 이야기를 들려준다.

바로 이것이 우리들이 지금껏 배워왔던 감정 연기를 위한 순간이자 정점이었다! 에튀드에서의 상황이란 것은 이런 것이었다!

만일 이러한 불운한 상황의 에튀드가 아닐 경우, 그러니까 뭐든 '감정의 과잉'이 없는 에튀드를 할 경우 에튀드 발표자가 그 에튀드 안에서 '감정'을 믿었든 안 믿었든 간에 기존 선생님들은 양손으로 손사래를 치셨다. 우리들은 거의 다 이렇게 믿고 있었다. 그런데 그냥 난로에서 불을 붙이는 게 에튜드의 전부라니. 확실히 박탄고프의 '트릭'이 느껴졌다. 하지만 무엇을 위해 그런 걸까? 그는 분명 우리들에게 호의적이다. 하지만 우리들은 갈피를 잃고 침묵했다.

－단숨에 조용해지는군요,

박탄고프가 우리를 향해 말했다.

－이 에튜드는 과대표가 합니다. 우리들이 아다쉐브3에서 했던 것처럼요. 누가 과대표인가요?

과대표는 나였다. 나는 겸손하게 자리에서 일어나, 예브게니 바그라찌온노비치 박탄고프께서 조금 전에 가리키던 교실 구석 쪽을 향해 걸어갔다.

－죄송하지만, 어디로 가시는 거죠?

곧장 박탄고프의 목소리가 들려왔다.

－그쪽에는 난로라곤 없는데요.

사실 구석에는 아무것도 없었다. 나는 교실을 살피며 돌아다녔고, 그러다 우연히 책상 뒤 반대편 구석에서 실제로 난로를 발견하게 되었다. 그것은 진짜 난로였고 강의실 가장 뒷자리에 있었다. 아마도 이 에튜드 안에 비밀이 숨겨져 있는 것이 아닐까? 어쩌면 박탄고프는 내가 진짜 난로를 '에튜드 속에 도입해서 연기하기'를 원하는 것일지도 모른다. 내가 동료들이 앉아 있던 곳을 간신히 지나 난로 쪽으로 가는 동안 이 모든 생각들이 섬광처럼 빠르게 내 머릿속을 스쳐 지나갔다.

－그런데 지금은 어디로 가는 건가요?

지나가던 나를 박탄고프의 질문이 또다시 멈춰 세웠다.

－벽난로 쪽으로요.

－**실제** 벽난로 쪽으로 가신다고요?

박탄고프는 '실제'라는 단어를 강조했다.

－당신은 그 난로로 가서 실제로 불을 지필 수 있는지, 신중하게 검토해 볼 생각이시겠죠? 사실, 저는 건물 밑에서 경비복을 입은 수위들이 있다는 것을 확실히 봤기

때문에 당신에게 이 같은 에튜드를 제안한 거예요. 이 성냥갑을 받아 보세요!

성냥갑은 그의 말이 끝나기도 전에 그의 손에서 반사적으로 튀어 나왔고, 박탄고프는 나를 향해 성냥갑을 재빠르고 빈틈없이 던졌으나 순간 나는 이 모든 상황에 대해 몹시 놀라, 완전히 당황했기 때문에 성냥갑을 놓칠 수밖에 없었다.

얼마나 놀랐는지 모른다! 박탄고프는 그저 우리 수업에서 조언만을 하는 사람이 아니었다. 그는 우리의 수업 분위기를 위해 완전히 새로운 것을 만들어내고, 당신 스스로가 거기에 살아 있는 행동으로 적극 참여하여 수업 분위기를 이끄는 사람이었다. 나는 다음에 무슨 일을 해야 할지 몰라 떨어진 성냥갑을 집어 든 채 서 있었다.

－그런데 당신 근처에 있는 그것들은 뭔가요?

박탄고프는 벽 쪽에 쌓아 올린 다양한 무대 소품들의 흔적을 가리켰다. 우리는 박탄고프의 수업에 참여하기 직전까지 그것들로 로스탕•의 ≪로맨틱한 사람들≫이라는 작품을 연습하고 있었다. 나는 예브게니 바그라찌온노비치 박탄고프께 이에 대해 설명했다.

－혹시 거기 그것들로 벽난로라든가, 난로에 둘러쌓을 장작으로 만드실 수 있겠습니까? 연출가로서 당신이라면 어떻게 하시겠습니까?

또다시 유쾌하게 예브게니 바그라찌온노비치 박탄고프는 행동에 필요한 방법들로 나를 이끌어 주었다.

나는 왠지 모를 뿌듯한 마음으로 비워진 구석에서 그 일을 차분히 착수하였다! 그동안 박탄고프는 내 동료들에게 뭔가에 대한 이야기를 했으나, 나는 나의 행동 장소로 신속하게 소품들을 설치하느라 바빴기 때문에 그가 이야기하는 테마를 인식하지 못했다.

－준비됐습니다!

2-3분이 지난 후 나는 박탄고프께 보고했다. 그리고 나는 나의 '무대 세트'가 꽤

• 에드몽 로스탕(Edmond Rostand): 프랑스의 시인, 극작가

찮은지 확인 받기 위해, 그의 테이블 쪽에 보이도록 비켜섰다.

나는 객석 방향으로 열린, 거의 '진짜 같은' 난로를 상자 안에 만들었다. 그 안에 필요한 불 받침 살대(격자무늬의)로는—《로맨틱한 사람들》에서 꽃들을 꽂기 위해 사용하던 식목용 선반 부분을 가져와서 표현했다. 그리고 상자 안의 그 자리에 작은 나무더미를 넣어 놓고 그 위로 빨간 포장지를 꾸겨 넣어서 '모닥불'을 만들었다. 상자 뚜껑 위에는 헝겊 일부를 깔아서—내가 예전에 보았던 벽난로 장식처럼 꾸며 놓았다. 또한 나는 헝겊을 단단히 고정시키기 위해 그 위에다가 커다란 가짜 '청동' 시계를 올려 두었다. 벽난로의 양쪽으로는 린넨 재질로 된 작지 않은 크기의 막을 (파티션을) 쳐두었다. 그리고 벽난로 앞에다가 우리들이 평소 '교수님 용'으로 사용하던 매우 편한 안락의자를 가져다 놓았다.

박탄고프는 그것들을 '평가하는 듯한' 눈빛으로 비판적으로 바라보았다.

ㅡ잘했군요, 바로 이것이 당신의 첫 번째 **연출 작업**입니다.

그가 강조했다.

ㅡ이것은 자신의 에튜드를 위해 자신의 행동을 위한 장소를 직접 디자인한 것이죠.

그의 칭찬에 나는 왠지 마음이 놓였다.

ㅡ그건 그렇고, 당신의 집에 이러한 난로가 있습니까?

ㅡ아뇨, 우리 집엔 벽난로가 없습니다.

내가 대답했다.

ㅡ그렇다면 이런 난로는 어디에 있던 거죠?

ㅡ저는 그라나트늬의 거리에 있는 큰 저택을 하나 알고 있는데 그곳 거실에는 좋은 난로가 있습니다. 물론 이것보다 훨씬 좋은 것이지만, 저는 이 난로가 그 거실에 있다고 상상할 수 있습니다.

내가 대답했다.

ㅡ그러면 그라나트늬에 있는 거실은 어떻게 생겼나요?

박탄고프는 어떠한 이유에서인지 내게 신문하듯 물었다.

나는 그 저택에 자주 드나들었기 때문에 이에 대해 자세하게 이야기했다. 그 집 주인의 배려로, 우리 스튜디오 학생들이 가끔 그 집에 가서 우리의 수업 관련 연습이나 개인 연습을 하고 있는데 우리들은 농담으로 그 집을 '우리 스튜디오'라고 부른다는 이야기까지 상세하게 설명했다.

―그럼, 당신은 난로 앞에서 뭘 하실 생각입니까?

박탄고프가 내게 물었다.

―우리가 예정했던 계획대로는 할 수 없을 것 같군요. 왜냐하면 이것은 이미 타고 있으니까요.

그는 난로 속 '장작불이 타고 있는' 듯한, 포장지 조각들이 빛을 내는 것을 가리키며 말했다.

나는 열심히 장작을 둘러치는 작업을 하면서 예브게니 바그라찌온노비치 박탄고프가 내게 준 초기 임무를 잊어버린 채, 그 '예술적 인상'을 심어 주는 것에만 심취되어 실제로 난로의 불을 미리 '지펴서' 만들어 버린 것이었다.

―다른 거라도 뭐든 시켜만 주십시오, 예브게니 바그라찌온노비치 박탄고프.

내가 공손하게 여쭈었다.

―만약 당신이 지금 여기에 있지 않고, 그라나트늬이 골목에 있는 집에 있다고 가정한다면 당신은 무엇을 할 생각이신가요?

―당장은 말하기 어렵네요, 잠시 생각할 시간이 필요합니다.

내가 대답했다.

―물론이죠, 가서 생각해보십시오.

박탄고프는 '난로 근처' 안락의자 쪽을 가리키는 제스처를 취하며 내게 말했다. 그리고 그는 내 대답이 미처 끝나기도 전에, 다른 학생들을 향해 얼굴을 돌려 끊어졌던 대화를 이어가며 뭔가를 설명하기 시작했다. 나는 기계적으로 내가 만든 '거실'로 가서, 난로 근처의 안락의자에 앉았다.

내가 지금 그라나트늬이 골목에 있는 '우리의 스튜디오'의 벽난로 근처에 앉아 있다면 무엇을 했을까? 나 자신에게 물어보았다. 나는 여기서 뭔가를 읽었을까? 만약 뭔가를 하기 위해 내 동료들이 올 때까지 기다려 보는 것은 어떨까?

혹은 어떠한 시라든가 장면 연기 같은 것을 공부해보는 것은 어떨까. . . 아니다. 나는 사실 그것들을 꼭 이곳에서 해야 필요성을 못 느꼈기 때문에, 이 모든 생각들이 어쩐지 마음에 들지 않았다. 나는 머릿속으로 이런저런 것들을 하나씩 떠올리던 중, 갑자기 '우리 스튜디오' 주인에게 전기 요금을 내지 않았다는 것이 기억났다. 집 주인은 연극 애호가였으므로, 자신의 난로와 거실 대여에 대한 비용을 (그는 진심으로 연극을 사랑하는 사람이었고 우리를 각별히 잘 대해주었다) 우리에게 받지 않았다. 하지만 우리들은 이 저택의 전기세와 난방비용은 공동으로 부담하기로 했었다. 어쨌든 일주일 전, 집 주인이 내게로 와서 전기 요금 청구서를 전해주었는데, 나는 지불하지 않았을 뿐 아니라, 그 청구서를 어디에 놓아두었는지도 기억이 안 났다. 순간 나는 에튜드에 대해서는 잊은 채, 주머니 안에 쌓아둔 온갖 종이들을 내 무릎 위로 모아서 꺼내 보기 시작했다. 내 등 뒤로, 박탄고프의 음성이 들려왔다. 그의 부드럽고 독특한 템포의 음성이, 어쩐지 내 마음을 안심시켰다. 박탄고프는 에튜드를 시작함에 있어서 서두르지 않는 게 확실했다. 분명 그는 내 동료들과의 대화에 몰두해 있었다.

난 내 무릎 위에 펼쳐진 온갖 종이 들을 보았다. 전기 요금 청구서는 보이지 않았고 몇몇 쓸모없고 케케묵은 낡은 종이들만 보였다. 나는 속으로 그래, 이것들을 난로에 태우면 되겠구나, 그러면 에튜드에서의 행동이 준비가 된 거다. 게다가 이것은 《타버린 편지》라는 희곡에서 나오는 내용과 뭔가 비슷하다! 박탄고프가 나를 쳐다보지 않는 동안에 연습해 봐야지! 라고 생각했다.

나는 손으로 종잇조각 하나를 집어서 난로 속 '불 위로' 불을 붙여 보았다. 곧 그것은 연기를 내면서 타들어 가기 시작했다. 나는 필요 없는 종이를 내려놓았고, 그것들은 부드럽게 불 속을 날아 다녔다. 나는 두 번째도, 세 번째도 마찬가지로 그렇게 했다. 그러던 중 진짜로 친밀한 내용이 적힌 사적인 '편지' 하나를 발견했다. 나는 그 사적인 내용이 담긴 편지를 결코 아무런 감정의 동요 없이 읽을 수 없었다.

이 편지는 굳이 인 대워도 되지 않을까? 아니다. "이미 지나간 일이다. 돌이킬 수는 없지 않은가!" 하면서 나는 편지를 난로에 넣어버렸다. 그 순간,

　—꼴랴,· 나한테 주의를 주지 마. 나를 보거나 들으려고 하지도 말고 . .

갑자기 측면의 파티션 쪽에서 작은 속삭임이 들려왔다. 나는 매우 놀랐지만, 이내 그 목소리가 발로쟈 깐쩰4임을 짐작할 수 있었다. 무엇 때문에 그는 막 뒤에서 갑자기 나타난 거지? 어떻게 그쪽에 잠입한 걸까? 왜 자기 자리를 이탈한 거지?

내 머릿속에서는 온갖 질문들이 떠올랐지만, 나는 그의 부탁대로 계속 종이들을 태우는 작업을 하면서 깐쩰의 속삭임이 안 들리는 척 했다.

　—여기서 뭐 하는 거야?

나는 내 손에 있던 종이에게 집중을 잃지 않으려 노력하면서 동시에 거의 입술을 거의 움직이지 않고 간신히 그에게 물었다.

　—박탄고프가 어떻게 해서든 널 깜짝 놀라게 만들라는 과제를 나에게 줘서 보냈어, 그런데 나한테 아이디어가 없어. 우리 아무거나 몰래 짜보자.

　—말도 안 돼, 정말로 그가 나를 보고 있단 말이야? 난 아직 에튜드를 시작도 안 했는데.

　—아냐, 보다 안 보다 하셔. 그는 우리에게 스타니슬랍스키와 함께 했던 《모차르트와 살리에르》의 연습에 대해서 이야기해주셨는데, 그러면서도 가끔씩 널 관찰하셨어.

　—이야기는 재미있었어?

　—엄청 재미있었어. 박탄고프가 스타니슬랍스키에게 스타니슬랍스키의(!), 시스템에 따라(!!) 살리에르 역할··을 연기해주도록 부탁을 했었대. 믿어져? 게다가 예브

- • 고르차코프의 애칭
- •• 스타니슬랍스키는 모스크바 예술 극장에서 1915년 3월 26일 뿌쉬낀의 《모차르트와 살리에리》 중 살리에리 배역을 역임하였다.

게니 바그라찌온노비치 박탄고프께서 말씀하시길, 연습 끝난 후 그가 스타니슬랍스키에게 가서 첫 연습이라 긴장했다고 말했더니 스타니슬랍스키 역시 박탄고프의 요구들에 대해 몹시 긴장했었다고 하더래.5

　－그런데 나만 여기서 바보처럼 앉아만 있었던 거야! 박탄고프는 나만 빼고, 그토록 멋진 일들을 이야기해주시다니. . .

　－감사합니다!

그 순간 크고 선명한 박탄고프의 음성이 내게 들려왔다.

나는 그의 지시를 받은 깐쩰과 나의 비밀 대화를 염려하면서, 다소 놀란 마음으로 뒤를 돌아보았다. 우리 두 사람 모두, 박탄고프의 과제 대해서 자연스레 잊고는, 진짜로 얼마 간, 우리들의 상황에만 몰두했던 것이다.

　－감사합니다. 매우 좋은 에튜드를 보여주셨습니다!

박탄고프는 나의 어리둥절한 표정에 미소를 지으며 반복해서 말했다.

　－저는 아무것도 안 했는데요. 전, 선생님의 에튜드를 시작하라는 지시만 기다리고 있었어요.

나는 어리석게도 어떻게든 나 자신을 방어하려고만 했다.

　－당신이 마치 아무것도 안 한 것처럼 느낀다는 것은, 그만큼 에튜드를 유기적으로 느끼면서 수행했다는 뜻인데, 그것이 가장 중요한 겁니다.

박탄고프가 말했다.

　－제가 처음 당신께 에튜드를 해보라고 제안했을 때, 저는 당신이 얼마나 놀랐는지 봤기 때문에 저로서는 제 딴의 몇 가지 연출적 트릭을 시도할 수밖에 없었습니다. 놀란 상태에서는 절대로 어떠한 예술적 작업도 하면 안 되니까요. 이것은 연출가로서 여러분들의 첫 번째 규칙입니다. 모두들 이것을 자신에게 새기십시오. 절대로, 어떠한 경우라도 배우들을 긴장시키지 마십시오. 때문에 저의 첫 번째 과제는 배우들의 그러한 내적인 방해를 한 번에 해방시켜 주는 것이었습니다. 저는 <에튜드>라는 단어를 입 밖으로 내는 순간, 배우들이 항상 내적인 방해를 받는다는 것을 알고 있었으니까요.

무엇보다도 가장 먼저 명심하십시오. 에튜드를 한다는 것은 언제나 **행동을 하는 것이지, 감정연기를 하는 것이 아닙니다.** 즉 행동의 결과로서 감정이 나오게 하는 것이 에튜드입니다.

제가 한 말이 아니고 스타니슬랍스키께서 말씀하신 겁니다. 선생들이나 연출가들이 이처럼 생각하지 않고 학생들을 가르친다면, 배우들이나 학생들을 망칠 겁니다. 스타니슬랍스키의 말씀에 따르면, 3분 정도의 에튜드를 연기하기 위해서는 '콘티를 짜고', '무대를 세팅하는 시간까지' 약 한 시간 정도가 걸린다고 하셨습니다. 저는 이 말씀에 완전히 동의합니다. 저는 시계를 보면서 우리가 전체 에튜드를 준비하는데 걸리는 시간이 얼마나 걸렸는지 확인해보았습니다.

박탄고프는 자신 앞의 테이블 위에 놓여 있던 종이를 집어 들었다.

－제가 여러분들께서 그간 해 왔던 에튜드들에 관해서 질문한 시간은, 5분 소요되더군요. 행동 장소를 '어디에 설치해야 할지'에 대한 대화와 '벽난로'에 대한 대화, 기억하시죠. 3분 걸렸습니다. 당신이 자신의 행동 장소를 상상으로 그려보는데 6분 걸렸고요. 당신과 함께 한, 두 번째 대화로는 당신의 장작에 관한 것과 당신이 어떠한 연기를 할 것인지, 등등에 관한 것들이었습니다. 여기서 6분이 더 소요돼서, 총 20분이 걸렸군요. 그리고 당신이 난로 앞에 있었던 총 시간은...3분 30초였습니다.

－말도 안 돼요, 예브게니 바그라찌온노비치 박탄고프, 저는 난로 근처에서 최소한 15분 이상 앉아 있었다고요!

나는 단호하게 반박했다. 순간 주변 동료들의 즐거운 웃음소리가 들려왔고 그 웃음소리는 박탄고프의 계산이 옳다는 것을 확실히 증명해주었다.

－예브게니 바그라찌온노비치 박탄고프, 그렇다면 제가 에튜드를 하고 있을 동안, 어떻게 그 짧은 시간 안에 스타니슬랍스키가 살리에르 배역을 맡았던 선생님의 작품 연습 대한 이야기들을 전부 하실 수 있던 건가요. 저는 선생님의 이야기를 듣지 못해서 너무 섭섭했습니다. 저는...

순간 정적이 흘렀고 내 동료들은 놀란 표정으로 나를 저지하려는 듯 했다. 오직 박탄고프만이 이 모든 일들이 매우 만족스럽다는 듯이 장난스럽게 웃고 있었다.

—제가 정말 여러분들에게 그 연습에 관한 이야기를 했었나요?

그는 강의실 학생들에게 물었다.

—아니요.

즉각적으로 몇몇 사람들이, 대답했다.

—선생님께서는 우리에게 난로 근처에서 고르차코프가 무엇에 대해 생각하고 왜 그가 그런 행동을 할 수밖에 없는지에 대한 이야기를 해주셨어요.

금시초문이었다! 내가 에튜드에 대해 깊은 생각에 빠져 있었을 동안, 박탄고프는 '무대 위에서'의 나의 행동을 전부 '낱낱이' 분석하고 있었던 셈이다. 그렇다면 깐쩰은 뭐란 말인가?

—예브게니 바그라찌온노비치 박탄고프, 하지만 진짜로 깐쩰은 나에게 선생님의 작품에서 살리에르 배역을 연기한 콘스탄틴 세르게예비치 스타니슬랍스키에 관한 이야기를 해줬어요.

나는 서둘러 동료에게 떠넘겼다.

—맞습니다. 저는 당신이 주워진 상황 안에서, 두 명이 유기적으로 관계할 수 있는지 확인해봐야만 했으니까요.

박탄고프가 대답했다.

—그래서 막 뒤로, 당신의 동료를 보내는 방법을 썼습니다. 저는 그에게 K. C. 스타니슬랍스키와 제 연습을 주제로 당신과 이야기해보라는 과제를 주었죠. 하지만 당신은 저조차도 예상하지 못한 그 이야기를 진짜로 믿었습니다. 우리들은 그와 함께 당신을 '속였습니다. 이것은 연출적 방법으로서 그랬던 겁니다.

제가 만약 깐쩰에게 "가서, 고르차코프와 관계해보세요"라고 했더라면, 여러분 두 분 모두 어떤 연기를 제게 보여줬을지 상상할 수 있었거든요. 그래서 저는 그에게 K. C. 스타니슬랍스키 선생님과 함께 했었던 저의 연습에 관하여 당신에게 말해보라고 부탁했습니다. 어쨌든 실제로 저는 스타니슬랍스키와 그 작업을 했었으니까요!

박탄고프가 고개를 돌려, 강의실 '학생들을 보며' 설명했다.

—하지만 제가 깐쩰에게 곧바로 당신에게 K. C. 스타니슬랍스키 선생님과 저와

의 연습을 얘기하지 말라고 제안했던 이유는, 저로서는 당신의 에튜드에서 '우정 어린' 친구와 함께 당신이 의논하는 과정에서 '적응'이라는 과제를 얻기 위해서였지, 당신을 '놀라게 해서' 곤경에 빠뜨리려 했던 것이 아니었습니다. 분명, 깐쩰은 완벽하고 정확히 제 과제의 요점을 완수했고, 당신을 완벽히 '속였습니다.'

─저는 전혀 이해가 안 돼요.

나는 힘겹게 고백했다.

─그러니까 저는 에튜드를 시작도 안 했는데, 에튜드를 이미 다 하게 된 거로군요. 저는 선생님에게 발로쟈 깐쩰과의 대화를 숨기려 했었는데, 그가 드러났을 뿐만 아니라 제가 깐쩰과 관계까지 했던 거고요. 게다가 전 선생님이 저에 대해 잊고 계시다고 생각하고 있었는데, 오직 저에게만 주의를 기울이고 계셨다니요. 전혀 이해를 못하겠어요!

─저는 선생으로서, 저 역시 당신과 함께 당신의 전반적인 행동에 참여해야 했습니다.

박탄고프가 대답했다.

─저는 당신이 단순하지 않은 이 연습 과제 안에서 유기적이고 이완된 근육의 실제가 어떤 것인지 이해할 수 있도록 당신의 긴장된 근육이 자유로워질 수 있도록 도와야 했죠. 저는 당신이 그 이완된 상태에서 과제와 행동, 관계까지 결합시켜 낼 수 있도록 이끌어야 했으니까요. 이 때문에 저는 당신에게 제 앞이나, 당신 동료들 앞에서, 공개적으로 시험 치르듯이 **에튜드 연기를 해보라고 하지 않았던 것이고, 에튜드를 하기 위한 준비**를 해보라고 부탁했던 겁니다.

이를 위해서 저는 당신 스튜디오 학생들에게 뭔가를 가르치는 것처럼 설명하면서, 당신의 에튜드가 준비될 때까지 기다리는 것처럼 행동했습니다. 당신께서는 진심으로 에튜드 준비를 잘 해보려고 했기 때문에, 쉽게 '속아 넘어갔습니다'. 저는 당신에 대해서 잊어버린 척했고, 당신은 실제로 그것을 믿었을 뿐 아니라, 당신 자신도 저에 대해서 잊어버리셨습니다. 맞습니까?

─정확히 맞습니다. 예브게니 바그라찌온노비치 박탄고프!

―그 순간을 기억하도록 하십시오. 그것은 <군중 속의 고독>의 순간이었습니다. 그 순간은 당신 자신도 모르게 강의실의 모든 사람들에 대해 잊어버렸을 때라든지, 혹은 당신이 구체적인 행동을 했던 그 순간 정확히, 자연스럽고도 유기적으로 당신에게로 온 겁니다. 하지만 보통 배우들은 <군중 속의 고독>의 순간을 훈련하는데 있어서 자기 자신에게 '나는 혼자다. 혼자다. 혼자다. 관객은 없어. 나는 관객이 느껴지지도, 들리지도 않아! 나는 혼자야!'라고 하면서 반복 연습을 하지요. 이것은 일종의 자기암시인데, 옳지 않은 자기 암시입니다. 무엇 때문에 관객이 없다고 자신에게 암시합니까, 그들은 실제로 여러분들로부터 2-3미터 거리에 존재합니다. 관객들은 여러분 앞에서 살아서, 보고, 숨쉬고, 기침하고, 웃습니다! 사실 여러분들은 무대 위에서 자신을 위해서가 아닌, 관객을 위해서 연기해야 합니다. 관객석으로부터 강제적인 분리는 무의미한 것이며, 극장 예술의 본질과도 모순됩니다. K. C. 스타니슬랍스키께서도 이에 대해 인정하고 계시죠.

여러분들은 관객의 눈앞에서나, 대중 앞에서의 자신을 느끼는 것보다는, 무대 위에서 희곡의 주제로서 여러분들의 과제를 표현하는 것을 더 중요시 여겨야 합니다. 이것이 바로 <군중 속 고독>의 본질입니다. 당신은 저에 대해서 기억하는 것보다. 벽난로 주변에서 자신의 과제를 찾아보는 것을 더 중요하게 여겼던 것을 기억하십니까?

―저는 제 과제를 찾아내는 것이 더 중요했습니다. 예브게니 바그라찌온노비치 박탄고프.

나는 벽난로 근처에서 어떻게 하면 박탄고프의 과제를 찾아서 수행해낼 수 있을지에 대해 고민하다가, 내 주머니 속 가득한 종이들을 꺼내어 차례로 선별해보기 시작했었던 것을 기억하면서 대답했다.

―방금 전, 당신은 제가 주었던 과제에 대해서나 '강의실 학생들'을 잊어버리고, 당신 머릿속에 떠올랐던 행동에 집중했던 것이 보였습니다. 맞습니까?

―맞습니다. 난로 근처에서 수행할 수 있는 과제를 찾아본 거예요.

내가 대답했다.

―당신의 종이쪽지들은 분명 당신에게 실제 어떤 사건을 기억나게 했습니다.

－지불하지 않은 전기 요금 고지서였어요.

나는 박탄고프에게 술술 털어놓았다.

－바로 그겁니다. 그러다 당신은 그 종이들을 난로 속에 태워 보기로 결정하죠. 그리고 종이들을 불 속에 던지기 시작하셨고요.

－정말로 그 모든 게 다 보이셨단 말인가요?

나는 소스라치게 놀랐다.

－완전히 다 보였습니다. 제가 이미 말했듯, 저는 당신이 무대 위에서의 과제나 행동에서 벗어나지 않고 관계할 수 있을지를 확인한 이후에서야, 당신의 동료를 당신에게 보냈습니다.

저는 당신이 에튜드를 완성할 수 있도록 또 한 번 도왔습니다. 일반 연출가들이 하듯이 처음부터 "가서, 파트너와 관계해보세요"라는 말을 하지 않았지요. 저는 준비되지 않은 상태의 당신이 파트너와 관계할 수 있는 순간을 '연출했습니다.' 당신은 당신의 행동에서 벗어나지 않았지요. 오히려 당신은 편안한 상태에서 종이쪽지들과 관계를 하면서, 제가 눈치 채지 못하도록 깐쩰과의 대화를 숨기려 했습니다.

－예브게니 바그라찌온노비치 박탄고프.

나는 감히 박탄고프를 중지시켰다.

－만약 선생님께서 내 에튜드에서의 올바르고 유기적인 행동을 위해서 선생님 방식으로의 함정을 만들어 시종일관 나에게 도움을 준 것이라면, 이 안에서 내가 했던 공헌은 뭐가 있습니까!

－함정! 당신은 아주 정확한 말씀을 하셨습니다.

박탄고프가 대답했다.

－맞습니다. 저는 당신이 모르는 사이 함정을 꾸몄습니다. K. C. 스타니슬랍스키께서는 무대 위에서 배우에게 올바른 감정으로 '유인하다', '꾀어 들이다', '불러들이다'에서 나온 단어로서, 이러한 함정들을 '덫'이라고 부르셨지요. 바로 이것이 배우들과의 작업을 위한 여러분들의 두 번째 연출 규칙입니다. 유감스럽게도, 오늘 이 에튜드에서 당신의 공헌은 실제로 미미했습니다. 그러나 오늘 저에게는 연출적 목표가 정

확히 두 가지 있었습니다. 첫 번째, 저는 당신의 모든 동료들에게 만약 에튀드를 희곡 안의 에피소드처럼 상세하게 미리 에튀드를 준비하게 한다거나, 배우들이 자신의 행동 장소를 직접 만들게 한다면, 에튀드라는 것이 전혀 두려운 작업이 아닐 수 있음을 증명해내는 것이었습니다. 특히나 이런 경우, 연습 훈련처럼 섬세하고 올바르게 에튀드에 접근할 수 있지요. 이것은 배우들이 자신의 취향에 따라 자신의 '아파트'·를 손수 갖추어 놓는다면, 그것은 무대 위에서 배우 자신의 올바른 감정을 위한 중요한 심리적 가치를 갖게 된다는 매우 단순한 과제입니다

저는 이미 공연 연습 중 훈련 과제들로 이러한 방법을 수없이 적용시켜보았습니다. 그리고 실제로 아무 문제도 없었습니다. 그 다음으로 넘어가보죠. 배우들은 자신의 '제시된 상황' 안에서 정확한 행동을 찾아내야 합니다. 감정이 아닌 **행동** 말입니다. 고르차코프, 당신은 '난로 근처에' 앉아 계셨을 때, 기분이 좋았던 것을 인정하십니까?

—기분은 좋았어요.

—그러니까 당신은 기분 좋은 순간의 감정을 경험하신 거로군요. 하지만 만약 제가 당신에게 곧장 뭐든 간에 기분 좋은 감정을 연기해보라고 했다고 칩시다. 당신은 어떻게 했을까요?

—아마도 무대 위에 올라가 어떠한 미소를 지었을 것 같아요.

나는 무대 위에서 '기분 좋은' 표현을 하는 것을 상상하며 대답했다.

—아마도, 소위 '마네킹' 미소라고 하는 진부한 배우 미소를 지었을 겁니다.

그 순간 박탄고프는 온 갖가지의 대표적 마네킹과 같은 표정을 흉내 냈고, 강의실에 있던 참여자들은 한바탕 웃음을 자아냈다.

—흠, 어쨌든 간에 여기에서 우리들은 당신의 살아 있는 모습을 보았죠. 당신은 당신의 개인적인 생각과 기억을 더듬으며 난로 근처에 기분 좋게 앉아 있었지만, 미소는 짓지 않았습니다.

바로 이 부분이, 제가 교사이자 연출가로서 첫 번째 과제를 수행한 부분입니다. 저는 지금 누군가가 이 다음 순서로 에튀드를 하러 나온다면, 그는 이미 에튀드를 하

• 배우 스스로 제시한 상황의 공간

면서 성공적인 행동을 위해 필요한 규칙이 단순하다는 것을 알게 되었기 때문에, 이제는 에튜드 연기하는 것을 그다지 두려워하지 않을 거라고 기대합니다. 두 번째 목표로는 제가 이미 여러분께 말씀드렸다시피 저는 여러분들 개인 각각의 배우적 재능을 알아야만 했습니다. 이를 위해서 저는 곧바로 배우에게 과제를 지시하지 않음으로서, 틀에 박힌 연기 안에 숨겨진 배우 본연의 예술적 본성을 자유롭게 해주었습니다. 이처럼 저는 연출가로서 당신을 **도왔습니다.** 제게는 당신이 제가 제시한 과제를 어떻게 실행하는지보다 당신에게 어떠한 재능이 있는지 알아내는 것이 중요했으니까요.

그리고 박탄고프는 내가 이해할 수 있도록 잠깐의 시간을 주었다.

―그렇다면 제게는 어떠한 재능이 있습니까?

나는 이 정적의 시험을 견디지 못하고 물어봐야만 했다.

―당신에겐 자연스러움과 순수함, 스스로 무대를 컨트롤할 수 있는 조직 능력이 있습니다. 그리고 깐쩰에게는 훌륭한 상상력과 표현력, 그리고 열정이 있군요.

순수함과 자연스러움! 무대 공간을 직접 컨트롤할 수 있는 능력이 내게 있다니! 물론 나는 이기적인 배우처럼, 오직 그가 나에 대해 말했던 것만을 기억했다.

수업은 계속되었다. 동료들도 박탄고프가 제안하는 에튜드들을 수행하며, 크고 작은 성공의 경험을 가질 수 있었다. 하지만 나는 나만의 특징적 자질에 흠뻑 빠져버렸다. 순수함! 자연스러움! 물론 나는 내 입으로 재능이라고 말은 안했으나, 나는 이 단어들이 나만이 가진 **배우적 자질**인줄로만 알았다! 또한 스스로 무대를 컨트롤할 수 있는 능력, 이 단어는 이미 내가 연출가라는 의미로 생각되었다.

지금에서야 나는 나머지 다른 동료들의 에튜드들에 대해 기록하지 않았던 것을 매우 유감스럽게 생각한다. 나는 수업이 끝난 후에 동료들과의 이야기를 통해서 박탄고프 자신이 정한 목표를 달성했다는 것을 알 수 있었다. 동료들과의 대화를 통해 우리들은 에튜드란 무대의 연습 과제로서 흥미로운 형식일 뿐 실제 우리 삶에 있어서 불명확한 것이나, 뭔가 확실하지 않은 즉흥 연기와 상상들을 연기해야 하는 두려운 것이 아님을 깨닫게 된 것이다. 또한 박탄고프가 말했던 것처럼 그날 저녁 우리들은 각자의 배우적 자질들에 대해서도 알게 되었다.

반복하지만 유감스럽게도 당시의 나는 오직 나 자신에게만 빠져 있었다. 그때의 나는 박탄고프가 나에 대해 자연스럽고 자유로우며 무대를 조직할 수 있는 사람이라고 말했던 것에만 꽂혀 있었던 것이다! 때문에 이후 몇 개월 동안이나 나는 이런 나의 재능을 발전시키는 작업에만 몰두했다. 그리고 나는 내 '자신'과 '공간'을 조직하는 방법을 어느 정도 체득할 수 있었다. 그의 수업이 있었던 그날 저녁 이후로 나는 박탄고프를 '껌 딱지'처럼 붙어 다녔다. 나는 그가 모스크바 예술 극장이나 혹은 제1스튜디오의 작업을 하러 나가는 아침부터 만났고, 그의 수많은 스튜디오에서의 수업들이나 또한 그가 가르치거나 상연하던 공연들을 참관할 수 있는 허락을 받아서, 저녁에도 그가 어디에 있는지 알아내려 애썼다. 그리고 나는 일부러 늦은 밤까지 그를 기다렸다가 그의 집까지 배웅했다. 다행히 그는 우리 집과 아주 가까운 곳에 살고 있었다. 그와 나의 집은 겨우 아르바트 골목 하나를 사이에 두고 있었다.

나는 그를 '만나고', '배웅할 때'마다 얼마나 많은 질문들을 쏟아 냈는지 모른다! 그리고 나는 박탄고프를 통해 스타니슬랍스키나 술레르쥐쯔끼, 곤찰로프, 모스크빈느, 레오니도프 등에 대한 엄청난 이야기를 들을 수 있었다! 또한 그 이야기 속에는 그가 모스크바에서 자신만의 연극들, '그가 말했던 민중을 위한 공연'을 만들고 싶어 하고, 그 공연으로 셰익스피어의 《햄릿》, 괴테의 《파우스트》, 카민스키의 《스테판 라진》 고리키나 루나차르스키, 로맹 롤란 등의 희곡들을 상연하기를 희망하는, 그의 소망에 관한 대화도 있었다.

마침내, 그 해 가을부터 나는 박탄고프의 제자로, 만수롭스키 학교 산하 스튜디오6의 그룹에 편입했고 지도 교수로 박탄고프 밑에서 연출 과정 기술을 배우는데 돌입할 수 있었다.

그러나 수업은 당연히 배우 연기술이 주가 되어 있었다. 나는 만스롭스키 스튜디오에서 기존 스튜디오 선배들인 Б. Е. 자하바, А. А. 오라치코, Ю. А. 자바드스키, К. Й. 까틀루바이와 함께 수업을 들었으며, 제1스튜디오에서 초청한 박탄고프의 동료들인 С. Г. 비르만과 О. И 삑조바, С. В. 기아찐또바가 박탄고프와 함께 우리의 수업을 지도했다.

나의 첫 번째 장면 연기로는 도스토예프스키의 ≪카라마조프의 형제들≫이었고 그 희곡에 나오는 알료샤와 그루쎈까 장면을 박탄고프에게 보여줘야 했다.

나는 배우로서 나의 재능이 '순수함과 자연스러움'이라고 확신하고 있었기 때문에 비교적 짧은 대화로 이루어져 있던 그 장면에서, 알료샤• 가 그루쎈까에게 기본적인 대화를 하면서 거의 존재감 없이 연기하는 것에 대한 큰 염려는 하지 않았다.

나는 의도적으로 장면 연기 연습 과정에서 나의 '자연스러운 연기'를 숨겼고 나의 그 '절제된 연기'는 오직 발표회 날에 빛을 발할 수 있도록 아껴 두었다. 때문에 나는 연습 과정에서 내 연기 전담 선생님들로부터 그 '절제된 연기'에 대한 어떠한 코멘트나 지적도 받지 않았다.

발표회 날이 다가왔다. 만수롭스키 스튜디오의 작은 관객석에서 간간이 들려오던 정직한 반응을 통해 우리들은 우리가 참여했던 장면 연기들의 크고 작은 성공을 확인할 수 있었다.

나의 장면 연기의 순서는 마지막이었다. 당시 나는 나의 탁월한 자연스러움과 훌륭한 절제력으로 이루어진 내 행동에 대해 그 누구도 이처럼 연기하지 못할 것이라는 확신에 차 있었다. 나는 몸과 얼굴을 감추는 성직자의 가운과 두건을 둘러서 내 개성이 드러나지 않도록 했는데, 이 의상도 그 느낌을 한결 도왔다. 그리고 나는 무대 위에서 진짜 수도사처럼 조근하고 침착하게 기꺼운 마음으로 작은 목소리로 말하려 노력했다.

장면 연기 발표회가 끝난 후 예브게니 바그라찌오노치 박탄고프께서는 모든 발표회 참가자들을 강당으로 불렀다. 또한 그와 함께 우리를 '심사할 선생님들과 스튜디오의 모든 선배들도 한자리에 모였다.

예브게니 바그라찌온노비치 박탄고프께서는 연기자들이 했던 작업의 특징들을

• 고르차코프는 ≪카라마조프의 형제들≫에서 알료샤 배역을 역임했다.

평가했다. 이 회의의 이야기들은 참여한 학생들의 개인적인 자질과 연기자 개개인들이 이뤄낸 성과 및 부족한 점들에 대한 평가만이 아닌, 학생들과 교사와의 작업에 대한 것까지 평가하는 매우 심도 있는 시간이었다.

나는 내 순서가 되기 전까지 별다른 걱정 없이 박탄고프가 내 동료들에 대해 어떤 칭찬을 하고 어떤 비판을 하는지를 주의 깊게 듣고 있었다. 그러다 마침내 우리 장면 연기의 평가 차례가 왔다! 사실 박탄고프는 먼저 참가한 학생의 장면 연기에서 긍정적인 측면부터 칭찬을 해서, 나중에 부정적인 측면을 분석해 나갔다. 나는 어느 순간 굉장히 당황했다. 왜냐하면 그가 우리의 장면 연기에 대해 아무런 언급 없이 지나갔기 때문이었다. 그래도 나는 자신감이 충만해 있었다. 나는 '박탄고프가 우리의 장면 연기를 디저트처럼 나중을 위해 미뤄 놓은 것'이라고 판단했다. 실제로 이러한 경우들이 꽤 있었다. 가끔 예브게니 바그라찌온노비치 박탄고프께서는 모임이 끝날 때쯤 매우 흡족해하던 어떠한 것들에 대해서 언급하곤 했었으니 말이다

이윽고 박탄고프가 내 파트너의 이름을 호명했다. 그는 그녀를 칭찬하지 않았고 꾸짖지도 않았다. 그 점이 내게 심적인 안정감을 주었다. 나는 경쟁자에 대해 너그러운 편으로, 파트너의 실패로 인해 내가 상대적으로 우월해지는 것을 달가워하는 사람은 아니지만, 만약 그녀가 나보다 훨씬 잘했더라면 나로서는 약간이라도 질투에 빠지는 시험을 당했을지 모른다. 박탄고프의 자연스러운 음색이 나를 매우 안정시켰다. 박탄고프는 또다시 나를 건너뛰고 누군가에 대해서 말을 했다. 그래도 나는 참을성을 가지고 기다렸다.

나는 그가 나를 볼 때마다 "이제는 당신 차례입니다. 이제는 니꼴라이 미하일로비치 고르차코프 씨에 관해 이야기를 하죠"라고 말해주기를 기다리는 시선으로 그를 쳐다보았고, 그때마다 그는 몇 번이고 내 시선을 빠져나가, 그만의 신중하지만 즐거운 눈빛으로 내 근처에 앉아 있던 누군가에게 시선을 옮겼기 때문에, 나는 내가 마치 '디저트'처럼 남겨졌다고 생각됐다.

장면 연기 심사가 끝나가고 있었다. 예브게니 바그라찌온노비치 박탄고프로부

터 아직 평가를 받지 못한 농료들이 몇 명 남지 않았다.

내 마음속에서는 《루슬란과 류드밀라》 작품에서 나오는 자긍심에 찬 파를라파가 「승리의 순간이 네게 다가온다」라는 승전곡이 울려 퍼지고 있었다. 이윽고 마지막 참가자의 발표 성과까지 심사했다. 박탄고프는 다시 한 번 우리들 모두를 둘러보았다.

박탄고프가 자리에서 일어섰고, 동시에 나는 순간 긴장이 됐다.

―그럼, 이제 마치겠습니다.

그는 의식적으로 말하면서, 확실히 자리를 떠나려 했다.

―어떻게 '마칠 수 있죠?'

나도 모르게 내 속마음이 입 밖으로 튀어나왔다.

―왜 그러시죠?

예브게니 바그라찌온노비치 박탄고프께서 내 목소리를 듣고 다시 돌아왔다.

―어떻게 그냥 가시나요. . . 그럼 저. . . 저는요?

나는 주저하면서 말을 더듬었는데, 그것이 내 목소리가 아닌 흡사 낯선 누군가의 목소리처럼 느껴졌다.

―'당신의' 무엇을 말입니까?

적잖이 놀랐을 텐데 박탄고프는 매우 침착하게 되물었다.

―제 장면 연기요. 저도 연기했잖아요.

―정말입니까?

박탄고프는 한결 더 침착한 목소리로 물었다.

―그런데 저는 당신이 연기한 것을 보거나 듣지 못했습니다. 죄송합니다만 당신에 대해서는 뭔가 특별히 떠오르는 것이 없네요.

그는 미묘하고도 아이러니한 뉘앙스를 남기고 강당을 떠났다. 모두가 그를 따라 자리를 떠났지만 나만 홀로 빈 강당에 남아서 도대체 무슨 일이 벌어진 것인지를 오랜 시간 고민했다.

며칠이 지난 후 나는 용기를 내어 제1스튜디오 공연이 끝난 후 예브게니 바그라찌온노치 박탄고프를 만나러 갔고, 내가 그의 집까지 배웅을 해도 될지 허락을 구했다.

－어떻게 된 일인지 설명 좀 해주시겠습니까?

박탄고프는 우리가 아르바트 거리의 집, 레온찌엡스키 골목에 이르자 나에게 곧바로 물었다. 나는 할 말을 잃었다. 예브게니 바그라찌온노비치 박탄고프께 내가 설명을 듣는 게 아니고 설명을 해야 한다니!

－네, 당신은 나를 웃게 만들었어요. 나는 아직도 당신이 무대 위에서 연기했던 장면을 떠올리면 웃깁니다. 당신은 당신이 연기했던 것이 배역이, 그러니까 배역 형상의 완벽한 그림자였다는 것을 아십니까?

그는 우연히 튀어나온 그림자라는 단어가 맘에 들었었는지 계속 그 단어를 사용했다.

－네, 우리는 언젠가 먼 미래에 그것을 공연에서 사용할 수도 있겠죠.

그는 신랄함을 가차 없이 이어갔다.

－배역과 그리고 배역의 그림자라니! 아주 훌륭하네요! 물론 아주 가끔 희곡 속 주제로 그것이 필요하긴 하죠. 안드레예브나의 무서운 동화에서 이런 주제가 나오던 것 같더군요. 아, 그러니까, 당신은 **동화 연기**를 하셨던 거군요!

그 순간 예브게니 바그라찌온노비치 박탄고프는 나를 잠시 쳐다보았다. 내 전체적 얼굴과 표정이 얼마나 불쌍하게 보였는지, 박탄고프는 이내 비판을 멈추고는, 따뜻한 조언을 하는 것으로 태도를 바꾸었다. 그리고 나는 당시의 그의 조언을 항상 감사하게 기억하고 있다.

－극장들을 다니면서 배우들을 관찰해보세요.

박탄고프가 내게 말했다.

－그러면 당신께서는 아주 전형적인 두 가지 유형의 배우들을 보실 수 있을 겁니다. 한쪽 그룹은 무대 위에서, 마치 자신의 집에 있는 것처럼 연기하는 타입이죠: 이런 타입의 배우들은 자신들의 무대적 과제를 완수하기 위해서 의도적으로 무심하게 연기합니다. 그 유형의 배우들은 관객들이 가까운 가족처럼 여기고, 무대 위에서 무심하게 연기하는 것이 '일상적인 자연스러운 것'이라 생각하는데, 이번 발표에서 당신의 연기는 그런 연기와 비슷했습니다.

한편 다른 그룹의 배우들은 언제나 과도한 노력을 기울여 연기를 하는 디입니다. 그들은 자신들의 성실함과 노력을 높은 수준의 연기 기술이라고 생각하죠. 그래도 만약 제게 이 두 타입 중에 하나를 굳이 고르라 한다면, 저는 두 번째 그룹을 선택할 겁니다. 왜냐하면 적어도 무대 위에서 그 배우들의 대사가 들리고, 보일 테니까요. 어쨌든 간에 전자나 후자나 아마추어이긴 매한가지입니다. 이 두 타입 모두, 희곡에서 드러나야 할 다양한 역할들을 무대 위에서 표현하는 것이 아니라 오직 배우 본인들만을 무대에서 드러낼 뿐이죠. 그들 모두 작품의 주제를 표현해내지 못합니다.

K. C. 스타니슬랍스키께서는 첫 번째 유형의 배우들은 아침에 막 일어나 화장실을 가는 사람처럼 단정치 못한 모습으로 '무심하게' 무대에서 연기한다고 했습니다. 반대로 두 번째 유형의 배우들은 '매춘부들이 성적으로 유혹하기 위해 의도적으로 욕실을 노출시키는 것처럼' (스타니슬랍스키께서 자주 쓰는 비유 중 하나입니다) 무대 위에서 '뽐을 낸다'고 하셨습니다.

이 둘 모두 작가와 그의 작품에 대해 모르는 것은 물론, 극장 예술 작업에서의 위대한 본질조차 이해하지 못합니다. 물론 관객을 존중하는 것도 아니지요. 이 두 유형 모두, 예술을 자체를 사랑하는 것이 아닌, 예술에 속한 본인들을 사랑하는 것입니다. 이는 K. C. 스타니슬랍스키께서 공식적으로 하신 말씀이죠. 당신이 평생 동안 이 말을 기억하길 바랍니다. 방금 한 말에 대해 저에게 설명한다거나 변명하려 들지 마시구요! 당신께서는 발표회 날, 발표 작품보다는 당신의 '자연스러운 연기'를 자랑하고 싶어 했단 걸 본인이 인정하실 용기가 있으십니까?

―예브게니 바그라찌온노비치 박탄고프, 알고 계셨군요.

나는 연습 시간 박탄고프에게 칭찬을 들었던 당시, 파를라파의 아리아 멜로디가 내 영혼 속에서 어떻게 울렸었는지 떠올리며 시인했다.

―그렇습니다.

박탄고프는 계속 이어갔다.

―저는 작가가 제시한 상황 안에서, 인물들의 성격을 정확히 표현해서, 그것을 무대 위에서 정직하고 효과적으로 표현해내는 배우들을 존경합니다. 방금 제가 열거했던 요소들로 연기를 하는 법을 배우려면 카라마조프의 알료사와 같은 배역 말고, 통

속적인 배역을 해보십시오. 예를 들어 ≪지참금 없는 처녀≫에서 나오는 로빈슨 역할 같은 것으로요. 이 역할에는 실제 삶이 바로 드러나니까요. 오스트롭스키'가 작품을 쓴 시대로, 그 당시의 아마추어 배우''들은 부유한 귀족이나 상인들에게 빌붙어 사는 경우가 많았습니다. 로빈슨은 평범한 배역이지만, 그 역할 속에는 그 시대를 반영하는 특정 행동들이 많이 담겨 있어요. 먼저 그것들을 찾아내고 확인한 다음, 표현으로 수행해 낼 줄 아셔야 합니다. '제시된 상황은 각 장면마다 기가 막히게 잘 쓰여 있습니다. 로빈슨의 캐릭터를 살펴보자면 광대, 겁쟁이, 술고래 등이지만 재능이 없는 사람은 아닙니다. 더구나 지금의 당신은 로빈슨 역할과 전혀 어울리지 않아요.

이제부터는 보드빌'''을 해보시죠. 당신의 '그림자 같은' 배역의 성격으로는 보드빌에서 성공할 수 없습니다. 보드빌에서는 자신의 전부를 남김없이 바쳐야만 합니다. 아! 지금은 고인이 되신 아다쉐프께서 당시 보드빌을 하던 저희들을 (저와 당시 파트너였던 세라피마 비르만) 어찌나 쥐 잡듯 잡으시던지! 저흰 매일 저녁 8시부터 새벽 3시까지 연습을 했습니다. 당시 저희는 이미 진이 빠져서 서있기도 힘든 상태였지만, 그는 아랑곳 않고 지시했습니다. "다시 한 번 하세요! 맨 처음부터 해봅시다! 생기있고, 쾌활하게요! 그런데 제 동료였던 세라피마 시마가 울면서 무대 뒤 근처에 서 있었어요. 제냐'''' 나는 못 나가겠어, 나는 한 걸음도 못 걷는 상태야. 나 지금 쓰러질 것 같아."

그땐 이미 모두들 오래전에 집으로 돌아가 잠을 자고 있을 때였으니까요. 오직 우리 셋과 수위만이 학교에 남아 있었죠. 그러나 아다쉐프께서 텅 빈 강당에 대고 "시작하세요!"라고 크게 소리치면 세라피마 시마는 마치 아무 일도 없었다는 듯 빗자루를 가지고 무대로 달려 나갔습니다.

　—예브게니 바그라찌온노비치 박탄고프, 어떤 보드빌이었나요?

　—≪상호 학습≫이란 작품이었습니다. 하지만 그 작품은 당신에게 맞지 않을 것

• 『지참금 없는 처녀』를 쓴 작가이다.
•• 작품 속 로빈슨 역할의 직업은 배우였다.
••• vaudeville. 해학극 또는 노래, 춤 등이 섞인 작은 공연, 촌극
•••• 제냐는 박탄고프의 유년시절 애칭

같군요. 기본적으로 좀 더 통속적인 작품을 해보십시오.

당연히 나는 박탄고프의 충고에 따라 정확히 실행에 옮겼다. 몇 달 동안 나는 담당 선생님 O. И. 삐조바의 지도하에 《빨래통》이라는 그리 유명하지 않은 보드빌 작품을 연습했다.

한창 바빴던 박탄고프에게 그 작품을 보여주지는 못했다. 그러나 그 작품을 보았던 선배들은 대체로 만족스러워했다. 그 보드빌은 학교 행사의 밤, 장면 연기 발표로 선택되었다. 그 작품에서 나는 질투심이 강한 농부를 연기했다. 내가 맡은 배역은 시기심에 허둥대다가 실수로 거대한 빨래 통 속에서 추락하는 것이었다. 빨래 통은 무대 조명이 있는 천장의 바 위에 걸려 있었다. 이 보드빌의 하이라이트는 농부가 빨래통에서 바닥으로 떨어지는 것이었다. 나는 거의 3미터 높이에서 떨어지는 연기를 해야 했다. 처음 연습을 시작했을 때 나는 밑으로 추락하는 게 두려웠지만, 곧 익숙해져 갔다. 게다가 보드빌에서는 자신의 모든 것을 '헌신해야만 한다'는 규칙을 상기하면서 말이다. 나는 이번 연기에서는 내가 매우 에너지 넘치고 열정적이었다는 생각이 들었다.

그러던 어느 날 아르바트 광장 레보엔소베타 건물에서 주최한 붉은 군대가 연주하는 대형 콘서트에 당시 모스크바 예술 극장 제3스튜디오가 참여하게 되었다.7 박탄고프와 그의 제1스튜디오 동료들 역시 그 콘서트에 참여하였다. 당시 우리 스튜디오에서도 누군가가 전체 콘서트 프로그램 안에 이 보드빌 《빨래통》을 순서에 포함시켰다. 이것은 '공식적인 공연'으로서 나의 첫 출연작이 되었다. 그곳에서 박탄고프는 나를 스쳐 지나가며 "이 기회에 당신의 보드빌을 볼 수 있겠군요"라는 말이 나를 더욱 긴장시켰다.

콘서트가 시작되었다. 우리의 보드빌은 마지막 순서였다. 우리는 우리가 제작한 거대한 빨래 통과 그것을 3미터 높이에 매달 수 있는 무대장치 바까지 가져갔다. 사실 모든 행동들을 그 빨래통 주위에서 해야 했다.

박탄고프는 우리 보드빌 바로 앞 순서에 출연했고, 순서가 끝난 후에는 객석으로 들어갔다.

연기를 하면서 나는 나 자신이 '과하게 노력하는 게' 확실히 느껴졌다. 예브게니 바그라찌온노비치 박탄고프께서 말씀하신 그 두 번째 유형의 배우처럼 말이다. 하지만 나는 내 스스로의 '노력'들을 멈출 수가 없었다. 장면마다 나는 엄청나게 소리를 지르고, 땀을 비 오듯 흘리면서 '질투 연기를 하며' 돌아다녔던 것을 기억한다. 그러다 보드빌의 피날레로 내가 빨래통 속에서 튀어나와 바닥 위에 '착지'했을 때, 관객들은 놀랐었는지, 아니면 나에 대해 걱정을 해서인지 모를 꽤 커다란 소음이 객석에서 들려왔다.

우리에게 보내는 관객의 박수소리는 그리 크지 않았다.

나는 나의 잘못을 느꼈지만 박탄고프가 내게 말했던 두 가지의 배우 타입 중, '지나친 연기를 하는' 두 번째 유형의 배우들을 그가 더 선호한다는 것에 위로를 삼았다. 박탄고프는 우리가 있던 무대 뒤에 들르지 않았다. 하지만 저녁 무렵 나는 아르바트의 스튜디오 복도에서 우연히 그를 만날 수 있었다.

나는 의문표가 그려진 표정을 지은 채 박탄고프 앞에 잠시 서 있었다.

－네, 오늘 당신이 했던 연기는 이전에 당신이 했던 배역의 '그림자' 연기는 물론 아니었습니다. 하지만 나는 당신이 연기했던 배역에 대해서는 뭐라 딱히 할 말이 없습니다. 무대는 매우 소란스러웠고요. 그리고 나는 진심으로 당신을 염려했습니다. 당신이 빨래 통에서 튀어나와 떨어지면서 부상이라도 입지 않을까 해서요.

그가 내게 말했다.

－괜찮습니다. 저는 조금도 . . .

나는 중얼거렸다.

예브게니 바그라찌온노비치 박탄고프는 내 어깨를 가볍게 두드리더니 이내 자리를 떠났다. 이처럼 우리들이 E. Б 박탄고프로부터 배웠던 첫 번째 연출 수업 과정들은 가장 먼저 배우 연기 기술들을 습득하는 것이었다.

계속된 수업

수업은 계속되다.

　1920년 봄, 나는 제1스튜디오에서 공연을 마치시고 온 박탄고프 선생님과 함께 아르바트의 데네쥔 거리를 걷고 있었다. 그는 날씨가 좋은 날이면, 걸어서 집으로 가기를 좋아했다. 어느 따뜻한 저녁이었다. 우리는 가로수 길을 걸으며 당시 만수롭스키 스튜디오 상황을 논의했는데, 선생님은 이 일을 썩 못마땅해 했다.

　－저는 만수롭스키 스튜디오의 그 누구도 필요 없습니다.

　그가 예민하게 말했다.

　－난 모스크바 예술 극장 제2스튜디오를 이끄는 것이 하나에, 군스타 스튜디오8에서 하는 작업이 두 번째, 하비마 스튜디오9의 작업이 세 번째, 살라삔 스튜디오 작업이 네 번째, 아르메니아 스튜디오의 작업이 다섯 번째, 기타 등등 어느 것 하나도 손을 놓을 수 없어요.

그 외에도 여섯, 일곱, 여덟, 아홉 개 등 저는 지금 모스그바 안에 있는 기의 모든 스튜디오에서 작업을 함께 한다 해도 과언이 아닙니다.

피가로-씨, 피가로-랴. . .

예브게니 바그라찌온노비치 박탄고프는 사랑을 모티브로 한 유행가를 따라 부르기 즐겨 했다.

—하지만 선생님, 만수롭스키 스튜디오는 선생님께서 직접 일으키셨고 본인이 담당 지도 교수이지 않습니까? 게다가 선생님은 여기에서 당신만의 연극을 만들 수 있고요!

—결코 제 연극이 만들어 지진 않을 겁니다. 여러분들은 모두 에고이스트들이니까요. 저에 대해서는 전혀 신경도 안 쓰고 오로지 자신들만을 위하지요. 무엇 때문에 만수롭스키 스튜디오의 수업을 관두지 말라고 하는 겁니까? 왜냐하면 당신은 살랴삔 스튜디오에서 나와, 만수롭스키 스튜디오에 입학했기 때문입니다. 왜요, 아닌가요?

박탄고프는 내 안에 숨어 있던 두려움을 알아 맞혔고, 나는 그것을 인정할 수밖에 없었다. 어떻게 이제 와서 내가 다시 살랴삔 스튜디오로 돌아간단 말인가!

—말씀하신 게 사실입니다.

나는 순순히 인정하며 박탄고프에게 대답했다.

—흠, 그 "선생님께서는 여기에서 당신만의 연극을 만들 수 있고요!"라고 했나요?

박탄고프는 칼칼하게 쉬어버린 목소리로 혀 짧은 소리를 냈던 내 말투를 똑같이 흉내 내며 말했다.

—연극! 말로는 참 쉽군요!

그는 계속 이어 갔다.

—그 연극이라는 것은 예술가들이 해를 거듭해가며 성숙해져야 겨우 부화될 수 있는, 평생 동안 꾸던 꿈이 탄생되는 겁니다. 그런데 만수롭스키 스튜디오에서 그렇게 엉터리 장면 연기나 보여주던 젊은이들과 함께 내 연극을 만들어 보라고 하시는 겁니까?

—그 사람들은 이미 선생님의 제자들이예요.

―아뇨, 제겐 제자가 없습니다. 하지만 굳이 말해보라면, 얼마 남아있지 않은 스튜디오 배우들 중 한 명인 오라치코 정도가 있겠군요.

―저는 곧 자바드스키가 우리 스튜디오에 들어온다고 들었어요.

―그러니까 즉 자바드스키와 오라치코, 이 두 사람이 제 단원이군요. 박탄고프 극장 단원은 두 명으로 구성되었습니다! 아이쿠! 죄송합니다. 그리고 보니 내가 당신을 잊고 있었네요.

박탄고프는 세련되고 우아한 몸짓으로 나를 향해 몸을 돌렸다.

―제 극단 단원은 총 3명이 되겠군요. 오호! 이미 그다지 나쁘지 않은데요!

나는 지난 시즌, 만수롭스키 스튜디오가 박탄고프에게 어떠한 실망을 안겨 주었는지 알던 터라 박탄고프의 이러한 아이러니한 톤의 비웃음이 그다지 모욕적이지 않았다. 1919년, 그 해 겨울이 지나가기도 전에 만수롭스키 스튜디오에 남아 있던 선배 배우들과 작은 그룹의 어린 학생들 12명이 박탄고프와 작업을 거의 해보지도 않고 떠나 버렸기 때문이다.

나는 이렇게 깨져버린 스튜디오를 기반으로 하여 박탄고프의 극단이 창립되는 것은 좋은 아이디어라면서 다시 새로운 극단 설립을 착수하게끔 설득했다. 박탄고프는 옳았다. 나의 이기심과 자만심은 집요한 호소로 또다시 그가 만수롭스키 스튜디오에 남아줄 것을 부탁했다.

그리고 나는 내 고집을 멈출 수 없었다.

―만수롭스키 스튜디오에 예브게니 바그라찌온노비치 박탄고프가 있다는 것을 광고에 내건다면, 수십, 수백 명의 사람들이 선생님께 올 것이고 그러면 동시에 선생님께서 원하시던 사람들과 공연이 만수롭스키 스튜디오에 늘어날 거예요.

나의 '프로파간다'는 계속되었다.

―제가 살랴삔 스튜디오를 걸고 맹세할게요!

―맹세는 자신에게 하는 겁니다.

―선생님은 젊은 사람들이 다니는 극장 사이에서 인기가 엄청나요.

―그렇다 하더라도 스타니슬랍스키 선생님께서는 제게 "당신은 헛똑똑이에요. 한

가지 일을 하다가 다른 길로 새어 버리곤 하니까요, 그러지 마세요."라고 말씀하셨죠.

−왜냐하면 선생님에겐 선생님, 자신만의 연극이 필요하기 때문일 겁니다.

−연극이라. . . 체홉에겐 바로 그 자신만의 연극이란 게 있었죠.

−모스크바 예술 극장에서 했던 공연, 말씀이세요?

−아뇨, 자신만의 색깔을 가진 연극을 말하는 겁니다. 자신의 영혼에서 그려낸 공연, 그것을 창조한 연극이요.

−??

−자신의 상상 속에 있는 것이죠.

−그러면 모스크바 예술 극장에서 한 공연은 뭐죠?

−그 공연은 이미 스타니슬랍스키와 네미로비치 단첸코의 손이 거쳐져서 새로운 해석이 담겨 만들어진 겁니다.

−그러면 선생님께서는 체홉 작품을 해보신 적이 없으신가요, 예브게니 바그라찌온노비치 박탄고프?

−소설을 각색한 작품을 만들어본 적이 있습니다. 큰 희곡을 무대에 올려본 적은 없고요. 몇 해 전, 스튜디오에서 체홉의 ≪결혼≫이란 작품을 올리려고 모인 적이 있었죠.

−어, 저는 김나지움에서 그 공연을 했었어요.

−좋았나요?

−연습은 즐거웠습니다.

−그러니까 당신 입장에서는 결혼이라는 것은 인생에서 즐거운 이벤트라는 거죠?

−그런 것 같아요.

−그렇다면 체홉은 어떤 입장이었나요?

−그렇지 않았습니다.

−그렇다면 누가 옳은 거죠? 체홉일까요?

대체로 박탄고프는 이렇게 어려운 질문에 대해서 내 대답을 기다려 주지 않았기에 나는 그의 말을 곱씹으며 신중하게 침묵을 지키고 있었다.

—어쩌면 그것은 진짜 삶이 아닐 수 있어요.

예브게니 바그라찌온노비치 박탄고프는 이어서 말했다.

—체홉 이야기 속에 나오는 인생들처럼, 그렇게 사는 것 말입니다. 거기에서는 모두 결혼을 축하하며 춤도 추고 즐거워하며 심지어는 돈을 써서 장군님까지 섭외해서 집안을 과시하지만 그것은 옳은 삶이 아닙니다. 그 희곡 속 인물들은 그들이 살아 있다고 생각하지만 사실은 누군가 그들에게 '그렇게 살아야 한다'라고 보이지 않는 줄로 종용하는 하는 거예요. 그래서 그들은 춤추고 싸우고 화해하며 먹고 마시고 사랑하고 증오하고 사고팔고...

—그러면 유령 같은 것이 아닐까요?

나는 자신 없게 물었다.

—정확히 어떤 것을 말하는 거죠?

—누군가 체홉의 등장인물들을 꼭두각시처럼 조종하고 압박하는 것이요.

—아닙니다. 그것은 체홉의 희곡에서 그의 연극적 본질을 결정하는 것 중 하나예요.

갑자기 박탄고프는 매우 유쾌하게 대답하며 유행이 지난 옛날 노래를 가볍게 흥얼거리기 시작했다. 우리는 뜨베르스키 대로를 따라 걸었다. 따스한 저녁 날 임에도 불구하고, 산책은 그리 길지 않았다.

당시엔 사람들이 자기 아파트 정원 앞에 나와, 집 앞에 앉아서 쉬는 것을 좋아하던 때였다. 그때만 해도 여전히 구식 가스램프가 대로에 세워져 있었고, 노란빛으로 어슴푸레 거리를 밝히고 있었다. 불빛은 바람이 불면 마치 나뭇잎 흔들리듯 꺼질 듯 하다가도 다시 타오르면서 희미한 그림자가 어른거리며 깜빡였다.

—그런데 왜 유령이라고 하신 거죠?

박탄고프는 또다시 내 의중을 물어왔다.

—그렇다면 이 그림자가 흔들리는 것도 유령인가요? 사람들이 모든 것에 대해 그렇게 쉽게 명명하는 게 놀라울 지경입니다.

나는 뭔가가 잘못됐음을 느꼈지만, 정확히 뭐가 잘못됐는지 찾아내지 못했고 그에게 뭐라고 대답해야 할지 몰랐다. 다행히 대화의 주제는 다른 곳으로 옮겨졌다.

그 시기 박탄고프는 소규모 극장에서 연출 작업을 하는 데에 불만이 있었다. 그는 나에게 그의 마음속에 그리고 있던 극장이 어떤 것인지 열정적으로 설명했다.

－극장 외형은 반드시 소박해보여야 합니다. 위치가 꼭 시내 중심에 있을 필요는 없지요. 예를 들면 사바체이라든지, 노빈스키・대로쯤의 위치가 더 나을 듯하고요. 그리고 반드시 공원이 아닌, 극장 주변에 나무들이 좀 있는 곳이었음 해요. 그래서 봄이나 여름엔 담배를 피우러 나갈 수 있게끔요. 아니면 모스크바 강이 보이는 쪽에 커다란 테라스를 내어 거기서 담배를 피우러 나갈 수 있게 할 수도 있고요. 노빈스키 대로쪽에 극장 정면을 두고, 반대편 측면에는 흰 테라스를 내고 지하층으로 가는 계단도 배치하는 거죠.

겨울이 되면 유리로 만든 바람막이 창을 테라스에 설치해서 닫아 둘 수 있도록 하는 겁니다. 그래서 공연이 끝나면 창을 모두 열어서 담배 연기를 내보내는 거예요. 세상에 어찌나 담배들을 피워 대는지. . . 층마다 올라오는 담배 연기로 공기가 오염되는 것은 물론이고, 그것도 모자라 벽마다 니코틴이 배어 있습니다. 스타니슬랍스키와 블라디미르 이바노비치처럼 건강한 극장 환경에 대한 의식이 있는 사람들이 있는 모스크바 예술 극장에서조차 극장 로비 위층에 있는 흡연실 때문에 몸살을 앓고 있죠. 극장 내부는 아주 환해야 합니다. 벽이나 천장에 양각으로 된 요란한 장식이 없는, 과한 장식은 피해야 하고요. 벽에 부드러운 색감의 목재를 사용하는 겁니다. 각 방마다 각기 다른 품종의 나무를 사용하는 거죠. 가령 미국산 밝은 색 호두나무라든지, 너도밤나무, 물푸레나무, 단풍나무, 노송나무. . . 다양한 품종의 판재에서 얼마나 신선하고 향기로운 냄새가 날까요! 예전 어렸을 적 나는 목재 가게에서 파는 나무들을 사다가 톱질하는 것에 몰두한 적이 있었습니다. 어느 추운 날, 난 그것들을 가지고 따뜻한 집으로 들어왔는데, 나무가 따뜻해지자, 그것들은 마치 생나무로 된 크리스마스트리처럼 향긋한 나무향이 온 방안에 채웠더랬죠. 판재는 매끈하게 가공되거나 도색하지 않은, 자연색상 그대로여야 합니다. 극장 전체가 숲의 냄새로 가득해질 때까지 날마다 그것들을 닦아야 하고요. 어떻게 하면 예술과 자연의 조화를 이룰 수 있을까요? 언젠

• 사바체이, 노빈스키 두 지역 모두 모스크바 중심가에서 좀 떨어져 있는 지역이다.

가 스타니슬랍스키가 최고로 훌륭한 예술가는 바로 자연이다라고 말한 적이 있었는데, 그것은 진실입니다. 어떻게 자연을 도시 안에 옮겨낼 수 있을까요? 그러기 위해서는 무엇보다도 절대적이고 완벽하게 깨끗해야 할 것입니다.

극장 배우들 중 누군가 극장 안에 종이를 버렸다면 또는 휴지가 바닥에 버려져 있는 걸 알면서도 줍지 않는다면 5일간 극장에 오지 못하도록 하고, 그를 대신하여 대역배우가 연습을 하거나 공연을 하게 할 거예요. 배우에게 가장 무서운 형벌은 무대에 오르지 못하는 것이니까요. 이런 식으로 완벽한 청결과 환기를 유지하는 겁니다. 공연 전에는 관객들에게 배우들의 발소리가 들리지 않도록 극장 곳곳에 카펫을 깔아 배우들이 지나다니도록 하는 특별한 카펫 길을 낼 거구요. 공연장 관객석은 800석을 넘지 않게 할 겁니다. 제 아무리 천재적인 배우라 하더라도 800명 이상을 감동시키긴 힘듭니다. 한번 생각해보십시오. 한 명이 800명을 상대한다니요. 한 사람이 800명을 상대한다는 것은 전쟁터에서조차도 절대 일어나지 않는 일입니다.

－하지만 보통 연극에서는 많은 수의 배우들이 연기를 하잖아요.

－하지만 보통 2-3명의 배우들이 공연을 이끌어 갑니다. 예를 들면 그 두세 사람의 주인공들 중 어느 한 사람은 언젠간 독백 대사를 하며 관객과 마주하게 될 텐데.

바로 그 순간, 한 명이 팔백 명을 상대하는 경우가 되겠죠. 그렇다면 그때 그가 갖추고 있어야 하는 것은 무엇일까요? 표정과 목소리 (마치 차이콥스키와 같은, 말하자면 오페라는 아니지만, 선율이 있는 듯한 천재적인 음성과 화술이요) 행동과 감정의 이입, 인물에 대한 열정 등입니다. 이러한 예술적 성질을 가지고, 자신의 재능을 통해서 작가의 생각을 전달해야 합니다. 그것으로 관객의 주의를 사로잡고, 자신의 감정을 관객에게 이입시켜, 팔백 명의 사람들을 몰입시키는 거죠. 재차 말하지만 800명 중 단 한 사람도 빠짐없이 모두에게 균등히요!

－이런 건 비극 드라마 장르에서만 쓰이는 건가요?

－장르와는 상관없습니다. 지금은 당신이 너무 젊어서 이러한 것을 이해하지 못하겠지만, 때가 되면 이해하게 될 겁니다. 장르가 무엇이 됐든지, 또한 어떠한 인간의 속성이라도 관객에게 감동을 줄 수 있고, 전율시킬 수 있다는 것을요. 제가 지금 이런 이야기를 하는 이유는, 극장이란 공간은 배우들을 자신의 일부로서 세심하게 도와야

하는데, 우리가 보고 있는 지금의 극장들은 오히려 배우를 방해하고 있기 때문이에요. 관객석은 모든 관객들이 배우들을 잘 보거나 들을 수 있도록 만들어져야만 합니다. 이를 위해서는 연극 공연장은 너무 크면 안 될 것입니다. 연극은 발레나 오페라가 아니니까요.

스타니슬랍스키께서 관객이 극장에 와서 연극을 관람하는 이유는 '살아 있는 삶'을 보기 위해서라고 표현한 적이 있었습니다. 그러니 그러한 완전히 살아있는 삶을 관객이 볼 수 있으려면, 배우들의 극히 미세한 행동의 변화라든지, 눈빛의 변화조차 관객들이 놓쳐서는 안 되겠죠. 가장 이상적인 객석은 측면에 특별석이나 발코니 좌석이 없는, 뒤로 갈수록 층이 높아지게끔 설계된 것입니다. 원형극장, 이것이 가장 이상적인 공연장이지요.

언젠가 한번, 모스크바 예술 극장에서는 객석의 조명이 하나둘씩 꺼지면 어둠 속에서 소리 없이 무대 커튼을 열기로 했습니다. 그러나 당시 극장의 조명들은 불안하게 깜빡였고, 무대 커튼이 움직일 때면 뱀이 기어 다니는 소리가 났습니다. 물론 지금은 그런 일이 또다시 일어나지 않도록 주의하고 있어요. 고무적인 일이죠. 그러나 다른 극장들은 어떻습니까?

안됩니다. 제 극장에서는 그런 일이 없도록 할 겁니다. 저는 언젠가는 꼭 이런 경험을 하고 싶습니다. 조연출자가 연기자들에게 큐 사인을 주면 관객들 앞에 무대 커튼이 아닌 이미 삶의 다른 한 장이 열려 있는 것을요.

소음 없이 무대 커튼이 걷혀서, 이미 무대 위에는 배우들의 연기가 시작되어, 공연이 몇 분이나 지나는 동안에도, 관객들은 이를 알아채지 못하는 겁니다. 하지만 현재의 많은 극장에서는 조연출이 '하나!'하면 전기 조명이 준비됐음을 배우들이 알려주고, 조연출이 '둘!'하면 조명 스텝에게 '시작합니다'라고 다시 한 번 배우들이 말하죠, 그리고 배우들은 무대 크루에게 '무대 커튼 여세요'라고 또다시 말합니다. 그러면 낡고 무거운 무대 커튼이 끼익 거리는 소리를 내며 무대가 열리고, 배우들은 콜록거리고, 관객들은 재채기를 하게 되고 천장의 조명에서는 지지직 소리도 납니다. 이러한 공연은 마치 나사를 잘못 채운 시골 사륜마차가 기름칠도 제대로 안 하고 요란하게 달리는 것과 마찬가지입니다.

그러면 관객들은 공연에서 제일 중요하고도 작품 안의 최고로 장엄한 순간을 놓치게 되는 겁니다.

─그렇다면 이탈리아의 코메디아 델 아르떼는 어떻게 하는 거죠?

─그것은 완전히 다릅니다! 관객들이 배우를 따라 함께 소통하는 방식이에요. 관객들이 아직 극장 입구 앞, 거리에 서 있을 때부터 배우들이 직접 밖으로 나가 관객들을 극장 안으로 인도하죠. 거기엔 완전히 다른 규칙과 전통이 있습니다. 그 안에는 연극적 트릭이나 장난질이 아닌, 단지 기존 우리들의 연극과는 전혀 다른 규칙과 전통이 있을 뿐이죠.

아, 꼭 극장이 아니더라도 만약 적당한 공간만 얻게 된다면 마음껏 원하는 연극을 만들 수 있을 텐데. . . 물론 연출가로서 올바른 의무를 다 하면서요! 손수 배우들을 교육하며 준비시켜야 합니다. 연출가가 아무 준비도 없이 국가에게 모든 것이 갖춰진 것을 달라고 요구하는 것은 부끄러운 일입니다.

나는 평소 선생님이 관심을 갖고 있던 괴테의 《파우스트》나 바이런의 비극, 스흡-꼬빌리나의 3부작과 같은 희곡들을 선생님의 연출 공연으로 구상하고, 올리고 싶어 했던 것을 알고 있었다. 이를 위해서는 그에게 극장이란 공간과 재능 있는 배우들, 예술에 헌신하는 사람들이 필요했던 것이다.

특히나 그날 저녁엔 박탄고프에게 그 모든 것들이 속히 이루어지기를 얼마나 바랐는지 모른다! 그날의 대화에서 그는 훌륭하고 특별한 공연들에 대한 믿음, 그리고 뛰어난 공연을 만들기 위한 구상과 신념에 대한 생각을 완전히 몰입해서 이야기했다.

그렇다. 박탄고프는 처음과 달리 '비 일관적이었다'. 대화의 시작은 자신만의 연극은 원하지도 않고, 하지도 못할 것이며 물론 제자도 없을 뿐더러 자신의 연출적 구상은 실현 불가능할 거라 했는데, 대화의 후반에서는 소비에트 연방의 미래 연극예술과 시대가 요구하는 연극 이야기, 새로운 것을 창조하는 자신의 뜨거운 희망에 대해 열정적으로 이야기했다.

그날 저녁의 대화는 나에게 강렬하게 각인되었다!

그 후 약 두 달 정도가 흘렀다. 선생님께서는 만수롭스키 스튜디오 수업을 그만 두지 않으셨고, 주변의 충실한 학생들이 그의 그룹으로 새롭게 결성되었다.

마침내 유리 자바드스키*가 우리 스튜디오로 돌아왔다. 박탄고프는 그에게 전반적인 작업들을 모두 위탁했다.

1920년 여름, 군스트 스튜디오를 이끌던 군스트 A. A.가 사망하면서 그곳 스튜디오의 멤버들이 박탄고프 스튜디오 팀에 합류하게 되어, 사람들이 꽤 많아지게 되었다. 자하바는 자신이 몸담고 있었던 마몬노프 스튜디오에서 데려온 (그들 중에는 톨차노프, 라우단스까야, 바숍 등이 있었다) 학생들을 이끌었다. 샬랴삔 스튜디오에서도 많은 수의 학생들이 (그들 중에 시모노프와 야눕스키도 있었다) 박탄고프에게로 왔다. 여름이 끝나갈 무렵엔 박탄고프 지도 하에 연기술을 배우고자 하는 학생들을 면접하기도 했다. 만수롭스키 스튜디오 작업에 대한 염세적인 기운이 사라지고 박탄고프에게 새로운 봄바람이 일었다.

그해 여름의 예브게니 바그라찌온노비치 박탄고프는 특히나 에너지가 넘쳤고 밝은 모습이었다. 만수롭스키 스튜디오 작업에 불길이 솟아올랐다. 우리는 '체홉의 밤'을 기념하기 위해 메테를링크의 《성 안토니오의 기적》과 장면 연기로 보여줄 《엘렉트라》, 《우리끼리-뭉치자》라는 보드빌 단막극을 재연습 중이었다. '체홉의 밤' 행사에는 체홉의 《결혼》도 포함되어 있었다.

나는 이 희곡을 연습하는 첫날에 참석하지 못했으나 그 연습에 참석했던 사람들에게 들어보니 모두 긍정적이었고 흥미로워했다. 역할은 이미 모두 정해진 상태였고, 해군 말단 계급 군인인 모즈고프란 배역과 결혼식 사회자 배역, 딱 두 개의 역할만이 미정인 상태였다. 연습 중에 이 '배역들'은 결혼식 하객 역을 맡은 배우들

• 러시아 연출가(1894 –1977). 박탄고프 스튜디오에서 활동하다가 박탄고프 사후 1924년 모스크바 예술극장으로 옮겨 활동했다. 1940년부터 모스크바 소비에트 극장 수석 연출가를 역임했다.

이 순서대로 임시로 대역 연기를 하고 있었다.

　공연 연습은 박탄고프 없이 자바드스키와 까뚤루바이가 주도했다. 이러한 스튜디오의 전반적 분위기가 나에겐 무척 인상적이었다. 당시 모스크바에는 수많은 드라마 스튜디오들이 있었는데, 그중에 늘 보이던 예술에 대해 자유분방한 보헤미안족, 배우 지망생들을 이곳에서는 볼 수 없었기 때문이다. 설명을 보충하자면 그 당시 젊은이들은 예술에 강력하게 이끌려 예술을 하고자 하는 스타병 걸린 보헤미안족들이 수없이 많았던 시기였다. 마치 봄비가 내린 뒤 무성하게 버섯들이 피어나듯, 모스크바 곳곳에 온갖 다양한 스튜디오들이 우후죽순 생겨났다. 예술은 러시아 혁명에서 깨어난 젊은이들을 중심으로, 보다 많이, 보다 넓게 퍼져 나갔다. 인원이 워낙 많다보니 스튜디오들마다, 그곳을 이끌만한 검증된 담당 지도자들이 부족했다. 이러한 상황에서 자연스럽게 프로 배우들이 그러한 일을 맡게 되었는데, 전문성이 부족하여 배우 지망생들은 추상적인 지식을 배울 수밖에 없었다. 그들은 예술 안의 '새로운 것들'에 대한 끊임없는 대화를 했고, 자주 밤까지 논쟁을 벌였지만 연극예술의 진정한 법칙을 배운다거나 예술적 작업은 하지 못했다. 이러한 보헤미안 단체의 참여자들은 큰 피해를 당하지는 않았지만 진정한 연극예술과의 관계는 갖지 못했던 것이다.

　박탄고프 스튜디오는 여타 스튜디오와는 다른 원칙들이 있었다. 타 스튜디오와 달리, 박탄고프 스튜디오에서는 스타병에 걸린 보헤미안 족들이 보이면 싹이 나오기도 전에 잘라냈다. 박탄고프에게는 스튜디오 배우들의 예술교육에 있어 분명한 철학이 있었는데, 높은 도덕성과 윤리적 규범 준수가 그가 중요하게 생각하며 요구하는 것이었다. 박탄고프는 스타니슬랍스키나 네미로비치 단첸코가 젊은이들을 교육하고 육성하는 것처럼, 그들을 따라 교사로서 양육자로서의 몫을 다 했을 뿐 아니라 그들에게서 얻은 교육적 지식 기반을 가지고 자신의 것으로 만들어 전함으로써 그것의 가치를 한층 높였다.

　만일 학생 중 누군가 예술과 연극에 대해 열변을 토하며 잘난 체를 하면서 연습에 무리를 일으키는 경우, 스튜니오의 당번은 그 앞에 조용히 다가가 '뮤즈는 난리 통에 나타나지 않는다'라는 문구가 쓰인 작은 칠판을 건네고 나갔다

어떠한 질책이나 힐난도 하지 않고 마치 다음날 연습 일정표를 알려주고 나가 듯 말이다. 놀라운 것은 겨우 이 몇 마디의 문구가 실제로 마법 같은 효과를 발휘했 다는 것이다!

난 『모스크바 예술 극장 제1스튜디오에 대한 기억』이라는 책을 통해서 이러한 방법은 박탄고프가 술레르즈츠키 스튜디오에서 써왔던 방법임을 알게 되었다. 그러 나 만수롭스키 스튜디오에서는 만일 스튜디오 안이 소란스러울 경우 스튜디오의 당 번이 장대에 작은 고깔모자를 씌워 가지고 다니며 학생들을 저지시켰다. 또 다른 방 법으로는 연습실 벽 한구석 작은 책상 위에 레코드플레이어와 축음기를 설치해서 듣기 싫은 소음이 나게 하기도 했다. 만일 연습 중에 논쟁을 벌여 소모전을 일으키 는 것을 좋아하는 배우가 있으면 (이런 류의 배우들은 극단에 항상 있다) 그가 투덜 거리거나 시끄럽게 굴면서 작업의 흐름을 끊는다 싶을 때 당번이 레코드를 틀어 소 음 한 소절이 나게 했다.

언제인가 연습 도중에 누군가 소란을 일으켜서 당번이 작은 칠판을 가지고 온 일이 있었는데, 당시의 문구를 우리들이 가장 싫어했던 적이 있다. 거기에는 '늙은 노아에게는 3명의 아들이 있었다: 셈. . .' 이렇게 쓰인 채 말줄임표가 끝이었다. 그 셈이라는 사람은 어떤 인물이었기에 왜 여기에 쓰여 있는 걸까? 야벳은 세 번째 아 들이었는데 역시 잘 모르는 인물이고. . . 그렇다면 두 번째 아들은 누구였지. . . 혹 시 우리 스튜디오 학생들 중 노아의 아들들과 비슷한 사람이 있었던 걸까?

이러한 솜방망이 방법이 통하지 않는다 싶을 때는 노트에 이름을 적어 박탄고 프에게 제출하는 건데 여기에는 막강한 힘이 있었다. 스튜디오의 수업을 날마다 기 록하는 알림장 노트의 한편에는 별도로 이름을 적어 낼 수 있게 되어 있었다. 스튜 디오의 당번들은 날마다의 수업내용을 알림장에 기입했고 박탄고프는 수업에 들어 오는 즉시 제일 먼저 이 노트를 읽었다.

이러한 간단한 방법을 통해 박탄고프는 자신이 직접 연습에 참여하지 못하는 경우에도 스튜디오 학생들의 전반적인 생활 모습과 우리들 개개인의 행동을 파악했다. 내가 처음 그 노트를 썼을 때는 내 안에 있던 여러 가지 변덕스러운 성격을 반영한 방어적인 마음이라든지 다혈질적인 마음들을 그대로 노출하여 노트에 적어 제출했다.

―흠.

박탄고프가 알림장을 훑어본 후 말했다.

―보아하니 니꼴라이 미하일로비치 고르차코프가 이번 주에 두 가지나 써서 냈군요. 여기 하나는 "장면 연기 파트너인 야놉스키가 연습에 늦고도 잘못을 인정하지 않았고, 이는 잘못된 행동임을 단호히 비판하는 바이다."

두 번째 것은 "내가 ≪결혼≫이란 작품에서 사회자 배역을 받게 된 것이 몹시 당황스러웠다. 왜냐하면 나는 그 작품 안에 그런 배역이 존재했었는지조차 기억 못했기 때문이다."

박탄고프는 이 알림장을 내려다보며 몇 초간 생각에 잠겼다.

―당신은 우리 스튜디오에 얼마나 있었나요?

선생님이 내게 물었다.

―거의 3주 정도 있었습니다.

―그러면 니꼴라이 빠블로비치 야놉스키와는 얼마나 알고 지낸 사이입니까?

―우린 이미 살랴삔 스튜디오에서부터 함께 작업해왔던 사이예요.

―그러니까 당신들은 희곡 전체를 함께 공연했던 사이군요.

―≪혁명적 결혼≫이란 공연이었습니다. 선생님은 그 공연을 보셨었고요, 예브게니 바그라찌온노비치 박탄고프.

―거기에서 야놉스키는 무슨 역할을 했었죠?

―장군 역할을 연기했었습니다.

―주인공은 아니었군요?

―아니었습니다.

―하지만 당신은 그 공연의 연출을 담당했지요. 배우들을 호령하며 뒤흔들었겠

죠? 말씀해보시지요, 니꼴라이 빠블로비치 야놉스키.

―오해이십니다. 아니에요.

야놉스키가 일어서며 말했다.

―꼴랴• 는 아주 세심한 연출이었어요.

―동료애가 발동되어 고르차코프를 변호하시는군요. 야놉스키, 당신은 내성적이고 진중한 사람이지만, 당신의 친구가 호령하며 지휘하는 것이 싫지 않은가 봅니다.

박탄고프는 다시 나에게로 주의를 돌려 물었다.

―당신은 이 문제를 어떻게 생각하는지는 모르겠습니다만, 저는 연출가가 극장에서 최대한 자신의 소리를 낮추고 절제해야 한다고 생각합니다. 그런데 당신은 연출을 공부하러 스튜디오에 와서는 벌써부터 동료들에게 온갖 가혹하고 부적절한 말들을 쏟아내고 있다네요.

―예브게니 바그라찌온노비치 박탄고프, 제가 다 설명하겠습니다.

―먼저 이것부터 설명하는 게 좋을 겁니다.

박탄고프는 내게 말할 틈을 주지 않았다.

―어떻게 당신은 ≪결혼≫에서 사회자 역할을 기억 못할 수 있죠? 그것이 날 놀라게 했습니다. 아니, 연출자가 되고자 하는 박식한 청년이 사회자 역할을 기억 못한다니 의외군요! 사회자 역은 연출자인 당신에게 특히나 잘 어울리고 중요한 역할입니다. 그러니 지금 한번 연습을 이끌어보시죠. "그란론, 실부쁠레!"••

나는 어쩔 수 없이 연습을 진행시켜야 했다.

―자, 우리 모두 니꼴라이 미하일로비치 고르차코프에게 연출 역할을 이해할 수 있도록 다 함께 도와줍시다.

박탄고프는 ≪결혼≫에 참여하는 연습실 강당에 앉아 있던 학생들에게 말했다.

―그란론, 실부쁠레! 큰 원을 만들어 주세요, 부탁드립니다! 지금 아무나 가서 ≪결

• 고르차코프의 애칭
•• 프랑스어로, "커다란 원형으로 만들어주세요, 부탁드려요!"라는 뜻(un grand rond, sil vous plaît!).

혼≫에서 쓰는 사교댄스 피아노곡을 10회 동안 끊지 말고 이어서 연주해주세요, 그리고 각기 배역들은 사회자의 지휘 하에 함께 춤을 추시고요, 사회자 역은 페도라 이바노브나 샬랴삔 스튜디오 연출 과정 이수자 출신(!)인 고르차코프가 맡을 겁니다. 그는 수십 개의 사교댄스를 알고 있는 인물입니다!

―예브게니 바그라찌온노비치 박탄고프, 제가 무슨 수로 그것들을 다 알겠습니까?

―좋은 연출가는 다 알죠!

박탄고프는 단호하게 말했다.

내가 얼마간 박탄고프를 겪어온 바에 의하면, 이런 경우 반대해봤자 소용도 없고 시키는 대로 따라야 함을 알고 있었다. 무엇보다 이는 분명한 정식 연출 수업이기도 했기 때문이다.

두 시간이 지나도록 박탄고프의 격려와 환호 안에서 손님 배역들과 기타 배역의 연기자들은 격렬하게 뛰면서 긴 시간 춤을 추었다.

―즐겁게요, 더 즐겁게.

니꼴라이 미하일로비치 고르차코프, 왜 무대공간을 제한시키는 겁니까? '둥글게 돌면서 체인처럼 줄을 맞춰서' 모든 공간을 활용하세요! 배우들이 관객석을 통과해서 무대로 되돌아올 수 있게요. 춤을 추는 무리들이 돌면서 춤이 끊어지는 순간에 랴우단스카야, 라바쉬코프는 즈메유키나와 야찌로서 그 무대 '분위기'를 그대로 유지하면서 연기를 시작하는 겁니다.

고르차코프 연출! 상상력 발휘를 전혀 안 하시는군요. 댄스팀이 내 곁을 지날 때마다 새로운 그림을 보여주세요. 당신이 만든 '그란-론(큰 원형)'은 그만 좀 보여주시고요. 희곡 속 사회자 역할을 모르시겠나요? 그에겐 다양한 춤사위를 무한량 공급할 수 있는 그림이 있습니다. 그는 타간까 지방에서 가장 유명한 사람이라고요.

그래서 나는 평소 나 같지 않은, 이전에는 해보지 않았던 방식으로 배우들이 내 머릿속 새로운 그림들을 잘 실행해낼 수 있게끔 완전히 새로운 명칭을 만들어 써가며 상상력을 발휘했다.

-"까라삐이 노래, 나비처럼 멀리 날이가 보세요", "찌르레기, 참새처럼 모여보세요", "리투알-별처럼 반짝반짝"

나는 동료들에게 새로운 명칭을 지어서 말하는 동시에 해석을 달아서 춤추게 했다.

나는 속으로 "아! 박탄고프가 만약 미리 이 과제를 내게 말해줬다면, 진작 잘 준비해 두었을 텐데!"라고 되뇌었다!

그러나 지금 와서 생각해보면 이러한 과제는 미리 알면 안 되는 연출 과정으로 박탄고프가 미리 준비하라고 알려줬을 리도 없지만, 만약 미리 알려주었다면 이러한 연출 과정 수업을 체득하지 못했을 것이었다.

박탄고프는 연습시간에 배우들에게 즉흥적인 과제를 부여하면서, 배우들이 과제를 수행하는 **과정 중에서** 만들어내는 특별한 순간을 포착해, 공연에서 사용할 장면을 만들었다. 박탄고프는 체홉의 희곡에 쓰인 '제시된 상황'에서 사건이 유발될 수 있을 때까지의 분위기를 만들어주었고, 우리들은 박탄고프의 지시 하에 체홉이 의미한 분위기가 무르익을 때까지 춤을 추고 연기를 했다.

-뉴닌은 사교댄스를 추면서 어머니한테 다가가세요, 춤을 멈추지 말고 어머니가 춤을 추고 있는 쪽 주변에 합류해서 장군에게 필요한 것들이 무엇인지 전부 말하세요. 춤추는 줄 맨 끝에 나누어지는 위치에서, 야찌랑 아쁠롬보프 역시 춤을 추는 상태로 서로 싸우시고요. 램프에서 나오는 불빛은 춤 동작에 따라 그 움직임이 공기에도 타고 전달되어 흔들릴 수 있도록 해주세요. 하인 배역들은 램프를 컨트롤할 시간이 없으니까, 조명 담당자가 이런 효과를 내주세요!

무대 위의 몇몇 손님 배역들은 뭔가를 먹거나 마시려고 이동해보시는데, 역시 춤을 추면서 움직이십시오. 무대에 있는 모든 사람들은 단 1초도 춤을 멈춰 서는 안 됩니다. 하인 배역들이 쟁반을 들고 다니면서 시중을 들어 주세요. 춤을 추는 배우들 사이사이로 먹거나 마시고자 하는 사람들을 따라다니며 돌아다니세요.

연출가는 희곡 속 장면 장면마다 어떠한 과제(Elements, exercise)가 필요할지, 실습(Practise)을 통해 배우십시오.

우리들은 지금껏 ≪결혼≫ 속에 나오는 손님들의 감정과 리듬, 역할 형상 과제에 있어서, 이렇게 해본 적은 이제껏 없었고, 앞으로도 없을 것이라는 생각에 매혹되어 박탄고프의 과제를 실현하기 위해 온 힘을 다 쏟았다.

결사적인 춤은 한 시간이 넘도록 지속됐다. 예브게니 바그라찌온노비치 박탄고프의 지시에 따라 조금씩 춤추는 사이가; 어머니와 아쁠롬보프, 그리스인인 뒴바와 아버지, 즈메유키나와 야찌로 교체되었고 춤의 형식도 다른 춤으로 전환되었다. 박탄고프가 요구한 대로 '댄스 지휘'를 하던 내 목소리는 쉬어 버렸고, 내 동료들 역시 거의 기계적으로 움직일 만큼 모두 지쳐버렸다. 우리들 모두 곧 쉬는 시간이 올 거라며 각자 속으로 생각하고 있었다.

이윽고 실제로 박탄고프는 손뼉을 치더니 심지어 종소리까지 울리며 쉬는 시간을 알려왔다.

'마침내 그 시간이 오자' 우리들은 각자가 서 있었던 주변 아무 곳, 의자나 식탁, 창틀 아래 등에 주저앉았다.

―아주 좋습니다!

박탄고프의 목소리가 들려왔다.

―매번 춤이 멈춰지는 장면마다, 여러분들이 방금 보여주신 이런 모습이 되게끔 해주세요. 단! 내가 쉬는 순간을 주는 그 순간에 바로 쉬지 말고, 순간 여러분 양 옆에 누가 있는지 **확인한 후에** 쉬시는 겁니다.

다시 한 번 예브게니 바그라찌온노비치 박탄고프는 단어마다 힘주어 말하며 강조했다.

―자신에게 보이는 전부를 확인하세요. 사람들, 사물들, 공간, 그리고 자기 자신도요, 과연 이것이 실제인가?를 스스로에게 물어보면서요. 이해하셨습니까?

박탄고프가 우리에게 물었다.

―확실하게는 잘 모르겠어요.

신랑 역인 아쁠롬보프, 즉 꾸드라쩨프가 자신 없는 목소리로 대답했다.

―당장은 이해가 안 가도 곧 이해하실 수 있을 겁니다.

박탄고프가 침착하게 이어갔다.

―일단 두 명씩 춤을 추다가 내 멈추라는 신호에 따라 어떠한 포즈였건 간에 동작을 그대로 멈추고는 눈앞에 보이는 파트너나 사물들을 확인하고 나서, 쉬라는 겁니다! 이런 식으로 하는 겁니다. 아셨죠! 결혼식들 보면 이렇습니다! 단, 이것을 하는 동안에는 생각을 많이 하지 마세요! 자, 다시 춤춰 보세요!

박탄고프가 손바닥을 책상 바닥에 내리쳤고, 사교댄스는 재개되었다. 우리들은 매순간 연출자의 주문 과제를 마음속으로 생각하면서 정지신호를 기다렸다. 하지만 박탄고프는 신호를 주지 않았다. 시간이 흘러 피곤이 누적되자, 우리들은 예브게니 바그라찌온노비치 박탄고프가 제시한 과제를 잊어버리기 시작했다. 우리들이 박탄고프의 신호를 포기했던 그 순간, 강렬한 벨소리가 길게 들려왔고, 우리들은 모두 거의 동시에 춤을 멈추었다. 우리들은 각자 서있던 위치에서 서로를 바라보기, 주변 사물들을 파악하기, 꿈인지 생시인지 인지하기 등을 기억해내며 순차적으로 과제를 수행했다. 말하자면 우리들 모두는 박탄고프의 과제를 너무 오랜 시간 동안 하나하나씩 기억을 더듬어가며 수행을 했던 것이다.

―그렇게 하는 게 아닙니다. 이 장면에서 철학 따위는 필요 없다니까요!

박탄고프의 커다란 목소리가 강당을 울렸다.

―멈춰지는 동시에 잠깐 보고, 잠깐 생각하면 되는 거예요, 순식간에 이루어져야 하는 겁니다. 여기에 긴 시간을 잡아먹지 마세요. 다시 한 번 갑시다!

또다시 우리들은 사교댄스를 추었고, 다시 한 번 무대 위를 돌면서 '그란-론', '센나' 그 외의 다른 종류의 사교댄스들을 연기했다. 그러나 이번에 우리들은 박탄고프의 신호를 기억했고, 방심하지 않았다.

벨이 울렸다. 우리들의 춤이 멈추었다. 그리고 우리들은 신호를 받던 순간 그 자세 그대로 멈추고는, 서로를 잠깐 바라보았다.

―좋군요, 훨씬 좋아졌습니다. 그런데 생각할 틈은 놓치셨군요, 다음으로 가 봅시다! 춤들 추세요!

또다시 박탄고프의 목소리가 들려왔다. 그리고 또다시 사교댄스는 이어졌다.

박탄고프의 신호 벨이 울리자 우리들은 춤을 멈췄고 자세를 그대로 고정했으며, 서로를 바라보았고, 그리고 이것이 꿈인지 현실인지 진짜로 생각했다.

이후 몇 번이나 연습이 반복됐는지 기억나지 않지만 어느 순간 강당에서 전혀 다른 목소리의 예브게니 바그라찌온노비치 박탄고프의 목소리가 들려왔다.

－훌륭합니다!

박탄고프가 말했다.

－수고하셨습니다. 모두들 제 앞으로 모이세요. 이제 '이해 못한 것들에 대해서' 이야기해봅시다.

그의 목소리는 상냥하고 부드러웠다. 특히나 미소로 환해진 그의 얼굴을 보니, 두 배로 열심히 작업하고 싶어졌다.

－예술은 결코 쉽게 얻어지지 않습니다.

강당 안으로 모두가 착석하자 그가 우리를 향해 말했다.

－여러분들께서는 피곤했던 일과가 끝난 후에10 여러분들만 무대 위에서 어려운 댄스를 추었다고 생각하시나요? 제게는 어떨 것 같습니까? 저 역시 쉬운 시간은 아니었습니다. 제가 알림장을 읽기 시작했을 때 거기에 니꼴라이 미하일로비치 고르차코프가 적어 놓은 것은 사실, 아무것도 아니었어요. 그것은 금방 고칠 수 있는 거니까요! 하지만 그 알림장 안에는 여러분들 각자의 과제인 ≪결혼≫에 대해 적혀있었습니다. 그것은 제 맘에 들지 않았습니다.

≪결혼≫이란 작품 속 무대 분위기 안에 체홉이 의미하는 삶의 '지혜'가 상당 부분이 있어야 하는데, 그 알림장 안에는 이러한 것들이 전혀 적혀있지 않았으니까요. 그때 저는 니꼴라이 미하일로비치 고르차코프의 트집을 잡았고, 그 시간 동안 야쯔나 딈바 외 기타 등등의 전체 배우들을 바라보며 어떻게 해야 효과적이고 쉽게 이것들을 익히게 할지 생각했습니다. 문득 춤추게 하자는 생각이 들었죠. 러시아에서 사교댄스 없는 결혼식은 없으니까요. 좋든 싫든 간에 결혼식에서는 춤을 춥니다. 무조건 춰야 되죠! 저는 이러한 모든 것들을 떠올렸고, 여러분들은 춤을 추셨습니다. 니꼴라이 미하일로비치 고르차코프는 죄책감에 자신의 잘못을 만회하고자 더욱 열심히 노력하더군요! 하지만 저는 일부로 불에 기름을 부었죠. '즐겁게요'라고 소리칠 때, 저는 이미

여러분들 몸에서 김이 나고 있는 것을 보았어요.

그때 저는 잠시 여기 배우들이 이토록 열과 성을 다해서 춤을 추는데 몇 초간 멈추게 한다면 어떤 모습일까, 만약 결혼식에서 실제로 어쩔 수 없이 춤이 멈춰지는 상황이 온다면 어떤 모습일지 궁금했습니다! 그리고 보았습니다! 단번에는 아니었지만요. 제가 여러분들에게 과제를 준 후 첫 번째로 멈췄을 때, 여러분들은 제 과제를 잊어버려서, 그것을 기억하는 데만 시간을 흘려보냈습니다. 그러나 그 다음 번부터는 점점 좋아졌지요. 잘 하셨습니다. 어쨌든 제가 여러분들에게 두 시간이 넘도록 춤을 추게 한 것은, 제게 악의가 있어서라든지, 연출적 변덕이 아니었음을 알아주시길 바랍니다!

저는 여러분들에게 자리에 앉아 곧장 연출 과제의 해법을 가르치기보다는, 실제로 창의적인 연출 수업을 보여주고 싶었습니다. 아마도 이런 것은 에튜드를 통해서 체득하긴 어려울 겁니다.

―그건 그렇고, 저와 함께 뒤에서 연습을 관찰하셨던 학생들은 어떻게 보셨습니까?

그가 강당에서 구경하고 있던 사교댄스에 장면에 참여하지 않았던 나머지 학생들에게 주의를 돌렸다.

―제 생각에는 선생님께서 작품 전체에 포함되어 있는 리듬이나 리듬의 형식을 찾는 것처럼 보였어요.

까뚤루바이가 말했다.

―리듬 이것을 맞습니다만, 리듬의 형식은 아닙니다. 저는 연습을 통해 등장인물들 내면의 리듬을 찾아보려고 한 겁니다. 체홉의 등장인물들 속 매순간 스며들어가 있는 그들의 실제 삶의 리듬을 말입니다. 그렇다면 제가 일시 중지시켰던 장면, 여러분께서는 그것을 어떻게 보셨습니까?

―전체가 동시에 정지된 순간은 굉장히 멋졌습니다. 고골의 《검찰관》 공연 피날레같이 얼어붙어버린 듯한 상징처럼 보였어요. 그로테스크했죠!

투라예프11가 말했다.

―아, 저는 혹시나 누가 제게 그 단어를 쓰진 않을까 조바심이 났습니다. 저는 파릇파릇한 젊은 배우들에게 정확한 감정을 찾아서, 배우들이 《결혼》이라는 체홉 작품에 대한 디테일을 이해할 수 있도록, 실습(Practise)을 통해 그곳에 다다를 수 있도

록 도왔습니다. 그리고 저는 그 몇 초간의 정지의 순간에 배우들이 살아서, 생각한 것을 확인했습니다. 그런데 '얼어붙어버린 듯한 상징'이니, '그로테스크'라니요, 연출가 지망생들은 나탄 아시쁘비치 투라예프 말을 듣지 않은 걸로 하세요!

─예브게니 바그라찌온노비치 박탄고프, 저는 단지 제가 받은 인상을 전하고 싶었을 뿐이에요.

─자신이 받은 인상이라고요! 진짜로 오늘 힘들게 연습한 배우들 모습 속에서 실제로 그로테스크한 장면을 보았단 말입니까?

─선생님께서는 그로테스크란 극적인 작품에 들어 있는 보다 높은 무대적 표현의 형식이라고 자주 말씀하셨잖아요.

─물론 그렇게 말했고, 확신합니다. 그러나 체홉의 작품에서 그로테스크는 전혀 필요치 않습니다. 그런데도 여기 젊은 예술가들은 체홉의 ≪결혼≫의 본질적인 내용 대신, 뭔가 그로테스크한 연기를 해야 한다고 상상하고 있군요. 젊은 연출가 지망생들은 이미 그 '그로테스크한 것'들을 위한 연습을 시작하고요.

그로테스크란 해당 작품에 한에서 그 작품의 내용을 응축하여 배우들과 연출들에게 선명하게 드러낼 수 있도록 허용한 방법입니다. 이것은 가장 은밀하고 깊게 감추어진 작품의 본질을 연극적으로 실현하기 위해 정확하게 찾아낸 형식으로 표현을 전달해야 하는 것이라고 말할 수 있습니다. 이러기 위해서 연출가는 연극의 내용과 형식이 유기적으로 결합될 수 있도록 창조적인 탐구를 완수해야 하고요. 저는 예술 중에서도 가장 어렵고도 위대한 컨셉(concept) 중의 하나를 우리 연기 수업에 갖다 붙이는 나탄 아시쁘비치 투라예프에게 불쾌감이 드는군요.

─하지만 빠른 리듬에서 순식간에 정지, 빠우자(pause)• 하고 멈춰지는 장면으로 바뀌었을 때엔, 진짜로 표현적으로 보였어요.

─중요한 것은, 멈춰지는 장면에서 기계적으로 정지시켜 잡아둔 것이 아닙니다. 중요한 것은 배우들이 살아 있었다는 거죠. 살아서 생각하고 움직였다는 거예요.

• 빠우자, 일시정지, 정적, pause, stop

저들은 박탄고프가 《결혼》에서의 참여자들을 가리켰다.

─아직 이것을 해내기엔 배우들이 기술이 너무 미약하지만요. 크센니야 이바노프나, 이번 주 연습 기간 동안 배우들과 희곡의 내용을 중점으로 해서 춤─멈춤─춤─부분을 맡아서 연습시켜 주세요, 형식 같은 건 만들지 마시고요. 공연자 전원은 각자 자신에게 정확히 답변할 수 있어야 합니다. 왜 그토록 춤을 추는지 왜 전원이 동시에 춤을 멈춰야 하는지에 대해서요.

─결혼식 반주자의 손에 쥐가 나는 거예요. 일단 연주를 시작하면 최소한 2초에 한 번은 팔을 움직여야 하니까요, 뮤지션들이 흔히 하는 말로 연주하느라 손가락이 닳아 없어지겠다고들 하잖아요.

슈킨이 말했다.

─멈춰지는 장면을 기막히게 정당화시킬 수 있는 훌륭한 생각이군요. 당신의 생각을 받아들이겠습니다. 단 '그로테스크'와 같은 것은 하지 마십시오, 그리고 존경하는 동료 여러분, 그 어떤 고골의 관념이든 상징이든지 간에 저 없이 하는 연습을 허용하지 않겠습니다. 체홉은 고골이 아닙니다! 체홉이 과연 무엇인지, 말로만 떠들지 말고, 우리의 알림장 일지에 어떻게 적을지 좀 더 생각해봅시다. 다음 수업 때까지 공연자 전원은 각자 자신의 좋아하는 체홉의 작품을 가지고 그 속의 <알맹이>를 추출해서 4줄로 요약하여 제출하세요.

─알맹이라뇨?

까뚤루바이가 물었다.

─이는 스타니슬랍스키 선생님의 새로운 교습법입니다. 희곡 속 역할은 <알맹이>로 움직입니다. 이 <알맹이>에서 역할들이 탄생되죠. <알맹이>라는 것은 희곡과 역할의 근본이라 할 수 있습니다. <알맹이>를 올바르게 찾으면 그것을 시작으로 희곡 속 역할을 연기할 수 있게 됩니다.

저는 현재 모스크바 제1스튜디오의 작업에서 이것에 대해 몰두하고 있습니다. 이 모든 것을 제 스스로에게 증명해야만 하죠. 그러니 여러분들도 한번 생각해보십시오. 이것에 대해 생각하고 또 생각해보세요!

그날 저녁 우리들은 더 이상 연습하지 않았다. 예브게니 바그라찌온노비치 박탄고프는 '선배들과 과제들을 구성하는 수업을 했고, 우리 '연출가 지망생들'은 그날 밤 내내 체홉의 작품 리스트 중에 누가 어떠한 작품을 좋아하는지, 무엇 때문인지 서로 비교하고 선정하는데 열띤 논의를 거쳤다. 늘 그랬듯 스튜디오의 몇몇은 곧장 박탄고프 집까지 배웅했다.

다음 한주 내내, 우리들은 까뚤루바이와 함께 박탄고프가 내준 '일시정지－멈춤 장면'을 잘 수행해내기 위해 성실히 연습했다.

예브게니 바그라찌온노비치 박탄고프는 정시에 도착했다. 우리들은 무대 위에 결혼식용 테이블을 놓고 소품들을 사용하여 그 위에 다양한 '음식들'을 차렸는데, 여느 극장에서 그렇듯 술 대신 진하고 차가운 차를 준비해서 격식 있는 포도주 병 및 술병들에 채워서 세팅을 해두었다. 그리고 스튜디오 전체를 청소해서 깨끗하게 했다. 또한 손님 역할들이 순식간에 뛰어 들어갈 수 있도록 문을 활짝 열어 두었고, 결혼식 사회자는 여러 가지 사교댄스를 이끌 수 있도록 미리 준비했으며, 며칠간 안 좋은 날씨가 지속된 탓에 극장 복도에는 난로를 피워 두었다.

그날 저녁 스튜디오에 도착한 박탄고프는 난로 앞에 멈춰 섰다.

－바로 이게 체홉적인 겁니다.

박탄고프가 난로 맞은편에 앉으며 말했다.

－언젠가 모스크바 제1스튜디오에서 체홉의 《대로에서》라는 작품을 연습한 적이 있었습니다. 내용은 어느 겨울 새벽에 선술집에서 일어나는 일이었죠. 선술집 안의 사람들은 뜨겁게 타오르는 난로 앞에 모여 있는 장면이 있었어요. 술레르12 연출은, 연습 시작 전 우리에게 난로 주변에 미리 앉아서 불을 바라보다가 그 다음에 연기를 하라고 요구하셨지요. 왜인지는 모르겠으나 체홉이라는 이름은 이러한 '안락함'이 연관되어 떠오릅니다. 하지만 그는 '안락하기는커녕', '잔혹한' 작가이지요! 바로 오늘 우리 수업에서 여러분들은 여러분들 각자가 좋아하는 체홉의 작품들을 골라오기로 했었습니다. 몇 개만 말해보시죠.

－《이오늬치》요.

-《개를 데리고 다니는 여인》이요.

-《반까》

-《아낙들》

-《피아노 연주자》

-《제6호실 병동》

-《목 위의 안나》

그가 우리를 중단시켰다.

-됐습니다. 방금 여러분께서 말씀하신 작품 중 하나라도 해피엔딩이 있습니까?

-행복한 결말이라는 의미는 완전히 상대적인 거라서요.

슈킨이 간격을 두고 천천히 발음을 하며 말했다.

-안똔 빠블로비치 체홉 작품을 보는 독자들은 바로 그 '즐거운 듯한', '상대성'에 의존하고 있습니다. 그의 희곡에서는 당장은 아니지만 극 속 인물들의 삶이 점차 나아질 거란 '위로들'로 극을 이끌지요. '차 한 잔 마시면서 꿈에 대한 이야기를 해봐요.'

박탄고프가 갑자기 '체홉스러움'이 강조된 톤으로 대사를 했다. 박탄고프는 눈을 들어 하늘을 바라보다 한숨을 내쉬며 《벚꽃 동산》에서의 등장하는 감성 충만한 주인공 안나 역을 똑같이 흉내 내며 즉흥으로 연기했다.

-울지 마세요, 사랑하는 엄마, 울지 마세요! 우리에겐 예전만큼이나 아름다운 새로운 동산이 생길 거예요. 우리는 더 풍요롭게 살 수 있을 거예요.[13]

갑자기 박탄고프가 체홉의 대사를 통해 아이러니를 선명하게 드러내는 연기를 하자, 우리들은 어찌 반응을 해야 할지 몰라 침묵하고 있었다.

-제가 만약 체홉의 작품을 만든다면, 배우들의 꾸며낸 억양의 그 어떠한 연약한 '감정들'은 실제 삶에는 존재하지 않듯이, 매우 적나라한 작품으로 만들 겁니다.

예브게니 바그라찌온노치 박탄고프는 계속 이어갔다.

-안톤 빠블로비치 체홉이 그의 작품 《피아노 반주자》를 통해 스스로의 자신을 고백한 것처럼 혹시 저도 언젠가는 자신에 대해 공개할 수도 있겠지요. "너 스스로는 작가라 괜찮겠지만 네가 실제로 약장수나 제화공은 아니지 않나, 작가는 그들의 삶의

쓴맛이나 힘겨움을 모르고 그저 펜대만 굴릴 뿐이야, 오직 신만이 널 평가할 거야!"

"넌 불쌍한 인물들, 자고 있는 정치인들, 흰 빵 위를 기어 다니는 바퀴벌레들, 기분 나쁜 가을 날씨에 대해서 써대. 하지만 이미 힘들게 사는 사람들을 까발려, 굳이 또 진부하게 쓸 필요는 없잖아."

이 말은 ≪피아노 연주자≫ 작품에서 나오는 인물인 피아노 연주자가 그의 친구 작가에게 하는 말입니다.

그는 감정에 빠진 채 말했다. 그의 모습은 우리에게 '연기를 보여준 것'도 낭독한 것도 아닌, 마치 그 말들을 그 자신에게 하는 것처럼 보였다.

그가 갑자기 우리 무대 안에 놓여 있던 피아노로 가서 뚜껑을 열어 음악 구절을 폭풍이 몰아치듯 연주했다.

─자, 자, 친애하는 내 친구여.

박탄고프는 피아노 동그란 회전의자에 앉아 빙그르 한 바퀴 돌더니 정확히 멈추고는 우리를 돌아보았다.

─어떻게 살아야 할지, 어떻게 존재할 것인지, 무엇을 쓰고, 어떠한 일을 하며, 어떻게 놀지를 생각하지만 사실 이건 모두 악마가 자네 모르게 꼭두각시처럼 조종하고 있는 것뿐이라네. 그런데 이 말은 어느 작품에서 나왔던 거더라? 혹시 모르시겠나요? 저도 잘 모르겠군요.

생각에 잠긴 채 박탄고프는 타오르는 난로 방향으로 멈춰 섰다.

─시적인 유머가 아닐까요? 이러한 성질의 것은 체홉의 성격이라 할 수 있을 것 같은데요?

누군가 말했다.

─당연히 그의 성격입니다.

박탄고프는 바로 그 말을 받아 이어갔다.

─그는 깊은 염세주의로부터, 삶의 비관과 회피로부터, 그는 그의 재능을 통해 시적인 유머로 발현시켰고 그러한 성질들이 체홉을 살린 것이죠.

그러나 대중들은 그의 시성은 값싼 감성으로 이해했고, 그의 유머는 '즐거운 것'

으로만 이해했습니다. 체홉은 자신의 작품을 통해 사람들이 자신들의 시시롭고 천박한 욕망들을 돌아보며, 조금이라도 눈을 뜨게 하고 싶어 했습니다. "잠시만 제 삼자의 눈으로 자신을 들여다보십시오."라고 체홉은 직접 표현도 했지요. 하지만 대중들은 이를 원하지 않았습니다. ≪이오늬치≫, ≪상자 안의 사나이≫, ≪서커스의 여인≫, ≪목 위의 안나≫· 등, 작품들 안에서 드러나는 자신들의 모습을 알고 싶어 하지 않았지요. "그는 아침부터 레몬 띄운 차를 홀짝거리며 신문을 보며 그의 아내에게 말한다. 오! 이것 좀 보라고, 우리 이웃집 치혼에 대해 얼마나 칭찬 일색인지를. 비열한 놈, 번지르르하게도 써놨네!" 그러나 그는 그것을 읽으면서 자신도 이웃과 똑같이 교묘한 수법을 써서 새해에는 자신의 제복에 새 훈장을 달 생각을 하고 있었습니다.

　　―그러니까 체홉식 유머의 의미가 독자에게까지 전달되지 못하는 게 아닐까요?

　　―현대의 독자들은 다양해졌습니다. 혁명 이후의 체홉 작품을 읽는 현대의 독자들은 충분히 다른 면도 볼 수 있을 겁니다. 제정 러시아 시대가 지나간 후, 획일적인 사고를 하던 독자들은 현대의 의식이 자연스럽게 스며들면서 다양한 해석을 할 수 있을 만큼 바뀌고 있으니 앞으로 체홉은 더 유명해질 거예요. 잠시만요.

　　박탄고프가 갑자기 이야기를 중단했다.

　　―어쩌면 우리가 우리의 ≪결혼≫에 체홉의 또 다른 작품 ≪피아노 반주자≫에서 나오는 인물을 따와서 공연할 수도 있지 않을까요? 어쩌면 우리 결혼식 연주자로, 피아노 반주자에서 나오는 인물이 와서 사교댄스를 계속 연주하다가, 그가 갑자기 감정에 북받쳐 눈물을 흘리고 음악이 중단되는 거지요, 때문에 우리 사교댄스도 덩달아 중단되는 거고요!

• 불우한 환경의 소녀 가장처럼 생활하던 안나는 어느 날 중매쟁이를 통해 나이 많고 세속적인 하급 관리와 결혼하게 된다. 그러나 결혼 이후 그녀의 남편은 안나에게 경제권을 전혀 주지 않고 자신의 위신과 출세를 위해 안나의 외형을 예쁘게 치장시켜서 사교모임에 나가 귀족들의 눈에 들도록 안나를 이용한다. 극도의 경제적 어려움을 겪고 있던 그녀의 친정식구들은 안나를 늘 애달파 했지만 아무 경제권이 없는 그녀가 가족을 도울 수 있는 일은 없었다. 그러던 어느 날 어느 귀족 남성의 눈에 띈 안나는 남편의 계획대로 남편을 승진시켜주고 자신은 향락에 젖어든다. 친정가족을 사랑하던 안나가 상황이 변화하면서 가족도 잊어버리고 자신조차 변해가는 일련의 과정이 드러나는 작품이다.

이윽고 박탄고프는 피아노 쪽으로 몸을 확 돌려서 어떤 화음들을 강하게 내려치다가 피아노 건반 위에 엎드리더니 통곡하기 시작했다.

우리들 대부분이 예브게니 바그라찌온노비치 박탄고프의 그러한 모습은 처음 만나 보는 것이었다. 박탄고프가 ≪피아노 연주자≫의 역할로 들어가서 완벽한 템포로 '우리의' 사교 댄스곡을 손수 연주하던 그 화려한 즉흥연기를 보게 된 것만으로도 우리들은 충격을 받았고 정신이 아찔했다.

─자, 다들 앉은 자리에서 춤추세요. 움직여 춤춰 보세요.

갑자기 그가 어깨너머의 우리들에게 지시했다.

"앉은 자리에서 춤을 추라"고 하는 박탄고프의 지시를 어떻게 수행해야 할지 몰라 우물쭈물하고 있던 우리들을, 선배들과 연출을 담당하고 있던 까뚤루바이가 구해주었다.

선배들은 우리들이 앉은 자리를 이탈하지 않고도 ≪피아노 연주자≫의 음악에 맞춰 어떻게 머리를 회전하고, 몸이나 팔을 움직이면서 리듬을 찾을 수 있는지, 그 사교댄스의 리듬과 우리의 신체의 리듬을 맞출 수 있도록 알려 주었다.

─자, 시작해보세요.

연출 담당 까뚤루바이가 내게 속삭였고 나는 우리 사교댄스 팀을 작은 소리로 이끌기 시작했다.

─그란론, 실부쁠레! 다음은 고쉬! 다음은 두루앗!

이윽고 작은 로비에서는 우리만의 댄스가 생겨났다. 우리들은 평소 연습시간에 했던 것처럼 완전히 결혼식 홀이라고 장소를 느끼며 날아다녔는데, 박탄고프가 제안했던 대로 '자리를 뜨지 않고도' 살아서 움직일 수 있게 되었다. 단지 우리가 극복할 수 없었던 하나는 우리들의 시선이 시종일관 ≪피아노 연주자≫에게 가 있었던 것이었다.

박탄고프는 체홉의 피아노 연주자 독백 대사를 하지 않았고 들리지도 않았다. 그렇지만 그는 때때로 2, 3초간 음악을 늦추며 짤막한 절규 소리를 내는가 하면, 점차 빠른 속도로 연주하다가 아씰할 정도의 속도로 사교댄스 리듬을 이끌기도 하면서 완전히 체홉의 등장인물로서 살아내고 표현하는 것을 온몸으로 우리에게 확인시켜 주었다.

그리고 마지막에 다다랐을 때, 그가 갑자기 건반 위로 자신의 얼굴을 떨구어 흐느껴 울기 시작하면서 우리의 사교댄스 음악이 끊어졌다. 그 순간 우리들은 도무지 그를 모른척할 수 없었고 그에게 우르르 달려가 모여들었다. 그 순간 박탄고프는 엄격한 얼굴로 우리들을 돌아보았다.

─지금 뭐 하자는 겁니까?

그가 예민하게 물었다.

─저는 지금 여러분들이 체홉 속 인물들에게 가는 방법을 알게끔 하고자 직접 극 속에 들어가서 여러분과 함께 '연기를 하며', 체홉 속 인물의 신체에 깊숙이 들어와 이야기하고, 삶과 연결하여 그려내는 작업을 하고 있는데, 여러분들은 그저 인간 박탄고프를 '안쓰러워' 하는군요! 이게 무슨 말도 안 되는 일입니까! 과연 대단한 아티스트, 훌륭한 연출가들이십니다! 아니, 결혼식 손님들이 피아노 반주자가 운다 한들, 과연 누가 그에게 몰려가겠습니까, 그런 사람들을 한 번이라도 본 적이 있으십니까?

왜 사교댄스 음악이 끊긴 거지? 또 저런 바보 같은 양반이 취했나 보구먼! 대체 왜 저런 인간을 부른 거지? 음악이 중단된 순간, 오히려 아뻴롬보프, 아찌, 즈메유키나는 화가 났을 겁니다. 향후 연출자가 되고자 하는 사람들은 지금 어떻게 하면 배우들과 함께 행동하고 참여할 수 있을지 배우세요. 연출가는 연출 좌석에 앉아 지시만 하는 것이 전부가 아닙니다. 하지만 보아하니, 여러분들은 마음이 약해져서 "아이고, 우리 박탄고프가 연기하는구나, 이야기도 하는구나, 감정 연기를 하네, 어쩌나" 이러면서 동정하고 계시는군요. 자, 뒤로 가세요, 각자 자리로 돌아가십시오!

그리고 박탄고프는 더 이상 우리에게 눈길을 주지 않았고, 예민하게 피아노 쪽으로 몸을 틀어서 '단숨에' 사교 댄스곡을 다시 연주하기 시작했다!

우리들은 예브게니 바그라찌온노비치 박탄고프가 지시한 대로 그저 기계적으로 춤이 멈춰지게 장면을 만드는 것이 아닌, 진짜 피아노 연주자로서 그와 관계를 하며 각자 배역에 맞게 몰입하고 열중하게 되면서 비로소 박탄고프의 수업을 이해할 수 있게 되었다.

이후 두 번 더 체홉의 피아노 연주자 역할로서의 박탄고프의 매번 새로운 즉흥 연기가 이어졌지만 우리들은 처음에 했던 실수를 반복하지 않았고 누구도 그에게로 가서 염려하는 것 같은 성급한 행동을 하지 않았다.

박탄고프가 피아노 연주자로서 사교댄스를 연주하는 내내, 그가 무슨 말을 하건, 우리들 모두는 각자 배역으로서 그 빠우자(일시정지 장면)와 관계했고 더 이상 박탄고프의 어떠한 질책도 듣지 않게 되었다.

—여러분, 큰 원형으로 부탁드려요! 왼쪽으로 가세요! 오른쪽으로 가세요!

이윽고 다시 한 번 음악이 멈췄고 불현듯 박탄고프가 피아노 회전의자에서 한 바퀴 돌더니 라우단스까야 앞으로 가서 한 쪽 무릎을 굽혔다.

—불쌍히 여겨 주세요, 자비를 베풀어 주십시오, 아름다운 안나 마르띄노바!

그는 있지도 않은 수염을 정리하는 척하면서 그녀에게 열정적으로 속삭였다.

우리들은 또다시 우체국 직원인 야찌 역할로 변한 박탄고프의 모습에 적잖이 당황했다. 그럼에도 불구하고 라우단스까야•는 의연하게 박탄고프의 변화된 리듬과 태도를 정확하게 반응하며 대답했다.

—아, 도대체 당신이란 사람은. . . 제가 오늘 목 컨디션이 좋지 않다고 이미 말씀드렸잖아요.

—제가 이렇게 애원하잖아요, 노래 좀 불러주세요! 딱 한 소절만이라도요! 자비를 베풀어주세요! 제발 단 한 소절만요!

박탄고프는 가뿐히 일어나 피아노로 가서 피아노를 열정적으로 치다가, 우리 앞에 놓여있는 기타4를 재빨리 낚아채서 다시 즈메유키나 앞으로 다가가 한쪽 무릎을 굽힌 채 연주를 하고 노래를 불렀다.

• 극 중 안나 마르띄노바 즈메유키나

우리는 네바 강가에서, 진홍색 석양빛을 바라보고 서 있었죠.
당신은 나와 악수를 했어요.
영원히 지나가버린 거죠
그 달콤한 순간—
당신은 그것을 잊으셨지요.

박탄고프는 매력적으로 이 오래된 로맨스 노래를 불렀으나 어째서인지 약간 비음을 섞어 특이한 목소리로 노래를 불렀는데, 이 노래에는 극중 배역의 특정 성격이 담겨 있었던 것이었다(우리에게 우체국 배달부 야쩨브스키 '야찌'로 보였다!).

라우단스카야는 중간 구절부터 자연스럽게 그를 따라 흥얼거리더니 이내 종이 부채로 그의 어깨를 살짝 두드리며 그를 중지시켰다.

—지겨워요.

—아닙니다. 당신은 무정한 사람이군요.

박탄고프가 노래를 끊더니 말을 이어갔다.

—당신과 같은 목소리는 노래를 부르라고 있는 것이지, 산파·로만 쓰라고 있는 목소리가 아니에요.

그리고 예브게니 바그라찌온노비치 박탄고프는 다시 기타를 잡았다.

나는 당신을 사랑했어요, 어쩌면 여전히 사랑하고 있죠
내 마음속에 완전히 사라지지 않을 사랑. . .

라우단스까야(즈메유키나 역)는 곧이어 박탄고프와 함께 노래를 불렀는데, 그 로맨스 곡은 원래 즈메유키나 배역에 있던 노래로 이미 연습해서 익혔던 것이었다.

하지만 그녀는 더 이상 당신을 원하지 않아요,

• 즈메유키나의 직업은 산파이다.

나는 어떤 식으로든 당신을 슬프게 하고 싶지 않아요!

그들은 듀엣곡을 불렀다.

　―그만, 안되겠어요. 전 오늘 목 상태가 좋지 않아요! 부채질 좀 세게 해주세요!
덥군요! 에빠미논드 막시모비치.

라우단스카야는 아쁠롬보프 배역을 연기하던 꾸드라쩨프에게 주의를 돌렸다.

　―당신은 왜 그리 멜랑콜리 한 거죠?

박탄고프는 즈메유키나가 신랑 배역에게 주의를 돌릴 틈을 주지 않았다. 그는
기타를 옆에 세워두고 일어서며 말했다.

　―결혼이라는 것은 인생의 어려운 첫 발을 딛는 겁니다! 모든 면에서 반드시 종합
적으로 신중하게 생각해야만 해요.

박탄고프는 여배우 슈흐미나5에게로 방향을 바꾸며

　―그러나 만약 오늘 당신이 나에게 상품권•을 주지 않는다면 전 오늘 당신의 딸
을 보쌈해 갈 겁니다. 저는 점잖은 사람이니까요!

　―물론 지겨운 사람이기도 하구요, 에빠미논드 막시모비치!

슈흐미나 역시 배역으로 박탄고프에게 대답했다. 그렇게 우리들은 체홉의 ≪결
혼≫에서의 극중 인물들로 변환시키는 방법을 이해하게 되었고, 박탄고프는 명확하
게 그 과제를 실현시켰다. 또한 그는 실제로 모든 연기자들과 '돌아가면서' 각각 짧
은 대화를 통해 이 작업을 점검했다. 묻고 대답하는 식의 짧은 장면에서 박탄고프는
놀랍도록 쉽게 극중 역할로 변신하며 대화를 이끌었다.

한 시간여의 이 특별한 연습시간 동안 우리들은 박탄고프의 아쁠롬보프, 박탄고
프의 됨바, 박탄고프의 쥐갈로프, 박탄고프의 뉴닌을 볼 수 있었다.

박탄고프 안에 있던 변신의 화신들이 봉인 해제된 것이었을까? 모든 배역이 그
안에 다 있었다. 먼저 그는 쥐갈로프라는 캐릭터로 평소 습관에서 나오는 쉰 목소리

• 러시아 결혼식 순서에는 선물 경품 증정식이 있다.

로 음색을 변경했다. 박탄고프의 뒴바는 '오다리'로 굽어진 다리로 걷는 캐릭터로 연기했으며, 또한 그가 연기한 아쁠롬보프 역은 의자에 등을 기대어 퉁퉁 쳐가며 노골적으로 나스타시야 찌마페브나에게 잔소리를 해댔다.

그러나 여기에서 가장 중요한 것은 박탄고프가 새롭게 대화를 시작하기만 하면, 계속 새로운 모습으로 주위의 모든 것들과의 관계를 바꾸어냈다는 점이다.

이윽고 결혼식 사회자 역인 내 차례까지 왔다! 박탄고프는 내 맞은편에 서서 아무 말도 하지 않았다. 그는 결혼식 손님들 중 어떠한 배역으로든 바꿔 연기할 수 있었을 텐데 말이다. 그저 내 앞에 서서 얼큰하게 취한 사람처럼 해롱거리며 웃고 있었는데, 내 생각에 그가 내 얼굴 표정에서 드러나는 우울한 자책감을 관찰하는 것 같았다. 도대체 박탄고프는 나에게 무엇을 기대하고 있던 것일까? 나는 괴로워하며 머릿속으로 결혼식 사회자 대사를 전부 헤아려 보았다.

나스타시아 티마페예브나(신부의 어머니) -T.M. 슈흐미나 역임
《결혼》 A. Π. 체홉

순간 불현듯 체홉 작품에 쓰여 있었던 '빠우자'•의 순간을 포착해서 서두를 것'이라는 지문 한 문장이 떠올랐다.

박탄고프가 내 앞에 서서 '참고 기다리는 것'은 그 빠우자에 열쇠가 있는 것이 아닐까?! 이 무대 지문을 따르려면 무슨 말을 해야 하지? 지금 방금 우리가 경험한 박탄고프의 매력적이고 특별한 연기에 맞춰, 거기에 적합한 즉흥연기를 한다면!

－존경하는 신사 숙녀 여러분!

나는 혹시라도 내 의도를 알아채고 누군가 미리 선수 칠까봐 조바심이 나서 필사적으로 소리쳤다.

－오늘 우리들은 우리의 축하연을 위해 귀하고 사랑하는 마음을 모아 전부 한자리에 모였습니다. 만세!

나는 엄청나게 소리 높여 말했다.

－만세!

내 동료들은 희곡 속에 있던 나의 축하 인사말 대사를 듣고서야 내 여우같은 의도를 파악했다.

－만세!

동료들은 체홉의 ≪결혼≫에서의 손님들로서 결혼식 사회자인 나와 협력하여 각자의 배역에 맞게 움직이면서 박탄고프 밑에서 연습에 참여하는 제자로서 이토록 훌륭하게 수업을 이끈 박탄고프에게 환호를 보냈다!

우리들은 열렬히 그의 재능에게 박수를 보냈고 박탄고프만이 일부러 그 상황을 이해 못하는 척했다.

－바로 이런 목소리입니다!

그는 내 어깨를 두드리며 미소를 지었다.

－필사적이고도 열정적인 것이 공존했던, 진짜 결혼식 사회자였어요. 자, 그럼 다

• 일시정지, 정적, pause, stop

시 한 번 해보죠!

　-신랑, 신부의 건강을 위해! 만세!

　나는 이전과 같은 음색을 맞추기 위해 노력하며 다시 한 번 소리쳤다.

　-잘했습니다!

　예브게니 바그라찌온노비치 박탄고프가 우리에게 말했다.

　-저는 여러분들, 거의 모두에게 만족합니다. 오늘 연습에서 제 목표가 무엇이었을까요? 바로 체홉의 눈으로 본 삶에 대한 태도와 영역 안으로 여러분들을 체험시키는 것이었습니다. 체홉의 풍부한 감성의 어조를 충분히 연기에 부여해야만, 일반적인 공연에서 자행되는 판에 박힌 듯한 체홉의 텍스트를 파괴할 수 있습니다.

　-여러분들께서 마음속에 체홉적인 인물들과 같은 삶의 태도, 소시민적이고 천박한 행동들을 불러일으키니까 비극적인 삶, 혹은 적어도 진정성 있는 드라마가 생겨난 겁니다. 오늘 연습에서 여러분들은 저를 장난으로 대하거나 고집부리며 버티지도 않고, 그 자체를 순수하게 받아들였는데, 이것이 오늘 어느 정도 성과를 볼 수 있었던 요인이었죠! 저는 작품에 제시된 여러 인물이 되어 여러분들과 파트너로서 대화를 나누었는데 바로 스타니슬랍스키가 말하는 배역의 오브제로서 <알맹이>를 보여주고자 한 것이었습니다. 물론 저는 모든 배역들로서 짧은 시간 살았습니다. 그러나 여러분들은 무대 위에서 30분이나 그들로서 존재해야 하므로, 배역에 익숙해져야만 해요. 저는 연출가로서 2-3분 보여주었으나, 여러분께서는 연습시간이 얼마나 걸리든 간에, 자신의 배우적 <알맹이>를 확장시키고, 키우는 작업을 하셔서, 수없이 행동하고 살아내는 연습을 하셔야 합니다. 이를 위해서는 무엇보다 먼저, 작품 안에서 자신을 둘러싼 배역들, 딤바, 쥐갈로프, 아쁠롬보프, 신부, 즈메유키나, 야찌 등등 모든 배역들과 연결된 관계를 찾아서 자신을 훈련시키십시오. 이번 연출 수업은 배우들에게 배역의 <알맹이>를 조언해줄 수 있는 방법을 체득하게 하는 것입니다.

　저는 여러분들과 함께 배역에 관해서건 성격에 관해서건 <알맹이>에 관해서건 긴 시간 말로만 설명하고 싶지 않았기 때문에 체홉 작품 속 텍스트로 직접 들어가서 연기를 펼쳐 보임으로써, 여러분들의 행동을 본능적으로 이끌어내는 시도를 했던 겁니다. 이것은 젊은 연출가들을 위한 수업입니다.

오늘 누군가가 제게 체홉의 시성에 대한 것을 물었습니다. 지금 이 주제를 올리기엔 시간이 많이 늦었죠. 게다가 모두들 지치셨을 겁니다. 하지만 이에 관해서는 짧게라도 이야기를 해야겠습니다. 체홉의 작품에는 시성이 관통되어 스며들어 있다는 것은 의심할 나위가 없습니다. 체홉만의 특성이라 할 수 있죠. 그것의 근본이 되는 것은 자연에서 오는 감성, 기가 막힌 러시아의 자연이라 할 수 있지요! 또한 자연은 인간의 삶과 밀접한 관계가 있고, 인간의 감각은 자연과 끊을 수 없게 연결되어 있지요. 언제나 스타니슬랍스키와 네미로비치 단첸코는 체홉의 모든 작품 안에서, 공연에 자연을 구체적으로 표현할 만한 것들을 찾아다녔습니다. 비, 바람, 햇살, 심지어는 체홉 본인이 직접 이의를 제기했던 《벚꽃 동산》이라는 작품에서 나오는 방안의 '모기'들까지 찾아 표현하고자 했어요.

체홉이 항의를 했습니다만, 그는 얼마나 많은 작품 안에 이 불쌍한 모기들에 대해서 써놓았는지 모릅니다! 저는 언젠가 그의 작품들 중, 몇 번이나 모기가 나오는지 의도적으로 세어 본 적이 있었는데 무려 67번이나 등장하더군요! 사람들이 말하는 자연주의, 만약 그 네이처리즘을 뛰어넘어 설 수 있게 된다면요. 아마도 모스크바 예술 극장 어디에서나 원래 체홉 희곡에 쓰인 것보다 더 많은 시성을 보여줄 수 있을 겁니다. 하지만 경직된 사고를 하던 이전 러시아 시대에서는 별다른 뾰족한 수가 없었죠!

끝났습니다. 사담을 했군요. 다음 시간에 봅시다. 다음 시간에 제게 《결혼》 전체를 끊지 말고 보여주십시오! 다섯 번 연속으로요!

우리들은 박탄고프와 함께 스튜디오를 나왔다. 비가 내렸고 추워서 한기가 들었다. 가을이 다가오고 있음을 느꼈다.

―어디에 있는 거지, 봄이여?!

갑자기 박탄고프가 평소와 달리 우울한 목소리로 크게 외쳤다. 그리고는 평소 자신의 목소리로 돌아와 곧장 우리에게 물었다.

―이 문장이 어디에서 나왔는지 아십니까? 어느 작가의 작품에서 나오는 말이었죠? 체홉의 작품 『가을』을 읽어 보세요. 가장 시성이 짙은 이야기 중 하나이니까요.

체홉을 경험하는 과정

어느 날 하루 우리들은 밤에 모여서 작품 『가을』을 읽었다.

우리들은 이 작품을 각자 순서대로 읽었는데 누가 잘 읽고 누가 못 읽든 상관없이 오로지 작품의 본질을 깊게 통찰하고자 했고 박탄고프가 말한 시성을 느끼기 위해서 노력했다.

하지만 읽은 것에 대해 서로 의견 교환을 했음에도 불구하고 우리들은 이 작품에서 어떤 시적인 징후나 특성을 찾아내지 못했다. 오히려 반대로 그 작품은 체홉의 여타 작품보다 훨씬 더 무미건조하고, 일상적인 (자연주의라고는 할 수 없지만) 이야기처럼 보였다. 결국 최종적인 판단은 예브게니 바그라찌온노비치 박탄고프와의 대화 후에 하기로 했다.

우리들은 우선 당면한 연습 과제를 성실하게 준비했는데, 힘이 닿는 데까지 사교댄스를 추었고 대사를 연습했으며, 수차례 작품 전체 리허설을 돌렸다.

비록 거리의 날씨가 따뜻한 날이라도 박탄고프가 스튜디오로 오는 날이면 난로에 불을 때웠다. 왜냐하면 연출가 술레르쥐쯔키가 체홉의 작품을 연습하는 날이면 난로에 불을 때라고 했다기에 우리들도 반드시 그래야 한다고 이해했기 때문이다.

무대 위의 세트들은 미리 궁리해서 계획한 것으로 가득 채웠는데 먼저 무대 전방에 결혼식 테이블을 놓았고 테이블 위에는 결혼식 음식들과 와인들을 가득 채워 그곳에 어울리는 조명을 비추게 했으며, 결혼식 사교댄스를 추기 위한 아치형 세트를 반으로 나누어, 결혼식 테이블 뒤, 양옆으로 배치했다.

박탄고프는 늦게 피곤한 모습으로 스튜디오로 왔고 로비에 있던 난로는 전혀 눈치 채지 못한 채 곧장 연습실 강당으로 들어왔다. 늦게 도착한 그는 단숨에 무대 커튼을 열라고 지시했고, 한참 동안 우리가 준비한 연습 무대를 바라보았다. 우리들은 대강이라도 작품에 제시된 등장인물들의 성격과 시대에 맞는 의상들을 입은 채 '등장인물'로서 무대 뒤에 대기하고 있었다.

─이것이 당신이 생각한 최선의 설계입니까?

그가 이 연습의 연출자인 까뚤루바이에게 물었다.

—우리들은 선생님이 말씀하였듯 관객들에게 전체 배역의 형상을 보여주고 싶었습니다.

크센니아 이바노브나 까뚤루바이가 대답했다.

—다들 테이블에 착석해주십시오!

이내 우리들은 모두 결혼식 테이블, 각자의 자리에 앉았다. 중앙에는 신랑 신부가 앉았고 그 커플을 중심으로 양옆으로 결혼식 손님들은 '서열 순으로' 앉았다.

—만일 대사만 하는 공연이라면, 무대가 이런 모습이라도 괜찮을 겁니다.

박탄고프가 말했다.

—한데 어떻게 사교댄스를 추죠? 어디에서 추나요? 테이블 위에서요? 세트가 전체 그림을 막고 있습니다. 테이블이 무대 전체를 가로막고 있어요! 완전 정면으로 막고 있네요! 이 무대는 체홉적이지 않습니다! 게다가 어쩌자고 벌써부터 의상을 입으셨나요!

박탄고프는 순간 우리들의 의상을 알아챘고 더욱 회의적으로 몰아 붙였다.

—세상에나, 벌써부터 의상을 입고 자학을 하다니. . . 또 테이블은 왜 그리 빼곡히 채운 겁니까?

—우리들이 통 식탁을 만들었어요.

까뚤루바이가 대답했다.

—저렇게 생긴 큰 통 식탁은 실제에서는 사용하지 않습니다. 언제나 저런 테이블은 여러분처럼 필요에 의해 만들어진 경우에만 존재하지요. 게다가 왜들 모두 제 얼굴을 보는 겁니까? 등을 보이는 사람은 아무도 없군요!

—선생님께서 배우들의 얼굴이 모두 관객석에 보이길 원하셨으니까요.

—저는 이런 것을 원한 게 아니었습니다. 이렇게 할 수도 없고요, 왜냐하면 이렇게 될 수 없기 때문입니다. 어느 특정 순간에 이 같은 미장센이 생겨나서 이러한 모습이 될 수도 있겠지만, 이런 모습은 이런 장면에 대한 정당성이 있을 경우에만 가능한 거예요. 게다가 이 통 식탁 한쪽 면을 벽 쪽으로 붙여 놓아서 그쪽 면으로는 아무도

앉을 수 없게 만들었군요. 조잡합니다. 이 통 식탁을 반으로 나누십시오. 여기 톱이 있나요?

　　―있습니다. 예브게니 바그라찌온노비치 박탄고프 선생님.

　　―그렇다면 제게 주십시오. 제가 여러분을 돕죠.

　　박탄고프는 상의를 벗더니 무대 위로 올라가서 우리 중 무대미술을 담당하는 누군가를 돕기 시작했다. 박탄고프는 비단 관객석만이 아닌 무대 현장 일도 사랑했던 사람이었다. 그는 모형으로 만든 사과나 배와 같은 무대 소품을 직접 만드는 걸 좋아했는데, 끓인 풀이 섞인 종이를 이겨 소품의 형태를 만든다거나 톱질이나 대패질을 해서 무대 소도구들을 만든다거나 무대 천장의 바•에 걸린 무대 배경 그림이나 '천들'을 조여서 팽팽하게 만드는 일, 또는 천으로 창문이나 출입문 등을 장식한다거나 무대 곳곳마다 가구를 재배치하는 등의 일을 하면서 무대를 오르내리곤 했다.

　　그리고 그가 열정을 쏟아서 하던 이번 일들은 우리에게 순수한 신체적 작업으로 느껴졌다.

　　―제 지시 없이 테이블을 건들지 마세요! 그곳에 혹시 두, 세 개의 작은 테이블 없습니까? 그것들을 무대 위 이곳으로 가져오세요. 테이블마다 냅킨을 깔아 두시고요. 의자 두 개 위에 모든 술병들을 올려 두세요. 아주 조심히 다루십시오! 은으로 된 모든 제품들은, 그러니까 나이프와 스푼, 포크들은 테이블 한편에 모아 두십시오. 크리스털로 된 제품들은 모두 다른 테이블에 따로 두세요. 작은 테이블들과 의자들, 각종 그릇들과 병들을 무대 중앙이 아닌, 무대 곳곳에 놓아두는 겁니다. 빈 스타일의 의자들은 (나무를 구부려 장식한 스타일) 무대 배경 앞으로 한 줄로 맞춰 놓아두고요! 테이블보와 냅킨들은 다른 테이블 위에 모아 두세요!

　　우리들은 박탄고프의 지시를 최대한 신속하고 정확하게 수행하려고 노력하였다. 무대가 더워지자 남자들은 프록코트와 연미복을 벗어던졌고 여자들은 무도회

• 장치봉 혹은 Fly bar 또는 Batten

드레스 끝자락을 올려서 잡아 묶었다. 통 식탁은 무대 주변 옆 공간, 한편으로 옮겨서 톱질을 했다. 각자 최선을 다해 작업을 하고 있었다!

　─아! 만약 이 순간의 장면을 ≪결혼≫의 한 장면으로 따서 쓸 수 있다면 얼마나 좋을까요.

　어느새 객석으로 돌아간 박탄고프의 목소리가 들려왔다(그는 분명 방금 전까지만 해도 우리와 함께 통 식탁에 빨간 줄을 그으며 자르라고 지시했는데 어느 틈에 객석으로 간 건지, 아무도 눈치 채지 못했다).

　─모두들 땀 흘려가며 결혼 연회 준비에 애쓰셨습니다! 어쨌든 통 식탁 없이 ≪결혼≫ 연습을 시작해봅시다. 일단 별도로 배치한 여러 테이블들과 준비된 일부 2-3개의 의자로 해봅시다! 무대 중앙에 커다란 종려나무 화분을 가져다 놓으세요. 종려나무•는 어디 있죠? ≪결혼≫ 연습은 종려나무 없이 가능하지 않습니다!

　─예브게니 바그라찌온노비치 박탄고프, 다음 시간까지 준비하겠습니다.

　─농담하시는 겁니까? 종려나무는 오늘 당장 필요 합니다! 희곡 속 첫 번째 부분 미장센이 종려나무 주위로 대형을 이루고 있는 것인데, 종려나무 없이 다음 연습을 진행할 수 없어요. 종려나무의 형상은 아직 잘 떠오르진 않지만 생각해보죠. 아무라도 빨리 종려나무를 고안해내보세요, 어떤 것이든요.

　박탄고프가 우리에게 히스테릭하게 외쳤다.

　몇 분 후, 종이를 둘러 감아 주름을 잡은 적당한 크기의 나무통을 가져와 무대 중앙에 우뚝 세워 놓았다. 그 안에 두 개의 마루 대걸레를 합쳐서 단단하고 튼튼하게 나무 기둥을 만들었고 '나무 기둥' 맨 위쪽에다가 3개의(새것으로 된 빗자루!) 갈대 빗자루에 기다란 초록색 주름잡은 종이를 엮어서 꽂아 장식해 놓았다. 실눈을 뜨고 잘 보면 전체적으로 실제 종려나무와 닮아 보였다!

　박탄고프는 이 종려나무를 맘에 들어 했고 우리들은 또 다시 에너지 넘치는 연출 지시를 듣게 되었다.

• 야자수과. 대추야자나무로 알려져 있는 나무로 성경에서는 번성의 상징으로 쓰이고 있다.

—큰 테이블은 두 개로 나누어서 무대 양옆으로 배치하세요. 거기에 테이블보를 씌운 후 그 위에 접시들을 쌓아 두시고 다른 테이블 위에는 음식들과 와인, 은제품, 크리스털 제품들을 놓아두세요. 일찍 도착한 손님들이 모두 먹을 수 있도록이요.

이제, 여러 테이블 중 한 테이블 주변에서 쥐갈로프의 장면 연기가 시작됩니다. 그리스인이 "그 랍스터들을 포크로 고만 좀 찍어 대시오"라는 대사를 한 후 그는 종려나무 뒤에 숨어서 신부의 아버지를 몰래 만나 "술 한 잔을 더" 하는 거죠. 그라핀 쥐갈로프는 와이프 몰래 소매 안에 작은 술잔들을 숨기세요.

그리고 박탄고프는 평소처럼 즉흥으로 그리스인을 연기했는데, 마치 그리스인이 소매에 술잔을 숨기기 위해 일부러 춤을 추는 것 같이 보이는 연기를 시작했다. 곧장 슈킨이 자진하여 그 에튜드로 들어갔다. 그도 박탄고프처럼 소매에 술잔을 숨기고 있었고, 그리스인(박탄고프)에게 가서 술 한 잔 따르더니, 그도 자신의 소매에 있던 술잔에 술을 부었다. 슈킨과 박탄고프는 종려나무 뒤 가장자리에 앉아 교활한 눈빛을 주고받더니, 다시 한 번 '소매' 속 술잔에다가 술 한 잔씩 따라 마시고는 한바탕 웃은 후에 연기를 시작했다.

—술은 언제라도 마실 수 있지요.

슈킨이 말했다.

—당신네 나라엔 호랑이가 있소?

—그리스에는 모든 게 다 있지요, 잠깐! 희곡 속 대사는 완전히 정확하게 하셔야 합니다. 체홉의 텍스트에는 뭐라고 쓰여 있던가요?

—한데, 그리스에는 호랑이가 있소? 라고 쓰여 있어요.

슈킨은 체홉의 텍스트대로 완전히 정확하게 대답했다.

—바로 그겁니다. 하지만 이것에 관해서는 다음번에 이야기하도록 하죠. 오늘 제겐 다른 목표가 있으니까요.

그러더니 박탄고프는 다시 객석으로 돌아갔다.

—이제, 무대 배경 뒤 쪽 의자에 앉아있던 전원에게 지금과 같이 앉아 계실 것을 부탁드립니다. 순서 없이 앉지 마시고 지금 테이블에 앉아 계신 것처럼 앉으십시오.

중앙에는 신랑과 신부가, 그리고 그들로부터 계급 순으로 앉으세요. 결혼식 손님 배역들은 무엇을 딱히 하지 않을 때 또는 사교댄스를 추지 않을 때 혹은 특별히 앉을 자리가 없을 때면 언제나 이런 멍청한 대형을 유지하도록 하세요. 신랑신부가 중심에 있고, 나머지들은 중요한 계급 순에 따라 앉는 겁니다.

연습이 끝난 후 객석에서 연습을 지켜보던 누군가가 다가와 우리의 무대 미장센이 매우 효과적이었다고 하면서 무대 '중앙'은 거의 비워져 있었지만 무대 뒤 양쪽 (윙) 사이로 수많은 손님들이 오가는 것처럼 보였다고 했다.

―이제는 자리를 뜨지 마시고 이 미장센을 제게 정당화시켜 주십시오.

객석에서 박탄고프의 말이 들려왔다.

―예를 들면 가족사진을 찍는다고 가정해보는 겁니다. 특히 연출자들은 어떠한 미장센이든지 그 미장센을 정당화시킬 줄 알아야 한다는 점을 명심하세요.

거의 모든 사람들이 각자의 의상이나 머리모양, 제복 깃에 꽂아 놓은 꽃의 모양새 등을 다듬기 시작했다.

―찍습니다!

박탄고프는 전형적인 사진사처럼 억양을 구사하며 목소리를 흉내 내어 지시했다.

―움직이지 마시고요, 찍을 때 눈 감지 마세요. 여러분 찰칵 소리가 나기 전까지는 움직이지 마세요!

박탄고프의 새로운 즉흥연기가 시작되었다.

그는 핑거 스냅으로 "딱" 하는 소리를 냈는데 그 소리가 나기까지 정적은 우리가 견디기 힘들 만큼 길게 느껴졌다. 결국 누군가 참지 못하고 불평을 시작했다.

―잠깐만 참으시면 됩니다.

박탄고프는 '프로페셔널한 사진 기사'의 톤으로 아주 침착하게 말했다.

―사진을 방해하는 사람들마다 요금을 가산할 거예요. 가만히 계세요, 부탁드립니다. 모두들 제 위쪽을 보세요! 이제 숫자를 세겠습니다!

당시 우리 눈앞의 그의 모습은 러시아 오데시• 출신의 중년 남성으로 피곤한 표정과 눈빛을 가진 사진 기사처럼 보였다. 우리들은 그가 직업적 타성에 젖어, 진부하고 성의 없게 사진 촬영을 하고 있다는 것을 느낄 수 있었다.

─집중해주세요. 그래야 여러분들이 사진에 선명하고 정확하게 찍힐 겁니다. 표정이 이상하게 나온다 하더라도 책임지지 않을 거예요.

박탄고프는 이미 사람들을 보지도 않고 영혼 없이 말했다.

곧이어 박탄고프는 핑거 스냅 소리를 냈으나, 이번에도 몇몇 사람들이 가만있지 못하고 부산을 떨었다. 그러나 사실 우리들은 사진 기사로서의 박탄고프의 모습을 더 보고 싶었던 것이었다.

─모두들 그만! 여기까지 하겠습니다.

예브게니 바그라찌온노비치 박탄고프는 우리들의 똑똑하지 못한 계획을 눈치챘다.

─이것보다 저는 결혼식 손님들이 어떻게 합창 노래를 부르는지 듣는 게 나을 듯싶군요. 이 부분은 체홉 작품 속에 쓰여 있지 않으나, **배우로서 말고 체홉의 등장인물들로서** 그들의 단합심에 도움이 될 테니까요.

박탄고프는 이 부분을 강조했다.

─작가가 제시한 상황 안에서 등장인물들의 단합을 위한 행동을 성취하는 작업이지요. 노래를 부르십시오! 연출 지망생들은 이 연습 과제를 기록하시고요!

─그런데 정확히 어떤 노래를 불러야 하나요?

누군가 물었다.

─어떤 노래든 상관없습니다. 아무나 부르고 싶은 노래로 부르세요.

─그렇게 부르면 합창은 될 수 없을 거예요.

─염려 마십시오, 우리에게 필요한 것은 반드시 나올 겁니다. 일단 불러보세요!

곧이어 결혼식 홀 안의 곳곳에서 노래하는 소리가 울려 퍼졌다. 누군가는 「볼가

• 러시아 남부 지방 도시

강으로」라는 곡으로, 누군가는 「스테판 라진에게」라는 곡으로, 또 누군가는 「아, 썰매, 나의 눈썰매. . .」라는 곡으로 우물쭈물 거리며 노래를 불렀다. 이윽고 손님들 중 누군가가 첫 번째 노래를 따라 불렀고, 다른 누군가는 두 번째, 세 번째 노래들을 따라 부르자 엄청난 불협화음이 일어났다.

처음 몇 분간은 참을 수 없을 만큼의 불협화음이 일었던 것 같다. 그럼에도 불구하고 얼마간의 시간이 지나자 우리들은 멜로디에 익숙해졌고, 신기하게도 각자가 부르던 노래들로 서로 소통하다가 이내 하나의 노래로 합쳐서 노래를 부를 수 있게 되었다.

박탄고프가 종을 울렸고 우리들은 조용해졌다.

―매우 인상적이었습니다.

그가 말했다.

―각기 그룹마다 따로 있었던 어떠한 서글픔이 <알맹이>로 작용되어 신기하게도 노래의 모티브가 형성 되었습니다. 이 평범한 체홉 속 등장인물들은 예술적 소양이 부족할 뿐더러, 대중가요 하나도 함께 부를 수 없는 사람들이네요.

그들의 둔감함이 못나 보이는군요. 이번 에튜드에서 자신과 타인과의 사이, 그룹과 그룹 관계에서의 자신의 느낌과 감정을 기억하십시오. 그리고. . . 이 아름다운 러시아 노래들을 여러분들의 재능으로 촌티 나게 부르신 것두요.

그는 놀리듯 덧붙였다.

―하지만 뭐 어쩌겠습니까? 때로는 예술적 목표나 과제로서, 가장 소중한 보물인 민중의 영혼을 고의적으로 왜곡시키거나 속물근성의 제일 밑바닥까지 보여서 비위를 건드려야 할 때도 있으니까요.

그러나 러시아 노래는 민중의 마음입니다. 마음에는 근심, 격려, 질책, 고무적인 생각 등이 있는데, 노래는 이런 마음들을 사랑하고 존중하지요. 위대한 작가들도 노래가 얼마나 사람들의 마음들을 깊게 헤아려주고 위로하는지 잘 알고 있었기 때문에 자신들의 작품 안에도 노래를 상당 부분 활용해서 써넣었습니다. 안 쓴 작가가 없을 정도예요: 푸시킨, 고골, 네크라소프, 투르게네프, 깔조프, 마야꼽스키, 오스트롭스키, 혹시라도 나중에 《가난은 죄가 아니다》라는 작품에 이런 장면을 넣어 본다면 어떨까요? 안 되겠군요, 너무 감상적이 될 거예요. 자, 다음으로 넘어가 봅시다.

박탄고프가 이어갔다.

―우리 《결혼》 안에, 색다른 무대적 행동의 순간을 찾아보는 겁니다. 우리의 테이블, 그러니까 똑같은 크기로 두 개로 나누어 놓은 식탁 위에다, 어느 때건 멋진 음식을 척척 차려내는 프랑스인들처럼 상을 차려 보는 거예요. 바로 이 부분을 해보시는 겁니다.

제가 지금 여러분에게 제안하는 것은, 배우들이 각자 맡은 역할들의 심리로서 무대 위 어떠한 것, 무엇이라도 관계를 만들어내고 정당화시켜내는 방법과 그것을 바탕으로 무대 위에서 에튜드 작업하는 방법, 그리고 연출가들이 미장센을 만들어내는 작업 방법을 동시에 체득해내는 것입니다.

박탄고프는 잠시 생각에 잠겼고, 우리들은 무대 위에서 그의 최종 지시를 숨죽여 기다리고 있었다.

―제가 생각해낸 것 중, 이것부터 해보죠.

예브게니 바그라찌온노비치 박탄고프는 계속했다.

―일단 여러분들 전원은 지금까지 해 온 역할 대로 무대에 서세요. 즉 우리가 연습을 통해 얻은 체홉의 《결혼》에서 나오는 등장인물의 <알맹이>들을 기반으로 발전시켜 함께 쌓아서 만들어낸 결과물로 서있으라는 겁니다.

여러분들은 각자 캐릭터에 맞게 노래를 부르거나, 춤을 추거나, 허풍을 떨거나, 싸우거나, 화해하거나, 여자 비위를 맞춰준다거나, 사소한 속임수를 쓴다거나 등의 행동을 하면서 결혼식 한자리에 모이세요. 그리고 따로 분산되어 놓인 테이블들과 식기들, 와인들 등, 현재 우리 무대에 배치된 것들을 바라보면서 생각하는 겁니다. 대체 식사는 언제 할 수 있는 거지? 라구요.

그런데도 식사가 시작되지 않는 겁니다! 왜냐하면 첫째, 장군님이 아직 오지 않았고, 둘째로는 보통 결혼식에 필요한 열 명 정도의 하인을 이 《결혼식》에 두 명밖에 보내지 않았기 때문입니다. 나머지 하인들은 좀 더 돈이 되는 곳으로 일을 보내버린 거죠. 이 식장 담당자는 몇 개의 행사를 맡고 있었는데, 동시에 행사가 겹친 겁니다.

게다가 오늘 특별히 부유한 고객에게 기념행사가 있었고, 그 vip에게 미리 부탁받은 대로 하인 8명을 그쪽으로 보내 버린 거예요. 그리고 행사 담당자는 '이 결혼식은 두 명으로 해결한다'라는 극단적 결정을 합니다. "결혼식은 추도식이 아니야, 필요하다면 손님들이 알아서 하겠지. 음, 나중에 10루블 정도 깎아주면 될 거야. 오히려 나중에 짠돌이 신부 아버지 쥐갈로프는 나한테 고마워할걸!"

제가 말한 여기까지가 **이전 상황**인 겁니다. 하지만 여러분들은 이 다음을 연기하셔야 하고요. 손님들은 춤을 추고 어울리느라 너무 배가 고파진 나머지 신부 부모가 시키는 대로 순순히 스스로 각자의 식사를 챙기는 거죠.

물론 신부 어머니인 나스타시아 티마페예브나와 그녀의 남편은 오늘 하인이 두 명 밖에 없을 거란 걸 알고 있습니다. 희곡에서는 신부의 아버지인 쥐갈로프의 대사에 '제시된 상황'으로 이 부분이 쓰여 있지 않았지만, 제가 이전 상황을 만들어 여러분들에게 상황을 제시해 드린 겁니다. 그러니까 여러분은 새로운 것을 따로 구상하실 필요가 없습니다. 체홉 희곡에 쓰인 쥐갈로프 대사 그대로 시작하시면 됩니다. "친애하는 여러분, 인사 올립니다! 식사를 시작하시죠! 부탁드립니다! 젊은이들이여!"라구요. 그 대사를 듣는 순간 손님들은 주인장이 자신들로부터 무엇을 기대하는지 판단하고 헤아려 봅니다. 제일 어려운 일인 테이블을 한 곳으로 옮기는 일은, 텍스트에 나와 있는 대로 두 명의 하인들이 합니다. 단 무대 가운데에 평행으로 놓지 말고, 무대 위에 사선으로 가로 질러 놓아두세요. 그 후에 손님들은 각자 어떻게 하면, 각자 지위나 체면이 깎이지 않으면서 스스로 식탁을 차려 낼지 판단 하셔야 합니다. 자, 그럼 누가 어떻게 식탁을 차릴 것인지 생각해보고 제게 말씀해주십시오.

침묵이 도래했다. 우리들은 우리 앞에 놓여 있던 테이블들, 의자와 술병들, 술안주들과 요리 등을 둘러보면서 어떻게 해야 할지 머릿속으로 각자 계산을 하고 있었다. 박탄고프는 우리가 생각을 다 할 수 있도록 기다려 주었다.

—랍스터는 아무에게도 줄 수 없어요.

나스타시아 티마페예브나 역을 맡은 슈흐미나의 목소리가 들려왔다

—랍스터는 장군님을 위한 메인 메뉴니까 제가 직접 식탁에 가져다 놓을 거예요.

—그렇다면 저는 은 식기류, 포크, 나이프, 숟가락 등을 놓을게요, 어쩌면 이 은

식기류가 우리의 '가족'을 보여주는 일이 될 수도 있으니까요!

낮은 목소리로 네크라소바가 신부 '역할'로서 말했다.

―그럴 수도 있지요!

박탄고프는 그녀의 의견에 동조했다.

―그럼 저는

―와인을 담당할게요!

신랑인 아쁠롬보프 배역을 맡은 꾸드라쩨프가 말했다.

―나는 이미 버섯 절임 요리랑 안주를 맡아 놓았소.

슈킨 역시 배역의 <알맹이>를 가지고 신부 아버지인 쥐갈로프처럼 말했다.

―전 꽃을 담당할게요! 저는 테이블 위에 꽃을 장식할 수 있어요.

라우단스까야는 즈메유키나 배역으로 피곤하다는 듯 속삭였다.

―장식해주세요, 꾸며보세요, 아름답게요!

박탄고프가 야찌 역으로서 그녀의 말을 받아주었다.

이러한 제안들이 연달아 이어졌고, 오래지 않아 우리들은 모두 각자의 역할에 맞는 상차림 과제들을 찾아낼 수 있었다.

―그럼, 이제 시작해봅시다. 모두들 앉아서 노래 부르십시오. 그리고 식사 상차림에 대한 부담스러움과 동시에 배고픈 눈빛으로 바라보세요. 나스타시야 티마페예브나는 남편에게 다가가서 뭔가를 속삭이시고요. 에튜드 연기를 부탁드려요. 천천히 정확하게 모든 것을 체크하는 겁니다. 아직 차려지지 않은 빈 식탁일 때 가서 어떻게 해야 각자 품위 있게 식사를 할 수 있을지를 말입니다. 모두 이해했습니까?

―그런 것 같아요.

―자! 이제 노래 부르세요.

우리들은 다시 한 번 제각기 노래를 부르면서 허기진 눈빛으로 테이블을 바라보았다. 그리고 곧이어 슈킨의 인사말이 들려왔다.

―여러분 고개 숙여 인사드립니다! 들어오십시오!

보리스 바실리에비치 쥐갈로프는 커다란 제스처로 우리들을 결혼식 홀 한편으로 안내하는 동작을 취했다.

　―저녁 식사하시죠! 부탁드립니다!

　그는 좀 더 큰 목소리로 외쳤다.

　―저녁을 드십시다! 젊은이들이여!

　슈킨은 우리에게 "젊은이들이여"라고 말한 직후 우리들이 과제들을 수월하게 할 수 있도록 저녁식사로 준비된 와인들과 술안주들, 식기 등을 향해 제스처로 살짝살짝 알려주었다. 즉 우리들이 식탁을 차리는 행동에 대한 정당성을 시켜준 셈이었다. 하인들은 관객석 왼쪽 구석에서 나와 무대 위에 테이블을 대각선 방향으로 놓아두고 재빨리 테이블보를 깔았다.

　이 다음엔 무엇을 해야 하지? 누가 먼저 상차림을 시작해야 하나? 테이블이 세팅된 후 잠시 정적이 생겨났다.

　첫 번째로 슈흐미나가 주변 여자 손님 두 명과 협력하여, 거대하고 화려한 랍스터 요리를 들고 와 식탁 한가운데로 옮겼다. 그녀의 뒤를 따라 하인들이 재빠르게 접시들을 놓아두자 신부가 은으로 된 포크, 나이프, 스푼을 테이블 위에 세팅했다. 그 뒤로 신랑의 주도하에 남자 손님들이 순식간에 와인들을 테이블에 배치했으며 룀바와 쥐갈로프는 술안주를, 즈메유키나는 조화들을 화병에 꽂아 식탁 곳곳에 놓아두었다.

　놀랍게도 우리의 식탁을 차리는 일은 굉장히 빠르게 진행되었다. 각자가 한 일에 만족한 결혼식 손님들은 준비된 식탁에서 매너 있게 살짝 비켜서 있었다. 도대체 어디에서 우리에게 이러한 정당성이 생겨난 걸까? 우리가 예상치 못한 상황에도 불구하고 모두가 적응할 수 있도록 밀어 넣었던 사람이 처음에 누구였더라? 혹시 야찌와 즈메유키나 역을 맡았던 배우들이었나.

　―친애하는 손님 여러분! 부탁 좀 드려요! 자리에 앉아주세요!

　슈흐미나가 시기적절하게 모두를 식탁으로 초청했다. 그러자 체홉의 희곡에 쓰인 대로, 멋진 미장센이 '펼쳐지게' 되었다.

이번에 우리들은 객석에 각자의 얼굴이 보이면서도 중요 배역들을 가리지 않게 끔, 식탁 양 방향으로 퍼져서 자신들의 자리를 잡았다. 우리들은 계속해서 체흡 속 텍스트를 사용하면서 장면을 이어갔는데, 박탄고프는 우리의 장면을 중지시키지 않았고 우리들은 왜 그가 중지시키지 않는지 이유가 무척 궁금했다.

과연 우리들의 연기가 너무 좋아서였을까?

텍스트에 쓰인 대로 이미 아찌는 쥐갈로프와 아쁠롬보프랑 싸움을 시작했고 그 사이, 식탁 코너에서 여러 방향으로 나눠져 앉아 있던 손님들은 어느새 관객을 등지고 앉게 되었다.

－도대체 왜 박탄고프는 식탁을 두 개로 나누어 놓은 거지?

우리들은 각자 결혼식 피로연을 연기하는 척 하면서 티 안 나게 소곤댔다. 미장센은 좀 전과 같이 또 다시 재현되었다!

뉴닌이 들어왔다. '장군'으로서 등장한 것이었다. 우리들은 모두 텍스트대로 연기했고, 박탄고프는 이를 중지시키지 않았다! 우리들은 우리들 마음대로 식탁 앞으로 가서 '장군과의 만남' 장면을 진행했다. 장군은 신랑 신부와 그들의 부모 사이의 정중앙에 앉았고, 손님들은 장군과 인사 후 식탁 자기 자리로 돌아가 앉았는데, 그러자 배우들은 또 다시 객석 쪽에 등을 지고 앉게 되었다. 장군은 자연스럽게 두개로 나눠진 식탁의 접촉점에 놓인 곳인 센터 자리에 앉았다.

우리들이 이미 장군과의 장면을 연기했는데도 박탄고프는 여전히 연습 장면을 중지시키지 않았다! 이것은 거의 기적과도 같은 일이었다. 혹시 그가 객석을 떠난 것은 아닐까? 아니었다! 나는 내 호기심이 들키지 않도록 무대 가장 구석 자리에서 객석을 몰래 훔쳐보았다. 만약 이런 행동을 하다가 내가 걸린다면 우리들이 익히 알고 있는 가장 치명적인 벌 중 하나인 다음의 상황에 내가 처하게 될 테니 말이다.

－누가 객석을 보는 겁니까! 이리 내 자리로 오십시오. 제가 당신을 대신하여 연기할 테니, 당신은 저를 대신해서 여기에 앉아 연출을 맡으세요!

(종종 이런 일이 생길 때면 박탄고프는 무대로 올라가 걸린 사람을 대신하여 배

역을 연기했는데, 박탄고프를 대신해 '연출' 자리에 앉게 된 사람은 그 자리가 너무 불편해서 땅을 파고 들어가 숨고 싶은 심정이라 했다.)

때문에 나는 예브게니 바그라찌온노비치 박탄고프가 평소에 앉아있던 자리를 몰래 훔쳐본 것이었다.

연극에서 '스캔들'이라는 다음의 에피소드가 시작되었다. 레부노프-카라울로프라는 퇴역 함장 역을 맡은 배우가 테이블 끄트머리에서 비스듬히 앉아 있다가, 해군 부하 선원인 마즈가봄을 향해 몸을 틀었다. 술에 취해서 감정이 격양된 늙은 퇴역 함장 역을 연기한 비숍은 자신의 팔로 테이블 가장자리를 세게 내리치면서 일어났다. 그가 테이블 가장 자리를 세게 치며 일어나자 순간 압박을 받은 테이블이 직각으로 밀리면서 레부노프 함장 앞으로 살짝 뜨게 되었다. 퇴역 함장은 텍스트대로 손님들에게 뭐라 뭐라 명령을 해대기 시작했다. 우리들이 미처 생각할 틈도 없이 비숍은 돌연 두세 번 더 테이블을 앞으로 밀어 붙였으며, 테이블과 손님들도 함장이 미는 대로 앞으로 딸려 밀려갔고, 그 사이 흰색 테이블보로 덮어 놓은 테이블 접촉 부분이 망가지면서 테이블은 급경사를 이루었다. 그러자 마치 함장의 진두지휘 하에 하얀색 배가 바다를 항해하는 것처럼 보였다.

생각지도 못했던 효과가 아주 분명하고도 표현적으로 드러나자 객석에서 참관하고 있던 학생들의 탄성과 2-3명이 내는 소심한 박수 소리가 터져 나왔다. 박수 소리가 소극적이었던 이유는 박탄고프가 연습시간에 참관자들이 반응을 표현 하는 것을 매우 지양했기 때문이다.

어쨌든 우리들은 본능적으로 테이블 위의 결혼식 상차림: 술병들, 음료 잔 들, 음식들 등이 바닥에 떨어지지 않도록 테이블보를 잡고 함장을 따라 움직여야 했기 때문에 우리의 '항해'는 지속될 수밖에 없었다. 그러다 이윽고 우리의 돛이었던 테이블보에서 뭔가 찢어지는 듯한 소리가 났다.

비숍이 레부노프-까라울로프 함장 배역을 즉흥 연기로 아름다운 미장센을 만들어내던 순간, 나스타시아 티마페예브나가 감정 실린 목소리로 산통을 깨버렸다! 결국 나스타시아 티마페예브나가 공상에 빠진 늙은 함장을 저지한 것이다! 레부노프-까라울로프는 자신이 취한 채 망상에 빠져 사람들을 지휘한 것을 스스로 인지하자, 그 순간 바숍은 기가 막힌 정적을 연기했다. 그리고 그는 체홉 텍스트에 쓰여 있던 그의 대사 "여러분, 여러분! 나를 여기에서 나가게 해줘요!"라는 대사를 거의 비극처럼 울부짖었다.

희곡은 마지막까지 진행되었다. 박탄고프는 우리 모두를 불러 모았다.

—음, 그러니까 당신은.

박탄고프가 바숍에게 말했다.

—바숍, 당신은 제가 내준 과제를 잘 수행해냈습니다. 과제를 수행하는 일이 어려웠나요?

—아니요, 예브게니 바그라찌오노비치 박탄고프.

바숍이 대답했다.

—사실 처음 시작하는 순간은 어려웠습니다. 테이블을 내려치며 일어서야 하는데, 단지 술을 많이 마셔서 그러한 행동을 하기엔 그 행동의 정당성이 부족하게 느껴져서 내 부하였던 해군 졸병 마즈가봄에게 집중을 했더니 그런 행동을 하는 것이 한결 수월해지더라고요. 그 다음에서야 테이블이 배처럼 느껴졌고, 선생님께서 제게 주신 과제가 편안하게 느껴졌습니다. 제 자신이 배의 선두에 서있다고 느껴지자, 우연히 배와 비슷한 형상이 만들어졌구요.

여기에서 레부노바-까라울로프가 그토록 분명하고 진정성 있는 연기를 할 수 있었던 비밀이 드러났다. 미리 박탄고프가 그 역할의 과제를 배우에게 일러주었던 것이었다!

—나머지 부분들은 어떻게 할 것이냐면.

박탄고프가 이어갔다.

—오늘 우리가 연습하면서 시도해보았던 장면들 절반 이상은 물론 사진을 찍는 장면이라든지, 불협화음이 난무하던 합창이라든지 등은 실제 공연에서는 사용하지 않을 겁니다. 그러나 이러한 경험을 통해 얻은 느낌과 인상들은 배우들 개개인의 기억

속에 쌓아서 새겨 놓아야만 합니다. 그러므로 연출가 지망생들은. . .

박탄고프는 연출 과정 학생들에게 주의를 돌렸다.

—연습을 하실 때, 이런 식의 순간들을 넣어 보면서, 희곡 속 행동이라든지 텍스트의 내용을 구축하시고 훈련하시길 바랍니다.

식탁을 차려 내는 것, 이 장면은 우리 연출 과정을 하고 있는 학생들에게 매우 유용한 훈련입니다.16 제가 이미 연출 과정을 밟고 있는 학생들에게 여러 번 말했듯이, 연출 작업이란 모든 방면의 작업을 할 줄 알아야만, 시작되는 겁니다. 희곡, 배우 연기술, 작은 소품들, 무대 소도구들까지 다루는 법을 알아야 하죠. 제가 만약 오늘 연출 과정의 학생이었다면, 오늘 수업에서 연출적으로 상당히 많은 것들을 얻었을 것입니다. 그건 그렇고, 오늘 여러분들은 오늘 자신들이 '연기'를 잘 했는지 궁금하지 않나요?

박탄고프는 '연기'라는 단어를 강조하며 말했다.

—음, 여러분들은 연기를 상당히 잘 하셨습니다. 왜냐하면 여러분들은 모두 사전 연습을 통해서 각자의 배역에 좋은 창조적 발판을 만들어 놓으셨으니까요. 즉 희곡에는 쓰여 있지 않은 이전 상황의 부분을 미리 연습해 봄으로서 실제 희곡에 쓰여 있는 장면을 연기하는데 도움을 받은 것입니다. 그러나 실제 공연에서는 관객들이 보고 있는데 사전 연습 훈련부터 하다가 희곡의 본 내용을 보여줄 수는 없습니다. 무대가 열리는 순간, 배우들은 단숨에 분명하고 탁월하게 연기할 수 있도록 대처가 되어있어야 하지요.

우리는 희곡에는 쓰여 있지 않은 우리의 모든 창조 과정들을 일일이 관객들에게 드러내 보여주는 것은 옳지 않아요. 비록 상당수의 관객들이 평범한 일반적인 공연들을 보는 것보다, 연극이 만들어지는 사전 과정을 보는 것을 더 흥미로워 하고 있다는 것을 알고 있습니다만 방금 이런 부분은 실제 공연에서는 불필요한 것들이지요. 어쨌든 여러분들은 연기를 상당히 잘 하셨습니다. 왜냐하면 여러분들은 사전에 창조적 과정 안에서 여러분들의 상상력과 교류들이 이루어졌기 때문이죠. 여러분 앞에 예상치 못했던 '장군'의 등장도 좋은 효과를 발휘했습니다. 그리고 공연 때나 연습 때나, 여러분들은 레부노바-까라울로바의 돌발 행동에 대해 반드시 매번 새롭게 느껴야 합니다.

행여 실제 공연에서 테이블이 배로 안 쓰인다 하더라도, 대본상 그는 테이블을 앞으로 밀어붙여야 하니까요. 이 장면에 대해서는 좀 더 고민해봅시다!

그리고 '장군' 역을 수행한 배우가 무대를 떠난 뒤 손님들은 혼란함을 수습하지 않는 것이 좋을 것 같습니다. 엉망이 된 결혼식일지라도 결혼식은 계속 이어져야 하니까요!

테이블은 '두 동강 나있고,' 테이블보는 찢어져서 식기들이 뒤섞였으며, 손님들은 사방으로 흩어져 있는데, 오직 신랑 신부만이 이 파탄 속에서 비석처럼 움직이지 않고 앉아 있는 거지요. 이러한 것들은 이미 체홉에서 나오는 특징들이라고 할 수 있습니다. 어쩌면 이러한 장면들을 우리 ≪결혼≫의 피날레로 쓸 수 있지 않을까요?

결혼식 사회자는 열정을 다해 소리 높여 축배를 외치지만 (체홉 작품에 명시되어 있듯이), 목소리가 안 나오는 겁니다. 그리고 연극이 끝나는 거지요. 그리고 막이 닫히는 겁니다!

이날 밤 연습은 더 이상 하지 않았다. 이날 박탄고프는 스타니슬랍스키와의 만남에서 오갔던 이야기와, 제1스튜디오에서 하는 자신의 작업들에 관한 이야기를 해주었다.

박탄고프는 그가 작업하는 몰리에르의 ≪조르쥐 단진≫이란 작품을 위해 배우 루지스키에게 러브콜을 보냈는데, 그가 함께 작업을 하겠다는 연락을 받았다고 했다. 또한 박탄고프는 스타니슬랍스키에게 이곳 스튜디오에서 하는 장면 연기 작업 발표를 보여주고 싶다고 말해 놓았기 때문에, 우리들이 특별히 심혈을 기울여서 열심히 연습해야 한다고도 했다.

≪결혼≫의 다음 연습들은 순조롭게 지나갔다. 박탄고프는 가끔 어느 날은 쉬는 시간 없이 전체 희곡을 3-4번 연속해서 돌렸다. 그 다음에 그날 저녁 내내 그가 보았던 것에 대한 코멘트들을 모두에게 한꺼번에 상세하게 해주었다.

또 가끔씩 어느 날은 연습을 시작하자마자 장면을 멈추고, 장면을 하나하나 공들여 만들기도 했는데 체홉의 텍스트를 정확하게 보존한 상태에서 그 안에 있는

숨은 뉘앙스부터 억양까지 완벽히 명확하게 설명하고, 역할 간 서로 올바른 관계까지 만들어서 하나하나 훈련시키기도 했다.

박탄고프는 깊이 내재되어 있는 체홉 본연의 희곡을 구현하고자, 그것에 걸맞은 형상들을 추구했다. 그러나 분명한 건 박탄고프가 요구한 것들을 해내기 위해서는 미숙한 우리들보다는 경험과 재능이 훨씬 더 많은 장인 배우들이 필요했으리라.

1920년 가을, 만수롭스키 거리에 있던 박탄고프 스튜디오의 작은 무대에서, 체홉 작품들을 상연하는 '연극인의 밤'에 ≪결혼≫은 관객들에게 처음으로 공개되었다. 이것은 ≪결혼≫ 공연의 첫 번째 버전이었다. 이후 박탄고프는 자신의 새 극장이 오픈되기 전, <모스크바 예술 극장 제3 스튜디오>에서 다시 한 번 이 공연을 올렸다. 언제나 그래왔듯 공연은 박탄고프의 끝을 알 수 없는 예술적 상상력으로 또 한 번 한껏 고양돼 재개되었고, 체홉의 ≪결혼≫은 보다 선명한 목소리를 획득하게 되었다.

우리의 연출 수업에 대해 말하자면, 박탄고프의 말따나 연출 작업은 공연을 하는 '과정 중'에 교육되어야 하는 것이었다. 그는 연출자가 되고자 하는 사람들에게 연습 때마다 각자 나름의 연출 방법을 끄집어내고, 자신만의 연출적 경험을 확장 시키라고 했는데, 이는 전적으로 옳은 주장이었다. 그럼에도 불구하고 우리들은 연출 수업에서 어떠한 특별한 비법을 가르쳐줄 것을 그에게 요구했던 것이다!

청춘이란! 그토록 고집스럽고, 까탈스러운 것이었다!

연출가의 길

드디어 우리들의 인내가 승리한 날이 이르렀다.

우리들이 예브게니 바그라찌온노비치 박탄고프의 첫 연출 수업을 들으러 갔던 날 그는 다음과 같은 말을 했다.

─지금까지 저는 연출 과정 학생들의 수업을 정식으로 맡지 않았었습니다. 하지만 이젠 여러분들과 함께 연출 수업을 해보고자 합니다. 늘 그렇듯 먼저 조건이 있습니다. 앞으로의 수업에 있어 주의사항이 몇 있는데 이런 제 조건을 받아들이기 어렵다 싶으면 수업을 거부하셔도 좋습니다. 시간 끌 필요 없이 지금 당장 이 수업 시간에 결정하십시오. 각자 자신들이 쓸 수 있는 자유시간과 능력들, 자신들의 성격까지 대략적으로 잘 파악해보신 뒤에 아니다 싶으면 내일 제 연출 그룹 수업 시간에 안 들어오시면 됩니다.

여러분들이 만약 저와 함께 연출 공부를 하고자 하신다면, 각자 반드시 지켜야 할

약속이 있는데,

박탄고프는 자신의 주머니에서 무언가 적힌 공책을 꺼냈다.

―여기 여러분들과의 첫 번째 대화를 위해 준비해온 것이 있습니다.

그가 덧붙였다.

―첫 번째, 연출 그룹 안에 몇 명이 있든 상관없이 하나의 목적을 가진 팀을 만드십시오. 현재 여러분들은 총 5명이지요. 그러나 한 달 후에는 3-4명이 남을 수도 있고, 혹은 한두 명이 늘 수도 있습니다. 재차 반복하지만 연출 그룹에 인원에 상관없이, 각자 균등한 책임이 있는, 하나의 목적으로 구성된 그룹을 만드셔야 합니다. 그리고 그 목적에 대해 이제부터 말씀드리죠. 저는 우리 수업시간에 한 사람씩 개별적으로 가르치는 일이 그리 효율적이지 않다고 생각합니다. 저는 오직 팀 작업으로 수업을 진행할 예정인데, 그룹의 팀원들 각자가 이 수업에 책임을 가지는 거죠. 조직적인 문제들을 해결할 대표자를 여러분들 내에서 선출하십시오. 저는 머릿속으로 여러분들이 누구를 팀의 대표로 선택할지 미리 예상해보았습니다. 그리고 제가 생각한 그분이 뽑힌다면 향후 이 집단이 어떠한 성향을 가진 팀이 될지 가늠도 해보았고요.

―그러면 선생님께서 우리 과대표를 맞췄는지, 안 맞췄는지 우리들이 어떻게 알죠?

우리들 중 가장 용기 있던 시모노프가 박탄고프에게 물었는데 우리에겐 시모노프가 늘 박탄고프의 관심받기를 즐기는 것처럼 보였다.

―여러분들에 의해 뽑힌 분의 성•을 부를 때 알려 드리죠, 아니면 여러분들이 저를 믿을 수 있게끔 지금 제가 이 종이 위에, 제가 예상한 후보자의 성을 적도록 하죠. 자 보시죠.

박탄고프는 실제로 종이에 성을 적었다.

―자, 시모노프는 이리로 오셔서 내가 적은 것을 읽어 보시길 바랍니다.

―그럼, 어떠한 경우에도 제가 대표가 되는 일은 없다는 뜻이네요.

• 이 책의 앞부분에 이미 설명했듯이 러시아에서는 성을 한국의 이름처럼 호칭한다.

라고 하며 시모노프는 예브게니 바그라찌온노비치 박탄고프에게로 갔다.

　－정답입니다.

박탄고프는 즐거운 듯 대답하며,

　－당신이 대표가 안 될 거라는 것을 우리 모두가 알고 있습니다. 제가 당신을 '좋아한다' 하더라도요.

그는 살짝 아이러니하게 덧붙였다.

시모노프는 박탄고프가 쓴 종이를 읽더니 알 수 없는 표정의 얼굴로 우리에게 돌아왔다. 박탄고프는 일상에서 일어날 수 있는 매순간 매사건들마다 끊이지 않는 자신의 상상력과 예술적 흥미를 더해 이러한 재미있는 연극적 요소들로 만들기 좋아했다.

　－두 번째,

예브게니 바그라찌온노비치 박탄고프는 이어갔다.

　－연출 그룹으로서 여러분들이 뚜렷이 차별돼야 할 행동은 겸손입니다. 겸손은 아주 근본적인 규칙입니다.

그는 다시 한 번 말했다.

　－저는 어떠한 심리적 요인이 작용되어 그런 건지 설명하고 싶지 않습니다만, 제가 극장에 조연출자가 필요해서 성격 좋은 사람을 택해 그 자리에 앉혀 놓으면 왜인지는 몰라도 그는 연출 작업을 하기도 전에 제일 먼저 하는 일이 자아도취 되어 오만해지는 것이었습니다. 그러므로 저는 저와 작업하는 우리 스튜디오 연출 그룹 중 누군가 '연출가'병에 걸려서 그런 짓을 하는 것을 본다면 발견 즉시 쫓아낼 겁니다! 단순히 그룹 안에서 제명시키는 정도가 아니라 아예 공개적 모욕을 하고 제명시킬 거예요!

나머지 스튜디오 인원들에게 '천재병 걸린' 행동을 하면 안 된다는 것을 알 수 있게끔, 아주 엄격하고 까다롭게 심판할 겁니다. 물론 연출가는 공연에 있어 책임이 있는 사람입니다. 공연에서 중요한 부분의 사람이죠. 하지만 왜 반드시 '천재'여야만 하죠?

요새 우리들에겐 연출가라면 이미 천재다!라고 생각하는 것이 관행처럼 되었습니다. 저는 오직 공연에 중요 책임이 있는 사람들로서 여러분들을 성장시킬 것이며, 아주 근본적이고도 기본에 충실한 연출계의 '일꾼들'로 가는 방법을 여러분들과 함께 찾을 겁니다! 어떠한 천재들을 만들어내는 게 아니라요!

그러므로 무엇보다도 우선이 되어야 할 것은 겸손입니다! 여러분들은 스튜디오의 여러 동료들에게 모범을 보일 수 있는 행동으로 서로를 대하셔야 합니다. 만약 스튜디오 배우들 중 누군가 바닥에 떨어진 휴지를 보고도 못 본체하며 지나간다면, 연출가가 그 휴지를 주우세요. 누군가가 신발털이 매트에 신발을 털지 않고 스튜디오 홀로 들어온다면 연출가가 즐겁게 그것을 청소하시구요.

박탄고프는 또 한 번 강조했다.

—현관 입구에 비치되어 있는 걸레를 챙겨서 마대에 걸레를 넣고 발자국으로 더럽게 된 바닥을 문질러 없애세요, 하지만 바닥을 더럽힌 그 사람에게 눈치 주지 말고 즐겁게 하셔야 합니다. 스튜디오 전체의 청결함 뒤에, 정숙한 수업 뒤에, 학생들의 행동 뒤에 연출가가 있는 겁니다. 연출가는 이 모든 것에 대한 책임은 있으나, 눈치를 줄 권리는 없습니다. 연출가는 날마다 자신의 연출노트에 바뀌어야 할 필요가 있는 것들을 판단해서 기입하십시오. 자신만의 시각으로 스튜디오의 수업이나 연습을 하면서 느껴진 각 스튜디오 배우들에 대한 소견들이나 개선해야 할 점들, 그것에 기반을 둔 자신이 개인적인 작업에서 나온 그 의미들, 삶에 관한 것들, 자기 자신만의 것들에 대한 것들을 연출 노트에 적으세요.

그리고 연출 과정 여러분들께서 개별적으로 쓰신 연출 노트들은, 오직 저 만이 요구할 수 있고, 그 기록된 모든 것을 읽고 여러분과 이야기를 나눌 수 있는 권리도 저에게만 있습니다.

—즉, 이 모든 기록들이 각자 개인 자신들을 위한 것이 아니라 그 기록된 내용을 통해 전체 연출 그룹의 요구사항을 선생님과 공유하는 건가요?

우리 중 누군가가 물었다.

—물론입니다.

박탄고프가 대답했다.

─단 제가 만약 노트된 내용을 통해 전체 스튜디오 상황과 여기에 필요한 것을 찾아냈을 경우에는요. 그 때문에 엄격하게 자신의 생각을 선별해서 의무적으로 이 일지를 만드셔야 합니다. 이 일지의 목표는 주변을 돕기 위한 역할로서 존재하는 것이라는 것을 알아두십시오. 자신의 필요에 의한 것이 아닌 주위 사람들을 위해 하루 중 가장 중요한 것을 거두어들인다는 마음으로 기록하십시오. 저는 이 일이 연출가가 사람들을 깊이 이해하게 해주고, 삶에 주의를 기울여 보는 것을 익히게 해주며, 동시에 자신의 관찰을 통해서 우리들의 예술과 사회를 위한 의미를 컨트롤해보는, 첫 번째 연출 연습 과제라고 생각합니다.

세 번째, 여러분은 모두 미래의 우리나라를 이끄는 배우들이 되고자 스튜디오에 입학하셨습니다. 사실 여러분 중 한 명인 니꼴라이 미하일로비치 고르차코프만 예전에 연출 공부를 희망한다 표명한 적 있었죠. 하지만 고르차코프, 저는 이미 여러 번 당신에게 몇 년간 무대에서 수많은 역할을 해 봐야지만 연출가가 될 수 있다고 말해 왔습니다. 때문에 저는 당신의 연기 담당 선생으로부터 당신이 연기술 수업을 경시한다는 이야기를 듣게 되거나 눈치를 채는 날이 온다면, 저는 당신이 오늘 제 말을 이해하지 못한 것은 물론 연출가로서 적합하지 않은 사람이라고 보겠습니다.

특히나 지금의 여러분에게 더욱 어려울 수도 있는 일인데, 지금의 제 말을 이해하시던 못하시든 간에 일단 말씀드리겠습니다. 최악은─

박탄고프는 즐거움이 섞인 아이러니한 목소리로 말했다.

─제가 누군가로부터 여러분들이 장면 연기를 할 때, 배우처럼 작업하는 것이 아닌 연출가처럼 연기 작업을 하고 있다는 것을 듣게 되는 것입니다. 자신의 장면 연기에서 연출을 하고 있다는 이야기를 듣게 되는 거지요! 슬그머니, 거의 입을 열지 않은 채 자신의 연기 파트너에게 씩씩대는 겁니다. "그렇게 하지 마, 일어나지 말라니까, 크게 말해, 저번에 했던 대로. . ." 흠, 그런 상황을 알게 된다면, 저는 여러분에게 무슨 짓을 할지 몰라요. 저는 스튜디오에서 쫓아내는 것에 그치지 않고, 그 대단하신 '천재'를 이 나라 어느 곳에서도 채용하지 말라고 루나차르스키•에게 편지를 쓸 것입니다.

• 당시 문화부 장관

여러분들 웃으시는군요, 재미있나 보네요! 아, 저는 여러분께서 무대에서 연기할 때, 배우가 아닌 연출가로서 배우를 가르치려 들 때마다. 더욱이 존경하는 배우들이나 재능 있는 배우들일수록 스타니슬랍스키의 <시스템>을 가지고 상대 배우의 연기를 돕는답시고 가르치려 드는 모습을 보면 얼마나 마음이 안 좋은지 모릅니다!

그러므로 여러분들은 장면 연기를 할 때, 오직 연기 수업 학생으로서, 배우로서만 작업하시는 것이 맞습니다. 만약 한순간이라 할지라도 무대 위에서 상대방을 바라보는 여러분들의 시선이 연출가로 바뀌어서 자신의 파트너의 연기를 관찰하고 그것을 평가하거나 비판할 셈이라면 당장 그만두십시오. 최대한 배우로서의 작업을 하는 것이 제일 좋습니다. 자신이 배우로서 직접적인 경험을 해보는 것이 연출가가 되는 데에 가장 도움이 됩니다. 어찌 됐든 연출가들은 연습이 시작되기 전에, 자신에게 필요한 모든 배역들을, 즉 연기를 경험해봐야 하니까요. 배우로서 경험을 한 번도 해보지 못했다면 어떻게 이 일을 할 수 있겠습니까?

−하지만 단 한 번도 연기를 해보지 않았던 연출가들도 있지 않나요?

−극히 드뭅니다. 그들 중 대부분은 어린 시절 배우였던 사실을 숨기기도 합니다. 아마추어였을 테니까요. 그러나 그런 일들은 있었던 일이었습니다!

−설마 베라 페도로브나 까미싸르쩹스키 극장 연출인 사흐놉스키나, 블라디미르 이바노비치-단체코도요?

−블라디미르 이바노비치는 자신이 직접, 어린 시절 티플리스 극장에서 햄릿을 연기한 적이 있다고 했으며, 사흐놉스키는 러시아어 선생이었다는 이야기를 들은 바 있습니다. 확실한 건 그가 학생들에게 고골이나 푸시킨 작품에서의 장면 구문이나 시를 읽어 주었다는 겁니다. 그는 낭독을 통해 경험을 한 셈이지요. 그러나 핵심은 여기에 있는 게 아닙니다. 모든 법칙에는 예외가 존재하니까요. 그렇다면 지금 우리들은 예외를 배워야할까요. 아니면 근본적인 원리를 배워야 하는 걸까요?

−당연히 근본적인 원리를 배워야죠, 예브게니 바그라찌온노비치 박탄고프!!

−물론 그렇습니다. 그러니 여러분들께서는 스스로 여러분들 미래에 있을 배역들의 연기를, 즉 자신의 연기술 학문을 두 배로 더 노력하여 예외 없이 배역 작업을 하도록 하세요. 남자 배역, 여자 배역, 희극적인 것들부터 비극적인 배역들까지, 아이들

배역까지도 말입니다! 실제로 연출가에게는 이토록 광범위한 영역이 요구됩니다.

이제부터는 연출가에게 요구되는 전반적인 지식에 관해 이야기하겠습니다. 저는 연출가가 공연 연습을 할 때, 희곡과 관련된 모든 것을 알아야 한다고는 보지 않습니다. 다만 어떻게, 어디로부터 재료들을 준비할 것인지, 그러니까 각자 자신의 지식이나 기술로 조직해서 그것들로 연출 방향의 가닥을 잡아야 합니다. 이 부분에 대해 여러분들은 어떠한 정보도 제게서 얻을 수 없을 겁니다. 대신 저는 여러분에게 다음과 같은 것을; 러시아와 외국 문학을 통해, 고전과 현대 회화 작품 안에서, 연극의 역사 안에서, 각자의 통찰력을 끊임없이 확장시킬 것을 요구하는 바입니다.

매주 여러분께서는 일주일 동안 각자가 읽으신 과거와 현대 연극에 대해 어떤 것을 새롭게 알게 됐는지, 어떠한 미술가의 작품을 알게 되었는지에 대한 것들을 자신의 일지 안에 기록하셔야 합니다. 또한 일주일에 한 번은 반드시 좋은 음악을 들으셔야 하고요. 여러분들은 콘서트 장이라든지, 각자가 알고 계신 곳 어디든 원하는 곳에 가실 수 있습니다. 일주일에 최소 2-3시간 음악에 할애하지 않는 연출가는 절대 좋은 연출가가 될 수 없습니다. 물론 여러분들이 음악에서 정교한 작곡법이라든지 기본을 뛰어넘는 테마나 템포, 리듬 등 음악의 특징들을 분석할 필요는 없어요. 여러분은 단지 일상에서 오는 잡생각들을 음악을 통해 정화하고, 마치 아주 맑고 깨끗한 공기처럼 음악을 호흡하고 흡수하면 되는 겁니다. 음악을 들으면서 꿈꾸는 법을 배우시고 아직 알려지지 않은 인간의 행동 범위에 대한 상상의 나래를 펴시고, 감정과 관계들을 배우도록 하십시오. 제가 지금 여기에서 하고자 하는 이야기들을 알아듣는 사람만 알아듣겠지요.

그럼 이제 마지막입니다. 극장 일에 종사하는 사람들이나 연출가, 대표적으로 연출가는 어떻게 생겨난 걸까요? 제 생각에는 극장에 대한 큰 사랑 때문입니다.

저는 배우들이 극장을 사랑하지 않는다라는 말을 하려는 게 절대 아닙니다. 당연히 배우들도 극장을 사랑하고 아낍니다. 하지만 '책임'이라는 입장에서 다릅니다. 배우들의 책임은 희곡 안에 쓰여 있는 배역에 있습니다. 그들이 신경 써야 할 부분은 배우 분장실에 있습니다. 그리고 함께하는 극단 동료들에게 있고요.

연출가의 책임은 모든 곳에 있습니다. 그의 책임은 메인 **무대**에만 있는 것이 아닙니다. 무대가 하나 더 있는 거지요. 그 무대는 극장 건물 전체를 말합니다. 극장 안의 모든 공간들, 지하실, 다락방, 소품 제작실까지 연출가에게 책임이 있습니다.

배우들에게 무대는 배우들의 얼굴이 잘 보이도록 관객석 쪽에만 신경 써야 하는 곳이죠.

연출가에게 무대는 무대 바닥의 구멍들, 무대 천장의 바들, 천장에 매달려 있는 무대 장치들, 가설 구조물들, 짐들, 기중기 등 전부 연출가의 책임 하에 있는 곳입니다. 그리고 물론 **관객들에 대한 책임**도 있지요. 만일 연출가가 자신의 관객들에 대한 이해와 존중 없이, 오직 자신의 야망을 위한 연극을 만든다면, 그에게 진짜 연극은 존재하지 않을 겁니다. **연극 비슷한 것**은 있을 수 있겠지요. 하지만 궁극적으로 훌륭한 연극은 결코 만들지 못할 겁니다.

자, 그러니 우리들은 이 집에서부터 시작해봅시다. 우리 스튜디오가 있는 이 건물에서부터 시작해보자는 뜻입니다. 여러분들에게 5일이라는 기한을 드리죠. 이 5일 동안 여러분들은 연출가적 시선으로 각자 정해진 건물 공간들을 자유롭게 관찰하고 다녀 보십시오.

뭐든 마음에 들지 않는 부분이 있다면, 바로잡아 보십시오. 스튜디오와 극장에서의 일상을 개선할 수 있는 것이라면 뭐든 고안해서 방법을 연출해내세요. 지금 당장이라도 자신이 무엇을 할 수 있을지 떠올려보세요. 그리고 무엇을 하다가 안 되는 것이 있으면 5일 후에 제게 알려 주십시오. 다들 이해하셨습니까?

―그런 것 같아요.

―그렇다면 움직이세요. 여러분들은 이 과제를 그룹 전체로 할 수 있고, 개인적으로도 할 수 있습니다. 덧붙여, 제가 오늘 여러분께 말한 것들과 앞으로 제가 여러분께 제안 드릴 과제 상당 부분은, 온전히 제 생각에서 나온 것이 아닙니다. 저를 가르친 아다쉐프와 스타니슬랍스키, 네미로비치 단첸코로부터 보고 배운 결과들이죠. 이런 교수법의 결과들은 제1스튜디오에서의 경험으로부터 나온 것이며, 특히 저희들이 술레르쥐쯔키 연출가와 함께 작업했을 때 얻었던 경험의 결과입니다. 그래서 지금 여러분들과 함께 확인해보려 합니다. 결과는 2년 후에 보도록 합시다!

박탄고프는 향후 우리의 연출 수업 목표에 관한 '예고'를 여기까지 하고 마쳤다.

그룹 대표를 뽑기 위해 우리들만 남겨졌을 때, 나는 내 동료들 얼굴에서 실망스러운 듯한 표정을 보게 되었다. 아마도 내 얼굴에서도 그 표정이 나왔을 것이다.

우리들은 이번 박탄고프의 만남에서 특별한 것을 기대했었다. 적어도 우리들은 '각자 어떤 희곡들을 공연으로 올리고 싶은가?' 내지는, '최근 까메르늬 극장에서 하는 공연에 대해 어떻게 생각하는가? 연출가적 시선으로 분석해보라'라는 질문을 받기 바랐다.

사실 우리들은 이 시간을 위해 최신 모스크바 공연 리뷰를 분석해서 준비해 두었고, 공연에 적합한 좋아하는 희곡 두세 개를 '비축해서' 가지고 있었다. 그런데 갑자기 우리가 준비했던 것과는 전혀 비슷하지도 않은 건물을 관찰하라, 연기 훈련을 잘 따르라(배우들에게 코멘트하지 말라), 연출일지를 써라, 문학을 공부하라는 말들을 듣게 되었기 때문이다.

이런 건 이미 우리들이 일상적으로 하던 일들이었다. 박탄고프는 자신이 가지고 있는 반짝거리는 아이디어라든지, 공연에서 효과를 볼 수 있는 방법들, 어느 것 하나도 우리들(연출 과정 사람들)과 나누지 않았다. 더욱이 우리들은 그와의 개별 상담을 통해, 그가 괴테의 『파우스트』, 휴고의 『부랑자들』, 바이런의 『하늘과 땅』, 까멘스키의 『스테판 라진』, 셰익스피어의 『햄릿』 등을 공연으로 올릴 예정이라는 것을 알고 있었고, 그 안에 그만의 연출 방법들이 있다는 것을 분명히 알고 있었다.

어쩌면 오늘 박탄고프가 그저 피곤했던 것이 아니었을까?

우리들은 방금 박탄고프에게서 받은 몇몇 과제에 대해 의견을 나누던 도중, 오늘 그는 모스크바 예술 극장 제1스튜디오 연습을 하고 오느라 지쳤던 것이다. 그러니까 앞으로 다음 우리 수업은 최고로 재미있을 것이다!라고 의견 일치를 보았다.

어찌 됐건 간에, 우리들은 박탄고프의 엄격한 요구 사항을 모두 실행해야 함을 알고 있었다.

우리들은 대표자를 선출했다. 일지를 위한 노트도 마련했다. 또한 스튜디오 공간들을 저마다 신중하게 관찰했다. 그리고 공연 연습들을 참관하며 연구했다. 물론 박탄고프가 연출 그룹에게 요구했던 단체에 관한 연출 일지도 써나갔는데, 어느 순간, 부끄러운 마음이 들어 각자 자신의 일지들을 서로 서로 비밀로 숨겨서 유지하게 되었다. 배우 연기술 수업도 성심을 다해 익혔다.

박탄고프가 우리에게 요구했던 과제를 보고하는 날이 왔고 그는 우리 앞에 나타났다. 당시 우리들은 박탄고프 없이 ≪결혼≫ 공연을 위한 댄스 연습을 하고 있던 중이었는데, 스튜디오의 당번이 우리에게 와서 박탄고프가 건물 입구에 서서 연출 그룹에 속한 사람들을 모두 내려오라는 말을 전해주었다. 마침 연습하던 곳에 나를 포함해서, 시모노프, 야놉스키가 있었다. 일 분 후 우리들이 건물 밑으로 내려가자 (우리 스튜디오는 만수롭스키 거리 건물 2층에 있었음) 박탄고프가 반대편 건물에 선채 우리 스튜디오 건물을 자세히 눈여겨보고 있음을 발견할 수 있었다.

—여기요, 여러분들은 혹시 우리 연극-스튜디오가 있는 이 건물 외관에 대한 어떤 아이디어가 있으십니까?

우리들이 전혀 예상치 못한 질문이었다.

—우리들은 그 문제에 대해서는 전혀 생각해보지 않았습니다.

우리들 중 누군가 대답했다.

—생각해보시지 않았다니 다행이군요.

또다시 우리들은 박탄고프의 예상치 못한 대답을 듣게 되었다.

—저는 여러분들에게 우리 공간을 연구해보라고 제안한 뒤에, 혹시나 여러분들이 이 건물 외관 장식을 시작하는 건 아닐까 염려했었으니까요. 어쨌든 안심했습니다. 그건 그렇고, 우리들은 현재 장면 연기 발표를 준비하고 있습니다. 우리들은 이 발표회에 우리에게 필요한 사람들과 가까운 사람을 초대할 겁니다. 초대장에 초대 손님들이 왔을 때 어느 문으로 입장해야 하는지 써 넣기는 좀 그러네요. 우리들에게 심플하고 적당한 간판이 필요합니다. 그 간판을 어떻게 만들지 생각해보세요. 그리고 다음으로는 우리 건물 유리창들인데, 우리 건물 유리창들은 다른 건물의 유리들보다 훨씬 깨끗해야 합니다. 어떻게 닦아야 훨씬 깨끗하게 보일 수 있을지, 그 방법도 생각해내시

고요. 어쩐지 저 건물은 어딘가 모르게 우리 건물보다 깨끗해보이는군요.

─예브게니 바그라찌온노비치 박탄고프, 저는 그 건물이 아이들이 생활하는 유치원으로 알고 있습니다.

─그럼, 우리 손님들을 아이들이 생활하는 곳에 오는 것처럼 깨끗한 장소로 우리가 모시면 안 되겠습니까? 예술적으로 말입니다. 마치 갓난아이의 눈빛처럼, 예술적 숨결이 이 건물 안에도 존재하게 해주세요! 말이 좀 우스웠나요?

박탄고프는 방금 자신의 한 말을 스스로 조롱하듯 웃음 지었다.

─각자의 연출일지에 제가 방금 한 말은 적지 마세요, 대대로 웃음거리가 될 겁니다. 어쨌든 창문은 하루에 두 번은 닦아야 합니다. 아니면 대체할 방법을 생각해내시든지요. 이 창문들이 '번쩍번쩍 빛날 수'17 있도록이요.

박탄고프는 또다시 유쾌하게 마무리를 지었다.

─자, 이제 다음으로 넘어가 보죠.

그는 길목을 건너와 우리 스튜디오 문 앞에 멈춰 섰다. 우리 스튜디오의 입구의 문은 갈색으로 칠해진 단순한 형태로 두 짝의 문으로 된 것이었다.

─어쩌면 페인트칠 해보는 것도 괜찮을 듯한데.

그는 혼잣말로 중얼거렸다.

─아니야, 필요 없겠군, 건물의 주춧돌은 언제나 새것처럼 보이기 마련이니, 담장이나 문에 굳이 새로 칠을 할 이유가 없지.

그가 덧붙였다.

'겉만 덧칠을 한다면' 사람들은 오히려 지저분해 보인다 생각할 겁니다. 대부분 그러니까요. 여기는 그냥 '역사가 숨 쉬는' 문으로 자연스럽게 그대로 두고 우리의 축제가 시작 되도록 해봅시다!

그는 결심한 듯 곧장 건물 안으로 들어갔다. 우리들은 상대적으로 협소하고 꽤 가파르게 올라간 계단 앞에 서게 되었다. 계단에는 우리들이 주목해야 할 것이 전혀 없었다. 그러나 박탄고프는 2층으로 올라간 나무 계단을 보면서 서 있었다.

─무대 미술 담당 기술자들이 여기를 본다면, 벽 색깔을 바꿀 것 같습니다.

그는 심사숙고 끝에 말하는 것 같았다.

─어떤 신비로운 분위기와 패턴의 벽지를 바르고 천장에는 조명을 더 하겠지요. 하지만 저라면 질 좋은 회-푸른색의 계단 카펫을 깔고, 깔끔하게 계단 디딤 각마다 철제로 몰딩 처리를 할 겁니다. 흔히 뱃사람들이 말하듯 '삐까번쩍하게요.' 벽에는 평범한 합판으로 된 패널 벽지를 발라 놓아도 좋을 것 같아요. 벽지로 부드러운 나무 색깔의 패널 벽지를 발라놓고 천장 위의 몰딩 부분은 좀 더 진한 나무색으로 딱 떨어지게 몰딩 처리를 하는 거죠. 하지만 이 모든 것은 단지 바람일 뿐이죠. **연출가의 꿈**이요.

그는 돌연 말을 끝맺었고, 급소를 찌르듯 마지막 단어를 강조했다. 그리고 우리들의 생각을 간파하려는 듯 우리의 얼굴을 쳐다보았다.

솔직히 당시엔 그의 말이 그다지 우리에게 와 닿지 않았다. 도대체 패널 벽지와 계단 카펫을 까는 것이 연출자의 꿈과 무슨 상관이 있단 말인가!

박탄고프는 우리들의 침묵을 이내 알아차리고는 깊은 한숨을 내쉬더니 위층으로 올라갔다.

다음으로 우리가 멈춘 곳은 로비 한편에 있는 의상 보관실•이었다. 우리들이 계단을 따라 올라간 벽 쪽으로는 우리들이 사용하는 작은 공간들이 마련되어 있었는데, 그 공간에 우리 학생들이 입는 옷들이 옷걸이에 걸려 있었다. 박탄고프는 탐탁지 않은 시선으로 그곳에 있던 코트나 재킷, 덧신들과 신발 등을 바라보았다. 우리 역시 박탄고프가 느끼던 것을 느끼기 시작했다. 관객들이 극장 안에 들어서자마자 느끼는 것이 이런 분위기가 되서는 절대로 안 되겠구나라는 것이었다.

─아무렴요.

박탄고프는 어두운 안색으로 천천히 말했다.

그는 학생들의 옷들과 덧신들을 가리키면서,

─이 잡다스러운 것들 대신 이것들을 치우고 여기를 효과적으로 막아서, 우리 발표회 날 손님들이 공연을 보는 동안 그들의 코트를 맡아 걸어 놓을 수 있도록 만들어

• 요즘도 러시아의 학교나 극장에서는 건물 안에 사람들이 들어오면 외투를 받아주는 직원이 상주해 있다.

봅시다. 그런데 가을이나 겨울 동안 우리 학생들의 코트는 어디에 보관해야 할까요? 안되겠군요. 이 문은 어떤 용도로 사용하시는 거죠?

그는 오른쪽에 있던 꽤 커다란 문을 가리키며 물었다(왼쪽에는 극장 로비로 통하는 문이 있었다).

－그곳은 극장 창고로 쓰고 있습니다.

당시 무대 전반적인 설치 파트를 맡고 있던 야놉스키가 대답했다.

－그 창고는 무대와 격리된 공간으로, 무대 소품실 및 분장실로도 사용하고 있는데, 의상들을 걸어 놓을 수 있는 크지 않은 행거 하나랑, 무대 세트로 사용할 큰 테이블 두 개, 그리고 역시 무대 세트로 사용 예정인 문 안에 끼워 넣을 창문들이 들어 있습니다.

－'극장 창고' 물건들을 다른 공간으로 옮깁시다.

박탄고프는 아이러니하게 말했다.

－문에 달려 있는 경첩을 빼버리고, 아니 그러니까 문을 통째로 빼라는 소리가 아니라, 위쪽 부분만 잘라내고 아래쪽 반만 남겨 두라는 겁니다. 그리고 반만 남은 문 위에다가 몰딩 처리를 해서 선반을 내는 거죠. 그래서 관객들이 그 '간이 선반' 위로 자신들의 외투를 맡기면, 의상 보관 담당자들이 숙련된 손길로 신속하게 그 옷을 맡아 안 보이는 곳에 걸어 두는 거예요.

어째서인지 박탄고프는 즐거운 듯 말했다.

－하지만 우리 스튜디오에는 까짜 이모님·이 한 분밖에 안 계십니다.

우리 '연출 과정에 속한' 누군가가 자신 없는 목소리로 말했다.

－무슨 소리죠? 우리 스튜디오 학생들 중에 발표를 하지 않는 학생들도 있잖습니까.

박탄고프는 놀란 듯 말했다.

－그 사람들이 이 문 뒤에 서서 관객들의 겉옷을 서로 서로에게 건네면 됩니다.

· 스튜디오 내 체크룸에서 학생들의 겉옷을 받아주는 직원

그 옷들을 벽 쪽 끝에 붙어있는 옷걸이에 길게 하는 기죠.

　－어떻게 우리가 직접 관객들의 옷을 받을 수 있지?!

나는 의도하진 않았지만 내심 참고 있던 불만이 무심코 입 밖에 튀어나와 버렸다.

　－맞습니다. 관객들이죠.

박탄고프는 침착한 어조로 반복했다.

　－우리의 손님들이구요.

그는 예민하게 강조했다.

　－우리나라 국민들이죠.

그는 한층 더 예민하게 말하면서 돌아보았고 우리들을 뚫어져라 바라보았다. (물론 나는 그 비난의 시선이 나를 향한 것이라 느껴졌다.)

　－어쩌면 국민들은 우리들이 어떤 일을 하고 있는지 궁금해서 오는 걸 겁니다. 우리들은 국민을 위해 작업을 하고 있으므로 여러분들의 고매한 손을 직접 쓰시는 것 역시 당연한 의무입니다.

예브게니 바그라찌온노비치 박탄고프는 타고난 신랄함으로 우리를 공격했다.

　－관객을 위해 일하는 배우나 연출가들이, 자기 관객들의 옷을 받느라 자신의 손이 좀 더럽혀지는 것은, 그저 자기 손으로 자신의 신발 덧신을 벗는 것과 같은 거예요. 그다지 끔찍한 일이 아닙니다. 금수저로 자라셨나보군요!

그는 실제로 나에게 다가와 말하며, 내 프렌치 재킷 단추를 매만졌다.

　－니꼴라이 미하일로비치 고르차코프, 당신에게 의상 보관실을 위임합니다. 이것이 제가 당신에게 처음으로 주는 연출 과제입니다. 네, 맞습니다. 연출 과제예요, 눈썹을 천장까지 치켜들 필요도 없고, 망연자실하실 필요도 없습니다. 도움이 안 되니까요. 연출가로서 작업하시는 겁니다! 자신의 극장, 건물을 주관하는 거죠. 이것은 연출가로서 당신의 첫 번째 과제입니다. 공연을 상연할 때, 관객들을 만나고 안내해주는 것, 그것은 연출가의 중요한 임무이죠. 공연이 무대 위에서 시작되면, 그 시간만큼은 아무에게도 연출가가 필요하지 않습니다. 이미 무대는 당신의 조연출에게 넘겨져서,

그곳에서는 그가 신이고 왕이지요! 연출가가 공연 도중에 무대 뒤로 가서 배우들에게 관객들의 반응을 알려주는 것은 금기 사항입니다. 더욱이 공연 도중에 장면을 수정하는 일은 사형감이지요! 또한 배우들은 일단 공연이 시작되면, 연출가가 그간 배역에 대해서 주었던 모든 코멘트들을 잊고, 무대에서 자유롭게 표현하고 연기해야 합니다. 공연이 상연되는 7시부터 11시까지 모든 배우들은 각자의 배역 외에는 그 어떠한 것도 신경 쓸 필요가 없습니다. 연출가는 그 시간, 관객들과 함께 머물 테니까요. 이때는 온전히 배우들만의 영역입니다. 당신은 공연 시작과 끝 30분씩 의상 보관실에서 관객들을 받으십시오. 당신의 과제는 관객들에게 친절한 인사말을 건네면서 극장 리셉션 일을 예술적으로 보이게끔 해내는 겁니다. 무대 담당자는 이 방을 비워 주세요.

문을 만드는 일은 직접 처리 하도록 하십시오. 전송장치처럼 쓰일 인원, 그러니까, 관객들의 옷들을 나를 학생들이 몇 명이나 필요한지 알아본 후 제 이름을 대고 필요한 만큼 스튜디오 학생들을 동원해서 쓰십시오. 이 일은 스튜디오 전원이 돌아가면서 연습세요. 모두 충분히 연습한 후 '총체적 준비'가 되었다 싶을 때, 제게 알려 주십시오. 제가 확인을 하도록 하죠.

—그런데 만약 직접 외투를 벗기 힘든 노약자나 장애인이 온다면 어떻게 하죠?

—아, 똑똑도 하셔라, 존경하는 니꼴라이 미하일로비치 고르차코프! 외투를 맡기는 곳 앞에 스튜디오 학생 한 명을 세워두셔도 괜찮지만, 가급적이면 본인이 모든 관객들을 직접 만나는 게 제일 좋을 겁니다. 하지만 외투를 '건네고' '받는' 과정의 모습이 절대로 가식적이어서는 안 됩니다. 절대로 노예처럼 군다거나 가식적으로 행동해서는 안돼요! 제가 만약 그 모습을 눈치 채게 된다면 죽여 버릴 겁니다. 그런 행동을 해서 나한테 걸리는 날에는, 아예 그 사람에게 자기 외투를 들려주고 스튜디오에서 내보낼 거예요. 제가 그 사람의 외투를 손수 내어 드리죠!

박탄고프는 꽤 거칠게 말했다.

—진짜로 당신은 나이 드신 여성분의 옷시중을 드는 일이 부끄럽게 여겨질 정도로 예의가 없는 분인가요? 진짜로 당신은 버스 안에서 여성분들에게 자리를 양보하지 않는단 말이에요? 왜냐하면 당신은 스튜디오 여자 동료 중에서 어떤 예쁜 아가씨가 입고 있던, 우아한 외투만 받아주셔야 하니까 이러시는 거군요! 그리고 그땐 그 일에

대해서 제 의견을 묻지도 않았잖아요, 지금처럼 부끄러워하지도 않았고요! 제가 직접 봤습니다. 고르차코프, 제가 지금 누구에 대해서 말하는지 잘 아시겠지요!

맙소사, 박탄고프는 실제로 우리들에 관한 모든 것을 알고 있었다. 박탄고프는 예전에 내가 누구와 데이트를 하고 있는지 본 적이 있던 터라, 그가 지금 누구를 암시하고 말을 하는지 알고 있었지만, 만약 그가 이 순간 내 연애사를 밝힌다면 나는 당장에라도 땅속을 파고 기어들어가 사라질 준비가 되어 있었다. 천만다행으로 그런 일은 일어나지 않았다.

─스튜디오에서 누군가 이번 제 과제에 대해 반대하는 사람이 있다면 이렇게 말씀하십시오. '오직 노예의 아들만이 자신의 친구 외투를 받아주는 것을 부끄러워한다'라구요. 이 말은 제가한 것이 아니라 버나드 쇼의 격언입니다. 놀라울 정도로 깊은 통찰이죠. 우리들은 사람들의 노예로서가 아닌, 스튜디오의 친구로서 관객들에게 다가설 겁니다! 다들 아셨습니까? 다음으로 넘어가 보죠.

우리들은 창고 안으로 들어갔는데, 나에게는 그제야 그곳이 내 첫 번째 연출 작업을 위한 무대 공간이자, 공연의 일부분으로 할당된 공간으로 느껴졌다. 이 창고는 우리의 야놉스키가 잘 정돈해서 유지하고 있었다. 한쪽 벽면으로 붙어 있던 옷걸이에 옷들이 걸려 있었고 그 위로는 깨끗한 천이 덮여 있었다. 옷걸이 위에는 선반이 있었는데, 그 선반 위로 모자들을 보관하는 둥근 상자들이 몇 개 놓여 있었다. 그리고 각각의 상자 겉면에는 각종 장면 연기에서 사용했었던 기록들이 메모 되어 있다.18 또한 의상 밑으로는 신발 상자들이 놓여 있었는데, 그 역시 메모로 표시되어 붙어 있었다.

다른 쪽 벽면에는 2개의 테이블이 있었다. 그 위에는 소품들을 모아 두었다. 테이블 위도 마찬가지로 투박한 무명천으로 덮어 놓았다. 그릇이나 작은 소품을 넣어 놓은 수납장도 있었다. 다른 수납장도 있었는데 그 안에는 전기 부속품들로 채워져 있었다. 천장에는 몇 개의 플래시들과 조명 전선들이 걸려 있었다. 모든 것이 깨끗해서 광이 났고, 모든 것을 사용하기 편리하도록 고심하여 정돈한 것들이었다.

─이런 모범적인 극장 살림을 없애버려야 한다니 유감이군요.

박탄고프는 니꼴라이 빠블로비치 야놉스키의 근심 어린 표정을 보며 말했다.

─하지만 어쩌겠습니까. 일단 무엇보다 우선되어야 할 것은 관객들입니다. 잠시 이것들을 옮겨서 정리해 놓을 장소를 찾아봅시다.

─예브게니 바그라찌온노비치 박탄고프.

야놉스키가 말했다.

─걱정 안 하셔도 됩니다. 전 정리해둘만한 곳을 찾아냈어요. 선생님께서 동료들과 의상 보관실 문제를 도우시는 동안 저는 속으로 이미 그 장소를 찾아냈고 안도하고 있었습니다. 우리 스튜디오에는 사용하지 않는 부엌하고, 다락으로 올라가는 튼튼한 계단이 있어요. 저는 예전부터 그곳에 필요 없는 소품들을 모아두었구요.

─니꼴라이 빠블로비치 야놉스키, 당신의 제안이라면 두말 않고 신뢰하겠습니다. 필요한 것이 있다면 얼마든지 찾아서 사용하세요. 무엇이든 우리 스튜디오를 돕기 위해 필요한 것이 있다면 우리 스튜디오가 당신을 지원할 겁니다. 저는 비록 변변치 못한 규모의 스튜디오라 하더라도 이를 잘 정돈하고 편성해내는 것 역시 연출가로서 첫 번째 책임이라고 생각합니다. 당신의 성적표에 가산점을 드리지요. 그건 그렇고 여러분들의 연출일지는 어떻게 되어가고 있습니까? 로비로 가서 각자의 기록들을 보도록 하죠.

우리들은 맞은편에 있는 매우 작은 공간으로 되어 있던 곳을 로비라고 불렀다. 그곳 한쪽 구석에는 난로가 있었는데, 그것으로 동시에 방 3개를 덥혀야 했으므로 우리들은 거의 매일 난로를 때워야 했다. 로비의 난로 근처에는 예브게니 바그라찌온노비치 박탄고프를 위한 안락의자가 비치되어 있었고, 안락의자 맞은편 귀퉁이 쪽으로는 정사각형으로 된 작은 테이블과 몇몇 개의 의자들이 놓여 있었다. 이번 시간에는 박탄고프가 테이블 위에 앉았고, 우리들은 그의 주변에 자리를 잡고 앉았다.

─테이블 위에 여러분들의 일지를 꺼내주십시오.

그가 말했다.

우리들은 흥분된 마음으로 우리들의 노트를 그에게 건네주었다. 우리들 중, 아무도 어떤 식으로 「연출일지」를 써야 하는지 몰랐다. 예브게니 바그라찌온노비치 박탄고프는 내 것과 야놉스키의 공책은 술술 넘겼으나 시모노프의 기록은 하참 동안 잡고 있었다.

―고르차코프 니꼴라이 미하일로비치의 일지에는 과하게 감정이 실려 있네요.

그가 말했다.

―야놉스키의 일지는 조금 형식적이고 간결하고요, 마치 조서같네요. 그나마 루벤[19] 것이 제일 연출가 일지답군요. 바로 이런 것이 연출가적 기록을 한 예라고 할 수 있습니다.

박탄고프는 모두가 들을 수 있도록 읽기 시작했다.

어제 나는 스튜디오의 학생들 중 누구든 매일 연구하기로 결심했다. 일단 시작은 스튜디오에 나눠져 있는 그룹별로 연구할 예정인데 그 중 첫 번째는 '선배들' 그룹이다. 선배들은 마치 특정 비밀을 공유한 사람들처럼 매사 신중하게 활동한다. 선배들과 박탄고프와의 유대는 탄탄해보이나 왠지 모를 어색한 기운이 돈다.

―예브게니 바그라찌온노비치 박탄고프. 선생님께서는 우리 기록들을 우리들이 서로 다 들을 수 있게 공개적으로 읽지 않겠다고 약속하셨잖아요.

시모노프가 애원했다.

―물론 나쁜 예라든가 옳지 않은 것들은 공개적으로 읽지 않을 겁니다. 하지만 모두를 위해 유용한 것들이라면 앞으로도 계속 읽어줄 거예요.

박탄고프가 대답했다.

―게다가 넌 여기에서 매우 정확하게 집어냈어. 나와 '선배들' 간의 단단한 유대관계, 하지만 아직은 여러분들이 '풋내 나는 새내기 연출가들'이라 말을 못하지만 언젠가는 왜 그들과 어색해졌는지 자세하게 말해 드리죠.

박탄고프는 노트를 훑어보았다.

―이 부분도 맞군요.

'선배들'은 박탄고프와 함께 작업을 시작했던 해에 대해서 말하기 좋아하는데, 그 다음 해에 일어난 일들에 대해서는 말을 하지 않는다. 하지만 나는 그 선배들이 잘난 체를 한다거나 쓸데없는 이야기를 늘어놓지 않아서 좋다. 한편 '군스트 그룹 사람들'20은 자리를 못 잡은 사람들 마냥, 아직 왠지 모르게 안절부절 하며 방황하고 있다. 하지만 그들은 아주 재능이 있는 사람들로 보인다. 어제 나는 군스트 그룹 학생 중의 한 명인 똘차노프가 체홉의 희곡 《도둑들》이라는 작품은 어떻게 연습을 하는지 보았다. 이런 주의 집중이야말로 완벽한 주의 집중이었다! 만세! 또한 '우리 이후에 새로 들어온 살라삔 그룹 사람들'21 중에서는 슈킨이 가장 마음에 든다. 그는 하루 종일 스튜디오에서의 빈 구석 공간을 찾아다닌다. 구석 자리에서 등받이 의자에 앉아 벽을 향해 혼자서 뭔가를 연습한다. 무엇을 하는지 엿듣고 싶어서 다가가자, 그는 단숨에 자기 배역의 대사를 나에게 했다. "그런데 그리스에는 호랑이가 있소?"라고 물어보기에, 나는 "있지요!"라고 대답했다. 그랬더니 그는 "그러면 사자는요?"이라고 또다시 물어왔고 나 역시 "사자도 있어요. 그런데 슈킨, 잠깐 뭐 좀 물어보고 싶은 게 있는데. . ."라고 말했다. 그러자 그는 잠시 멈칫 하더니 "뭐든 내가 집어 올 수 있는것 좀 주시오."라고 내게 대사로 말했다. 이런 식으로 우리의 대화는 성립되지 않았다. 나중에서야 그가 체홉의 결혼이란 작품에서 나오는 쥐갈로프라는 배역을 연습하고 있었음을 알게 되었다. 나중에 예. 바.에게(박탄고프는 옆을 쳐다보며 — 예. 바.는 저를 말하는 거겠죠?라고 물었다) 저런 방식으로 연습해도 되는지 여쭤봐야겠다.

— 대답해 드리죠.
박탄고프는 시모노프의 일지로부터 눈을 떼고 말했다.

— 얻는 것이 있다면 얼마든지 각자 원하는 대로 연습해도 됩니다. 중요한 것은 연습의 목적이지 스스로 특별한 연습을 하나 안하나의 방식이 중요한 게 아니까요. 제 생각에 슈킨은 그 희곡 안의 대사로 루벤에게 질문하고 대답하면서 진실한 소통을 할 수 있는지 확실하게 찾아보려 한 것 같습니다. 나쁘지 않은 방법입니다. 그리고 이것을 시모노프가 일지에 기록해 놓은 것도 잘한 일이고요. 이것은 첫 번째 그의 연출

자산 속 일부가 될 겁니다. 그런데 여기에는 온통 감탄사들뿐이네요.

박탄고프는 새로이 내 노트를 집어 들었다.

아, 난 믿는다. 아, 난 사랑한다. 어떻게 해낼 수 있을까.

－예브게니 바그라찌온노비치 박탄고프, 선생님께서는 약속하셨잖아요.

－맞네요, 약속했었죠! 잘못된 예의 일지는 읽지 않겠습니다. 미안합니다!

약속을 지키겠다는 그의 말을 과연 믿어도 될까? 교수로서 우리들의 교육을 위해서라면 자신의 모든 것을 바치는 사람인데 우리들이 실수를 하고 있다는 것을 안다면 '제재'를 가하고도 남을 테니 말이다.

나는 당시 예브게니 바그라찌온노비치 박탄고프 수업을 통해 연출일지에는 그러한 '감정들'은 최대한 빼고 기입해야 한다는 것을 깨우쳤다.

우리들은 이 수업 시간이 끝나고도 30분간 더 박탄고프 주변에 앉아 있었는데, 왜냐하면 박탄고프가 '연출 그룹은 언제나 자신의 주변에 앉으라'는 지시를 했기 때문이다. 사실 이것은 우리 연출 그룹과 다른 학생들과의 유일한 '차이점'이었으나, 우리들은 이것이 아주 특별하다고 생각했다. 어쨌든 우리들은 스튜디오 내의 관객석에서 (간신히 50명 정도 앉을 수 있는 작은 관객석!) 예브게니 바그라찌온노비치 박탄고프와 함께 몇 개의 장면 연기 발표회를 보게 되었다. 먼저 체홉의 소설을 각색한 《도둑들》이라는 장면 연기가 무대에 올랐다. 류브까 배역에는 루시노바가, 깔라스니꼬프 역은 똘차노프가, 메리크 역에는 슈킨이, 의사 조수인 에르구노프 역에는 발라힌이 맡아서 연기했다. 장면 연기가 시작되기 전, 박탄고프는 우리에게 이 장면 연기 발표에 대한 '연출가로서' 각자의 '불만족스러운 것들이나 견해'들을 모두 기록해보라고 제안했다. 우리들은 기꺼이 빈 노트와 연필을 무장했고, 아주 의기양양하게 과제를 받아들였다. 하지만 우리 앞에 펼쳐진 무대에는 특별히 흠잡을 부분이라든지 코멘트할 만한 부분들이 없었다. 내게는 모두가 무대에서 완벽한 연기를 선보였던 것 같이 보였기 때문에, 조심스럽게 내 주변 동료들의 「연출일지」들을 들여다보았더니 시모노프나 야놉스키 공책 역시 내 공책처럼 깨끗하게 비워져 있었다.

무대 커튼이 닫혔다. 무대는 체홉 '기념일'를 위한 장면 연기를 예브게니 바그라찌온노비치에게 보여주기 위해 무대 전환을 하고 있었다. 객석의 우리들은 보았던 무대에 대해 박탄고프가 어떤 말을 할지 기다리고 있었다.

그가 나를 향해 물었다.

―흠, 당신은 ≪도둑들≫에 대해 어떤 코멘트가 있으시죠?

나는 솔직하게 인정하기로 결정했다.

―저는 아주 만족스러웠기 때문에 아무것도 쓰지 않았습니다.

―정확하게 무엇에 만족하셨나요?

―무대 위에서 공포스러운 일을 어떻게 조성해야 하는지와, 그리고 그 일이 어떻게 진행되는지에 대해서요. 그러니까 누군가 지금 죽임을 당할 것이라는 암시하는 표현들이 만족스러웠어요. 그리고 사랑도요, 류부까와 메릭 사이에 그러한 사랑을 (류부까를 연기한) 루시노바가 잘 표현해냈다고 생각해요.

―그렇다면 이러한 인상을 한층 강하게 만들어 준 것은 무엇이었습니까?

―잘 모르겠습니다.

나는 얼버무렸다.

―그러면 당신은 무엇을 쓰셨습니까?

예브게니 바그라찌온노비치 박탄고프는 야놉스키를 돌아보며 물었다.

―저도 아무것도 쓰지 못했습니다. 고르차코프와 마찬가지로 저 역시 같은 인상을 받았고요.

라고 대답했다.

―저도 제 동료와 같은 의견입니다.

박탄고프가 미처 묻기도 전에 시모노프가 말했다.

―하지만 제가 만약 메릭 역을 연기했다면 다른 연기자들이 대화를 하는 장면에서라든지 혹은 무대에서 침묵이 도래하는 순간이라던가 그럴 때, 어딘가 혼자 자리를 잡고 흥얼거리는 연기를 했을 겁니다.

―좋은 지적이군요. 메릭 역을 맡은 슈킨에게 한번 제안해보세요. 박탄고프가 동의했다.

―하지만 만약 저라면 무대 뒤에서 개 짖는 소리•가 나게 하겠습니다.

순간 나는, 나도 모르게 제안을 해버렸다.

―그리고 누군가 창문에 때때로 모래를 뿌려 튕기는 소리를 내게 해서 밖에 싸라기눈이 창문에 빗발쳐 들이치는 효과를 내는 겁니다.

야눕스키가 덧붙였다.

―오, 잘하고 있어요, 우리 학생들!

박탄고프가 우리를 격려했다.

―보리스 예브게니예비치 자하바, 당신께서는 지금 나왔던 코멘트들을 이용해서 장면을 만드셔야 합니다.

박탄고프는 《도둑들》의 연출을 맡고 있던 자하바에게 주의를 돌려 말했다.

―이것은 관객들에게 강력한 영향을 줄 수 있는 수단들 중 하나로서, 이 모든 요소들이 무대 분위기를 만들어낼 겁니다. 때로는 명확하게 찾아낸 디테일들이 장면의 목표에 정확하게 맞아 떨어지게 된다면, 심리적인 독백을 대신하기도 하니까요. 단, 제가 지금 강조하는 것은 이것은 **아주 가끔씩**만 사용해야 한다는 겁니다. 여러분들은 작품 내용에서 갑자기 떠올라 찾아낸 디테일들을 수시로 바꾸어서는 안 됩니다. 흠, 어쨌든 이제는 《기념일》를 봐야 할 시간이군요! 《도둑들》에서 장면 연기를 했던 참가자들에 대한 코멘트는 나중에 하도록 하지요.

이윽고 탁한 녹색의 가벼운 재질로 된 무대 커튼이 다시 한 번 새롭게 열렸고 우리들은 체홉의 유명한 보드빌에 등장하는 인물들을 무대 위에서 볼 수 있었다. 시

• 예전 러시아에서는 밤에 개 짖는 소리가 들리면 그날 누군가 죽는다는 속설이 있다.

뿌친 역은 까랄레프가 맡아 연기를 했고, 시뿌친 아내인 따찌아나 알렉세예브나 역은 리보바가, 회계사인 히린 역은 로바쉬코프가, 메르츄키나 역에는 네크라쏘바가 각각 맡아 연기를 하였다.

당시까지 은행 직원들 역이나 대표단을 수행할 연기자들이 아직 정해지지 않았었다. ≪기념일≫를 위한 연습이 시작된 지 얼마 되지 않았기 때문이다. 당연히 연극도 끝까지 만들어지지 않은 상태였다.

≪기념일≫ 역시 자하바가 연출을 맡아 작업한 것이었지만 여기에서 보여주었던 장면 연기는 조금 전 우리들이 보고 느꼈던 ≪도둑들≫에서와는 사뭇 달랐다. 부연 설명을 하자면, 여기에서는 체홉 드라마 작품이 원래 갖고 있던 이야기를 너무 많이 부각시킨 탓에 스튜디오 배우들이 상대적으로 연기할 만한 양이 적었다 하겠다.

이번에 박탄고프는 우리들의 「연출일지」에 대해 묻지 않았는데, 내 생각에는 그가 우리들이 준비한 오만가지 제안들과 '연출가적 비판들'로 가득 메워진 메모들로, 작품을 물어뜯고 심판하려 들까봐 그랬던 것 같다.

─이건 좀 아닌 것 같네요.

그는 무대를 다 본 후 불특정 다수에게 말했다.

─그리고 거기, 무대 커튼을 열어 주시고 그 자리에서 아무것도 건들지 마십시오. 그대로요, 무대 커튼이 열리기 바로 직전에 섰던 것처럼 모두들 자기 자리에 서 주세요. 희곡을 처음부터 연기해주세요!

─무대 커튼을 닫을까요?

자하바가 물었다.

─그럴 필요 없습니다. 제가 손뼉 치면 그때 시작하세요. 로바쉬코프가 숫자를 세고 계세요. 까랄레프는 밖으로 나갈 준비를 하시고요. 아니, 아니에요. 그렇게 말고요. 다시, 다들 무대 위로 모여 보시죠. 시뿌친과 메르츄키나, 그리고 따찌아나 알렉세예브나는 각자 자신의 대사를 하면서 서로 서로 연기하세요. 그리고 히린은 안정적으로 보고서를 끝마칠 수 있는 적당한 자리를 찾아 돌아다니시고요. 그리고 옆방에서 대표단들의 대사가 들리도록, 목소리를 내주세요.

-우린 아직 대표단들을 연기할 배우들을 뽑지 않았습니다. 그래서 아직 그 장면까지 연습하지 못했고요.

자하바가 다시 한 번 상기시켜 주었다.

-대체 뭐 어려울 게 있습니까!

무슨 일이 있을 때 늘 그랬던 것처럼 박탄고프는 아이러니하게 답했다.

-스튜디오 학생들 대여섯 명 데리고 무대 뒤로 가서 그 사람들과 에튀드로 대표단들의 대사를 하면 되잖아요. 하는 김에 당신이 그들을 리드하면 되겠네요.

-하지만 만일 제가 이곳을 벗어난다면, 저는 선생님께서 배우들과 희곡을 어떻게 작업하시는지 직접 볼 수가 없는데요.

물론 정당한 말이었으나 우리에게는 자하바가 박탄고프에게 반항을 하는 것처럼 보였다.

-첫째, 무대 뒤 윙 쪽으로 가서 한 쪽 귀와 눈을 열어 제가 무슨 말을 하고 무엇을 하는지 곁눈질하고 엿들으세요. 둘째, 만약 우리가 연습을 하면서 무언가가 만들어진다면 당연히 연출가인 당신에게 보여줄 것이고 장면들을 넘겨 줄 것입니다! 어때요, 괜찮겠습니까?

-만족합니다.

자하바는 대답한 후 자신을 따르는 스튜디오의 몇몇 학생들을 선택하여 객석을 빠져나갔다.

-이제, 희곡에서 가장 강조되는 장면을 골라 봅시다.

박탄고프는 이미 무대 위에 서있던 배우들에게 주의를 돌렸다.

-연기자들은 각자의 목표 달성을 위한 노력을 하십시오. 메르츄키나의 목표는 자기 돈 24루블을 받아내는 것이고, 따찌아나 알렉세예브나는 그란딜렙스키가 자살한 안타까운 이야기를 모두에게 하는 것이며, 시뿌친의 목표는 대표단에게 들려줄 연설을 연습하는 것이고, 히린의 목표는 자신의 보고서를 마치는 겁니다. 자, 연기를 시작해보시죠!

배우들의 연습이 시작되었다.22 히린은 스카프로 머리를 감싼 채, 자신의 책상에서 보고서를 써보려고 노력하기 시작했다. 그 사이 메르츄키나는 시뿌친을 쫓아다니며 돈을 요구했고, 시뿌친은 귀를 틀어막고 방안을 돌아다녔으며, 따찌아나 알렉세예브나는 무대 중앙에 있던 안락의자에 앉아 베레쮜니쯔끼 저택에서 일어난 비극적 자살사건에 대해 이야기를 했다.

솔직히 말해서 배우들이 온갖 수단을 다해 연출가의 과제를 수행해내려고 노력하면서 연습은 전반적으로 기대 이상 좋아졌다.

그런데 박탄고프는 왠지 모르게 불만족스러워했다. 그는 연습이 진행되는 무대를 보다가 두 눈을 감고는 연습 과정의 소리를 경청하는 듯하더니 이내 몸을 한번 굽혔다가 펴고는 이내 양팔을 모아 턱에 괴고 다시 무대를 바라보았다. 오랜 기간 예브게니 바그라찌온노비치 박탄고프에게 배워온 우리들은, 박탄고프가 뭔가 불만족스러울 때 이런 모습을 보인다는 것을 알고 있었다.

그리고 실제로 몇 분 후 크고 압도적인 소리가 울려 퍼졌다.

—스톱! 어떻게 보면 전체적으로 올바르게 장면이 진행되고 있어 보이는 듯하지만, 표현은 제대로 되지 않고 있습니다.

박탄고프는 배우들에게 말했다.

—여러분들이 체홉의 등장인물들을 제대로 표현하기에는 아직 연습과 경험이 부족합니다. 물론 저는 지금 당장 여러분들에게 완전히 몸에 익힌 '역할의 형상'을 보여달라는 게 아닙니다. 단지 지금 우리들은 역할을 몸에 익히기 위한 작업의 일환으로 '자신으로부터' 연기 연습을 좀 더 해야 할 때라는 겁니다. 저는 여러분들이 아직 체홉의 시선으로 상황을 보지도 못하면서, 더욱이 여러분의 몸으로 받아들여지지 못한 체홉의 배역들을 자기 것인 체, 연기하는 게 싫습니다. 제일 중요한 것은 그 역할이 되는 것입니다. 히린, 시뿌친, 그리고 메르츄키나가 되는 것이죠.

즉, 이 희곡에서 작가가 제시한 상황이 일어날 수 있도록 어떠한 방법들을 보강해야만 할 것입니다. 이러한 과제들을 수행하기 위해서는 배우들에게 추가적인 방해물들이 있어야 합니다. 이런 경우 무엇을 해야 할까요?

박탄고프는 무대를 바라보면서 잠시 생각에 잠겼다.

-제게 희곡 카피본을 좀 주시죠.

그가 부탁했다.

-작가의 지시문. 행정 의장 집무실.

박탄고프는 소리 내어 읽기 시작했다.

왼쪽의 문은 은행 영업장으로 이어져 있다. 두 개의 업무용 책상. 주변은 호화롭고 세련되게 장식되어 있음. 윤기 나는 가구들, 꽃들, 동상, 카펫, 전화기가 있다. 때는 정오다. 히린이 혼자 있다. 그는 자신의 부츠를 신고 있다.

-자, 봅시다.

박탄고프는 다시 한 번 무대를 보더니 잠시 생각에 잠겼다.

-그런데 이 무대 지시문 중에, 어떤 것들이 우리들에게 있습니까? 유일하게 '히린이 부츠를 신고 있는 것'만 있네요. 더 정확하게 말하면, 아직 배우가 히린 역할을 완전히 체득하지 못했으니 장화만 한 켤레 있다고 보면 되겠군요. 아, 물론 농담이었습니다.

순간 히린 역을 맡았던 배우의 일그러진 표정을 발견하고는 박탄고프가 덧붙였다.

-라바쉬코프, 당신은 당신 내면에 히린 역할을 꽤 잘 쌓아 놓았고 당연히 저는 당신이 히린 역을 분명히 잘 소화해내리라 믿습니다. 하지만 지금 저는 이것에 대해 논하고자 하는 게 아니에요. 제 요점은 우리의 무대에 중역실 분위기를 만들어내는 무대 세트가 없다는 것이었습니다. 우리 무대 어디에, 지문에 나오는 카펫과 동상들, 윤기 흐르는 가구들, 꽃들이 있습니까?

-예브게니 바그라찌온노비치 박탄고프.

-선생님께서도 우리 스튜디오의 한계를 잘 알고 계시잖습니까? 우리는 스튜디오에 쓸 수 있는 모든 세트를 전부 무대 위에 세워 놓았습니다.

야놉스키의 목소리였다.

—잘 알다마다요.

박탄고프는 그의 말을 끊었다.

—'우리는 마치 쥐처럼 가난하다'라는 말이 있지요, 하지만 우리는 쥐들이 아니에요. 물론 우리 스튜디오는 가난합니다. 그러나 쥐처럼 가난한 게 아니라 몽마르트르 언덕의 화가들처럼 가난한 겁니다. 자주 끼니를 거르고 자기 그림을 그릴 만한 도구들조차 여의치 않지만 꿈만은 배부른 화가들 같지요. 우리들도 그들같이, 꿈 부자가 될 수 있도록 해봅시다! 디렉터의 집무실 분위기는 재료나 돈을 써서 되는 게 아닙니다. 우리 상상력의 힘으로 그러한 분위기를 낼 수 있습니다!

박탄고프는 열띤 목소리로 즐겁게 말했다.

—우리가 가지고 있는 것 내에서 체홉 역할들의 행동들이 잘 나올 수 있도록 '가지고 놀아봅시다.' 우리 무대 위에는 실제로 뭐가 있죠? 히린의 업무용 책상과 시뿌친의 책상, 그리고 딱히 맞아 떨어지진 않지만 디렉터용 책상도 있군요. 그리고 무대 중앙에 낡은 안락의자 두 개가 있고, 구석에는 꽃이 꽂혀 있는 근사한 협탁이 두 개나 있네요.

—예브게니 바그라찌온노비치 박탄고프, 안락의자 위에 커버를 새것으로 갈아 끼워 준비하겠습니다.

—니꼴라이 빠블로비치,[23] 저는 전적으로 당신이 모든 것을 해낼 수 있다는 것을 믿습니다. 당신은 누구보다 근면하고 성실한 사람이니까요. 하지만 때때로 예술에서는 성실과 노력만으로는 부족합니다. 예술의 속성 안에는 눈속임과 환상이 있으니까요. 우리들은 지금 바로 그것을 찾아보려는 겁니다. 저 무대 위 '디렉터 실' 문에 고급스러운 벨벳 천으로 장식한 것은 잘하신 겁니다.

—그건 베라 콘스탄틴노브나[24]가 개인적으로 가져온 거예요.

—아주 칭찬합니다! 그녀에 노고에 대한 감사를 잊지 맙시다. 다만 이 고급스런 문을 다른 방향에 세워볼까 합니다. 그러면 연기자가 그 고급스러운 느낌을 가지고 연기할 수 있지 않겠습니까?

박탄고프의 상상이 펼쳐지자 객석은 단숨에 활기가 차올랐다.

솔직히 우리가 박탄고프의 상상력이 최고라고 생각했던 이유는 박탄고프의 상상이 우리에겐 완전한 실제처럼 느껴졌기 때문이다. 우리들은 얼마나 그의 상상력을 사랑했었는지 모른다!

　─이런 식으로 해봅시다. 체홉의 지시문에 쓰여 있는 대로 시뿌친의 문으로 그 고급스러운 문을 쓰는 걸로 하고요.

박탄고프는 계속해서 자기 생각을 발전시켜 갔다.

　─그리고 같은 위치 양 옆으로 협탁을 두개를 놓고 그 위에 꽃을 꽂아 둡시다. 충분히 고급스럽고 화려해 보이게 놓아두세요. 그리고 그 맞은편 공간으로는 이렇게 해봅시다. 이 은행에는 아주 작은 공간이 있다고 전제해보는 거예요. 이 작고 복잡한 공간의 주인은 히린이고, 그는 손바닥만 한 이 좁은 공간에서 2-3명의 직원들이 은행의 모든 업무를 보는 거지요. 그리고 그들에게는 각자의 책상과 의자 그리고 캐비닛이 있습니다. 자, 그들이 일하는 공간을 만들어 보죠. 모두 무대로 올라오십시오! 야놉스키, 우리에게 있는 캐비닛이나 책상들, 의자들을 모두 이곳으로 가져오세요.

이윽고 박탄고프는 무대로 올라가 어디에 무엇을 놓아야 하는지 직접 지시했다. 10분 후 무대는 일부러 커튼을 쳐서 무대 공간을 좁혀 놓았고, 객석 맞은편 무대 왼쪽으로는 거의 객석에 닿을 만큼 가깝게 상당히 높은 히린의 책상이 배치되어 있었다. 그 책상 오른쪽에는 사무용 캐비닛이 세워져 있었는데, 그 캐비닛에서 더 깊숙한 곳에 캐비닛 하나가 더 있었으며 그 주위에 작은 책상이 있었다. 세트들 사이사이로 박탄고프는 손수 책상들과 의자들을 배치했으며, 처음에 우리에게 있었던 안락의자를 거의 강단만큼 높은 히린의 책상 앞에 놓아두었다. 무대 왼쪽 깊은 곳에는 문 양쪽으로 꽃들이 꽂혀 있는 '고급스러운 천으로 만든' 협탁들을 배치했다.

그 후 박탄고프는 객석에 돌아왔고, 우리 역시 그를 따라 객석으로 돌아왔다. 예브게니 바그라찌온노비치 박탄고프는 한쪽 팔을 다른 팔로 감싼 채, 무대를 비판적으로 바라보았다.

　─어느 정도 괜찮아 보이는군요.

그가 말했다.

　─이제는 '업무로 가득 찬 서류 뭉치들, 잉크 용품들, 쓰레기통 및 업무 파일들과

작업 꾸러미들을 가져오세요.

　－그러면 배우들은 어디에 있어야 하나요?

누군가 물었다.

　－무대에는 캐비닛과 책상, 의자 등으로 가구들이 가득 차 있어서 히린 정도만 간신히 헤집고 다닐 수 있을 듯한데요.

　－당신이 그런 인상을 받았다면 대성공이군요.

박탄고프는 아주 만족스러운 반응을 보였다.

　－자, 이제 연기자 여러분들께서는 무대 위로 올라가 이렇게 난감하게 제시된 상황 안에서 각자의 과제를 완수할 수 있도록 노력해보십시오.

메르추뜨끼나와 시뿌친, 히린, 따찌아나 알렉세예브나 배역을 맡은 연기자들은 각자 자신의 자리로 향했다. 각 배역을 맡은 연기자들은 30분 전 박탄고프가 중단시켰던 에피소드부터 연습을 시작했다. 하지만 그들은 사방으로 죄어드는 산더미처럼 쌓인 가구들 탓에 한쪽으로 쏠려 몰리게 되었고, 배우들은 책상들과 캐비닛 사이에서 몇 마디 대사를 주고받더니 다음엔 어떻게 해야 할지 몰라 하며 장면을 멈춰버렸다.

　－무슨 일이시죠? 왜 대사를 멈춘 건가요?

박탄고프는 차분하게, 그러나 즐거운 듯한 목소리로 물었다.

　－세트들 때문에 저는 꼼짝달싹 못하겠어요.

히린역의 로바쉬코프가 대답했다.

　－어떻게, 왜 '못 움직인다'는 말씀이시죠?

박탄고프는 지나치게 놀라워했다.

　－구석구석마다 조용한 공간이 얼마나 많은데 '보고서 작업할 수 있는 자리가 없다'고 하시다니요. 놀랍군요. 지금 이 무대는 당신만의 조용한 자리를 만들어 주려고 일부러 만든 겁니다. 당신이 못 찾고 있을 뿐이지요! 그리고 당신, 시뿌친은 당신의 아내와, 메르추뜨끼나 할머니하고 어디에서 연기를 할 겁니까? 전혀 이해가 안 가는군요.

−물론 저는 이 방을 나와서 연기할 수도 있어요. 하지만 제가 이 방을 나가게 된다면. . .

시뿌친(까랄레프가 연기)이 대답했다.

−첫째, 그렇게 된다면 희곡이 중단되니까 안 되겠죠. 둘째, 옆방에서는 대표단이 당신의 연설을 들을 준비를 하고 있는데 아직 가면 안 됩니다. 아직 당신을 부르지 않았으니까요. 정말로 여러분들은 명확하게 무엇을 해야 할지 모르시겠습니까?

무대 위에서는 아무 대답도 돌아오지 않았다.

−그렇다면, 이렇게 해보도록 합시다. 시뿌친은 이쪽 객석으로 오시고, 제가 대신 하여 당신 역할을 해보도록 하지요. 시뿌친의 대사는 그리 많지 않아서 제가 헷갈리지는 않을 겁니다. 따찌아나 알렉세예브나의 대사 '우린 어젯밤, 베레쥐네쯔스키 저택 파티에 갔었어요'부터 시작해주세요.

그리고 박탄고프는 객석에서 나와 무대로 올라가 시뿌친을 연기하기 시작했다. 그는 메르추뜨끼나와 히린, 따찌아나 알렉세예브나와 함께 어느 정도 시간을 보내는 듯하더니 한순간에 자취를 감추었다. 객석에서 보고 있던 우리들도 무슨 일이 일어난 건지 이해할 새도 없이 연기자들 틈에서 그가 사라진 것이었다. 혼란이 일어났고, 연기자들의 희곡 속 대사도 멈춰졌다. 애매한 정적이 흘렀다. 그러자 곧 어디에선가 그의 목소리가 들려왔다.

−무슨 일이죠? 따찌아나 알렉세예브나는 왜 대사를 멈춘 건가요? 제가 꼭, 그러니까 시뿌친이 꼭 그녀 앞에 직접 서서 그녀의 이야기를 들어야 할 이유가 있습니까? 그저 당신은 제가 어디로 도망쳤는지 찾으러 다니면서 자신의 이야기를 멈추지 말고 계속 제게 말을 하면 됩니다.

정말 예상 밖이었다! 그것은 논란의 여지없이, 전적으로 들어맞는 말이었다. 텍스트에는 시뿌친이 자리를 지키며 수다스러운 아내의 말을 들어야 한다는 지문이 그 어디에도 쓰여 있지 않았다. 오히려 그 반대였다. 박탄고프의 해석은 완벽하게 논리적이었다. 그러자 배우들은 놀라울 정도로 빨리 박탄고프의 논리에 적응했다. 따찌아나 알렉세예브나(시뿌친의 아내) 역을 연기한 리보바는 멈췄던 자신의 이야기를 시작했고 박탄고프의 목소리가 어디에서 들려오는지 방향을 따라 안 보이는 남편을 찾아 돌아다니기 시작했다. 그녀는 남편의 실종 상황에 매우 정확하게 이입했고 그를 찾아 무대를 헤집고 돌아다녔다.

시뿌친(박탄고프)은 체홉의 텍스트에 쓰여 있는 것처럼 '편두통'을 호소하며 아내로부터 캐비닛 뒤쪽으로 피신했다. 그는 관자놀이를 손가락으로 지압하면서 방문 앞으로 시선을 돌렸다. 그런 그의 길을 메르추뜨끼나가 막아섰다.

－여기요 담당자님이시죠?

그녀는 질리는 앵앵대는 목소리로 대사했다.

－또, 뭔가요? 뭘 원하시는 거죠?

시뿌친(박탄고프)은 몰래 히린의 업무용 책상 뒤로 뒷걸음치며 대사를 했고, 더 이상 메르추뜨끼나가 자신에게 다가오지 못하도록 높은 책상을 방패로 삼아 숨었다.

메르추뜨끼나는 멈추지 않고 어쩔 수 없다는 듯 히린 뒤에 있던 높은 책상을 넘어 시뿌친에게 대사를 했다. 높은 책상 때문에 시뿌친은 가려져서 보이지 않았다. 그래서 그녀는 높은 단상을 밟고 올라가서 그를 보려 했다. 끝없는 방해를 받으며 업무를 보던 히린(로바쉬코프)은 메르추뜨끼나가 의자 근처에서 눈물 어린 모놀로그를 하는 사이, 커다란 책상 쪽으로 업무 서류를 들고 피해 갔다. 그러자 메르추뜨끼나는 단상 위로 올라서서 자신의 모놀로그를 끝까지 마쳤고, 시뿌친(박탄고프)은 그런 그녀를 피해 도망치듯 책상 뒤로 빠져나와 큰 책상 근처에 있던 안락의자로 갔다. 메르추뜨끼나가 단상에서 내려오는 동안, 시뿌친(박탄고프)과 히린(로바쉬코프)은 책상 너머로 대사를 속삭였다.

－안드레이 안드레이비치 시뿌친, 경비를 불러 저 여자를 내보내세요.

히린(로바쉬코프)은 장부에서 눈을 떼지 않은 채 속삭였다.

－안돼요, 저 여자 소리를 지르며 소란을 피울 거예요.

시뿌친(박탄고프) 역시 조용히 대답했다.

때마침 메르추뜨끼나는 히린 쪽으로 왔고, 또다시 히린 뒤로 올라가서 큰 책상 너머에 있던 시뿌친(박탄고프)에게 다가가려고 애를 썼다. 시뿌친(박탄고프)은 안락 의자에서 점점 내려앉았더니 결국 떨어져서 거의 바닥까지 미끄러져 주저앉아 버렸다.

－저는 도저히 이렇게는 못합니다.

히린은 메르추뜨끼나를 향해 뒤돌아보며 말했다.

－저는 보고서를 써야만 하는데, 도저히 못하겠다고요.

그러나 메르추뜨끼나는 아랑곳하지 않고 책상 위를 기어서 건넌 뒤 안락의자에 서 내려가 바닥에 앉아 있던 시뿌친(박탄고프)과 눈을 마주치려 애를 썼다.

그때 갑자기 우리에게 놀랍고도 위대한 (그리고 탁월한) 미장센이 탄생되었다. 커다란 책상은 양쪽으로 서랍이 달려 있고 가운데는 뻥 뚫린 것이었는데, 보고서를 쓰고 있던 히린이 그 모습 그대로 메르추뜨끼나에게 떠밀려 책상 밑 사이의 뚫린 공간으로 쑥 들어갔다. 시뿌친(박탄고프) 역시 그 밑으로 같이 들어가서 불편한 자 세로 앉게 되었고, 메르추뜨끼나는 대사를 하면서 책상 위에 배를 깔고 엎드리고 우 산으로 헤집어 가며 시뿌친을 찾아내려 법석을 떨었다. 이 와중에 따찌아나 알렉세 예브나(시뿌친의 아내)는 캐비닛에 설치되어 있던 거울 앞에 서서 '헤어나 의상은 잘됐군. 흠, 오늘 나 아주 매력적인 걸!'이라고 하면서 눈앞에 펼쳐진 상황과는 전혀 상관없이 매우 평온한 말투로 자신의 대사를 했다.

－할머니(메르추뜨끼나), 좀! 사람들이 할머니가 방해가 된다고 하잖아요. 정말 이 할머니를 어쩌면 좋을까.

그러자 메르추뜨끼나는 갑자기 테이블에 앉으며 정말 침착한 톤으로 따찌아나 알렉세예브나에게 대답했다.

－오, 아름다운 부인, 아무도 나를 배려해주지 않는답니다. 말만 먹고 살고 있을 뿐이지, 정말 사는 게 사는 게 아니랍니다. 사실 비싼 커피를 마셔도 커피가 도대체 뭔 맛인지 모르겠더라니까요.

우리들은 방금 눈앞에 스친 이 에피소드 장면에서 참지 못하고 큰 웃음을 터트려 버렸다.

박탄고프는 '역할에서 빠져나와' 바닥에서 일어나 관객석으로 건너왔다.

—웬 소란입니까? 왜 여러분들은 우리 연습을 방해하는 거죠?

박탄고프는 즐거운 듯 물었다.

—너무 훌륭해서요. 그리고 신기하고요.

우리를 대신해서 시모노프가 대답했다.

—뭐가 '신기하다'는 거죠? 장면을 이렇게 하면 안 된다는 말씀인가요? 아니면 우리들이 체홉 작품에 들어있던 어떠한 논리라든가, 배역들의 성격을 바꾸기라도 했단 소리인가요? 배우들이 한데 모여 갈피를 못 잡고 있었던 것이 더 나았나요? 혹은 오늘 처음 여러분이 설계했던 대로 자리를 다시 배치할까요?

박탄고프는 우리에게 연달아 질문을 던졌다.

—연출가 보리스 예브게네비치 자하바, 당신은 어떤 것이 맞다고 생각하십니까?

—저는 선생님께서 지금 제안해서 만드신 미장센 시스템이 맞다고 생각해요. 맞을 뿐 아니라 놀랄 만큼 훌륭한 표현이었습니다.

자하바가 대답했다.

—다만 어떻게 하면 이런 장면을 만들 수 있는지 궁금합니다. 그리고 방금 선생님께서 만들어낸 식으로 희곡 전체를 만들어야 하는 건지요? 아니면 극 중 클라이맥스에만 이렇게 장면을 만들어야 하는 건가요?

—클라이맥스 부분은 아직 들어가지도 않았습니다.

박탄고프가 대답했다.

—무대 위에 대표단들이 아직 나오지 않았으니까요. 저는 클라이맥스는 대표단이 등장하는 순간이라고 믿습니다. 클라이맥스 장면은 시뿌친이 캐비닛 위에 앉아 있고, 따찌아나 알렉세예브나는 캐비닛 속에 숨어 있으며, 메르추뜨끼나 역시 나머지 다른 캐비닛 안에 숨어 있는 상태에서 히린이 마치 아메리카 원주민처럼 주판을 흔들어대며 테이블 사이로 뛰어다니다가 '저 여자를 죽여주세요!'라는 대사를 하는 바로 그 순간 대표단들이 들어오는 거죠. 이 장면이 바로 희곡의 클라이맥스입니다! 단 방금 제

가 멈추었던 장면은 그대로 공연에 쓰길 바랍니다. 원래 예정되어 있던 우리 배역들 간의 상호 관계 라인에 맞춰서 천천히 연습을 시작하십시오. 물론 조명도 새롭게 찾아서 사용하셔야 합니다. 중역실의 호화로운 문은 반드시 밝게 조명을 비추어야 하는데, 여기 우리에게 있는 것은 어쩐지 어둡고 우울해보입니다. 새로운 조명을 써야만 해요. 이렇게 연습을 진행해도 괜찮겠습니까?

우리 전원은 박탄고프가 제안한 것들에 대해 모두 한마음으로 의견 일치로 동의하였다. 그의 상상력과 뜻밖의 제안들은 언제나 특별한 전염성이 있었다.

－흠, 미래의 연출가들께서는 오늘 어떠한 인상을 받았는지요?

박탄고프는 우리에게 주의를 돌렸다.

－저는 오늘 바로 여러분들을 위해서 이렇게 애를 썼던 겁니다!

우리들은 박탄고프가 농담을 한 것인 줄 알고, 웃음으로 화답했다.

－너무나 저희들 마음에 들었습니다.

불쑥 나의 속마음이 나와 버렸다.

－오, 깜찍한 당신, 딱 한 번만 말할 테니까 꼭 기억해야 해요.

박탄고프는 갑자기 심하게 부드러운 톤으로 내게 말했다.

－저는 오늘 제가 교과서처럼 하나하나 일목요연하게 보여준 것들에 대해서 당신의 인사치레를 기다린 게 아니랍니다. 저는 여러분들이 미래의 연출가들로서 오늘 제가 보여준 것들에 대한 연출 방법들과 정의, 코멘트들을 기다렸던 거예요. 저는 연출가가 어떤 직업이라는 것을 확실히 알고 있으니까요!

아, 박탄고프가 나를 비꼬는 것임을 알 수 있었다! 나의 귀는 달아올랐고, 말문이 막혔다!

－흠, 기다리고 있을게요.

박탄고프는 이미 우리 세 명의 답변을 기다리고 있었다. 아, 내 동무들이자 '비밀 병사들' 모두가 침묵을 지키고 있었다. 박탄고프의 질문이 너무나 어려웠던 것이다.

－어쩌면 선배 그룹들 중에 누군가는 제게 답해줄 수도 있을 것 같습니다만.

박탄고프는 그곳에 있던 모든 사람들에게 물었다.

그곳의 모두가 침묵했다.

―그러니까, 아무도 이해를 못했다는 뜻입니까?

―우리들은 선생님께서 이 에피소드를 해결하는 것을 보느라, 그러니까 우리들은 그 특별함에 마음을 뺏겨서 정작 '방법적인 면에 대해서는' 생각하지 못했습니다.

갑자기 객석에서 가장 '새파랗게 어린' 후배 중 하나인 슈킨이 약간 더듬거리며 대답했다. 그는 계속해서

―제 생각에는, 변경된 상황이 연기자들 전체를 도왔던 것 같습니다. 그 바뀐 환경이 연기자들로 하여금 신체적 방해물들을 극복하면서 대사를 할 수 있도록 이끌었던 것 같아요.

―바로 이런 대답을 원했습니다!

박탄고프는 그의 말을 자르고 말했다.

―그가 한 대답은 거의 정답에 가까워요. 제가 여러분들에게 보여주고자 했던 목적이 대답으로 나왔습니다. 혹시 연출 그룹에 합류할 생각은 없나요?

박탄고프는 즐겁게 슈킨에게 물었다.

―아니요. 아직은 그럴 생각은 없습니다.

그는 대답 끝에 미소를 보였다.

―저는 오늘 창조적 방법이라 할 수 있는 **장애물을 추가한 연출적 방법**을 사용해보 았습니다. 물론 정확한 희곡의 텍스트를 사용하면서요. 그리고 그것들로 연기자들이 연기로 움직여낼 수 있도록, 최대한 분명한 과제들을 각자에게 주었습니다.

박탄고프는 '장애물 추가'라는 단어를 강조했다.

―미래의 연출가 동료들은 기억하시길 바랍니다. 무대 위에서 배우들이 어떤 **장애를 극복**한다는 것은, 완성된 작업으로 이끄는 아주 좋은 발판이 된다는 것을요. 외부적인 장애는 신체적인 것이고, 내부적 장애는 심리적인 것입니다. 연출가들은 희곡의 내용과 캐릭터들의 논리에 따라 배우들에게 이러한 창조적 연출 방법을 쓰실 줄 아셔야 합니다. 그리고 이것을 자유자재로 쓸 수 있을 때까지는 오랜 시간이 걸릴 것

입니다!

《기념일》의 연습은 박탄고프 지시 하에 그의 방식으로 계속되었다. 그간 우린 체홉의 보드빌을 수없이 극장에서 보아왔지만, 그제야 우리들은 어떻게 체홉의 보드빌을 상연해야 하는지 박탄고프를 통해 겨우 깨달을 수 있었다. 연출가로서 교육을 받던 우리 세 사람의 작업들은 순조롭게 진척되어 가고 있었다. 박탄고프는 언제나 작업에 대한 지시나 조언을 아끼지 않았다. 그러던 어느 날 저녁, 내가 담당하고 있었던 의상 보관실 작업 결과를 박탄고프에게 공식적으로 선보이는 날이 왔다.

이 발표회 날, 그는 직접 관객들과 만나 인사를 하며 벽 쪽에 설치된 문 상단 틈새로 어떻게 관객들이 벗은 외투나 덧신들, 우산과 모자 등이 순식간에 자취를 감추는지를 보았다. 나는 박탄고프가 이러한 의상 보관실의 모습을 보면서 자신의 노트를 꺼내어 무엇인가 간단히 적는 모습을 보았다.

내가 심혈을 기울여 재빠르게 관객들의 외투를 받는 일을 해내고, 관객들도 처음에는 놀라는 듯하다가도 이내 즐겁게 웃으며 우리의 노고에 대해 '마법 같은 의상 보관실'이라는 별명으로 우리의 수고를 치하했다 하더라도 박탄고프가 뭔가를 적는 모습을 보고 나니, 나는 이 부분에서 뭔가 실수한 기분이 들었다. 어쨌든 관객들은 즐거운 기분으로 우리들의 장면 연기 발표회를 보기 위해 로비로 들어갔다.

박탄고프가 시모노프에게 연출가로서 위임했던 로비의 계단형 간이 벤치들은 시모노프에 의해 나무랄 곳 없이 완벽하게 구현되어 있었다. 나무 판넬 벽지를 바르기 전에 벽을 다시 하얗게 칠을 했고, 벽 쪽의 몰딩 부분도 호두나무색으로 매끈하게 해 놓았다. 정말 완벽하게 깔끔했다. 로비의 구석에는 특별히 스튜디오의 한 여학생이 난로를 맡아 담당하고 있었는데 그녀는 즐겁게 난로를 때웠다. 관객들이 스튜디오 로비에서 난로를 때는 모습을 얼마나 좋아했는지 모른다! 우리들은 단지 그해 가을 날씨가 유독 춥기에 이러한 예술적 아이디어를 냈던 것뿐이었는데 관객들은 기대 이상으로 좋아해주었다. 아마도 당시 모스크바 경제 사정이 여의치 않아서 땔감을 구경하기 힘든 시기였던 터라, 이렇게 장작을 때우는 모습을 보면서 관객들은 어쩌면 앞으로 경기가 좋아질 거라는 희망을 얻었던 것 같다!

박탄고프는 손님들의 대화를 듣고 있다가, 또다시 주머니에서 노트를 꺼내어 뭔가를 적었다.

나는 이 부분도 뭔가 잘못했구나라는 생각이 들었다.

마침내 우리의 아주 작은 관객석 52석이 모두 채워졌다. 티켓은 스튜디오의 선배들을 통해서 배포되었기 때문에 관객들은 거의 모든 사람들이 스튜디오 사람들과 서로 아는 지인들로 메워져 있었다. 그리고 그날 저녁은 모스크바 예술 극장 제1스튜디오에서 박탄고프의 배우들 몇몇과 측근들이 초청되어 왔다.25

박탄고프의 빅팬이었던 많은 사람들, 바실리예비치 루쥐스키와 그의 아내(박탄고프를 선망하던 모스크바 예술 극장 배우 중 한 사람), 그리고 박탄고프의 아내이자 우리의 영원한 친구 나데쥐다 미하일로브나가 발표회를 보러 왔다.

박탄고프는 짤막한 연설을 했다. 그는 오늘 보여줄 장면 연기는 수업 과정으로서 선배와 후배들이 합작하여 준비를 한 것이라고 말했다. 그리고 많은 장면 연기를 미리 준비했지만 오늘 발표를 위해서 일부만 골라낸 것이라고 했다. 만약 '오늘 우리들이 장면 연기 발표를 실패하지 않는다면' 나머지 못 보여준 장면 연기들도 선보일 예정인데 어쩌면 매주 혹은 일주일에 두 번씩 오늘과 같은 수업 과정 발표회를 진행할 예정이고, 젊은 사람들을 가르치는 일은 예술가로서 자신의 사명이라 생각한다고도 말했다.

또한 우리의 작업들은 박탄고프의 모스크바 제1스튜디오 극단 동료들과 스타니슬랍스키와 하는 작업과 상응되는 것이라고도 강조했다. 예브게니 바그라찌온노비치 박탄고프는 관객들에게, 사실 스튜디오 전체 공간은 죄다 스튜디오의 학생들의 손을 거친 것으로 각자가 최선을 다해 '못 하나 하나까지 박아서' 설비한 것들인데 학생들은 제각기 무대 위의 소품 담당자로, 세트 디자이너로, 무대장치가로, 조명까지도 직접 손수 작업한 것이며 이러한 일들도 수업 발표회의 일환으로서 직접 장면 연기를 보여주는 것만큼이나 중요한 작업이므로 언젠가는 관객들에게 그간 관객들이 볼 수 없었던 무대 장치와 세트의 변환이라든지 조명의 변환 등의 모든 과정들을 공개할 예정이라고 알렸다. 그리고 장면 연기 발표자들이 어리다고 너그러이 봐주기보다는 보다 엄격하게 평가해주기를 관객들에게 부탁했다.

　－젊은 배우들의, 예술 속 청춘이란, 특권이지 단점이 아닙니다.

박탄고프가 강조했다.

그리고 그는 마지막으로 이곳 스튜디오에는 미래에 연출가가 되고자 희망하는 몇 명이 있는데 그들은 오늘 발표회에서 '보이지는 않지만 감지할 수 있게' 참여했다고 말했다. 연출가 지망생들 중 한 명은 무대장치를 담당해서 무대 위의 전반적인 세트들을 조직하고 구현해냈으며(나는 그가 야눕스키에 대해 말하는 것이라 생각했다), 또 다른 한 명은 난로를 포함한 로비 전체 공간을 담당하였으며(이번엔 시모노프를 가리키는 말이라 생각했다) 그리고 나머지 세 번째 사람은 관객의 의상 보관실을 담당하여 리셉션에서 관객들을 꼼꼼히 책임졌다고 말했다.

객석에서는 즐거운 소란이 일렁였다.

　－연출가란 가장 먼저 조직을 하는 사람입니다. 자신의 꿈과 생각을 구상하여 주최하는 사람이자, 집단의 동료들을 조직하는 사람이지요. 연출가는 집단의 일원이자 제일 겸손해야 할 사람으로서 눈에 보이지 않는다 하더라도 '집요정'처럼 극장 전체는 물론 틈새까지도 놓치지 않는 사람이고요. 또한 연출가는 배우들과 관객들의 으뜸 되는 친구입니다! 우리를 찾아주셔서 감사합니다. 그러면 이제 공연을 보시고 판단해주십시오!

박탄고프는 마지막 말을 외친 후 객석 첫 번째 줄 자신의 좌석으로 와서 앉았다.

발표회는 훌륭히 진행되었다. 관객들과 학생들 사이에 보이지 않는 끈이 생겨서 이어졌는데 그 끈은 어떠한 약속이나 맹세보다 더 강력하게 연결된 것이었다.

발표회가 끝나자 객석에서는 일제히 연기자들을 향한 갈채가 오랫동안 이어졌다.

　－우리를 위한 격려의 표시와 칭찬에 감사드립니다.

박탄고프는 일어나서 객석을 향해 말했다.

－오늘 발표를 했던 배우들은 무대 커튼 뒤에 서서 지금 여러분들이 보내시는 이 소리들을 다 느끼고 있습니다. 하지만 아직 우리들은 여러분들의 갈채를 받을 만큼의 자격이 안 된다고 생각합니다. 우리를 자주 찾아와 주십시오. 그리고 우리를 엄격하게 심판해주십시오.

우리들은 집으로 돌아가는 관객들에게 겉옷들을 돌려주면서 스튜디오에 대한 많은 칭찬을 들을 수 있었다. 마지막 관객이 나간 후 문을 닫자 박탄고프는 우리 모두를 관객석으로 불러냈다. 박탄고프 옆에는 그의 모스크바 예술 극장 제1스튜디오의 동료인 루쥐스키와 그의 아내 뻬렛따 알렉산드로브나,26 그리고 나데쥐다 미하일로브나가 앉아 있었다.

－우리에게 오늘은 중요한 축제의 날이었습니다.

박탄고프가 우리 모두에게 말했다.

－오늘 저와 여러분은 관객들에게 '다가서는' 일을 했습니다. 하지만 지금 우리에게 가장 중요한 것은 자만하지 않는 것입니다. 자만한다면 모든 것이 끝나는 거예요. 여러분들은 이미 나의 제1스튜디오 동료들과 함께 작업을 하고 있고 내 동료들은 물론이고 바실리 바실리예비치 루쥐스키 역시 앞으로 여러분들 가운데 진짜 배우로 성장한 사람들에 한에서, 함께 공연을 할 거라고 저와 협의 했습니다. 하지만 이것은 아직 먼 훗날 이야기입니다. 그러니 지금은 배우고 익히며 또 흡수할 때입니다. 모스크바 예술 극장에서의 나와 가장 절친한 바실리예비치 루쥐스키, 학생들에게 한 마디 부탁드립니다. 단 칭찬은 빼고 비판만 해주세요. 가차 없이 꾸짖어 주시길 바랍니다.

－아쉽지만 그런 부탁은 거절할 수밖에 없군요.

루쥐스키가 농담을 했다.

－전 아직 첫인상의 흥분이 가라앉지 않아서 그렇게는 못하겠네요. 아마도 미래에 언젠가는 누군가의 트집을 잡을 수 있게 되겠죠.

누구도 우리를 꾸짖지 않았다. 그리고 그날 저녁, 우리들은 비르만과 기아찐또바, 그리고 뻬조바로부터 모스크바 예술 극장에서의 예술에 관해서나, 연극에 대해서 또한 네미로비치 단첸코와 스타니슬랍스키에 대한 진솔하고 따뜻한 이야기를 들을 수 있었다.

언제나처럼 그날도 나는 박탄고프의 집까지 배웅했는데 나는 참지 못하고 그가 썼던 메모에 대해서 물어보았다.

－그러니까 눈치를 채신 거로군요?

예브게니 바그라찌온노비치 박탄고프가 물었다.

－흠, 물론 연출가에게 관찰력이라는 것은 방해가 되는 것은 아닙니다. 내가 무엇을 썼을까요? 자, 얼마든지 보십시오.

박탄고프는 메모된 공책을 미리 펼쳐서 내게 보여주었고, 나는 열려진 페이지를 읽어보았다;

1) 공연의 시작. 의상 보관실에서부터 시작. (콘스탄틴 스타니슬랍스키)

　　연출가들. 시작. 무대 일꾼들로서. 무대. (박탄고프)

2) 연출가들. 집단의 효소.

－어떻습니까, 이해가 되십니까?

－어느 정도는 이해할 수 있을 것 같습니다. 예브게니 바그라찌온노비치 박탄고프!

－오늘은 연출가 여러분들을 위한 좋은 수업이었습니다. 관객은 어떻게 맞이하는지, 관객들과 어떤 이야기를 나누고 어떻게 그들의 의견을 존중해야 하는지, 또한 어떻게 작별하는지에 대해서도 배웠는데 어떻습니까, 자신의 직업과 좀 친밀해지신 것 같나요?

－아주 많이요, 예브게니 바그라찌온노비치 박탄고프!

－그럼, 그래야지요!

박탄고프는 특별한 불굴의 의지를 가지고 우리에게 무대 작업을 가르쳤는데, 우리들이 실제로 실습을 통해서 그것을 완전히 경험하고 숙련할 수 있도록, 말하자면 무대의 모든 일을 해낼 수 있는 기술 요원들로 우리를 훈련시켰다. 우리 연출 그룹 모두가 제일 먼저 받았던 것은 '무대 일꾼들'이라는 호칭이었다. 예브게니 바그라찌온노비치 박탄고프는 몇 번인가 우리 연출 그룹을 모스크바 예술 극장 제1스튜디오 무대 뒤로 데려간 적이 있다.

박탄고프는 관객들의 시선에서 완전히 가려진 곳으로 우리들을 데려갔는데, 사실 그곳은 관객에게 노출되진 않지만 공연을 잘 볼 수 있는 흥미로운 공간이었다. 공연 중 내내 박탄고프는 우리와 함께 있었다. 그는 중간에 쉴 수 있는 모든 인터미션 시간까지도 그만의 특유한 자세로 앉아 우리들과 함께 시간을 보냈다. 박탄고프는 언덕 위에서 사령관이 자신의 군사들에게 곧 들판에서 치러질 전쟁 과정을 설명하듯, 우리들에게 공연이 순조롭게 진행될 수 있는 방법들, 즉 무대 위의 삶의 과정에 대해 설명해주었다. 또한 무대 위에 '잠겨 있는 자물쇠 같은 문제들'을 어떻게 풀 수 있는지 그리고 그 문제들을 제거하는 방법들에 대해서도 설명했다.

당시 우리들은 우리들이 보았던 제1스튜디오 공연의 장면 중 ≪셰익스피어-십이야≫에서 짙은 회색 천이 휘날렸던 장면과 ≪발라진≫에서 연기자들과 음악, 조명이 함께 유기적으로 맞물려 무대 전환되는 장면에서 커다란 미적 만족감을 얻을 수 있었다.

예브게니 바그라찌온노비치 박탄고프는 우리에게 알려 주었다.

─정확성, 침착함, 조용함, 바로 이것이 무대 작업에서 지켜져야 할 가장 중요한 고래 세 마리입니다.

우리들은 예브게니 바그라찌온노비치 박탄고프의 동료이자 대단히 훌륭한 제1스튜디오 배우들의 공연을 가슴 깊이 존경하는 마음으로 관람했다. 그들은 언제나 내적으로 쌓아 놓은 집중을 외적으로 표현하였다. 그들 중 어느 누구도 배우적 자아 도취에 빠져 연기하는 사람들이 없었다. 그들은 우리를 친절히 대해주었다. '박탄고프의 제자들로 불리며 제1스튜디오 벽에 걸려 있던 모습이 매우 명예로워 보였다.

박탄고프는 우리들에게 우리들이 제1스튜디오를 방문해서 관찰했던 모든 것들을, 우리 만수롭스키 스튜디오의 검소한 학생 발표회 때 실습으로 옮겨 볼 것을 권했다. 그는 우리들에게 손수 망치질을 하고(단 관객석에 이 소리가 새어 나가면 안됨) 무대 커튼부터, 윙, 무대 배경 막, 그리고 그것들을 '밧줄'로 묶어 조절하는 것은 물론, 무대 세트들, 장치들까지(물론 의상들 조명들까지 포함해서!) 직접 작업해보라고 했다. 박탄고프는 연출가가 직접 '현장 일을 맡아하는 것'은 단순한 노동이 아닌, 공연의 유기적인 부분이자 연기자와 혹은 공연의 지휘자와 같은 그와 동등한 예술 작업이라고 했다.

우리들은 우리에게 가장 먼저 부여된 '호칭'이 '무대의 일꾼들'이었으므로 이에 대한 책임을 져야 했다. 우리 그룹이 온갖 분야의 무대 작업들을 모두 경험해본 다음에서야 예브게니 바그라찌오노비치 박탄고프는 우리의 '직분'을 상승시켜 주었다. 당시 박탄고프는 우리 중 한 명을 소도구 담당자, 또 다른 사람은 무대 장치 담당자, 세 번째 사람은 무대 의상 담당자, 그리고 네 번째 사람은 조명 담당자로 임명했다. 한 달 반에서 두 달 사이가 지난 후 우리들은 각자가 맡고 있던 분야를 서로서로 바꾸어 보았다. 박탄고프는 우리들을 예의주시하면서 어떻게 하면 우리들이 그 전문적인 분야를 습득할 수 있을지 엄청난 양의 유용한 지시를 주었고, 거기에 맞는 조언들을 해주었다. 그것은 정말 놀라운 경험이었고 이제 와서야 그것이 얼마나 연출가에게 필요한 실습이었는지 깨달을 수 있었다. 그리고 <연출가로서의 수업> 중, 이 분야들은 자신이 참여하는 공연에 대한 무한한 사랑과 전심을 다한 책임감, 그리고 엄격한 규율이 요구되는 일임을 깨닫게 되었다.

우리들의 활동은 이미 직접적으로 배우들과 함께 작업하는 단계에 들어섰고, 우리들은 이 작업이 마치 포상처럼 느껴졌다. 가령 우리들이 체홉의 《결혼》 장면 연기에 적합한 테이블을 만들었다던가, 혹은 어떤 배우가 담배 케이스를 가지고 무대에 들어가야 하는데 잊어버리고 무대에 그냥 등장했을 경우 몰래 그 소품을 무대로 밀어 넣어줬다거나, 아니면 각 배역에 필요한 소품들을 만들어 완성시켜 준다거나, 주의해야 할 소품들 또는 더 완성시켜야 할 소품들을 체크해줄 때면 박탄고프와 스튜디오의 선배들은 우리에게 칭찬을 아끼지 않았다.

이후 예브게니 바그라찌온노비치 박탄고프는 기존에 우리 연출 그룹이 맡고 있던 직분을 해제하고, 우리에게 새로 조연출 자리를 위임했다. 그는 조연출이라는 자리에 권위를 부여하고 존중해주었다. 우리 조연출가들은 순서대로 돌아가면서, 공연이 상연되는 저녁 6시부터 극장 무대에 모든 부분을 맡아 담당했다. 공연에 흥분한 배우들부터, 연기자들의 변덕, 무대 뒤의 알림 신호라든지 초대권을 부탁 받는 일, 그 외 일반적인 자잘한 혼란까지 연출가의 임무와 권력에서 떠나 조연출가에게로 넘겨졌다. 그 순간 우리들은 아티스트로서 공연에 봉사하는 법을 배울 수 있는, 궁극적인 연출가의 길로 들어서게 된 것이다. 이 부분만큼은 조연출가가 완전히 연출가를 대신했다.

여전히 박탄고프에게 감사한 것은 연출가에게 필요한 모든 기술적인 프로세스와 재료들, 도구 및 장치 다루는 법 등을 내게 가르치고 친밀해질 수 있도록 이해시킨 것이다. 대패와 조각도, 못, 나사와 본드, 종이 찰흙 덩어리들, 긴 칼, 큰 밧줄들과 무거운 짐들, 도르래와 컨트롤 도르래, 미묘한 뉘앙스가 섞여 있는 색상의 천들과 의상들, 고리들, 얇은 금속 장식들, 레이스, 전선을 통해 작동되는 도구 '총'과 '대포',• 의상 구상에 있어 재질을 분류하는 법 등, 이외의 기타 수십 가지의 재료들은 향후 내가 하는 공연 작업에 있어서 성실한 조력자들이 되어 나를 돕는 친구들이 되었다.

ー아직 존재하지도 않는 극장의 기술을 밝혀내기보다는 먼저 당신 눈앞에 있는 존재들이 공연에서 연기하고 소리 내고 살아내게 할 수 있는 방법을 찾으십시오.

박탄고프는 내게 가르쳤다.

• 오늘날 극장에서 타카와 실리콘 총을 사용하듯 당시 극장에서 사용했던 도구들이다.

내가 스타니슬랍스키나 박탄고프로부터 배운 극장 기술들을 잊을 때면 박탄고 프는 몇 번이고 내 허술한 연출적 실수로부터 공연을 구해주었고 큰 실수로 이어지지 않도록 조언해주었다.

동시에 우리들은 우리 스튜디오 선배들과 그리고 모스크바 예술 극장 제1스튜디오의 배우들인 비르만, 기아찐또바, 삑조바와 함께 똑같이 배우 연기 수업을 배웠다.

그렇게 1년이 지난 1920년 박탄고프는 우리 연출 그룹에게 스타니슬랍스키 <시스템>으로 스튜디오의 신입 배우 교육을 도와줄 것을 제안했다. 우리들은 박탄고프에게 사사 받은 제자들로서(!) 그해 스튜디오에 새로 입학한 남녀 학생들의 수업을 이끌어야 했는데 그간 우리들이 배웠던 <시스템>의 요소를 가지고 수업을 진행해야 했다. 이런 식으로 우리들은 연극 교육자로서 첫 번째 단계에 오르게 되었다.

우리에게는 이 단계에 올라선 것이 향후 우리가 연출가로서 '활동'하는 데 있어 커다란 한 걸음을 딛게 된 것처럼 생각되었다. 박탄고프가 실행한 어시스턴트 교육 시스템은 매우 합리적인 체계였다. 우리들이 3학년 과정으로 올라갔을 때는 박탄고프와 함께 장면 연기를 하면서 배우로서의 연기 수업을 배우는 동시에, 우리들은 <시스템>을 따른 요소 훈련과 연습 과제를 1학년 신입생들에게 가르칠 수 있는 권한을 부여받았다. 그리고 우리들이 4학년이 되었을 때는 작년에 우리와 함께 작업을 했던, 이제 2학년이 된 학생들과 독립된 장면 연기를 만들 수 있는 권한도 얻을 수 있었다. 스튜디오의 선배들이 한 달에 한 번씩 우리의 작업들을 확인해주는 차원으로 참관을 하긴 했으나 이미 이 작업은 우리들만의 독립적인 발표로 승인이 된 것이었으므로 우리들은 이 작업을 한다는 것이 몹시 자랑스러웠다. 또한 박탄고프의 우리에게 부여한 신임이 옳았다는 것을 증명해내기 위해 우리들은 이 작업에 온갖 노력을 쏟아 부었다.

나는 이후에도 계속 연극을 하고 있지만 나는 내 제자들과 첫 번째 장면 연기 발표회를 예브게니 바그라찌온노비치 박탄고프에게 보여주었던 그날처럼 내 인생에서 흥분했던 적이 없었다. 내가 가장 두려웠던 것은 나 자신이 교육자로서의 실패하는 것이 아닌, 제자들 중 누군가가 '결실을 못 맺고' 연기 발표에 실패하는 것이었다. 그들은 여러 장르의 장면 연기를 준비하느라 정말로 여러 어려움을 겪었음에도 불구하고 끝까지 나를 믿고 쉴 새 없는 작업을 해냈기 때문이다.

우리들은 이날 발표에서 여러 장면 연기들을 발표했는데, 먼저 ≪모글리≫ 안에 나오는 장면 연기를 보여주었다(≪모글리≫에서 나오는 정글 속 소년과 표범의 장면). 그리고 작가 오스트롭스키의 희극 「숲」 제1막에서 나오는 악슈샤와 뾰뜨르가 만나는 장면도 발표했다. 그 외에도 잔다르크의 모놀로그 장면과 다른 장면 연기들도 발표했다!

≪지혜의 슬픔≫에서 나오는 차쯔키가 소피아에게 도착하는 장면, ≪백설 공주≫의 장면, ≪푸엔테 오베른≫에서의 라우렌시아의 모놀로그, 이외에도 많은 장면 연기 발표가 있었다.

박탄고프는 매우 주의 깊게 배우들의 발표를 보았다.

나는 장면 연기 발표 중 ≪모글리≫에서 소년과 표범의 복잡한 관계를 통해 철학적 이야기를 담아내고자 했지만, 그것이 관객에게 전달되긴 어렵겠구나 싶었는데, 박탄고프는 우리 연기자 두 명 모두 <시스템>의 요소들을 체득해냈으며, 특히 표범 역할을 했던 연기자는 인정할 수 있을 만큼 정말로 표범의 형상과 행동 모두를 <알맹이>로서 정당화시켜 표현해냈다고 했다.

그리고 잔다르크(스테판노바)의 모놀로그 발표에서는 의상을 남자 화장실에서 특수하게 사용할 수 있도록 '제작한 것도, 박탄고프에게 좋은 인상을 주었다고 했다.

그는 오스트롭스키의 동화에서 등장하는 남자 공(야호또프)과 여자 공(마레 츠카야) 그리고 눈사람(벤지나)•에게 그들의 장면 연기에서 오스트롭스키의 시적 본질을 잘 찾아내서 연기했다고 칭찬했다.

• 옛날에 남자 공과 여자 공이 만나서 서로 사랑하다가 눈사람을 아기로 데려와서 키운다는 내용의 오스트롭스키의 작품

《푸엔테 오베르》에서 바그린냐·라우렌시아 역할을 맡아 연기했던 배우도 '열정적이고 자연스러운 모습으로' 연기를 잘 해냈다고 평가를 했다.

예브게니 바그라찌온노비치 박탄고프는 모든 연기자들에게 공정하고 부드럽게 격려해주었다.

우리 '연출 그룹' 전체 구성원들인 시모노프, 야눕스키, 마르골린, 아브디예바에게도 마찬가지로 다양한 희곡의 장면 연기와 대화 장면 부분들을 잘 진행했다고 했다. 시험이자 발표회였던 이 날의 공연에 참관했던 모든 사람들, 예브게니 바그라찌온노비치 박탄고프를 비롯한 스튜디오의 선배들과 후배들 모두가 우리를 칭찬했다.

─산 하나를 넘었습니다.

그가 말했다.

─여러분들은 스튜디오의 배우이자 자신의 첫 번째 제자들과의 작업을 해 냈습니다. 이것은 연출가에게 있어서 중요한 일 중 하나죠. 여러분께서는 연출가로서의 첫 번째 계단을 밟은 겁니다. 큰일을 해내셨습니다. 저는 여러분께서 자신의 재능을 돋보이게 하기보다는 여러분들께서 제자들을 위해 헌신한 근면함과 섬세함을 칭찬합니다. 저는 여러분들이 이기심을 버리고 자신들에게 있는 많은 것들을 배우들에게 주는 것을 보았습니다. 그것은 교육자로서 가장 중요한 것입니다. 이기적인 교육자들은 결코 있어서는 안 됩니다.

그나저나 여러분께서는 교육자와는 별개로 연출가가 되길 바라지 않았습니까? 안 그래요?

박탄고프가 이 질문을 던지고 난 후 약간의 정적이 흐르는 사이 우리들은 대답 대신에 연출가가 되고자 하는 희망이 담긴 탄성들을 여기저기에서 자아냈다.

─그때로부터 2년이 지난 오늘날까지 물론 여러분은 지난 2년간 연출가 프로그램에 따라 끊임없이 작업해 왔습니다.

박탄고프는 계속했다.

─저는 여러분들과의 첫 번째 연출 수업 대화에서 이에 대한 것을 이야기했었는데, 부디 여러분께서 잊지 않고 있었으면 좋겠네요.

2년 전이라니! 우리들은 당시의 대화를 기억해보았다. 심지어 그 내용은 내 노트 어딘가에 적혀 있었다. 하지만 연출가로서의 프로그램이라니! 나는 앉아 있던 옆 동료들의 얼굴을 살펴보았는데 그들은 나보다도 더 그날의 일을 기억 못하는 듯 보였다.

꽤 오랜 시간의 정적이 흘렀다.

―흠, 시작해보도록 합시다.

우리의 침묵에도 불구하고 박탄고프는 동요하지 않고 말했다. 그의 손에는 매우 낯익은 노트가 들려 있었다.

―바로 여기에 쓰여 있군요. "읽고 읽고 또 읽을 것. 아침에 눈뜨면 신문부터 읽는 것으로 출발해서 신간 책이 나오면 모두 읽어볼 것. 반드시 지켜야 함. 고전 역시 다시 읽어볼 것." 지난 2년간 누가 어떤 것을 읽으셨나요? 저에게 그간 읽으셨던 모든 책 목록을 모두 제출할 필요는 없습니다. 지금 그냥 그 책들 중 여러분을 놀라게 했던 것이나 인상적이었던 작품들을 추려서 말해보시죠.

―시입니다!

약간의 시간을 때고 루벤 시모노프가 입을 뗐다.

―마야꼽스키와 예센닌, 블록의 시들입니다. 저는 나 자신을 위해 거의 매일 이 사람들의 시를 읽고 있어요. 그런데 신간 책들은 기억이 안 나네요.

―아마도 읽지 않았던가요.

박탄고프가 덧붙였다.

―아마도 안 읽었을 겁니다.

시모노프는 용기 있게 시인했다.

―하지만 톨스토이나 도스토옙스키, 셰익스피어의 희곡들과 돈키호테는 다시 읽어 보았어요.

―그러면 음악들은 어떤 것을 들었습니까?

―저는 음악 듣는 것을 좋아해서 좋은 콘서트들은 하나도 놓치지 않고 찾아가서 들었습니다.

–그러면 나머지 다른 사람들은 어띠셨나요?

예브게니 바그라찌온노비치 박탄고프는 우리에게 주의를 돌렸다.

–회화와 음악을 많이 경험했습니다.

마르골린이 대답했다.

–그리고 많은 것들을 읽어 왔습니다. 특별히 제게 좋았던 것은 카를로 고찌의 작품들이었습니다.

–아주 흥미롭군요.

박탄고프는 그의 말을 끊었다.

–계속 이야기해주세요. 흠, 다른 연출가 동료들은 어떻습니까? 마르골린과 같이 많은 것들을 쌓아 놓으셨습니까?

안타깝게도 우리 세 명은 박탄고프가 우리에게 분담시킨 여러 분야 덕에 '그 분야의 지식들을 축적'시키느라 마르골린과 입장이 같을 수 없었다. 때문에 우리들은 이에 대한 입장을 예브게니 바그라찌온노비치 박탄고프에게 솔직히 말했다. 우리들은 나름 많은 것들을 읽어왔지만, 나와 야놉스키에게는 음악과 회화를 공부하기엔 힘든 여건이었고 이 연출적 '부분들'을 안한 것이 아니라 그것들을 할 만큼의 시간적 여유가 없었던 것이라고 했다.

우리들의 대답에 박탄고프는 슬퍼하는 듯 보였다.

–그렇다면 이번 두 해 동안의 연출 과정을 정리해봅시다.

그는 우리 모두에게 말했다.

–여러분 모두는 무대 장치들을 충분히 접해보았고 습득하게 되셨습니다. 무대 기술자부터 시작해서 고학년의 조연출가 과정까지 거치셨고요. 무대 위의 밧줄 하나까지 연출가가 알고 있다는 것은 아주 중요한 일입니다. 머지않아 여러분들은 큰 무대를 얻게 되실 것이고,[27] 그곳에서 여러분들은 그것들과 다시 한 번 작업하게 될 텐데 그 기간은 저와 여러분과의 마지막 수업이 될 것입니다.

여러분들은 교육가이자 연출가로서의 길에 들어섰습니다. 오늘 저는 여러분 그룹에 있는 모든 사람들에게서 정상적이고 훌륭한 시작을 보았습니다. 여러분들은 희곡에서 장면들을 뽑아냈고, 배우들을 무대 앞에 세우셨죠. 그리고 결국에는 전체 희곡 작품을 하시게 될 겁니! 하지만 아직 희곡 전체 작품을 한다는 것은 좀 더 이후의 일이 될 것 같군요.

그러나 제가 슬퍼하는 이유는 따로 있습니다. 여러분들이 각자 시간 관리하는 법을 너무 모르시기 때문입니다. 여러분들은 너무 적게 독서를 하고, 너무 적게 음악을 들으며 그림들이나 판화, 스케치들도 볼 줄 모르십니다. 이것은 말이 안 되는 겁니다. 여러분께선 지난 2년간, 연출가로서의 어떤 본질적 학식들을 각자에게 쌓으셨는지요. 용인하기 힘든 일이예요! 만약 여러분께서 문학이나, 미술, 음악에 대한 포괄적인 지식들에 대해 철저한 교육이 되어 있지 않다면 결국 여러분들은 연출가가 되지 못할 겁니다.

생각해보세요, 루벤 시모노프는 마야꼽스키의 시들을 좋아한다고 했는데 재미있 군요! 어느 누가 그의 시를 좋아하지 않겠습니까! 그러면 멜리니코프-뻬체르스끼가 쓴 『숲 속에서』라든지 『언덕 위에서』라는 작품은 읽어 보셨나요? 혹은 괴테가 쓴 『파우스트』는 기억하십니까? 거기에 나오는 삽살개는요? 아니면 파우스트가 갈망했던 영원한 삶, 영원한 젊음에 대한 의미는 기억하시나요?

어쨌든 좋습니다. 모두가 잊고 있었던 카를로 고찌 작품을 마르골린이 발견했으니까요. 그러면 음악이나 미술, 문학 부분에서는 어떠한 것들을 '건지셨지요?'

네, 한 분은 조이 로디야의 목소리가 좋았다고 하시고, 두 번째 분은 《카르멘》에 나오는 혼성곡이 좋았으며, 세 번째 분은 뒤마의 소설에 마음을 빼앗겼다고 하시고, 네 번째 분은 단 2회만 뜨렛찌꼽스까야에 방문한 적이 있다고요. 알겠습니다. 그런데 혹시 중국 예술에 흥미가 있으신 분은 없으신가요? 얼마 전 모스크바에서는, 대학 앞에 동양적인 것들을 모아서 멋진 중국 예술 컬렉션들을 전시했었습니다.

여러분, 제 말을 듣고 참고하십시오. 여러분들이 자신만의 장면 연기를 원하면 원할수록, 또한 연습으로 인해 시간이 부족하면 부족할수록 좀 더 많이 중국 예술 공부를 하도록 하십시오. 각자의 세계관을 넓히며 자기 계발을 하면 할수록, 현재의 당면한 문제들을 쉽게 해결할 수 있을 테니까요.

1921년 11월 13일, 모스크바 예술극장 제3스튜디오로 자신의 첫 번째 시즌을 연 아르바트의 건물. 현재 이 건물은 박탄고프 극장이 되었다.

제가 지금의 여러분들에게 이런 이야기를 한들 무슨 소용이 있겠습니까! 오히려 여러분들은 오로지 연출가가 되고자 하는 열망에 눈이 멀어서 자기가 '하고 싶은 작품들'만 제게 한 보따리 풀어 놓으실 텐데요. 그래요, 어디 한번 말씀해보시죠. 자네, 루벤(시모노프), 어떤 희곡을 좋아하지? 만일 내일 당장 공연을 만든다면 어떤 희곡을 하고 싶나?

―당장 내일부터라면 나는 아무것도 시작하지 못할 겁니다.

시모노프가 어렵게 대답했다.

―하지만 희곡으로는 체홉의 ≪갈매기≫를 좋아해요.

흠, 그리 나쁘지 않은 생각같군. 알겠네. ≪갈매기≫에 대해서 생각을 해보도록

해. 그러면 다른 연출가 지망생들은 어떤 희곡을 하고 싶으신가요?

마르골린은 카를로 고찌의 『가난한 사람들』, 야놉스키는 오스트롭스키의 『지참금 없는 신부』를, 나는 디킨스의 작품이라면 뭐든지 공연으로 올리고 싶다고 말했다.

―『종의 기원』과 『대 전투의 삶』을 다시 읽어보도록 하세요.

박탄고프가 내게 조언했다. 그는 우리의 '의견'을 조용히 수락했다. 사실 우리들은 욕심을 버리고 그 수많은 서양과 러시아 고전 작품들 중 추리고 또 추려서 그에게 말했던 것이었다.

―하지만 제가 만일 작품을 만든다면 『파우스트』를 할 겁니다.

박탄고프는 갑자기 우리에게 말했다.

―상상해보십시오, 그토록 평화롭던 독일의 뷰루게르 시대에 갑자기 파우스트가 등장하는 거죠! 그는 오랜 기간 인간들에 대한 염려와 모든 것을 알고자 하는 지적 욕망에 가득 차서 그의 '멀디 먼, 갈망이 있는 세계'로 온 세상을 자기 마음대로 다시 세우고 싶어 합니다. 예절, 전통, 학설들 등 주변의 모든 것들을 파괴하기 시작합니다. 모두 날려 버립니다. 어디로 갔을까요? 하늘로 날아갔을까요, 아니면 땅으로 꺼진 걸까요? 바로 여기에 문제가 있습니다. 우리 모두에게는 아주 약간이라도 파우스트와 같은 면이 있죠. 우리들은 우리들의 꿈을 위해서라면 악마에게 봉사하는 것도 마다하지 않을 정도로 그것에 목말라 있으니까요.

한 번뿐인 인생은 파우스트에게 부족했습니다. 공연 역시 하루짜리로 올리기엔 부족합니다. 공연을 올린다면 5일짜리 공연을 해야 할 겁니다. 아니면 일주일 연속으로 올리든지요. 그러니까 관객 중 누군가 공연 첫날에 온다면 무슨 일이 있어도 나머지 둘째, 셋째, 다섯 번째 날까지 보러와야만 공연을 완전히 보게 되는 거지요. ≪파우스트≫는 이렇게 올려야 합니다! 괴테는 이 작품을 무려 60년 동안 썼으니까요.

자, 그럼 수업을 마치도록 합시다. 여러분들은 당분간 희곡에서 나오는 여러 막들 중, 특정 장면들만을 추려서 작업해보십시오. 단, 이 작업을 하면서 자기가 하고 싶은 공연으로만 상상해 넣지 마세요. 대체로 이 작업들을 하면서 여러분들은 분명히 뭔가를 배울 수 있을 겁니다. 하지만 연출가로서는? 잘 모르겠군요. 연출가라는 직업은 힘든 겁니다. 아름답지만, 감사하기 힘든 직업이죠! 아직 늦지 않았습니다. 이 직업을 포기하세요! 아직 '본격적인 활동'에 깊이 들어가지 않았습니다. 지금 포기하신다면 앞으로 평안하고 별 탈 없이 '안락하게' 잘살 수 있을 겁니다!

하지만 우리들 중 누구도 그 별 탈 없는 '편안한' 삶이라는 미끼에 걸려들지 않았다. 우리들은 우리가 직면한 공연으로의 삶 속으로 더욱 적극적으로 들어갔고 박탄고프와 스튜디오의 선후배들을 도와 그의 위대한 공연을 실제로 만들어내기 위한 노력들을 했다.

이후 야놉스키는 연출가 과정에서 떠나 배우로서의 작업에 더욱 열중했다. 시모노프는 보다 적극적으로 박탄고프를 도와, 새로 올리는 공연 안에서 다수의 연기를 했다. 그가 가지고 있던 독창성과 좋은 배우로서의 자질들은 공연에서 확연히 드러났다. 내게는 학교에서의 교과 과정 지도 작업과 무대 부문 담당 일이 주어졌다. 내가 이미 4학년, 마지막 과정을 하고 있던 때였다.

1921년 가을, 아르바트에 위치한 극장 설비가 끝났다. 박탄고프는 기존 우리에게 있던 작은 무대를 신속하게 큰 무대로 옮기라고 재촉했다. 그는 매주 그곳에 드나들면서, 객석 사이의 통로는 어떻게 해야 하는지, 복도의 실내 장식은 어떻게 해야 하는지, 또 각기 배치할 자리를 점검하는 등 그의 뜻대로 작업이 진행 되도록 조언을 했다. 관객들이 지나다니는 통로에는 모두 그의 지시에 따라-벨벳 카펫은 안 돼요! 교회에서 사용하는 것 같은, 삼베로 되어서 미끄럼 방지가 된 폭이 좁고 긴 카펫을 구해오십시오! 이런 식으로-차츰 모양새를 갖추어 나갔다. 그는 아직 미완성된 무대 장치가 있는 무대 위를 수없이 오르내렸다.

-준비가 거의 끝났네요!

어느 날 그는 무대 천장의 바를 올려다보면서 말했다.

-무대 천장에 매달려 있는 무대 배경들은 어떠한 매력적이고 비밀스러운 힘이 있는지, 볼 때마다 저를 끌어당기는 것 같아요.

그가 우리를 보며 말했다.[28]

-지금 우리의 새로운 무대에는 물들인 삼베에서 흘러나오는 향기로운 냄새가 나

는데, 이 향은 아주 깨끗하고 신선하군요! 하지만 우리에게 있었던 기존의 오래된 무대에서는 다른 냄새가 났습니다. 나무 접착제 냄새, 페인트 냄새, 밧줄 냄새, 등 곤혹스러운 냄새가 났죠. 그런데 저는 그 '땀이 배어 있는' 냄새를 더 좋아합니다! 저는 공연이 모두 끝난 뒤, 무대 세트들이 여기저기 치워진 빈 무대를 볼 때마다 그리고 천장 위로 무대 배경이라든지, 무대 장치들이 올려져 '허공'에 떠 있는 걸 볼 때면 한편의 공연이 파노라마처럼 저를 스쳐 지나가는 것 같아요. 천장 위에 보관된 무대 장치들을 보면 그날 있었던 공연에서 배우들이 연기했던 사상과 열정, 꿈들이 다시 살아나서 여전히 저 위에서 살아 숨 쉬는 것 같은 느낌을 받습니다.

어쨌든 우리는 이 우리의 새로운 무대에서 사람들의 마음을 움직이게 하는 사랑, 공포, 자기 헌신과 같은 인간의 본성의 감정들을 관객에게 전달해줄 겁니다. 이 무대를 통해 인간의 저변에 깔린 모든 감정들까지 불러일으켜 감동을 드릴 거고요.

저는 우리들이 이 무대에서 고리끼나 체홉, 오스트롭스키와 셰익스피어 같은 공연을 할 거라 믿습니다. 그리고 저의 제자들이자 후계자들인 여러분들이 이곳에서 스타니슬랍스키가 말하던 '마법 같은' 자신들만의 영혼이 담긴 진정한 공연을 만드실 거라고도 믿습니다.

무대를 사랑하십시오! 여러분들이 사랑하는 집보다 방보다 여러분들의 소중한 집 안의 한편보다 더 많이 무대를 사랑하십시오! 무대를 청결히 하십시오. 반드시 하루에 3번은 무대를 청소할 수 있는 담당자를 쓰세요. 세 번입니다. 아침에 연습이 끝난 뒤, 저녁 공연 전에, 그리고 공연이 끝난 후 청소를 하게 하십시오. 무대 위로 무대 배경막들은 순서대로 어떻게 매달 것인지도 해보시고요. 무대 배경 막들이 밑으로 떨어지지 않도록 하셔야 합니다!

미래에 언젠가는 무대 배경 그림이 조명으로 대체될 날이 올 것이고, 그때는 그때의 기술이 합쳐져 무대가 지금과 달리 완전히 깔끔해질 겁니다. 훗날의 무대는 지금처럼 무대 벽에 못 한번 박으면 10년 넘게 빼지 못하는 일도 없을 거예요. 그때의 무대 장치들은 특수하게 만들어진 고정 장치가 생겨서 탄력적으로 상하좌우 조정할 수 있을 겁니다. 조명들은 무대 장치를 방해하지 않고, 무대 장치들도 조명을 방해하지 않도록 배치하여 순식간에 무대를 변환할 수 있을 거예요, 늘 스타니슬랍스키가 꿈꿔

왔던 진짜 '마법 같은' 공연을 할 수 있을 겁니다. 청결함, 조용함, 정확함, 그리고 원칙 바로 이 요소들로 무대 위의 예술 작품을 만드는 것이죠. 그리고 연출가는 반드시 무대 위에 이 예술을 조직하고 구성해내야 하고요. 연출가는 그저 희곡만 상연하는 사람이 아닙니다. 그는 무대의 기술적인 부문을 담당하는 모든 사람들, 극장의 청소부부터 무대 장치 담당자들까지 아우를 수 있는 사람이어야 합니다. 이 부분의 업무를 누구에게도 떠넘겨서는 안돼요. 모든 소품 담당자들, 의상 담당자들, 각 파트의 기술자들을 한 사람 한사람 알고 있을 때서야 연출가는 극장의 모두에게 존중 받을 수 있습니다. 위선적이고 어리석은 정치가처럼 그저 그들과 '악수를 하며' 피상적인 안부를 묻는 것에 그치는 것이 아니라 극장의 구성원으로서의 그들의 환경과 가정생활, 가족들을 알고 계셔야 합니다. 그렇게 될 때 비로소 연출가는 자신의 지식과 창조적인 사상과 구상들을 스텝들에게 확인시키고 **전달해주는 사람** 되는 겁니다. 그저 스텝들에게 **요구하는 사람**이 아니라요. 오직 원론적인 것만을 강조하면서 큰 소리만 치는 연출가가 있다면 그의 무대를 돕는 모든 인력들과 연장자들은 그를 어리석은 최악의 연출가로 생각할 겁니다.

무대의 인력들은 연출가가 배우들과 함께 희곡을 작업해서 올린 공연을 매일 밤 지켜보기 때문에, 무대가 좋아질 수 있는 부분을 연출가 본인보다 천 배도 넘게 찾아낼 수 있는 사람들입니다!

한편, 더욱 더 지독한 스타일의 연출가도 있지요. 그는 무대 기술자들이나, 의상 담당자들, 조명 오퍼레이터 등 스텝들에게 소리를 치지는 않습니다. 하지만 교활하게 예의 바른 어투로 조용히 말을 하죠. '어제 무대 세팅이 잘못되었더군요. 그리고 조명도 그게 아니었어요. 햇빛이 비치는 부분은 소파에서 20센티나 더 떨어져서 떠오르더라고요. 무대 뒤 배경막도 객석과 너무 가까이 걸려 있었고 무대 장식들은 너무 무대 깊은 곳에 배치하셨던데요.' 그런 연출가는 무대의 스텝들을 못 미더워 할 뿐 아니라, 일부로 스텝들의 실수들을 '잡아내기 위해,' 공연 하루 전에 나 하는 무대 최종 점검 리허설 하듯 손수 무대 위에 올라가 일일이 무대 스텝들의 작업들을 측정하고 재단합니다. 여러분들이 이러한 믿음 없는 연출가가 되는 것은 매우 위험합니다. 이런 연출가는 스스로 '여러분들이 나를 기만하셔서 나는 여러분들을 믿지 못하겠습니다'라고 하면서 단번에 자신의 작업을 돕는 인력들을 죽입니다. 그것도 가장 필요한 각 분야의 연출가들, 무대의 장인들, 기술자들, 전기 엔지니어들, 분장사들을 말입니다. 이런 류의 연출가는 스스로 '못 믿겠다'라는 불신으로 공연예술에 있어 기초적인 집단 창조적 과정의 유대를 파괴합니다. 명심하셨습니까?

예브게니 바그라찌온노비치 박탄고프가 우리에게 물었다.

―명심하셨다면 다음으로 넘어가 보죠.

그리고 그는 2년 전 우리와 만수롭스키 작은 스튜디오 건물 주의를 살폈던 것처럼 이날 저녁에도 우리와 함께 자신의 새 극장 주의를 살폈다.

그의 새로운 극장은 원래 모스크바 예술 극장 제3스튜디오가 있던 곳으로, 모스크바 아르바트 거리의 중심 부촌에 위치한 독립된 건물이 있던 곳이었다. 또한 러시아 혁명 이후의 시기의 화풍을 한눈에 볼 수 있는 갤러리가 있던 장소이기도 했다. 그러나 건물의 일부가 화재로 파괴되었고, 붕괴된 건물 공간에 타고 남은 그림들을 정부로 반환하면서, 모스크바 예술 극장 제3스튜디오 측에서 이 건물을 관객석 400여 석의 규모의 극장으로 재건한 것이었다.

대리석 계단들은 로비를 향해 위로 뻗어 있었다. 로비는 다수의 방문객들을 위해 다양한 스타일로 꾸며져 있었는데―고딕 스타일부터 중국 스타일까지―관객들을 배려한 다채로운 것들로 만들어져 있었다.

그는 자신의 새 소유 공간을 순찰병처럼 순회하다가 어느 고급스럽게 여러 빛깔로 된 커튼 앞에 멈춰 섰다. 그리고 그 커튼을 걷어냈는데 그곳에는 중세 시대의 왕좌를 모방해 만든 익살스러우면서도 음울한 느낌의 소파가 있었다.

이러한 극장 공간은 그가 꿈꿔왔던 것과는 다른 것이었다! 예브게니 바그라찌온노비치 박탄고프의 예술적 취향은 엄격하고 완벽에 가까웠다.

―흠, 일단 이렇게나 배려해주신 아나똘리 바실리예비치께29 감사드립니다.

그가 말했다.

―모든 극장들이 이처럼 호사스럽게 시작하지는 않으니까요! 이 공간을 ≪투란도트 공주≫30에서 나오는 투란도트의 아버지 알또움 황제의 궁전으로 사용합시다. 그

리고 희곡에서 나오는 각 막들을 여기에서 상연하면 되겠군요!

박탄고프는 우리에게 농담을 했다. 그러나 우리들은 그가 우리에게 뼈 있는 농담을 자주 한다는 것을 알고 있었다. 당시만 해도 ≪투란도트 공주≫ 공연 계획은 정확히 확정된 것이 아니었다. 아마도 그때의 예브게니 바그라찌온노비치 박탄고프는 농담을 했던 것이 아니었던 것 같다.

－그러니까 여러분들의 연출가 과정 다음 작업으로는, 앞으로 우리가 할 공연 작업을 매일 연습하는 것으로 그 과정을 대신할 겁니다.

박탄고프는 이어갔다.

－비록 여러분들이 저와의 약속을 어기셨다 하더라도요. 아직 이 과정을 밟고 있는 어느 누구도 문학, 음악, 미술 분야에 있어 자기 계발을 제대로 하지 않았습니다. 하지만 여러분들은 미래에 이것이 얼마나 큰 가치가 있었던 것인지 깨닫게 되는 날이 올 겁니다! 어쨌든 이제부터 우리들은 그간 배워왔던 연출 과제들을 실제로 옮겨 보는 작업을 해야 합니다.

저는 여러분 각자에게 공연 전체를 파트별로 지정해서 권한을 위임할 것이고, 여러분들과 함께 공연을 만들어 가면서 가르칠 예정입니다. 우리들의 공연을 만드는 겁니다! 안타까운 점은 제가 여러분들을 연출가로서는 어느 정도 가르쳤으나 인성 부분은 가르치지 못한 거예요. 여러분들은 작은 단체임에도 불구하고 아직 단결된 연출가 집단이 아니니까요.

여러분은 모두 개인으로 남아 있어요. 물론 공연과 관련된 것들을 통해 서로 어느 정도 친밀해지셨지요, 그것을 부정하지는 않겠습니다. 하지만 연출가로서의 여러분들은 아직 이기주의자들이고 개인주의자들일뿐입니다. 이 연출 그룹은 지난 2년간, 저 없이 몇 번이나 사석에서 모이셨나요? 말씀해주시겠습니까?

우리들은 침묵했다. 각자 파트가 다르다는 이유로, 우리들은 예브게니 바그라찌온노비치 박탄고프 없이 단 한 번도 모임을 가진 적이 없었으므로 박탄고프의 말을 인정할 수밖에 없었다. 솔직히 말하면 우리들은 서로에게 좋은 동료였음에도 불구하고 개개인의 연출가로서는 서로에게 관심이 없었다.

−인정하시는 겁니까?

박탄고프는 우리의 침묵을 곧 이해했다.

−그러니까, 지난 2년간 단 한 번도 모이지 않았다는 거군요! 이게 무슨 일입니까? 어떻게 해야 할지 도무지 모르겠군요. 아니면 혹시...

박탄고프는 잠시 침묵하다가 곧 이어갔다.

−연출가라는 직업의 특성상, 그것이 여러분들을 개인주의자로 만드는 걸까요? 어떻게 생각하십니까? 그러나 다른 한편으로는 예술가의 창조의 기쁨은(정확히 말하면 연출가의 창조의 기쁨은!) 극장의 동료들, 예술가들, 관객들 등 그의 모든 주변 환경과 함께 나누었을 때, 그때야 비로소 얻을 수 있습니다. 이 모든 것에 대해 보다 심도 있게 고민해보십시오!

《프린세스 투란도트》 연습

예브게니 바그라찌온노비치 박탄고프께서 몸 바쳤던 모스크바 예술 극장 제3 스튜디오의 《프린세스 투란도트》 공연에 대해서는 여러 많은 책들에서 그것이 어떤 아이디어들로 만들어져 상연됐는지에 대해 잘 쓰여 있다. 얼마 전에는 박탄고프의 연출적 특징이 드러난 《프린세스 투란도트》의 전체 교육과정과, 거기에 참여했던 배우들의 연기들을 매우 상세하고 생생하게 재현한 P. H. 시모노프의 기사가 발표되기도 했다.[31]

　나는 직접 공연에 배우로 참여하지 않았고 《투란도트》 연습을 제 3자 입장에서 관찰했기 때문에 나의 기억은 보다 객관적일 것이다. 당시 스튜디오 측에서는 나에게 극장 무대장치 부분 담당을 맡아줄 것을 요청했다. 박탄고프는 이러한 나의 '직분'이 확정되자 나를 불렀다.

카를로스 고찌 作

프린쎄스 투란도트

등장인물 및 연기자

알또움, 중국의 황제	О. Н. 바숍
	И. Н. 로바쉬꼬프
투란도트, 중국의 공주	Ц. Л. 만수로바
	М. Н. 그라체바
아델마, 타타르의 공주이자, 투란도트의 시녀	А. А. 오라치코
젤리마, 투란도트의 시녀	А. И. 레미조바
	В. К. 리보바
스키리나, 젤리마의 엄마	Е. В. 랴우단스카야
	В. Д. 벤지나
티무르, 아스트라한 땅의 왕	Б. Е. 자하바
	Н. О. 투라예프
칼라프, 티무르왕의 아들	Ю. А. 자바드스키
	Л. М. 쉬흐마토프
바라흐(가명: 하산), 과거 칼라프의 가정교사	И. О. 톨차노프
	В. В. 발리힌
이즈마일, 과거 사마르칸트왕자의 가정교사	К. Я. 미로노프
	А. В. 쮈쮸프
	А. В. 야놉스키
판탈로네, 알또움왕의 수행비서	И. М. 꾸드랴브쩨브
	Л. П. 루슬라노프
따르딸랴, 최고위장관	Б. В. 슈킨
	О. Н. 바숍
트루팔지노, 내시의 수장	Р. Н. 시모노프
	А. И. 가류노프
브리겔라, 법무부 최고수장	О. Ф. 글라주노프
	А. Д. 까즐롭스키
현자들, 긴 벤치에 앉아있는 그룹, 중국인들	В. 발리힌 / А.가류노프 / А.쮈쮸프
	보리스 까롤레프 / В. 모스크빈
투란도트의 시녀들	Е. 알렉세예바 / В. 갈로비나 / Н. 루시노바
	Н. 슬라스쩨니나 / А. 스쩨빠노바 / Т. 슈흐미나
노예들	В. 벨랸킨 / В. 꾸자 / Н. 야놉스키 / Т. 슈흐민
프로시니엄 무대 도우미들	А. 알렉세예바 / 조야 바자노바 / В. 벤지나
	Т. 베르비 / Е.이바노바 / В. 리보바 / А.날리

연출진

총연출가	예브게니 바그라찌온노비치 박탄고프
책임무대미술	이그나찌 이그나찌예비치 니빈스키
책임무대의상	나데쥐다 뻬뜨로브나 라마노바
무대음악	니꼴라이 이바노비치 시조프
	알렉산드르 드미뜨리예비치 까즐롭스키
오케스트라	학교 스튜디오
조력연출가들	크센니야 이바노브나 까뚤루바이
	유리 알렉산드로비치 자바드스키
	보리스 예브게니비치 자하바
공연무대 및 관리책임자	니꼴라이 미하일로비치 고르차코프

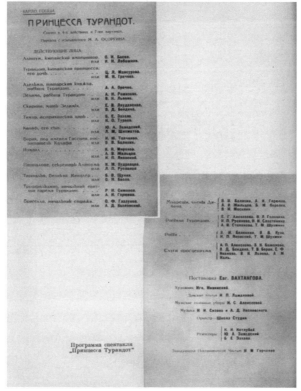

≪프린세스 투란도트≫ 공연 프로그램

—그러니까.

그가 내게 말했다.

—단도직입적으로 말해주세요. 당신은 이 작업에 열의를 가지고 착수하려는 건가요, 아니면 그저 스튜디오의 규율이니까 따르려는 건가요?

—예브게니 바그라찌온노비치 박탄고프, 저는 열의를 가지고 하고 있습니다. 저는 공연의 환경과 관계하는 것이 좋아요. 저는 공연에 관련된 모든 소품들, 무대 장치들, 심지어는 무대 가구들까지도 살아서 말을 하는 것 같은 생각이 듭니다.

—제가 그것을 당신에게 가르쳤지요. 그리고 저는 그것을 레오뽈드 안또노비치와 K. C. 스타니슬라브스에게서 배웠고요. 제가 스튜디오 전원에게 무대 위의 사물들이 ≪살아있는 것≫에 대한 이야기를 알려줄 수 있도록, 당신은 나중에 다시 한 번 저에게 이것을 상기시켜 주세요.

저는 슐레르쮜쯔키[32]와 함께 공연 차 파리로 여행을 가서 ≪파랑새≫를 만들어 보고는 그러한 것에 대해 알게 되었습니다. 저는 ≪프린세스 투란도트≫ 공연에 이러한 부분의 예술적 작업들을 아주 많이 의존할 생각입니다. 단, 극장 무대연출 부분에 있어서 그것들을 만들어낼 수 있는 어떠한 훌륭한 지도자가 있을 때만 공연이 '살아서 호흡하는 것'을 시작할 수 있을 겁니다. 나는 당신을 설득하는 것도 아니고 꼬드기는 것도 아니에요. 하지만 미리 알아 두십시오. 당신이 담당하신 이 무대장치 담당 작업 부분 때문에 당신은, 당신만의 독자적인 연출 작품을 2년 후에나 할 수 있을 겁니다. 이 일과 다른 일을 동시에 할 수는 없으니까요. 때문에 저는 당신 앞에서 일부러 이런 질문을 직접 드리는 겁니다. 그래, 어떻게 하시겠습니까?

—만약 제가 담당한 무대연출 부분 작업이 이 공연에 조금이라도 더 도움이 될 거라 선생님께서 생각하신다면 예브게니 바그라찌온노비치 박탄고프, 저는 저만의 독자적 연출 작업을 기다릴 수 있습니다.

—그렇다면 첫 번째, 당신은 단지 기술적인 것만을 실행해서는 안 될 것입니다. 무대연출 부분 담당자는 원래 단순한 기술자가 아니므로 당신 역시 그런 사람이어서는 안 된다는 거지요. 그리고 저는 당신을 통해서 여타의 다른 예술가들과 함께 전체 작업들을 이끌어갈 겁니다. 두 번째, 당신이 저에게 공연에서 배우들과 마찬가지로 무

대 장치들이 '연기하는 것'을 어떻게 나타내 보일 것인가에 대한 것입니다. 당신은 무대장치 담당 연출가가 되실 겁니다. 당신은 그것들을 '연기'할 수 있도록 훈련시키십시오. 루벤이 연기자들에게 리듬 감각 훈련을 담당하듯이 빳뜨니쯔키가 연기자들에게 발성법 훈련을 담당하듯이, 자하바와 까틀루바가 연기자들에게 역할을 입혀내고 고정시켜 돕는 일을 맡아하듯이 말입니다. 동의하십니까?

— 저는 선생님께 필요로 한 것들을 탐색하고 연구해보겠습니다. 예브게니 바그라찌온노비치 박탄고프!

— 무대 장치들이 연기를 할 수 있도록 하십시오, 그것들을 단지 배경으로 대해서 작업하지 말고, 희곡 속 행동으로 참여시키고 적용할 수 있는 방법을 습득하세요. 이것 역시 모두 연출가의 예술 속에 포함됩니다. 무대미술 담당자는 이그나찌 이그나찌예비치 니빈스키입니다. 그와 우리의 공연 원리들을 이야기한 후에 당신에게 준 과제를 그에게도 주겠습니다. 그리고 당신은 그와 함께 작업하시면 됩니다. 그럼 협의된 거죠?

당시 무대 미술 담당자와 무대 장치 담당자의 작업이 따로 분리되어 있다는 것이 내겐 매우 생소한 것이었지만 나는 그저 예브게니 바그라찌온노비치 박탄고프의 새로운 작업에 참여하는 것만으로 기뻤다. 나는 이미 무대미술 담당자인 니빈스키를 알고 있었다. 그는 제1스튜디오에서 했던 박탄고프의 공연, 스트린드베리의 희곡 ≪에릭 14세≫의 공연 디자인(무대 미술 담당)을 만들어낸 사람이었다.

그러한 니빈스키의 무대 미술적 스타일을 카를로 고찌의 무척 밝고 쉬운 이야기의 공연에 어떻게 접목시켜야 할지 나로선 상상하기 어려웠다. 하지만 사실 나는 당시에 이러한 나의 의문들을 제기하지는 않았다.

며칠 후 실제로 박탄고프는 스튜디오 선배 그룹과 ≪프린세스 투란도트≫ 공연 계획과 관련된 일종의 단체 회담을 주최했다. 나는 박탄고프가 ≪투란도트≫ 공연 안에 설계해 넣고 싶어 했던 방법들이 적힌 목록 몇 줄을 보관해왔다.

당시 저녁, 나는 우리 앞에서 유난히 더 몰두하던 박탄고프의 모습에 그의 생각의 흐름에 따라 끊임없이 기록하기보나는 그의 모습을 관찰하고 듣는 것에 더 집중했다. 사실 정확히 말하자면 그토록 삽시간에 바뀌는 변덕스러운 그의 상상 속 '카프리치오'• 의 내용들을 도무지 따라 잡기 힘들었던 것이다.

그래서 내 노트에는 단 몇 줄만이 쓰여 있다.

프리드리히 실러 스타일의 공연은 안 됨.

즉흥극－국민성과의 관계－관객들과 관계. (이탈리아의 희극)

(≪에릭 14세≫를 기억하기) 어떤 형식이건 간에 그 안에서의 열정과 진정성. 서정적인 무대가 되게 할 것.

유머! 유머스러울 것! 드라마가 흐르는 동안 어느 순간 몇 분간 중단시키기, 만약 성공한다면 비극적으로(공연 ≪홍수≫ 때처럼 연기하기).

완벽한 배우 연기술: 목소리, 발음, 행동－나무랄 곳 없게 하기.

내적으로는 최대치의 감정!(스타니슬랍스키가 한 ≪모차르트와 살리에르≫).

동화란 이것은 아름다움에 대한 꿈이다.

그것은 반드시 실현되어야 한다! (여러분들이 알고 있는 모든 동화 이야기들을 나에게 말씀해보십시오.)

다시 반복. 즉흥, 열정, 진실한 감성, 유머, 그리고 자신의 관객들에 대한 사랑.

이제 와서 이 단편적인 문장들을 다시 읽어보니, 괄호 속 단어로 표시해 함축적으로 쓴 것이 기억나면서 내가 ≪투란도트≫에 관한 첫 번째 모임에서 박탄고프의 생각 과정을 기록하는 것에 게을렀던 것 같아 유감스럽다. 하지만 다시 돌아간다 한들 과연 제대로 기록할 수 있을까? 당시 그는 자신의 모든 생각들과, 모든 언어를 동원해 그의 상상에서 보았던 비전을 그만의 독특한 즉흥 연기로 우리에게 보여주

• 연주자 뜻대로 치는 광상곡

었다. 그는 진짜로 그 자리에서 실러와 고찌의 주인공으로 직접 변신한다거나 혹은 자신이 모스크바 예술 극장 제1스튜디오에서 작업하던 예제들을 끌어와 연기로 보여주었다.

본질적으로 박탄고프와의 모임은 결코 그냥 모여서 이야기를 듣는 모임 같은 것이 아니었다. 그 장소에서는 맹렬한 질문들이 쏟아졌다. 그는 자기 주변에 있는 이들에게 일일이 묻고 답변했으며 얼굴 표정과 눈빛을 찾아 연기함으로서 자신이 제안한 예제들을 보여주었고 자신의 생각을 그들에게 확인시켜주면서 모임을 이끌었다.

이와 같은 식으로 그날 밤 그는, 이탈리아 희극 배우들에 대한 이야기를 하면서 상상의 힘으로 우리들을 이탈리아로 옮겨 주었고, 그가 상상하는 이탈리아의 작은 마을 야외공간에서 고찌의 동화들을 우리가 어떻게 상연할 것인가에 대한 이야기를 마치 그곳 현장에서 듣는 것처럼 생생한 분위기로 이끌었다.

—삶에서 느끼는 감정들은. . .

그가 말했다.

—우리 러시아인들과 이탈리아 국민성에는 유사한 점들이 많습니다.

예를 들면 삶에 대한 사랑과 끝없는 낙천주의가 그렇지요. 저는 일반 러시아 사람들은 무엇보다도 유머를 가장 높게 평가한다고 생각하는데 이탈리아 사람들 역시 유머를 중요하게 생각합니다. 평범한 러시아 사람들과 이탈리아 사람들 모두 타고나길 순박하고 선량하며 진실하고 서로를 신뢰하는 사람들입니다. 하지만 기후는 다르죠. 어떻게 하면 우리가 이탈리아의 그 끝없이 푸른 하늘과 오렌지들을 이곳으로 옮겨 올 수 있을까요? 흠, 말씀해보시지요. 이탈리아의 오렌지 없이 어떻게 우리가 고찌의 동화를 연기할 수 있을까요?

곧이어 우리에게 박탄고프는 실제 메시나산・오렌지는 그 위에 소금을 뿌려 먹는다는 것을 열정적으로 설명했고 오렌지를 먹는 어떠한 우스운 모습을 취해 보

• 이탈리아 시칠리아의 섬의 지역

여주었다. 우리들은 그의 생생한 상상 속에 빠져들어 그것을 믿었을 뿐 아니라 혀끝에서 오렌지의 맛까지 느낄 수 있었다.

─즉흥연기란. . .

박탄고프는 깊게 생각하는 듯 운을 뗐다.

─본질적으로 이것은 내가 한순간에 누구든지 될 수 있다는 것을 뜻합니다. 천민이나, 왕, 마술사, 어부 혹은 물고기까지도요!

갑자기 박탄고프는 눈을 동그랗게 만들어 움직이지 않더니, 입을 쩍 늘려서 납작하게 만들고는 팔을 지느러미같이 만들어서 몸통을 조금씩 움직였다. 그리고 그 물고기는 우리 앞으로 헤엄쳐 오더니 입을 뻐끔 거렸는데, 그러자 우리는 왠지 그가 원래부터 물고기였던 것처럼 보였고, 심지어는 그가 물고기일지도 모른다는 생각까지(!) 들었다.

몇 분이 지난 후 박탄고프는 스타니슬랍스키와 함께한 푸시킨의 비극 ≪모차르트와 살리에르≫ 작업을 어떻게 했었는지 떠올렸다. 그는 콘스탄틴 세르게예비치 스타니슬랍스키께서 배우들에게 푸시킨의 시를 읽혀가며, 배우들의 공연 발성과 음성, 호흡들에 대해 얼마나 수준 높은 요구들을 했었는지에 대한 이야기를 해주었다. 박탄고프 역시 ≪투란도트≫ 연기를 하게 될 배우들에게 그 정도 수준으로 연기할 것을 제시했다. 또한 그는 그 자리에서 ≪역병이 도는 날의 잔치≫ 중에서 나오는 의장 배역의 모놀로그를 우리에게 읽어보였고, 그 후에 그가 어떻게 이 푸시킨의 비극을 상연할 수 있었는지, 그 의미들에 대해서 우리와 함께 나누었다.

─그런데 오늘날 우리 관객들은 무엇에 관심이 있을까요?

예기치 못한 박탄고프의 질문이 우리 앞에 던져졌다.

─관객들은 현재 자신의 주위에 있는 것들을 보고 있지 않을까요? 이들에겐 나라 전쟁 이후의 어지러운 혼란들이 보이지 않겠습니까? 누군가가 반드시 이것들에 대해 기록해야 하지만 아직 쓰지 않고 있죠. 그러나 관객들은 자신들의 미래를 보고 싶어 합니다. 관객들은 그것에 대한 꿈을 꾸고 있습니다. 그러나 이것에 대한 것 역시, 극작가들은 아직 전혀 쓰지 않고 있어요. 하지만 동화에는 있습니다. 추악한 것으로부터

정화되거나 악의적인 힘을 물리칠 때 사람들은 어떻게 된다라는 꿈에 관한 것들이 있지요. 《투란도트》는 이것들을 꿈꿀 수 있게 합니다. 우리 이야기 속에 관객 자신들의 미래를 위해서 악에 맞선 선의 승리를 위해 투쟁한 국민들의 변천 장면을 보여 줄 수 있도록 합시다. 동화 이야기를 해볼까요! 동화들을 말씀해보시죠. 누가, 어떠한 동화들을 기억하시는지요?

그리고 약 한 시간가량, 미래에 다가올 아름다운 꿈들에 관한 동화에 대해 이야기 했다!

─그렇다면 진실한 감정들은 어떻게 연기해야 할까요?

이미 박탄고프는 새로운 질문을 던졌다.

─언제나 모든 것에 진심이 있어야 합니다. 여러분들께서는 이미 우리가 상연했던 《홍수》・라는 작품을 보셨습니다. 희곡의 수준은 최상의 것이 아니었고, 그다지 좋은 텍스트라고는 할 수 없었습니다. 여러분께서는 그러한 희곡에서 진심이 쉽게 창출되었다고 생각하시나요? 물론 우리들은 최대한 진심을 담으려고 노력했습니다. 그리고 제가 맡았던 프레이저라는 배역은 '깊게 생각을 많이 해야 하는' 여타의 많은 고전적인 역할들만큼 소중했습니다. 왜냐하면 그는 사람이었으니까요. 살아있는 사람이요.

그리고는 박탄고프는 약 15-20분간 《홍수》에 나오는 '모든 역할들을 혼자서 우리 앞에 연기해보였다. 기지가 풍부한 배우로서의 그는, 프레이저 역할부터 찰리, 스트레톤, 바이라, 오닐 등의 역할[33]을 순식간에 창조해냈는데, 그 인물로 변신한 그의 모습은 정말로 경탄할 만한 것이었다. 그는 우리 앞에서 전형적인 역할들을 생생한 무대적 형상으로 선보여 주었다. 이러한 그만의 독특한 연기술 수업은 어쩐지 우리를 더 전율시켰고 무엇보다도 박탄고프가 창조한 《프린세스 투란도트》에 대한 그의 창조적 상상의 세계에 우리를 더욱 빠져들게 하였다.

박탄고프는 작품의 내용을 현대적 감각의 형식에 맞게 유기적으로 결합시키는

• 모스크바 예술 극장 제1스튜디오에서 했던 공연

것을 성공시켜냈지만, 때때로 그는 이러한 결합을 위해 길고도 고통스러운 길을 찾아 헤매야 했다. 새로운 공연에 대한 박탄고프와의 모임은 당시 현대 연출가들이 제시하던 모임의 모습과는 달랐다. 보통 당대의 현대 연출가들은 의례 그러한 모임에서는 장황한 설명을 늘어놓기 일쑤였는데, 박탄고프의 모임은 전혀 다른 양상을 떴다. 또한 박탄고프의 모임에서는 어떠한 학술적인 전문용어에 의존하지 않았다. 당시엔 '작품의 초 목표'라든가 '행동의 관통선'이란 말들이 아직 연극용어로서 일반화되지 않았을 때이다. 그러나 언제나 박탄고프는 그러한 연극용어들을 즉시 일상적인 삶의 예시로 연결하여, 매작품마다 그 용어들을 다방면으로 구체화하거나 점진적으로 발전시켜서 그 용어의 정확한 의도를 우리에게 풀어내주었다.

그는 자신이 실행해보고 분석해 얻어낸 생각들을 결코 별도로 분류해 놓지 않았다. 그는 그 용어들을 배우들에게 실현해볼 것을 요구하여 매우 정확하고 상세하게 자신의 요구의 정당성을 입증해냈다. 그는 배우들이 쉽게 이해할 수 있도록 미리 말을 해준다거나 때로는 직접 보여주기도 했지만 만약 배우들이 맹목적으로 본 것만 흉내 낼 경우엔 즉각적으로 그것을 중지시켰다. 또한 그는 배우들과 함께 미래 연극의 어느 순간이라든가, 희곡에 대해서 혹은 역할의 형상에 대해 꿈꾸거나 상상하는 것을 좋아했지만 지나치게 면밀한 작업을 하느라 전체적인 작품을 파괴하는 오류는 결코 범하지 않았다. 그는 '극장의 철학자들'이라 불리는 말만 많은 사람들과 궤변가들을 좋아하지 않았다.

박탄고프에게는 절대적인 윤리적 감성이 내재되어 있었다. 윤리적 문제들은 그의 삶에서 가장 중요한 것이었다. 그는 이것이 우리 모두와의 관계에서 그리고 공연에서 또는 스튜디오 학생들에게 교육해야 할 가장 중요한 과제 중 하나로 생각했다.

며칠 후 박탄고프는 브쎄흐스뱌뜨스꼬예에 있는 요양소-사나토리움-로 떠나기에 앞서 무대미술 담당자인 니빈스키를 자신이 있는 곳으로 불러들였다. 나도 같이 참석하라는 지시를 받았다. 나는 무대연출 담당으로서의 나의 임무를 상기하며 그 당시 박탄고프와 니빈스키의 각자 입장이 담긴 회의를 가능한 한 꼼꼼하게 기록하였다.

예브게니 바그라찌온노비치 박탄고프께서는 니빈스키에게 새로 나온 번역 희곡 중 어떤 것을 좋아하는지, 예술가로서 자신의 작업에 어떻게 접근할 생각인지를 물었다. 이그나찌 이그나찌예비치 니빈스키께서는 아직 계획을 구상하거나 외형 디자인은 발전시키지 않았다고 대답하면서 박탄고프에게 어째서 실러·가 쓴 투란도트보다, 고찌가 쓴 투란도트를 더 선호하는 거냐고 물었다.

－이 작품은 실러 스타일의 작품이 아니기 때문입니다.

박탄고프가 대답했다.

－저에게 실러의 《프린세스 투란도트》는 문체가 아주 아름다운 작가의 작품일 뿐입니다. 그리고 저는 실러가 이 동화에서 무엇을 원하는지 그 형상이 잘 보이지 않습니다. 그러나 실러가 쓴 다른 작품, 《간계와 사랑》이란 작품을 예로 들어 보면 아주 깨끗하고 편안한 방(아마도, 기와로 된 지붕 밑에, 한쪽 벽에 창문이 나 있을 겁니다)이 나옵니다. 창문 주변에는 반드시 꽃과 화분이 있어야 하고요. 루이스란 여자가 매일 작은 분무기로 그곳에 물을 줍니다. 게다가 모든 벽에는 온통 (모든 장면마다 전부) 독일 시민의 쁘띠 부르주아적인 생활 소품들로 꾸며져 있는데 마치 네덜란드의 인테리어처럼, '조상부터 내려온' 유서 깊은 엔틱 안락의자와, 교회의 경탁, 그리스도의 형상, 선조들의 초상화, 그릇 장식장들이 창문이나 그 사이의 벽들, 문마다 독특하고 깨끗하게 정돈되어 있습니다. 아주 심플하게요. 한편 다른 쪽 세계, 밀포드 부인과 왕의 세계를 봅시다. 그 속은 완전한 바로크 양식으로 되어 있습니다. 금, 거울, 곱슬곱슬한 머리모양, 금, 은으로 짠 비단들이 있지요. 밀포드 부인의 무대 장식으로는 오직 바로크 양식으로 된 커다란 타원형의 거울입니다. 단 몇 걸음만으로 그곳으로 갑니다. 그녀의 안락의자가 그 사이에 있고요. 거울에는 호사스럽고 아름다운 비단 천을 걸쳐 놓습니다. 문이 열리면 거울을 통해 방과 샹들리에가 투사되어 보이고; 밀포드

• 프리드리히 실러, 독일 극작가

부인이 거울을 통해 보이지만 실제로 그녀는 무대 위에 없지요. 저는 이것을 어떻게 해야 할지 모르겠습니다.

하지만 실러의 《오를레앙의 처녀》라는 작품을 보면 이야기가 달라지죠. 이것 역시 흥미로워요. 괴상한 기사들이 나오는데 중세의 이 기사들은 자기 갑옷조차 혼자 입기 힘들어서 부하에게 도움을 받아 갑옷을 입습니다. 그런데 갑자기 평범한 시골 처녀가 그들 가운데로 나와 총명하고 매력적으로 모든 일에 대해 말을 합니다. 그녀에게는 시골의 아름다움과 건강미가 넘치죠.

─실례지만 그 작품은 실러 스타일의 작품이 아닙니다.

니빈스키는 박탄고프에게 이의를 제기했다.

─《오를레앙의 처녀》라는 작품은 실러 특유의 속성과는 완전히 다르니까요.

─실례라니 천만에요, 맞습니다. 그 작품은 실러 스타일이 아니죠.

박탄고프도 동의했다.

─하지만 이미 이야기했던 투란도트에 대한 작품 역시 실러적인 작품이 아닙니다. 실러와 일치하는 작품들은 《돈 카를로스》와 《발렌슈타인》 등으로 이것이 실러다운 작품입니다. 하지만 《투란도트》는 고찌스러운 작품입니다. 실러의 작품으로는 결코 하늘이 보이는 야외 장소에서 상연할 수 없었을 겁니다. 하지만 고찌라면 가능하죠. 바로 이 때문에 고찌의 희곡으로 하려고 하는 겁니다. 그리고 무대에 하늘을 두는 거지요. 무엇보다도 푸른 하늘을 전 장면에 쓰는 거죠. 그보다 더 좋은 것은 전체 객석에 하늘을 쓰는 겁니다! 거기에 중국 스타일을 입히고요.

그것이 어떤 것이냐고 물으시는 거지요? 전통적 중국 스타일을 의미하는 것이냐고요? 저는 중국 고전 스타일이 어땠는지는 잘 모르지만, 고전적 형태 자체를 쓰고 싶진 않습니다. 이렇게 해보죠. 이탈리아 희극 작가들이 보는 시각이 반영된 중국 스타일로 만들어보는 겁니다.

─즉, 예브게니 바그라찌온노비치 박탄고프! 그렇다면 과제는 이탈리아의 시각을 거친 중국의 스타일로 결과를 만들어내는 거군요!

─이그나찌 이그나찌예비치 니빈스키, 우리 함께 놀아 보죠. 중국 스타일을 가지고 놀아 보세요. 하지만 이탈리안 코미디의 원래 형태가 파괴되지 않은 선에서 진지

하게 해야 할 것입니다.

－그러면 장면 교체는 어떻게 할까요?

－순식간에 하는 거죠. 관객들의 눈앞에서요. 저는 오래전부터 배우들의 연기와 무대 미술 장치들이 결합한 작업을 보여주고 싶었고, 꿈꿔 왔습니다.

－어떻게 그렇게 하죠? 위로는 하늘이 있고 밑으로는 중국인데요.

－게다가 주변은 이탈리아지요!

예브게니 바그라찌온노비치 박탄고프는 웃으며 덧붙였다.

－무대 전체 공간은 변화무쌍하게 만들되 배우들의 연기를 할 수 있는 장소는 단 한곳에 만드셔야 합니다.

－그렇다면 어떻게 전체 무대를 감싸죠? 천으로 할까요?

－천만 아니면 됩니다. 저는 그것들을 질리도록 봐왔습니다. 모든 극장마다 온통 천들만 쓰지요. 스타니슬랍스키께서 우리의 작품 ≪십이야≫34에서 천을 아주 훌륭하게 사용한 이후부터, 모든 연출가들은 마치 무대의 '포장용'으로 천을 사용하고 있습니다. K. C. 스타니슬랍스키께서는 공연에서 그 천을 배우들의 행동 움직임과 리듬에 맞춰 살아 있게 했고 움직여냈습니다. 그 천들은 올시노 공작이 올리비아에 대한 끊을 수 없는 사랑에 대한 모놀로그에서 애처롭게 매달려 있기도 했고, (전혀 희극적이지 않았습니다!) 비올라의 곤혹스러운 감정이나 바다에서의 폭풍도 묘사해주었습니다. 또한 그것들은 세바스찬을 따라 움직이면서 말볼리오를 웃음거리로도 만들기도 했으며, 취한 토비 경과 무대에서 이상스러운 움직임으로 춤도 추었죠. 여러분들은 이 공연을 보았습니까?

박탄고프는 나와 니빈스키에게 물었다.

－저는 연극을 봤습니다.

이그나찌 이그나찌예비치 니빈스키께서 대답했다.

－실제로 스타니슬랍스키께서 사용하신 천들은 특히나 성공적이었죠. 그러나 제 기억으로는 그 천들이 춤을 추었다거나 말볼리오를 조롱거리로 만들지는 않았던 것 같습니다.

–그러면 당신은 어떻게 생각하시죠?

박탄고프는 개구쟁이 같은 장난기 가득한 눈빛으로 내게 물었다.

–저는 선생님께서 방금 저희에게 말씀을 해주시니 이제야 전부 그랬었던 것 같아요, 예브게니 바그라찌온노비치 박탄고프. 하지만 제가 공연을 봤을 때는. . .

–모두들 저와 다르게 보셨나 보군요!

–오히려 반대입니다. 지금 우리들은 당신의 상상의 힘에 완전히 넘어갔습니다.

니빈스키가 대답했다.

–그리고 분명한 스타니슬랍스키의 공연 의도를 통해서 당신이 이번 공연에 제시하는 것들을 매우 근접하게 알게 되었고요. 《십이야》의 공연에서 천들은 살아서 날아다녔고 죽기까지 했습니다. 그렇다면 《투란도트》는 어떻게 하실 예정입니까? 당신의 상상 속에 이 연극을 어떻게 보고 있는지 우리에게 말씀해주십시오. 심지어 그것이 아주 독특하다 하더라도 상관없습니다.

–안타깝게도 아직까지는 확실하게 결정한 것이 없습니다. 저는 개별적인 요소들을 알고 있고 볼 수 있습니다만, 전체적인 것들은 여러분들께서 창조하셔야 합니다!

–개별적이고 단편적인 것일지라도 선생님께서 원하는 방향들을 말씀해주십시오.

–이탈리아 희극 배우들만의 고유한 민첩성과 우아함, 정연함입니다. 무대 장치를 과도하게 설치하지 말고, 배우들의 연기할 수 있는 장소를 최소한으로 지정해서 만드셔야 할 것입니다. 마치 아이들이 가지고 노는 고무풍선처럼, 고무로 된 무대 장치에다 깨끗이 색깔을 입히고 바람을 채워 넣는 것도 좋을 듯싶군요. 여러분들은 튜브에 본드 칠을 하거나 그림을 새겨서 중국의 집, 사원, 숲들을 그려 넣고 튜브로 된 세트들을 만드셔야 하겠죠. 튜브에 공기를 주입해서 부풀리는 겁니다. 이것을 무대 세트의 원칙으로 하죠. 이것은 매우 아름다울 거예요. 조명을 앞뒤로 비추게 할 수 있을 테니까요. 그리고 장면을 바꾸어야 할 때면, 배우들이 직접 성전 쪽이나 궁전 쪽으로 발길질을 해서, 그 세트들을 무대 뒤로 날려 보내는 겁니다. 그러면 그 고무 튜브들이 무대 위쪽으로 날아올라 또 다른 무대 연출이 이뤄질 겁니다.

배우들의 연기로 공연의 전반의 화려한 무대 세트를 연출하게 하는 겁니다. 마치 축구처럼요. 그런데 연극의 시작이나 피날레는 어떻게 해야 할까요?

박탄고프는 놀랄 만큼 쉽고 화려하며 역동적일 수밖에 없는 '공중에서 행해지는' 그 무대 세트 연출 원리의 체계를 우리 앞에 또렷이 드러냈다.

−안됩니다. 그렇게 해서는 안 되겠군요.

갑자기 그는 자신의 이야기를 끊었다.

−'형태가 없는' 무대 세트 연출을 한다면, 배우들은 그것들 사이에서 보잘 것 없어지거나 꼴불견이 될 거예요. 이러한 무대 세트들은, 젊은 배우들의 단점만을 온통 부각 시킬 겁니다! 무게 없이 속이 비치는 무대 세트를 만들어서는 안 되겠습니다. 그렇지 않으면 배우들은 이것들 사이에서 동화 같은 존재는커녕, 오히려 서툰 배우들로 보일 테니까요. 아, 고찌 작품을 이렇게 쉽고 리드미컬하며 우아한 동화 작품으로 연기하기 위해서, 우리 스튜디오 배우들은 또 얼마나 많은 훈련들을 해야 하겠습니까! 뭐든, 다른 방법들을 찾아봅시다. 또한 무대 전체를 개방해 놓는 것도 안 될 듯싶네요. 개방된 무대에서 배우들의 진실한 감정이나 노력한 자감(自感)이 과연 객석에게까지 영향을 끼칠 수 있겠습니까!

그간 우리들은 실내 무대에 적합한 연기 기술들만을 배워왔습니다. 이것은 매우 좋지 않습니다. 감정 연기와 소리를 내는 방법, 행동하는 방법 등 딱 그만큼의 폭만을 가지고 연기하니까요. 우리들은 실내에서 어떻게 연기를 해야 하는지 가르칩니다. 하지만 우리에게 있는 폭만으로는 광장의 관객들을 끌어 모을 수는 없습니다.

그러나 만약 중앙의 한 곳에만 무대를 만들어 그 공간에서만 해결한다면 어떨까요? 관객들이 무대 막 뒤의 배우들이 어떻게 자신의 '출연' 순서를 기다리는지 볼 수 있게 하는 거예요. 예를 들어, 어떤 배우가 늦은 겁니다. 그 배우는 달려와서 몇 초간 불안해하며 가쁜 숨을 몰아쉬죠. 그런데 바로 그때가 희곡에서 그가 등장해야 하는 순간인 거예요. 그리고 그가 광장의 무대 위로 들어가는 순간 지각에 대한 불안과 공포가 씻은 듯 모조리 사라집니다(그는 자신이 헐레벌떡 뛰어서 무대로 등장했다는 사실을 극단 연출가한테 들켰단 것도 압니다). 그래도 그는 광장 무대 공간으로 뛰어듭니다. 그리고 이전에 지각했던 존재는 사라지지요. 그는 순식간에 다른 사람이 되는 겁니다. 희곡 속 주인공으로요! 배역으로 완벽한 변신이 일어나는 거지요.

그가 무대에서 배역으로서 연기를 모두 마치고 내려오면, 그는 무대에 늦게 도착했다는 생각에 또다시 자책을 하는 거예요.

극장 내부에 2층으로 된 연기자 대기실을 배치해서 설계하는 것이 좋을 것 같습니다. 이 극장에 두 개의 입출구를 사용하는 겁니다. 첫 번째 출구로는 전체적으로 테두리 쳐진 2층의 발코니 앞에 두는 것이고, 두 번째 출구로는 늘 우리들이 사용하던 것처럼, 복도 내부에서 외부로 나갈 수 있게 두는 겁니다. 발코니를 통해 관객들이 보는 앞에서 배우들은 분장을 하고 의상을 입고 그리고 무대로 내려가 연기를 하는 거지요.

─하지만 그렇게 한다면 배우들의 사전 준비 움직임으로 인해 관객들의 주의가 산만해질 수도 있고 희곡 내용에 따른 공연 진행에 방해가 되지 않을까요?

니빈스키가 이의를 제기했다.

─무대에서 어떤 희곡을 상연하냐에 따라 다릅니다. 체홉이나 고리키의 작품을 이런 식으로 한다면 아마도 관객들의 주의가 산만해질 겁니다. 하지만 그 외의 희곡을 상연하는 데에는 이러한 것들이 도움이 될 것입니다. 레퍼토리 극장들은 절대로 일반적인 희곡들만 상연할 수 없으니까요. 현재 우리들이 생각하고 있는 무대에 대한 개념은 믿을 수 없을 만큼 고리타분합니다. 도대체 왜 우리에게 이러한 천 들이나 무대 측면의 윙들이 필요한 겁니까? 왜냐하면 무대장치들을 기대어 놓거나, 풀을 먹여 만든 무대 배경 그림들을 평평한 천정 위쪽 여기저기에 매달아 늘어놓은 것들이 보이지 않게 하려고, 혹은 지저분한 벽돌로 된 무대 뼈대 벽면들을 가리기 위해서가 아닌가요? 정녕 우리들은 움직임이 가능한 이동 무대를 설치할 수 없단 말인가요? 모든 공연에 반드시 정형화된 극장이 필요한 건 아닙니다. 과연 무대연출 세트를 고스란히 정리된 상태로 들어 올려서, 그대로 무대 위에 내려놓는 일이 불가능할까요? 만일 무대 배경으로 그려진 파노라마 배경 막들과 무대 뒤 세트를 들어 올려야 한다면, 저는 무대 내부 벽의 측면으로부터 굵은 밧줄과 쇠줄로 그것들을 내보낼 수 있을 거라 확신합니다. 기술적으로 이것은 그리 어려운 일이 아니까요. 이러한 일들을 한다면 극장 예술에 얼마나 많은 새로운 가능성을 주겠습니까! 그러면 넝마 같은 무대 상부 장치

에 대해서나 처치 곤란한 무대의 '의상들'에 대해서 어떻게 그것들을 먼지투성이 조명으로 가릴 것이냐에 대한 고민을 안 해도 될 겁니다.

유감스럽게도 여전히 우리들은 18세기, 아니 17세기 연극 무대를 올리고 있습니다. 부끄러운 일 아닙니까?

저는 밝고 세련된 무대를 상상하고 있습니다. 그 무대는 내부와 측면 부분들을 움직여 이동해 낼 수 있습니다. 만약 필요하다면 무대 측면에 하우스 커튼을 통째로 치워 둘 수 있게요. 무대 밑, 개별적 공간에 모아 둔 무대 장치들—조명 기기나 소품들, 희곡에서 제시한 가구들은—무대 위로 자동적으로 이동할 수 있게끔 만드는 겁니다. 그 무대 세트들은 조명이 밝혀진 무대에서나, 어둠 속 무대에서나 언제든 깔끔하게 나올 수 있습니다. 그 한꺼번에 모아서 가려둔 무대 세트의 설치를 세상 밖으로 보이는 거죠. 극 중 방안이든 오두막이든 혹은 무도회장까지도요.

새로운 조건의 무대에 연기자들은 기술적으로 그곳에 맞는 연기를 재검토해야 합니다. 배우들은 무조건적으로 연기의 모든 요소들을 그 새로운 무대 기술에 맞춰 증폭시키고 발전시켜내야 하구요. 새로운 무대에 맞는 화술 및 발성부터 가장 농축된 감정으로 관객들의 주의를 집중시키는 연기까지 그곳에 적응하고 사용해낼 줄 알아야 하죠.

박탄고프는 무대 공간 결정에 있어 연출가로서 새로운 탐구와 그에 따라 필수 불가결하게 연결되어 있는 배우들의 연기에 대한 요구들, 그리고 자신의 입장에서 본, 극장에서 상용화된 습관적이고 진부한 액세서리들을 막는 것에 대한 자신의 생각을 계속해서 풀어냈다.

박탄고프의 배우들과 연출가들의 창조적 특성을 바탕으로한 요구들은 옳았을 뿐 아니라, 그는 그 안에서 혁신적인 생각을 창조적이고 생생한 목소리로 들려주었다.

당시 러시아에는 소비에트 연방 사회주의 시스템이라는 새로운 시대가 도래하였고 새로운 문제점들을 평등하게 해결하기 위한 원대한 전화(轉化) 계획을 시행하였다. 러시아 사회 역사 속에 처음 있는 일이었다. 물론 이러한 시대 변화에 따라, 예술과 문학에서도 새로운 요구들이 제기되었다.

그때의 모든 창조적 예술가들의 지향했던 것처럼 박탄고프도 혁명적 삶과 새로움, 그 새로운 관객들에 합당한 예술을 찾고 싶어 했다.

－오늘은 여기까지입니다. 여기까지가 ≪투란도트≫ 공연에 대한 나의 생각들 중 여러분께 제공할 수 있었던 전부예요.

박탄고프는 니빈스키와 작별 인사를 나눴다.

－오늘 우리가 나눈 대화가 충분하지 못했다는 것을 알고 있습니다. 그래도 위험을 감수해서라도 무대 구상을 해보시든지, 아니면 다음에 저와 만날 때까지 기다리시든지 모쪼록 좋을 대로 하십시오. 저도 좀 더 구체적으로 생각해보겠습니다.

얼마 후 이그나찌 이그나찌예비치 니빈스키께서 ≪투란도트≫ 무대 초안들이 준비되었다고 내게 연락을 해왔고, 나는 그와 함께 박탄고프가 있는 요양소로 갔다.

예브게니 바그라찌온노비치 박탄고프의 건강은 눈에 뜨일 만큼 좋아졌고, 그는 그가 예상하고 있었던 니빈스키의 스케치들을 보기 위해 기꺼이 준비하고 있었다.

이그나찌 이그나찌예비치 니빈스키께서는 서류철을 풀면서 이것들은 몇 가지 방안으로서 스케치를 가져온 것이라고 미리 예고했다. 박탄고프는 스케치들을 잘 보기 위해 일부로 햇빛을 등지고 앉았고, 니빈스키는 박탄고프 앞으로 의자를 가져와 그가 가져온 이젤을 기대어 세우고는 첫 번째 스케치를 꽂아 고정시켰다.

거기엔 당시 모스크바에서 공연을 만들던 방식으로 된, 우리가 이미 알고 있던 C. M. 에이젠쉬따인이 연출한 ≪순 프롤레타리아 문화≫에서의 무대 스케치, 그리고 B. Э. 메이에르홀드가 연출한 베르하른에서 공연한 ≪노을≫에서의 장면, A. Я. 타이로프의 까메른 극장에서의 공연할 때 썼던 무대 스케치들이 개별적으로 몇 장 있었다.

스케치에는 단순하고 직접적인 작업 공간, 무대 설치물들이 그려져 있었다. 거기엔 이집트 피라미드 무덤의 입구가 연상되는 입구가 무대 뒤쪽으로 나있었다. 무대의 연기하는 공간에는 가벼운 철제 설치물로 된 사다리가 놓여 있었고, 기둥에 사다리를 기대서 세운 모양이 그려져 있었으며, 무대 연기하는 공간 위쪽으로는 당시 유행하던 미래파 작가들의 작품들이 개별적으로 걸려 있었다. 또한 무대 맨 앞줄에는 높은 받침대 위의 꽃병에 화려한 생화들이 놓여 있었다.

박탄고프는 이 스케치를 그리 오래 보지 않았다. 그는 스케치 상단에 위, 아래로 두 줄에 매달려 그려진 붉은색 동그라미를 가리켰다.

—이건 뭐죠?

그는 니빈스키에게 물었다.

—태양입니다.

이그나찌 이그나찌예비치 니빈스키께서 대답했다.

—그것은 무대 천장 바의 도르래에 걸려있습니다. 이것은 관객 눈앞에서 들어올리거나 내릴 수 있고, 만약 밤일 경우, 달로도 바꿀 수 있지요.

—아주 좋은 생각입니다. 우리 공연에 반드시 이것을 넣도록 하죠.

박탄고프가 말했다.

—하루가 지면 태양이 지고, 하루가 시작되면 로프에 매달린 태양이 하늘로 뜨는 거예요! 그런데 나머지 것들은 모두 연극 무대라기보다는 서커스 무대에 좀 더 가깝네요. 너무 노골적이에요. 이러한 무대에서는 우리 배우들이 실력 발휘를 못할 겁니다. 반드시 보다 흥미로운 공간이 있어야 합니다. 당신이 준비한 것들을, 좀 더 보도록 하죠!

니빈스끼는 다음으로 '페이지'를 넘겼다. 보드 위에는 흰색 기둥이 눕혀져 놓여 있었고, 아치형으로 된 입구와 출구, 계단들과 두 개의 발코니, 천장의 들보들과 경사진 바닥 등이 복잡하게 조합되어 커다랗게 스케치되어 있었는데 익숙하게 봐왔던 유형이 아니었고 분간이 힘든 그림이었다. 이 스케치에는 무대 객석으로 이어진 계단이 있었으며, 창문의 프레임들은 천장에서 바닥까지 매달려 있었다.

—저는 어디에서 이 스케치의 모티브를 따왔는지 알겠습니다.

갑자기 박탄고프는 장난스럽게 말했다.

—이것은 ≪문명의 열매≫라는 작품, 첫 번째 막으로 사용하려던 옵션이었죠. 저

는 이 스케치와 비슷한 것을 K. C. 스타니슬랍스키의 사무실에서 본 적이 있어요.

－콘스탄틴 쎄르게예비치 스타니슬랍스키께서는 그 공연에서 제 스케치들을 사용하지 않으셨는데요.

니빈스키가 다소 당황하며 말했다.

－이 스케치들은 제가 가장 좋아하는 것들입니다. 저는 선생님의 《투란도트》 공연이 아르바트에 있는 선생님의 새로운 스튜디오 공간인 그 극장에서 올리게 되었다는 말을 듣고는 곧바로 《문명의 열매》에서 나오는 극장과 선생님의 새 극장과 비슷하다는 생각이 들었고, 이를 기반으로 해서 연결해 쓸 수 있을 거라 여겨졌습니다. 그래서 저는 이 무대그림들을 이 공연에 시도해보려 했습니다. 또한 무대공간을 결정하는데 있어 이 양쪽의 스케치들은 서로 전혀 다른 그림이니까요.

－전 당신이 당신의 작품을 스스로 오마주하는 걸 비난하려는 게 아닙니다. 친애하는 이그나찌 이스나찌예비치 니빈스키.

박탄고프는 니빈스키의 어깨를 부드럽게 쓰다듬었다.

－우리 예술가들은 자신만의 스타일을 고수하고 싶어 합니다. 그리고 우리 같은 예술가들은 한번 표현 수단을 찾아냈다 하면, 다른 것들은 눈에 들어오지 않지요. 그리고 이 스케치들은 제 마음에 듭니다. 첫 번째로는 경사진 공간과 형태가 마음에 드네요. 다음으로는 기둥들도 맘에 들고요. 하지만 《투란도트》 공연에는 이러한 기둥이 적합하지 않습니다. 발코니도 좋지만, 약해 보이네요. 창문은 우리 공연에 쓸 수 있겠군요. 하지만 저는 아르바트 극장 규모의 《투란도트》 장면으로 이러한 스케치들이 적합할지 의문입니다. 이 무대그림들은 지나치게 소극장용으로 그려졌고 《귀뚜라미》 공연과도 비슷한 뉘앙스를 풍깁니다.[35] 《투란도트》는 대극장용 공연입니다. 이런 공연에는 온갖 연극적인 소품과 무대 공간이 필요하지요.

－그렇다면, 만약 이렇게 한다면 어떨까요.

니빈스키는 보드 위에다가 연필로 그린 이전 스케치들보다, 보다 작은 사이즈의 스케치 몇 장을 덧붙여 보여주었다.

－이것은 3번째 '방안'으로 가져온 겁니다.

그 스케치에는 독특한 풍경과 인테리어들이 묘사되어 있었다.

거기에는 무대 앞쪽으로 다양한 그래픽 스타일로 디자인된 가벼운 커튼 막들과, 가벼운 시르마·로 구성된 인테리어 디자인이 그려져 있었다. 그리고 ≪문명의 열매≫ 스케치에서 쓰려던 방법들이 연상되는 배경과 인테리어들이 그려져 있었는데, 그런 식의 윤곽이나 경사들로 이루어진 공간이 무대 곳곳에 자리를 차지하고 있었다. 무대 배경으로 그려진 몇몇 가구들과 소품 모두는 중국풍으로 그려져 있었다.

박탄고프는 확실히 만족스러워했다.

—바로 이것이 내가 꿈꿔왔던 것 중 하나입니다.

그는 기뻐하며 니빈스키에게 말했다.

—그런데 무대 발코니의 이것은 뭐죠? 창문도 아니고, 문도 아닌 듯한 중국풍으로 그려진 이것이요.

—그것은 공연을 준비하기 위한 스튜디오 배우 대기실입니다.

그가 대답했다.

—그것들은 선생님의 생각을 반영시킨 것입니다.

—그 생각은 접도록 하겠습니다.

즉각적으로 박탄고프가 반응했다.

—이것은 당신이 멋지게 고안해온 모든 시르마나 커튼 천들을 쓸데없이 복잡해보이게 할 겁니다.

—하지만 내가 그린 배우 대기실을 공중에 매단다면 가능하지 않을까요?

—그렇다면 공간은 어떻게 만드시려구요? 뒤쪽 평평한 공간에 수직으로 세울 수 있는 것으로 다시 만들어 보십시오. 우리 배우들을 무대 깊숙한 곳에 숨길 수 있도록 견고하게 만들어 주세요. 발코니 뒤로 그 부분을 만들어보는 것이 좋을 것 같군요. 그것은 우리에게 미장센적 공간을 추가로 줄 거예요. 발코니 아래는 당신이 구상해 오신대로 이집트 피라미드 스타일의 입구로 된 지하실 문을 만들어서 그 밑으로 고문과

· Шúрма, 무대의 칸막이 또는 가림막, 접개식 막 혹은 무대 양옆을 막아주는 칸막이

처형의 공간으로 이어지는 계단을 만듭시다. 하지만 발코니에서 공주가 국민들 앞으로 등장하도록 해야 해요. 모든 천들은 무대 천장의 바에 그냥 매달아서 드리우는 걸로 하고요! 관객들에게 깨끗한 무대 천장 바들과, 깨끗한 로프들, 그리고 심지어 깨끗한 '쥐주머니'들[36]까지도 보여주는 겁니다! '쥐주머니'에 색깔을 입히는 것이죠. 아름답겠죠?

예브게니 바그라찌온노비치 박탄고프는 확신에 차 있었다.

─만약 당신께서 반대만 안 한다면 중국 스타일로 가고 싶습니다. 이그나찌 이그나찌예비치 니빈스키.

그는 이어갔다.

─위에 있는 지붕 윤곽들은 서너 겹으로 된 동양의 둥그스름한 기왓장 처마 스타일로 코가 위로 들려져 있는 신발 모양처럼 만들어 봅시다. 중국풍 천들과 건축물을 간편하게 사용하는 거죠. 당신은 천에다가 무대 배경을 직접 그릴 필요 없이, 색깔 있는 비단들을 서로 교차시켜 붙이는 방식으로 당신의 의도들을 넣어 보세요, 쥐주머니 역시 이와 같은 방식으로 하고요. 모두 이러한 방식으로 입체감을 얻는 겁니다! 게다가 이러한 무대는 프로시니엄 무대를 거드는 도우미 배우들에게 좋은 과제인데 그들이 무대 커튼을 드리우거나 걷는데 훌륭한 행동을 유발할 수 있을 것 입니다! 순식간에 말이죠! 니꼴라이 미하일로비치 고르차코프 씨께서는 이것을 어떻게 순식간에 할 수 있을지 미리 고민해보십시오. 우리 목전으로 다가온 미래 공연의 형상 요소들 좀 보십시오!

이 스케치 안, 바로 여기에 이미 공간의 핵심이 펼쳐져 있습니다. 여기에 발코니와 지하실 무대를 추가했죠. 전체 희곡의 목표와 각 형태의 미장센들을 교체하는 방법, 그리고 형태의 원리들을 체득하게 되었습니다. 매달아 올리거나 내릴 수 있는 해와 달도 있고요!

그런데 무대 대도구들이나 소도구들, 의상들이 없네요! 세상에, 어떻게 우리가 의상을 잊을 수 있죠? 이그나찌 이그나찌예비치 니빈스키! 니꼴라이 미하일로비치 고르차코프! 어째서 제게 상기시켜 주지 않으신 겁니까? 만일 새해에 이 공연을 올린다면 과연 시간 내에 맞출 수나 있겠습니까!

박탄고프의 머릿속에는 이미 공연이 만들어졌고 최종 순간에 의상 제작을 잊어버려서 배우들이 아무것도 입고 있지 않은 것으로 생각하는 것처럼 보였다.

—안돼요, 있을 수 없는 일이군요.

그는 우리가 반박할 틈을 주지 않았다.

—의상에 대해서 잊다니요! 연기자들이 없다면 결국 이 모든 무대 장치들은 죽은 거나 다름없어요. 아, 어째서 무대 미술가들은 스케치에다가 연기자들을 함께 그려 넣지 않는 겁니까! 배역들을 같이 그려야죠! 행동들의 순간들을 확인해야 하잖습니까! 궁극적으로 이 일은 배우들의 연기를 살아 움직이게 하기 위한 작업이라고요.

—하지만 그것은 희곡 속에 일러스트로 이미 그림들이 그려져 있던 걸요.

니빈스키는 박탄고프의 말을 막으려 했다.

—아니예요, 그것들은 공연 중 제일 즐거운 순간들을 하이라이트로 그린 것들입니다. 다시 의상으로 돌아와 보죠. 그러니까 의상들이 없다는 거죠!

—전 단지 시간이 부족해서 그 일을 마치지 못했을 뿐입니다. 예브게니 바그라찌온노비치 박탄고프.

—시간이 부족하셨다니, 잘 알겠습니다.

박탄고프는 이 사건에 있어 자신의 태도를 예민하게 바꿨다. 박탄고프는 격렬하게 몰두한 나머지 예기치 않게 진지하게 상황을 평가해 버린 것이었다. 이 일은 그만의 타고난 열정 때문에 일어난 해프닝이었다.

—그럼 당신은 어떻게 의상들을 만드실 건가요.

박탄고프는 이어갔다

—만약 우리가 서로 모르는 관계라 친다면, 당신은 어떠한 원리로 형태를 완성하실 것 같습니까? 이제야 알겠습니다! 현대적인 것을 바탕으로 한 의상에, 중국풍의 디자인을 의상에다가 개별적으로 취하려는 거지요. 이그나찌 이그나찌예비치 니빈스키! 오늘 당신의 스케치들은 저에게 큰 도움이 되었습니다. 미래의 연극을 미리 '상상하는 일'은 연출가에게 그리 쉬운 일이 아닙니다. 무대 미술이 없이 그 일은 거의 불가능할 겁니다. 참, 무대 위, 스튜디오 배우들이 있을 공간을 정리해봅시다. '집안에 집'이 만

들어져서는 안 되니까요. 이것은 이런 미짜 슐레르쥐쯔끼가 어쩌다가 콘스탄틴 세르게예비치 스타니슬랍스키에게 한 말이었죠.

콘스탄틴 세르게예비치 스타니슬랍스키께서는 아이들에게 무대 장면들을 확인해 보는 걸 좋아하셨습니다. 그는 아이들이 예술 속에 사실적인 것만 믿을 거라 생각했죠. 저는 그렇게 생각하는 그의 판단이 실수가 아니라고 생각합니다. 어쨌든 스타니슬랍스키께서는 입센의 희곡 중 어떤 공연에서 집 현관 계단을 거의 실제 같이 만들었습니다. 그는 지붕에다가 보이지 않게 물탱크를 설치했고 집 모서리 부분에 배관 파이프를 만들어서 그 파이프를 통해 물이 밑으로 흐를 수 있도록 했죠. 그는 하수 파이프 밑으로 티가 나지 않게 방수커버를 깔아 그 위에 흙무덤을 만들라는 지시를 했습니다. 희곡이 시작되자 뇌우와 함께 비가 내렸고, 하수관 파이프를 통해 흙무덤 쪽으로 물이 쏟아져 내리면서 현관 계단 근처에는 자연적으로 물웅덩이가 만들어졌습니다. 스타니슬랍스키께서는 공연의 환상을 완성하기 위해, 웅덩이에다가 살아있는 두 마리의 오리를 가져와 풀어 놓으셨지요. 진짜 오리들은 엄청나게 날개를 풀썩거리면서 웅덩이에서 '살아' 헤엄쳤습니다.

리허설이 시작되기 전 스타니슬랍스키께서는 모스크바 예술 극장 앞 공터에 있던 슐레르의 아들 미짜를 객석으로 데려와 자기 옆에 앉혔죠. 이윽고 막이 열리고 무대에 '진짜' 집의 현관 계단과, 비, 웅덩이, 오리들이 무대 배경으로 나타나자 스타니슬랍스키께서 미짜에게 물었습니다. "어때, 맘에 드니? 진짜 멋지지?"

하지만 미짜는 뜻밖의 대답을 했습니다. "이것 사실이 아니에요. 집 안에 집이 있을 리 없잖아요."

여기서 스타니슬랍스키는 자신의 의도가 지나쳤다는 것을 알게 되었습니다. 사실주의를 구현하려다 자연주의에 이르게 된 거죠. 스타니슬랍스키께서는 미짜가 한말을 믿었고, 더 이상 아무도 그 무대 연출 장치를 다시 볼 수 없었습니다.

이렇듯 우리들은, 아니 정확히 말하면 제가 이것을 잊고 있었네요. 무대 위에 스튜디오 배우들이 있을 공간을 설치한다는 것은 '집안의 집'을 보여주는 것과 같다는 것을요.

저는 방금 전의 실수를 통해 앞으로 제가 무엇에 대해 생각해야 할지 깨닫게 되었습니다. 깨끗하게 걸러진 생각으로 스케치와 의상들을 만들어 봅시다. 니꼴라이 미하일로비치 고르차코프 씨께서 당신에게 우리들의 배역들을 보여 줄 겁니다. 우리가 누구에게 어떠한 배역을 선정했는지 당신께서 보도록 하십시오.

니빈스키는 박탄고프와 여러 가지 연극 작업들에 대한 대화를 잠시 나누며 그와 작별 인사를 했다. 내가 박탄고프를 방문 앞까지 배웅하던 도중 박탄고프는 내게 속삭였다.

―당분간 스튜디오 사람들에게 아무 이야기도 하지 마십시오. 제가 직접 말하고 보여주겠습니다. 이 일은 할 줄 아는 사람만이 해야 하니까요. 그리고 그를 조만간 다시 한 번 데려오십시오. 빠른 시일 내로요. 서두르셔야만 합니다.

내가 예브게니 바그라찌온노비치 박탄고프의 "서둘러야만 한다"라는 말을 들었을 당시 나는 그 말의 의미를 정확하게 이해하지 못했고, 단지 조속히 공연을 올려야만 하는구나라고 속으로 엉뚱하게 해석했다.

지금 와서야 나는 박탄고프의 "서둘러야만 한다"라는 말 속에 다른 의미가 실려 있었음을 알게 되었다. 그는 실제로 서둘렀던 것이다.• 그는 자신의 남은 생명을 확신할 수 없는 심각한 병을 가진 환자였기 때문에, 죽음의 목전에서 조금이라도 더 자신의 다른 계획들을 실현시키거나 완성해보고 싶었던 것이었다.

실제로 그리 오랜 시간이 지나지 않아 나는 이그나찌 이그나찌예비치 니빈스키와 함께 다시 한 번 박탄고프를 방문했다. 박탄고프는 새로운 공간으로 채워진 니빈스키의 무대 스케치에 마침내 만족스러워했다.

스케치는 기본적으로 이전에 있었던 무대 공간과 비슷했다. 거기에는 무대 세트로 반원형 모양으로 된 벽이 세워져 있고, 그 반원형의 세트 벽 중앙에는 문 세 개가 순차적으로 아치 형태로 뚫려 있었다. 유독 환상적이고 기묘하게 생긴 나선형의 기

• 박탄고프는 1919년 1월에 위암을 선고 받았다. 그러나 그는 주변에 그 사실을 숨기고 자신의 작업에 매진한다. 《투란도트》 공연을 위한 연습이 진행되던 1921년 당시, 그의 병세는 매우 악화된 시기였다.

둥으로 세워 놓은 기하학적 무늬의 아치 지지대는 니빈스키가 창조한 대표적 시그 니처 디자인이 되었다.

놀라지 않을 수 없었던 점은 니빈스키가 그 작고 빈약한 형태에서 이러한 진기 한 벽을 구성해 냈다는 것이고, 게다가 이전에 박탄고프가 코멘트 했던 모든 것들을 스케치의 요소로 고안하여 그려 넣었다는 점이었다. 거기에는 무대 제일 앞에 반원 형으로 된 무대 세트 벽을 정면으로 세워서 그 공간에 3개의 출입구가 나 있었고, 작은 발코니 밑에는 어두운 지하실이 그려져 있었다. 박탄고프는 이 스케치를 무척 마음에 들어 했다.

－그러면 이제 이 '그려진' 무대 공간을 어떻게 사용할지에 대해, 뚜껑을 살짝 '열 어' 봐도 될까요?

박탄고프가 그에게 물었다.

대답 대신, 니빈스키는 그의 앞에 그려온 스케치들을 차례대로 늘어놓았다. 그 리고 그는 설명을 시작하려고 했다.

－아닙니다. 됐어요.

박탄고프가 그를 저지했다.

－제가 희곡에 제시된 장소들 모두를 직접 알아맞히겠어요.

그리고 그는 재빨리 그 앞에 펼쳐진 초벌 그림들을 가리켰다.

－밤 장면이군요!

북경이고요!

궁전입니다. 옥좌가 있는 방입니다!

투란도트 공주가 사는 방이로군요!

사형 집행 장면이네요!

박탄고프는 니빈스키가 그려온 희곡 장면의 개별적 연기 장소들을 빠르게 지목 했다. 하지만 두세 개의 스케치들은 '알아맞히지' 못했다.

－이 스케치들은 무대 전환 장면, 혹은 막간을 위한 장면입니다. 길거리 장면, 깔라프의 체포 장면, 가면을 쓴 배우들의 막간극 장면이지요.

니빈스키가 설명했다.

―대단합니다!

박탄고프가 반응했다.

―그럼 이제 의상으로 넘어가 보죠! 어서 의상들을 보여주세요!

니빈스키는 수채화로 근사하게 그려진 약 20개 정도의 희곡 속 남녀 배역들을 그의 앞 책상 위에 펼쳐 놓았다. 그것들은 모두 중국풍의 미니어처 컬렉션처럼 구성된 것이었고, 각기 다른 외형들로 디테일을 갖추고 있었다.

나는 박탄고프가 이런 동양적인 스타일에 대해 탄성을 자아낼 거라 확신했다. 그것들은 하나하나 유머러스하면서도 섬세했으며 독창적이었고 화려한 데다 우아하기까지 했기 때문이다.

하지만 박탄고프는 '감탄하지 않았다!' 그는 깊은 생각에 잠겨, 몇 분간 그 앞에 펼쳐진 스케치 안의 컬렉션들을 관조했다.

―너무나 지나치게 아름답군요. 그런데 대체 동시대성, 그러니까 현대성은 어디에 있는 거죠? 이것은 정확히 중국 스타일의 예술을 완벽하게 재현한 것입니다. 하지만 저는 이것들이 우리 무대 형식 조건에 유기적으로 결합할 수 있을 거란 생각이 들지 않아요.

―예브게니 바그라찌온노비치 박탄고프. 선생님께서 직접 제안하신 대로 저는 현대적 스타일 의상에다가 중국 스타일의 특징을 그 위에 덧입혀야 한다고 생각했고 그것들을 반영했습니다.

니빈스키가 대답했다.

―어떠한 현대적인 것들이 있나요?

―여기에 있습니다. 여기 이것들이 제가 스케치해 온 것들입니다.

니빈스키는 군복과 비슷해 보이는 짧은 깃으로 된 프렌치 상의와 승마바지에 기다란 부츠를 신은 듯한 약간 음울해 보이는 형상들의 스케치들을 테이블 위에 꺼내어 놓았다. 어찌 보면 약간 적군의 병사 철모 같기도 하고, 또 어찌 보면 아군 전투모 같기도 한 것들이 그려져 있었는데 여자들은 군복 상의에 짧고 몸에 꽉 끼는 치마, 펠트로 만든 장화들을 신고 있는 스케치기 그려져 있었다.

―아닙니다. 이건 아니에요!

매력적인 중국 스타일의 스케치 옆에 음울하고 이질적인 미니어처들을 펼쳐지자 박탄고프는 괴성을 질렀다.

―배우들이 어떤 모습이여야 할지 생각해보십시오. 배우들은 대중들 코앞에서 동화 속 인물로 변신해야만 합니다! 배우들 의상이 어때야 하겠습니까??

그가 강조했다.

―남성들은 쓰리피스로 된 정장을 여성들은 드레스를 입어야겠죠.

니빈스키가 난처해하며 대답했다.

―아닙니다. 그 역시 아니에요.

박탄고프는 반박했다.

―관객들은 배우들이 무대 위에서 연기를 할 때 일상적이지 않는, 특별한 모습을 봐야 합니다. 그리고 갑자기 뜻밖의 생각이 떠올랐는지 그가 소리쳤다. 연미복! 연미복이에요! 연미복은 배우들의 무대 의상 중 가장 화려한 옷이지요! 연미복을 입은 지휘자라니! 얼마나 성대하겠습니까! 만약 배우들 전체가 연미복을 입는다면요! 네?

―그런데 도대체 어디에서 그 많은 연미복을 가져온단 말입니까?

니빈스키는 당혹스러워했다.

―요즘 이런 연미복들은 차고 넘칩니다!

박탄고프는 되받아 대답했다.

―요즘 그런 의상들은 아무도 입지 않으니까요! 심지어 극장에서조차, 언젠가 그 의상들이 부활할 거라 생각하지 않습니다. 니꼴라이 미하일로비치 고르차코프 씨, 신문 광고란에 광고를 내주세요. 수많은 온갖 치수의 의상들이 우리에게 올 겁니다. 그 옷들이 어떠한 효과를 나타낼지 상상해보십시오. 무도회 의상들을 입은 여성들과 연미복으로 차려입은 남성들, 우리의 젊은 극단 전체를 말입니다! 우리는 나데쥬다 뻬뜨로브나 라마노바37 씨께 우리 여자 배우들에게 필요한 화려한 무도회 의상을 수놓아 재봉할 수 있는지 여쭤봐야 합니다. 그런데 과연 우리 스타일에 맞는 재료들이 있을까요?

－많이 있어요. 온갖 종류의 명주로 된 천 들이 많습니다.

내가 대답했다.

－아주 근사해지겠군요! 남자 연미복들과, 여자 무도회 드레스 위에, 당신의 중국 스타일 의상들을 걸쳐봅시다. 이그나찌 이그나찌예비치 니빈스키! 의상 전체를 완성하지 말고, 각 역할마다 가장 특징적인, 로맨틱한 개인 소지품들을 (소품, 액세서리와 같은 것) 따로 가져오십시오. 깔라프에게는 망토와, 두건, 긴 칼을. . .

그리고 박탄고프는 앞으로 있을 연미복들의 조합에 맞는 의상들의 디테일들을, 니빈스키의 '중국 스타일' 의상 안에서 매치하기 시작했다. 중국 스타일로 말이다!

재료들이 무척 많이 있었기 때문에 박탄고프는 이 과제를 위해 한참 동안 열중해야 했다. 니빈스키는 재료들을 선택하는 과정에 있어서, 그가 창조한 각 의상들이 '훼손 되는 것도 아랑곳 하지 않고' 조금도 불편함 없이 박탄고프를 도왔다.

－그런데 가면(假面)들은요?

그가 물었다.

－우리들이 어떻게 가면들을 사용하지요? 나는 당신의 스케치에 가면들이 없다는 것을 미처 몰랐어요!

박탄고프가 외쳤다.

－아닙니다. 가면들이 있습니다. 이것은 장관의 가면이고, 이것은 할렘가의 두목의 가면이죠.

니빈스키가 몇몇의 중국 고관들의 가면들을 보여주면서 대답했다.

－이건 아닙니다. 이러한 형상은 적합하지 않아요!

박탄고프가 그를 중단시켰다.

－이탈리아 전통적인 가면들을 아시지요, 우리들은 그것들과 비슷한 형상을 따라야 합니다. 배우들의 즉흥연기를 성공시키려면, 이탈리아 코메디아 델 아르테 (Commedia dell'arte) 식의 가면들로 연기하는 방법들을 사용해야 하니까요.

－하지만 과연 이토록 많은 것들이 무대에 혼재되어 있다면. . .

니빈스키가 이의를 제기하려 했다.

—전혀 문제 될 게 없습니다! 요즘은 삶에서든 예술에서든 모든 것이 뒤섞여 있으니까요. 새로운 형식이 확실히 결정 날 때까지, 우리들은 우리에게 필요로 한 과거의 모든 것들을 취할 권리가 있습니다.

—하지만 관객들은. . .

—관객들은 모두, 우리들이 보여줄 필요가 있으니까 그것들을 보여주는 것이라고 이해할 겁니다. 한데, 지금 관객들에게 필요한 것은 무엇일까요? 낭만입니다! 희망찬 의미들이 필요하죠! 미래에 대한 꿈들이요! 낙천주의, 유머러스함, 삶에 대한 믿음, 예를 들면 (≪프린세스 투란도트≫에서 나오는 주인공) 칼라프가 믿고 있는 믿음 같은 것이요, 그는 아름다운 공주의 모습에 그의 목숨을 걸고 수수께끼를 풀어서 그가 원했던 것을 노력으로 얻으니까요!

이것이 희곡의 내용과 상응하면서 거기에 동시대성이 반영된 형식들을 탐구하려는 연출가와 무대 미술가와의 마지막 만남이었다.

이후에 니빈스키는 박탄고프가 주장했던 혼합된 스케치들은 여러 가지 방안으로 다양하게 만들어졌다. 대부분의 경우 박탄고프는 임의적인 무대 형상만을 남겨두고, 무대 디자인 구성을 위한 디테일 한 의미들은 보류했다. 그리고 그 안에서 (임의적 무대 형상 안에서) 중요하지 않은 자잘한 것들을 솎아내어 전체 희곡의 주제를 확고히 하고, 배우들이 그 무대 세트들과 함께 작용, 활동하며 연기할 수 있는 가능성이 있는 것들만을 남기는 작업을 모색했다.

"무대 위에서는 오직 살아서 연기할 수 있는 것만이 필요하다"가 그의 슬로건이었다.

연출가와 무대 미술가와의 전체 작업 과정이 내 눈앞에서 지나갔다. 그것을 실제로 무대 위에서 실현해내는 일만이 남아 있었다. 그리고 이것은 평생 동안 내 기억에 새겨진 일목요연한 연출 수업이 되었다.

한편 그동안 스튜디오에서는 Ю. А. 자바드스키와, К. И. 까뜰루바이, 그리고 Б. E. 자하바가 배우들과 함께 희곡의 대본을 가지고 연기 수업 및 연습을 했고, 리듬에 관한 특정 연습 과제들은 P. H. 시모노프가, 발성 훈련은 M. E. 빳트니쯔키의 지도하에 ≪투란도트≫ 형식에 대한 작업들이 이루어지고 있었다.

박탄고프의 연출적 특징으로는 그는 어떠한 공연에서도 항상 다양한 요소로 된 보편적인 연극적 과제들로, 배우들의 내적, 외적 연기 기술을 만들어냈다는 것이다. 또한 희곡마다 각기 다르게 요구되는 희곡의 내용과 본질들을 고려하여 본래 작품이 가지고 있는 고유한 것을 따르면서도, 박탄고프만의 특유한 새로운 장르로 탐구하고, 그만의 방식으로 무대 표현의 수단들을 만들어낸 것이었다.

요양소를 나온 박탄고프는, 그를 위해 스튜디오 배우들이 준비한 리듬과 발성, 및 연습 과정을 시연하는 장면들을 모두 보았다.

그는 훈련 리더들을 칭찬하면서 그들에게 말했다.

-지금은 전체를 통째로 합쳐서 하나로 이어볼 때입니다. 지금 우리의 연극 내용과 형식의 결합을 관객들이 알 수 있어야 하며, 현재를 살고 있는 관객들이 (혁명기의 진통을 겪고 있는 관객들이) 이 공연에서 그 느낌을 직접 느낄 수 있어야 합니다. 니빈스키께서 그려온 스케치에는 우리의 공연 무대에 '섬세한' 중국 스타일을 표현해 보여주기를 희망하는 그림들을 그려왔지만, 저는 적용시키지 않기로 했습니다. 현재 이그나찌 이그나찌예비치 니빈스키께서는 ≪투란도트≫ 공연을 위한 새로운 형식을 탐구하고 계십니다.

극장에 오는 관객들은 무엇을 가장 사랑할까요? 틀림없이 배우들일 겁니다. 그렇다면 관객들이 극장 관련된 부분 중 모르는 부분은 무엇일까요? 무대 뒤에서 장면을 변환하는 기술 부분일 겁니다. 저는 이 두 가지 사실을 잘 알고 있지요.

그렇다면 이탈리아 희극 배우들은 어째서 그토록 관객들과 친밀한 걸까요? 그 이유는 공연하는 공간에 배우들과 관객들을 구분하기 위한 줄 하나만 그어 놓았을 뿐, 배우들이 관객들과 똑같은 사람들이기 때문입니다. 그리고 그러한 배우들이 관객들 눈앞에서 예술적 존재로 변신하는 위대한 예술적 기적을 일으키죠. 관객들 눈앞에서, 건너편 사람들이 예술적 마법을 일으킵니다. 그들은 관객들이 알 수 없는 재주를 부려서, 의상들과 가면을 갈아입고, 무대 장치들이 나오는 것을 근사하게 보여 줍니다.

관객들은 군중 속에서 나온 배우들이 관객들과 똑같은 평범한 사람들 중에 한 명이라는 것을 알고 있기 때문에 그들을 좋아합니다. 관객들은 그가 무엇을 먹고 마시는지, 누구를 사랑하고 미워하는 지까지 알고 있습니다.

저길 좀 봐.

광대가 피에로에게 정열적으로 키스를 하는 장면을 보고 한 관객이 옆 사람에게 말을 합니다.

저 피에로는 실제 자기 마누라라구! 나는 한 시간 전에 저 배우들이 사는 작은 오두막을 지나쳐 왔어. 그때 거기서 남자가 질투 때문에 여자를 계속 나무라니까 서로 죽일 듯 싸웠는데, 지금은 전혀 아무 일 없었다는 듯이 키스를 하는구먼! 역시 예술가들은 다르긴 다른가 봐!

맞네, 멋진 배우들이야, 나도 아내와 싸워서 일주일간 말도 못 붙이고 있는데, 저들은 저기서 저런 입맞춤을 하는구먼.

이웃은 한숨을 내쉬죠. 이윽고 훌륭한 마법사가 나와 마술 지팡이를 두드리면, 꽃병에서는 꽃이 피어나고, 아무것도 입지 않은 귀여운 아기도 나타납니다. 겨드랑이 밑의 화살 통에서 사랑을 맺어주는 화살을 쏘는, 아주 작은 금 빛 날개를 달고 있는 천진한 큐피드가 관객들 앞에 나타나면, 관객들은 그 아이가 누구인지 곧장 알아봅니다. "삐삐또다!" 관객들은 순간 환희에 차서 소리를 지르지요. 관객들은 그 아이가 아까 그 오두막집의 광대와 피에로 사이의 아이이자, 그 '가족'의 식구이고, 공연 쉬는 시간에 공연장 근처에서 모래 장난을 하던 아이라는 것을 알고 있기 때문입니다.
관객들은 가설무대 위의 공연으로 드라마틱하게 각색하여 미화시킨 부분이나 창조한 형상들 중 중요한 부분들을 자신들이 평소 일상에서 알고 있던 것들로 직접 알아맞히길 좋아합니다. ≪어릿광대들≫인 레온카발로 역할들은 여지없이 사람들의 그러한 심리들을 활용하기로 유명하지요! 그들은 창조적이고 풍부한 표현으로 평소의 일상과 무대적 예술을 동시에 오가며 아우릅니다.

저는 ≪투란도트≫의 공연을 통해서 우리 새로운 관객들이 여러분들을 알게 되기를 바랍니다. 격동 속 혁명이 만들어낸 젊은 배우들의 탄생을, 관객들의 새로운 것들을, 관객들의 새로운 집단을 알게 되었으면 좋겠습니다.

생각해보십시오. 여러분들은 관객들 앞에 나와 연기를 하지만, 여러분들은 평범한 사람들, 관객과 같은 지극히 일반적인 사람일 뿐입니다. 여러분들은 여러분 주변에 살고 있는 평범한 관객들과 똑같은 몸을 지녔고, 좋아하거나 싫어하는 것, 걱정하는 것까지 그들과 똑같다는 것을 아셔야 합니다.

여러분들은 그 관객들 일부와 같습니다. 오늘 여러분께서 무대 위의 배우들로 출연한다 하더라도, 내일이면 관객석에 앉아 있을 수도 있지요, 또한 누군가는 오늘 (전문 예술가로서) 여러분들의 연기를 관객들에게 선보이시겠지만, 내일은 관객들이 반대로 여러분에게 자신이 근무하는 직물 공장이나 방직 공장에서의 대대적인 자신들의 예술적 작업들을 보여줄 수도 있습니다. 어쩌면 관객들도 대형 인민 위원부• 안에서 우리와 똑같은 예술 작업을 할 수 있다는 거지요. 오늘은 여러분들이 자신의 분야에서 아티스트겠지만, 내일은 관객들이 자신들의 분야에서 아티스트일 수 있습니다!

여러분께서 만약 '왕실 전속 솔리스트'가 된다거나 '엄청나게 유명한' 배우라는 신분이 주어져서 최고의 스위트룸에 살고, 극장에 걸어서 들어오는 것이 아닌, 대 배우 전용 마차를 타고 극장에 들어오는 위치까지 가더라도, 여러분들은 대중 관객들과 멀어져서는 안 됩니다. 우리 공연은 상호 면식이 가능한 곳에서 시작될 겁니다. 관객들 눈앞에 모든 것이 오픈되어 있는 거지요. 무대 전체가 말입니다. 어쩌면 극장 복도 계단에서 여러분들은 일상복 차림으로 관객들을 만날 수도 있을 겁니다. 모든 관객들은 여러분들의 기분에 대해 묻거나, 인사할 수 있고, 심지어 어떤 관객은 예전에 여러분들을 영화에서 보았다거나 혹은 밖에서 매력적인 낯선 이성과 함께 여러분들 중 한 명이 있는 것을 보았다며, 여러분들의 사생활에 대해서 물어볼 수도 있을 거예요! "아

• 1917-1946, 당시 정부의 한 부서, 내각.

마도, 그 숙녀분은 당신네 극장의 새로운 여배우겠지요? 또 그 여배우는 당신네 스튜디오에 있는 학교에서 교육을 받겠지요?"라고 하면서, 호기심 많은 관객이 여러분들께 물어 올 겁니다. 아, 관객들은 배우들의 사생활에 대해 어찌나 호기심이 많은지요! 그러나 이런 것으로 관객들을 책망해선 안 됩니다. 결국 관객은 마치 연인들을 대하듯이, 여러분을 사랑하고, 여러분에 대해서 전부 알고 싶어 하는 것뿐이니까요. 그러므로 여러분께서는 무대의 주인공으로만 있지 마시고, 적어도 나라의 온전한 국민 한 사람으로서의 삶도 충실하십시오!

다시 돌아가 봅시다. 관객들이 객석에 도착합니다. 관객들이 객석에 착석하면, 여러분은 그들의 애정 어린 관심을 받으며 무대 위로 오릅니다. 어쩌면 무대 위에 아무 것도 없거나 혹은 오늘 공연을 위한 연기 공간이 무대에 설치되어 있을 수도 있습니다. 또 어쩌면 무대 위에 여러분들의 의상이나 소품 일부가 들어있는 3개의 바구니가 놓여 있을 수도 있어요. 그러면 거기에서 여러분들은 관객들 눈앞에서 의상을 갈아입거나 분장을 하는 거지요. 만약 여러분께서 이 일을 예술적으로 해내신다면, 여러분께서는 관객에게 엄청난 기쁨을 선사하시는 게 될 겁니다. 관객들은 결코 배우들이 어떻게 분장을 하는지, 절대로 보지 못했을 테니까요!

─그런데 과연 관객들에게 우리 예술의 '비밀들'을 밝히는 것이 옳은 걸까요.
누군가의 목소리가 들렸다.

─이러한 '비밀'은 아주 좋을 겁니다. 특히나 이러한 조건의 희곡에서는 더욱 더요. 저는 매일 저녁 열리는 모든 공연에서 이러한 일들을 전부 해야만 한다고 말하는 게 아닙니다. 그리고 우리가 직접 얼굴에 분장을 하는데, 여기에 무슨 비밀이 있습니까? 비밀은 다른 곳에 있습니다. 알렉산드르 빠블로비치 렌스키는 "분장은 얼굴에 하는 것이 아니라, 영혼(내면)에 해야 한다"라고 말했지요. 바로 이 '비밀'을 우리 공연의 기초로 정할 겁니다. 우리의 공연에 K. C 스타니슬랍스키께서 말씀하신 <알맹이>를 가지고, 역할 변환 프로세스가 점진적이고도 순식간에 이뤄지도록 해봅시다.

우리 단체의 '대표'로서 유라•는 손님으로 오신 관객들을 객석까지 에스코트하면

─────────

• 칼라프 역할을 맡은 우리 자바드스키의 애칭

서, 그들과 담소를 나누며 모든 질문들에 대해 대답해 드리세요. 관객들이 좌석에 착석하고 무대를 봤을 때 이미 무대에는 루벤, 슈킨 자하바, 만수로바, 아샤[38]와 똘차노프, 현자들, 짠니[39]들이 각자의 자리를 메우고 있는 겁니다.

거기에 유라가 무대 위로 오르세요.

박탄고프는 계속 이어갔다.

─공연 참여자들 뒤로 등장하는 거죠. 유라는 이미 어디선가 가져온 터번과, 외투를 걸치고 손에는 검을 쥔 채, 관객들 앞으로 매끄럽고 자연스러운 연기를 하면서 나타나는 겁니다. 유라가 연기 공간으로 가볍게 뛰어드는 순간 그는 이미 칼라프 왕자가 되어 있는 겁니다! 그는 누가 자신의 정체를 알아볼까 두려워 망토로 얼굴을 가리고 있습니다. 그의 눈은 우수로 가득 차 있지만 용감하고 대담한 사람이죠. 그는 반드시 부모님을 구하고, 다시 왕좌를 되찾아야만 합니다.

어쨌든, 한번 해보죠! 유라는 장검을 가져와 사용하고, 연기에 방해 되지 않을 정도의 짧고 색깔이 있는, 아무 망토라도 걸치세요. 칼라프와 바라흐와의 만남 장면을 연습할 테니, 어시스턴트 여자분들께서는 그에게 아무 터번이라도 가져다주시고요! 첫 장면을 연습해봅시다!

─예브게니 바그라찌온노비치 박탄고프, 선생님께서는 이미 오늘 이 장면들을 보셨잖습니까? 아직 연기 연습이 충분히 준비되지 않았습니다.

모든 배우들이 그러하듯 본능적으로 시간을 끌어 보고자 자바드스키가 이의를 제기하려 했다.

─만약 여러분들에게 이 장면에서 무엇을 찾아내야만 하는지 제가 직접 눈으로 보여주지 않는 한, 이 장면 연기는 평생 준비되지 않을 겁니다.

박탄고프는 단호하게 즉각 대답했다.

─자 그럼, 유라, 당신은 지금 공간에서 마음껏 돌아다닐 수 있고 누구와도 이야기할 수 있으며 누구와도 어울릴 수 있습니다. 똘차노프 역시 마찬가지구요. 제가 손뼉을 치면 곧바로 당신은 칼라프 연기를 시작하세요. 당신은 누구로든지 당신 마음껏 자신을 가장해도 됩니다. 정체를 숨기고 적들을 살피세요. 가난뱅이든 보초병이든 회교도 탁발승이든 누구든지 가능합니다. 단 왕자만 아니면 돼요. 하지만 똘차노프께서

는 바라하 역할 그대로 넘어 계십시오, 그는 누군가로 가장할 필요가 없으니까요. 단지 바라흐는 어디에선가 저 사람을 본 적이 있다는 것을 기억하면 됩니다. 그러나 당신이 그를 관찰하고 있다는 것을 상대방이 눈치 채지 못하도록 하십시오. 그리고 저는 아직 시작 벨을 울리지 않았어요. 여러분들은 아직 배우일 뿐이지요, 벨을 울리기 전의 여러분들은 단지 서로의 동료, 친구일 뿐입니다. 여러분 중 일부는 유랑하는 이탈리아 극단의 단원들이고, 나머지들은 이미 며칠째 ≪투란도트-혹은 죽음≫이라는 행사가 열리는 중이라는 것을 아는 단순한 동네 사람들입니다. 연기를 시작해도 되겠습니까?

─그런데 무대 경계선이 어디 있죠? 분필로 윤곽이라도 잡을까요?

자바드스키가 물었다.

─아니요, 그리지 마세요. 공간 한가운데에 일반 설치대• 같은 것을 가져다 놓으세요.

─이것이 실제 공연 무대로 쓰이게 되나요?

아니요, 무대 위에는 비탈진 언덕이 들어올 겁니다. 우리 무대에는 언덕과 함께 베이징 주변에서 볼 수 있는 것들이 멋지게 들어올 거예요. 네, 하지만 우리의 공연에는 실제 중국의 '진귀한 것들로 된' 베이징 배경이나, 알토움의 왕궁을 사용하지 않을 생각입니다.

박탄고프가 대답했다

─그러니까 상상의 대상으로 연기를 한단 말씀인가요?

똘차노프가 물었다.

─맞습니다! 마치 이탈리아 코메디아 델 아르테처럼요!

─그렇다면 저는 상상 속 이탈리아 코메디아 델 아르테 유랑 극단의 단원으로서 연기하는 건가요, 아니면 모스크바 제3스튜디오의 극단 단원으로서 연기하는 건가요?

똘차노프가 심문하듯 물었다. 요셉 모이시예비치 똘차노프는 정확한 것을 좋아

• 긴 판때기, 혹은 무대세트 거치대

하는 배우였고 박탄고프는 그런 그에게 설명해주어야 했다! 그리고 그의 질문은 당연한 것이었다. 나는 "무대 위의 그 어떤 것이든 '대충' 생각한다거나, 무대 일을 '대충'하는 것에 자신을 용납하지 마십시오. '대충'이라는 단어는 예술의 적입니다"라는 스타니슬랍스키의 유명한 말씀을 듣게 된 후, 그 말씀을 수없이 되뇌었다. 나는 무대 위의 어떠한 연기에서도 정확함과 분명함을 지향하려는 그의 노력을 잊지 않았고 박탄고프 역시 이러한 원칙으로 우리에게 무대 행동들을 가르쳤다. 박탄고프의 공연은 두세 줄의 대사에서든 군중 장면에서든, 그만의 정확한 무대적 행동들로 확연한 차이가 드러난다.

─물론, 당신은 우리 극단의 단원입니다.

박탄고프는 몇 초간 생각 후 똘차노프에게 대답했다.

─그러나 오늘 우리 극단은 베로나를 배경으로 한 집단이죠. 베로나는 이탈리아 북부의 작은 도시입니다. 그러니까 ≪투란도트≫에서 메인 역할을 맡은 배우들은 이탈리아의 극단 단원들이 되어 보는 거고 그 메인 배우들을 제외한 ≪투란도트≫를 연기하지 않는 나머지 배우들은 이탈리아인 관객들인 거죠.

─그러면 선생님은 누구입니까?

똘차노프가 멈추지 않고 물었다.

─저는 가장 중요한 사람입니다.

박탄고프는 여느 때와 같이 아이러니하게 대답했다. 박탄고프는 똘차노프의 집요함을 좋아했다.

─저는 가장 중요한 사람인 카를로 고찌 백작* 입니다. 베로나 광장에서 저의 환상적인 이야기를 공연한다니 이보다 더 기쁠 수 없군요. 제가 자리 잡고 편히 앉을 수 있도록 자리를 마련해주세요. 햇볕을 가릴 차양 막도 쳐주시고요. 존경하는 코메디아 델 아르떼 배우 여러분, 저는 어떻게 제 작품을 연기해야 하는지 여러분들이 이해할 수 있도록, 이번 연습을 돕기로 했습니다!

* ≪프린세스 투란도트≫의 작가

꽤나 어렵고도 흥미로운 이중 연기와 같은 공연 연습이 시작되었다. 당시 나에게 이것은 그냥 실제 놀이처럼 보였다. 나는 하비마 극단에서 했던 박탄고프의 《가디 북》 연습들과 모스크바 예술 극장 제1스튜디오에서 공연된 베르거의 《홍수》를 그가 어떻게 연습했었는지, 또한 그가 아다쉐프 학교에서 보드빌 《상호 훈련》을 어떻게 비르만과 함께 작업했었는지, 그리고 《결혼》에서의 그가 했던 연습들을 이제 와서 기억해보니 퍼즐로 맞춰지면서 나에게 그만의 확고한 연출적 원리들이 생겨났다. 그러니까 예를 들면 박탄고프의 연출적 특징은 그가 직접 희곡 속, 등장인물 중 한 사람으로 우리 공연 연습 과정에 참여했다는 것이다.

물론 이를 위해서는 박탄고프의 배우적 재능을 갖춰야 하고 대담한 즉흥적 재능, 위대한 상상력이 있어야 하며, 쉽게 열정에 불타오를 수 있어야 하지만 이러한 것들은 배우들을 자극하는 연출적 방법으로 특히나 강력한 영향력이 발휘되었다.

이렇게 연기-연습이 시작되었다.

누군가 예브게니 바그라찌온노비치 박탄고프께 소파용 쿠션 몇 개를 가져다주었고, 평소 우리들이 손님으로서 연습에 참여할 때 쓰던 일종의 가벼운 천막 같은 것으로 만들어진 조명을 막아주는 진짜 차광막도 가져다주었다.

그곳에는 평소 박탄고프가 즐겨 치던 징이 걸려있었는데 이 징 소리는 연습을 시작하거나 혹은 연습 중 휴식을 알리는 데 쓰이는 것이었다. 쟈바드스키와 똘차노프는 평소에 쓰던 설치대•가 놓여 있던 중앙에서 나머지 스튜디오 그룹 사람들과 서로 눈치를 보면서 뭔가 이야기를 주고받기 시작했다.

우리들은 한쪽 눈으로는 박탄고프인 고찌 백작을 보고, 다른 한쪽 눈으로는 그들을 바라보며 어정쩡하게 서있었다.

－친애하는 동료 여러분.

곧이어 그의 목소리가 들려왔다.

• 긴 판때기, 혹은 무대 세트 거치대

−저는 여러분이 도대체 뭘 하는지 모르겠습니다! 과연 무대 위에서 자신들이 이탈리아의 작은 도시에 있다는 것을 제대로 인지하고 있는지, 여러분들은 어디에서 서로를 알게 되었는지, 멀리에서 온 극단의 매력적인 배우들의 연기를 맛보려면 어디에서 환호를 할 지, 관객 앞, 두 개의 장대를 사용해 만든 무대 커튼으로부터 배우들의 개별적 공간은 어디까지인지 (배우들이 순식간에 변신할 수 있는 장소) 등의 행동들을 만들어내야 하지 않겠습니까? 그리고 주연배우들은, 구리주발 모금함을 들고 돈을 걷으러 돌아다니면 안 될까요?! 이런 식으로 연기를 한다면 우리들은 목표를 이루지 못할 겁니다. 지금 제가 말한 것 중 혹시 이해를 못한 분들이 계십니까?

그때야 모든 것이 분명해졌다. 그는 테마를 정해서 배우들에게 에튜드를 요구한 것이다. 에튜드는 연습 과정의 모든 과제에 반드시 수반되어야만 하는 것임을 박탄고프는 스스로 알고 있었다. 에튜드 안에는 그 과제의 과정 전부가 담겨 있으니 말이다! 박탄고프는 희곡의 개별적인 에피소드에서도 에튜드로 연습했고, 희곡 주제를 가지고도 에튜드들을 했으며, 그리고 희곡 속 <알맹이>의 본질을 찾을 때, 혹은 연습에서 그 작품의 분위기를 알아볼 때도 항상 에튜드를 제안했다.

−자, 이제 여러분들이 준비될 때까지 기다리겠습니다. 배우들은 에튜드로 들어갈 수있도록 준비하세요. 두 분께서는 관객들에게 미리 돈을 받으실 준비를 하시고요.

박탄고프는 자신의 지시사항을 우리에게 요약해주었다.

−왜 돈을 미리 받는 겁니까?

또다시 똘차노프는 자신의 행동을 명확히 하려 했다.

−왜냐하면 연극이 끝난 후에 관객들은 모두 순식간에 사라져 버릴 테니까요. 질문은 여기까지입니다! 시작하시지요.

참관을 하던 우리들도 광장에서 좋아하는 코메디아 델 아르떼 배우들을 기다리는 이탈리아 관객으로 변신하려고 최대한 노력했다. 고딕 스타일의 등받이가 높은 의자 두 개 사이에 즉흥적으로 무대 커튼이 만들어졌는데, 배우들은 그 뒤에서 자신의 순서에 맞추어 무대로 나갔다.[40]

자바드스키와 똘차노프는 손에 도자기로 된 재떨이를 들고는 돈을 받기 위해 우리들 사이로 돌아다녔다. 우리들은 그들에게 우리들이 상상하는 구경거리에 대해 이리저리 캐물었고, 그들의 금고 속에, 얼마 안 되는 동전들을 던져 넣었다.

　—배우들의 사생활에 대한 질문들이 안 들리는군요.

박탄고프의 목소리가 들려왔다.

　—여러분, 상상 속 배우들 말고, 실제 배우들인 자바드스키, 똘차노프, 슈킨, 만수로바, 오라치코, 레미조바, 꾸드라쩨프, 시모노프에 대한 관심을 표현하고, 그들의 스캔들에 대한 질문들을 하세요.

이러한 주제들은 우리가 대화하기 쉬운 것이었다! 박탄고프는 그것을 아주 시기 적절하게 일러주었다. 그 순간, 우리들은 군중 에튜드를 할 때면 늘 느껴지던 역할 연기의 부자연스러움이 더 이상 느껴지지 않았다. 우리들은 동료들에게 온갖 다양한 질문들을 할 수 있었다! 실제로 연습실 분위기는 눈에 띄게 활기가 넘쳤다. 그 순간 박탄고프는 손뼉을 쳤고, 갑자기 모든 것이 쥐 죽은 듯 정지됐다. 자바드스키와 똘차노프는 수금하는 재떨이를 손에 든 채 어쩔 줄 몰라 했다. 박탄고프의 손뼉 소리로 인해 일제히 '이탈리아인'들은 조용해졌고, '코메디아 델 아르떼 배우'들도 분장이나 의상을 입는 것을 멈추고는 무대 커튼 사이로 얼굴을 내밀었다.

　—무슨 일이시죠?

'고찌 백작의 성난 목소리가 울려 퍼졌다.

　—왜 모두들 멈추신 겁니까? 사전에 제가 손뼉을 쳐서 신호를 주면 《투란도트》 희곡을 시작하라고 예고했잖습니까? 에튜드를 멈추라는 것이 아니라요. 저는 지금 여러분들과 함께 에튜드를 해봄으로써, 앞으로 우리가 상연하게 될 연극의 전반적인 분위기를 찾아보려 했던 건데, 찾았다 싶으니까 순식간에 연습을 중단해버리는군요. 처음부터 다시 하십시오!

우리들은 박탄고프가 손뼉을 치는 순간 박탄고프가 왜 이 에튜드를 만들었는지 잊어버린 채 이것을 연습 중단 신호로 받아들이는 실수를 했던 것이다.

2-3분 후에 들려온 박탄고프의 신호에는 우리들 모두 올바르게 파악했고, 이미 밟아서 다져진 길인지라 이번에는 에튜드의 행동이 훨씬 수월하게 재개되었다.

'이탈리아인' 관객들은 배우들의 작업과 관련된 일이라거나 사생활에 관련된 것에 대해 계속하여 떠들어댔다. 자바드스키와 뚤차노프는 돈이 담겨 있는 재떨이를 가지고서 무대 위로 들어갔다. 그들은 무대 설치대 주변의 여유 있는 공간을 통해 무대 커튼 뒤, 양 방향으로 각자 갈라져 들어갔다.

이윽고 다시 한 번 징이 울렸다.

무대 위에 외투로 얼굴을 감춘 자바드스키가 손에 기다란 칼자루를 꼭 쥔 채, 조심스러운 행동을 하기 시작했다. 뚤차노프는 커다란 안락의자 등 뒤로 숨어, 그의 그런 모습을 지켜보았다. 그런데 돌연 자바드스키가 안락의자 뒤쪽을 향해 장검을 뻗어 휘둘렀다. 그러자 몇몇 '이탈리아인들' 뒤에 몰래 잠입해 있던 뚤차노프는 설치대 가장자리로 밀려 쓰러졌다.

자바드스키는 설치대 위로 가뿐하게 뛰어올랐다.

신께 경배를! 내가 베이징에 있도다!
나는 여기서 아름다운 영혼 하나를 찾게 되었다.

자바드스키가 하늘을 향해 팔을 뻗으며 외쳤다.

오 하늘이시여! 정녕 칼라프 왕자가 맞습니까!
그가 살아있다니! 과연 있을 수 있는 일인가!

설치대 뒤로 쓰러진 뚤차노프가 중얼거렸다.

―바라흐?

자바드스키가 그 앞으로 고개를 숙였다.

―왕자님?

그를 쳐다보면서 뜰차노프가 말했다.

―거기에 있는 사람이, 자네가 맞나?

―거기에 계신 분이 왕자님 맞습니까? 왕자님, 살아 계셨던 겁니까?

―조용히 하게! 절대 누설되면 안 돼!

―그런데 어떻게 자네가 여기 있는 거지?

우리 관객들에게는 두 명의 '배우들'이 서로 불신하는 모습들로 전해졌다. 우리들은 그들의 연기에 어떻게 반응해야 할지 몰랐다. 연습실 분위기가 현저하게 가라앉았다.

　―아닙니다. 완전히 빗나갔어요. 이것은 우리에게 필요한 것이 아닙니다.

　박탄고프의 목소리가 들려왔다.

　―우리의 《투란도트》 연습에 명심해야 할 규칙 하나를 정합시다. 우리 연습에 누가 있느냐는 건데, 그러니까 관객들이 존재한다는 거예요. 연습을 지켜보는 사람들은 스튜디오의 배우들이 아닌, 이탈리아인 관객들입니다. 즉 무대 위의 배우들도 이탈리아 희극 배우들이란 뜻이죠. 때문에 관객들과 배우들 사이의 관계가 한시라도 끊어져서는 안 됩니다. 이것은 무엇을 의미하는 것일까요? 그것은 배우들이 무대에서 연기를 잘하면 관객들이 배우들에게 매혹되어 칭찬과 환호로서 기운을 돋우어 주고 박수를 보낸다는 것을 뜻합니다. 반대로 배우들이 연기를 못하면 관객들이 휘파람을 불어 야유를 보내거나 배우들에게 오렌지 껍질을 내던지면서 달갑지 않은 비판을 가할 수도 있다는 거죠.

　―그런데 만약 배우들의 연기가 어느 관객들의 마음에는 들고, 어느 관객들에게는 마음에 들지 않는다면 어떻게 하죠?

　―첫째, 다수의 의견에 따라 결정될 겁니다. 두 번째, 관객들은 여러분들 중 누군

가의 연기를 디테일 하게 평가하기보다는, 그것과 상관없이, 배우들과 관객들 사이의 상호 소통을 중시할 겁니다. 제게 필요한 관객들은 따분한 철학자들이나 비판적-유미주의 평론가들이 아닌, 공연이 좋다거나 나쁘다고 말할 수 있는 대중적이고 평범한 사람들입니다. 어째서 관객 여러분들과 자바드스키와 똘차노프와의 관계가 끊어진 걸까요? 왜냐하면 이들이 잘못된 연기를 시작했기 때문이지요. 무엇을 위해서, 그리고 누구를 위한 연기인지 불분명했습니다. 유리 자바드스키가 연기한 깔라프의 첫 번째 대사와 바라하역을 연기한 똘차노프의 첫 번째 등장 연기만 빼고요. 그리고 지켜보던 관객 여러분께서 배우들이 잘못된 길을 가고 있는 것이 보이고 느껴지니까 짐짓 반응을 멈추게 된 것이고요. 여러분들께서는 실제 공연에서 관객들이 하는 것처럼 반응하고 행동하고 살아 있으면 되는 겁니다.

　－관객들이 그러한 반응들을 한다면 저희들은 어떠한 연기도 할 수 없을 거예요.

이에 대해 희극 배우 그룹 중 누군가가 이의를 제기했다.

　－그렇다면 극장에서 관객들이 폭소를 자아낼 때 배우들은 왜 좋아하는 거지요? 그건 방해가 안 됩니까? 여러분은 무엇이 두려운 건가요? 진짜 무엇으로 관객들을 압도하고 열광시키는지 모르신단 말입니까? 그렇다면 여러분은 배우가 아닙니다. 예술 애호가, 즉 아마추어일 뿐이죠. 다른 길로 가십시오. 그리고 배우 말고 행사 진행자나 되시던지, 유명인들이나 흉내 내는 사회자가 되세요.

　－극장에는 진짜 관객들이 있지만, 여기에는. . .

　－그래요, 여기 극장엔 당신의 동료들이 있지요.

박탄고프는 우물쭈물 대던 '희극 배우'의 말을 가로막았다.

　－그렇다면 당신은 당신의 동료들이 고의적으로 당신을 '받아들이지' 않거나 혹은 진짜 관객처럼 대해주지 않을까봐 두려우신 겁니까? 게다가 제가 있는 이 연습 시간에 말입니다! 스튜디오의 자신의 동료들에 대해서 그렇게 생각하시다니 치욕스럽군요. 부끄러운 줄 아십시오. 당신에게 다섯 번, 우리 작업 연습의 참여를 금지합니다!

　－예브게니 바그라찌온노비치 박탄고프, 그런 것이 아니라, 제 뜻은. . .

운이 나빴던 '희극 배우'가 애원했다.

　－당신의 뜻은 다섯 번의 연습 이후에 듣도록 하죠.

박탄고프는 가차 없이 대답했다.

이후에 그는 무대 위에서 자신의 역할을 결코 소홀히 하지 않았으며, 자기 동료의 작업을 평가하는 자리에 있어 그 어떤 '관객들'이라 할지라도 감히 함부로 대하지 않았다. 박탄고프에게는 연출자와 교육자로서의 모습이 유기적으로 결합되어 있었다. 이것은 그의 모든 작업 속에 뛰어난 합목적성을 부여하고 있었다.

ㅡ자바드스키와 똘차노프는 어떤 실수를 한 걸까요?

박탄고프는 '관객들'과 '희극 배우들' 사이의 상호 관계에 대한 토론을 더 이상 원치 않는다는 듯 우리 모두에게로 주의를 돌렸다.

ㅡ그들의 시작은 좋았습니다. 한 사람은 숨어 있었고, 한 사람은 그의 뒤를 밟는다는 식의, 희곡에서 제시된 상황으로서 자신의 상황들을 받아들였죠. 그러나 상황은 금방 사라지고, 두 배우는 오로지 텍스트대로만 흘러갔습니다. 그들은 행동을 하지 않았고, 대사를 대사로만 이어 붙여 나간 거예요. 그러나 사실 두 사람은 짧은 대화를 하면서도 상황을 계속 이어가면서 한 사람은 숨고 한 사람은 뒤를 밟았어야 했습니다. 자신의 주인, 즉 왕자가 아직 정체를 확실히 드러내지 않았으니까요. 그들은 즉흥연기를 통해 희곡 속 행동으로ㅡ희곡 속 연기로ㅡ들어갔어야만 합니다!

ㅡ하지만 누구도 칼리프 왕자를 추격하지 않았어요. 사실상 그들 주변에는 아무도 없었으니까요. 그래서 그들이 '제시된 상황'을 얻지 못한 게 아닐까요?

연출자 중 한 명인 까뜰루바이가 질문했다.

ㅡ당신이 의미하는 '제시된 상황'이라는 것에, 그것을ㅡ즉흥연기로ㅡ채워야 하는 겁니다. 그것들이 서로 연결되면 '감정 연기'를 얻을 수 있습니다. 이것이 첫 번째입니다! 그리고 두 번째, 제 기억으로는 양쪽 역할 모두, 박해나 불운을 참고 견뎌내고 남은 생존자임을 서로가 알게 되는 건데요.

ㅡ그건 모두 나중에 일어날 일들이에요.

ㅡ그렇다면 내용을 미리 알고 연기를 하면 절대 안 된다는 겁니까, 정말 희곡 내용에서 나오는 현장만을 따라 연기를 해야 한단 뜻인가요? 만약 "아, 난 정말 깜짝 놀랐어"라고 말을 한다면 꼭 그 말하는 순간에만 놀라야만 하는 건가요. 정말 항상 그렇

게만 표현해야만 합니까? 이전이나 이후에 놀라면 안 되는 거예요?

　─저는 선생님께서 배우들에게 무엇을 얻으려고 이러한 말씀을 하시는지 아직 정확하게 모르겠습니다.

　까틀루바이가 대답했다.

　─그럼, 배우들은 이해되셨으려나요? 배우들은 머릿속으로 대사를 정리하시고 배역의 행동으로 옮겨보십시오.

　─한번 시도해 보겠습니다.

　자바드스키가 대답했다.

　─그렇다면 돈을 거두어 모으는 장면부터 다시 시작해봅시다. 가끔씩 저를 쳐다봐주십시오. 그리고 여러분들은 고찌의 시나리오를 연기하고 있다는 것과 작가가 직접 공연에 참여하고 있다는 사실을 잊어버리세요. 그러나 만약 제가 여러분 연기의 진행에 따른 조언과 지시를 사이사이에 하게 된다 하더라도 여러분께서는 역할에서 빠져나오지 마시고 반드시 계속해서 연기를 이어가셔야 합니다. 이해하셨습니까? 관객들도 자신의 임무를 잊지 않으셨지요? 자신의 동료들을 공정하고 진실하게 대해주세요. 이 사람들은 그 어떤 황실을 위한 극단이 아닌 바로 **여러분들의** 배우들이니까요!

　박탄고프는 '여러분들'이라는 단어의 억양을 강조했다. "자, 이제 우리의 공연을 시작하겠습니다." 예브게니 바그라찌오노비치 박탄고프는 투란도트 오페라에서 나오는 '어릿광대들'의 대사 한구절로 연습을 재개시켰다.

　연습이 다시 시작됐다. '관객들'과 '희극 배우들' 사이의 상호 소통은 급속도로 형성되었다. 우리들은 박탄고프가 우리들에게 무엇을 원하는지 이해했고 각자의 역할로 순순히 들어갔다. 자바드스키와 똘차노프는 다시 한 번 돈을 모았고 우리들은 그들과 관련된 갖가지 일들에 대해 진심으로 관심을 표했다. 징이 울린 후 깔라프와 바라흐의 역할로 변신한 자바드스키와 똘차노프는 무대에서 자신들이 해야 할 행동을 다시 시작했다.

　─오 하늘이시여! 정녕 칼라프 왕자가 맞습니까! 그가 살아있다니! 과연 있을 수

있는 일인가!

라고 바라흐가 말을 하자 낯선 목소리에 흠칫 놀란 자바드스키는 망토로 얼굴을 가린 채 자리에서 복도로 열린 문 한쪽 뒤로 도망을 쳤다.

칼라프의 자극적인 행동에 놀란 뜰차노프는 자신의 순서 때, 무대 설치대에서 뛰어나와 전력 질주하여 연습실 반대편에 있던 커다란 안락의자 뒤로 몸을 숨겼다.

자바드스키와 뜰차노프는 각자의 은신처에서 서로 서로를 긴장되게 살펴보다가 동시에 큰 소리로 속삭였다.

—바라흐?
—왕자님?

—이제 두 사람은 서로를 향해 맹렬히 질주하세요. 하지만 두 사람은 도착하기 직전에, 뭔가를 보고 놀라서, 또다시 각자의 은신처로 도망치는 겁니다.

박탄고프의 큰 목소리가 들려왔다.

자바드스키와 뜰차노프는 단숨에 이 행동들을 해냈다. 우리 '관객들'은 배우들이 연기를 아주 잘한다고 칭찬하면서 수군거리기 시작했다.

—두 사람 모두 완전히 서로 모르는 사람처럼 다시 무대로 나오세요.

또다시 박탄고프의 목소리가 들렸다.

—자신의 얼굴은 감추고 상대편의 얼굴을 보려고 노력하면서 조금씩 상대방을 향해 가십시오.

자바드스키와 뜰차노프는 경계를 늦추지 않고 거리를 좁혔다가 폈다 하면서 당시의 과제를 수행하고 있었다.

—크지 않은 목소리로 냉담하게 대사를 하십시오.

박탄고프가 미리 코멘트를 주었다.

-여기에 있는 사람이, 자네가 맞나?

자바드스키는 거의 억양 없이 어딘가 먼 산을 바라보면서 대사를 했다.

-여기에 계신 분이 왕자님 맞습니까? 왕자님, 살아 계셨던 겁니까?

그와 같은 톤으로 구두에 끈을 묶으며 뜰차노프가 대답했다.
-단번에 서로를 향해 달려드세요. 대사를 하면서요!
박탄고프는 계속해서 장면을 이어 갔다. 두 연기자들은 급속히 만나느라 하마터면 머리를 부딪칠 뻔했지만 둘은 서로 얼싸 안았고 자바드스키는 아주 빠르게 말을 했다.

-조용히 하게! 절대 누설되면 안 돼!
그런데 어떻게 자네가 여기 있는 거지?

-각자, 양쪽 끝으로 흩어지세요.
박탄고프가 '지시했다.'
-칼라프는 무대 설치대 위로 뛰어오르시고요! 바라흐는 무대 설치대 반대편 끄트머리에 앉으세요. 바라흐는 칼라프를 쳐다보지 말고, 다른 곳을 보면서 빠르고 정확하게 말하세요. 칼라프는 거의 등을 돌린 상태로 그의 이야기를 듣는 겁니다.
-언젠가 저는 아스트라한• 이 산산조각 나던 모습을 보았습니다.

뜰차노프는 자신의 모놀로그를 시작했다.

• 볼가강 어귀의 도시

-저는 우리 군대와 나가이스키 타타르 족들을 보았습니다.

-어디, 무슨 타타르족이라고요?
'고찌 백작의 목소리가 들려왔다.

-. . . 그리고 나가이스키 타타르 족들이

뜰차노프는 아주 정확하게 발음했다.

-혼란 속에 도망치는 모습을 보았지요.

-그 구절에서의 리듬이 그게 아닙니다. 당신의 나.가.이.스키 대사에서요.
박탄고프는 단어의 음절을 정확하게 분리시켰다.
-달려서 도망치는 것이 아닌 여윈 말이 이끄는 마차로 떠나가는 모습들을 보신
겁니다. 피난 가는 모습을 떠올리면서 그 리듬으로 대사를 전달해보세요.

-그리고 나가이스키 타타르 족들이
혼란 속에 도망치는 모습들을 보았지요.

뜰차노프는 가능한 한 분명하고 빠르게 발음했다.
-한 마디도 못 알아들었습니다.
박탄고프는 예민하게 그를 중단시켰다.
-다시 해보세요.

-그리고 나가이스키 타타르 족들이
혼란 속에 도망치는 모습들을 보았지요

히빈스키 술탄*의 강습은. . .

—어느 지방 술탄이라고요?

다시 한 번 엄격한 질문이 들려왔다.

—히빈스키의, 히빈스키의, 히빈스키의.

뜰차노프는 몇 번이나 대사를 곱씹으며 발음을 연습했다.

—맞습니다. 그렇게 연습하는 거예요, 뜰차노프.

박탄고프가 배우를 칭찬했다.

—제가 없을 때도 이처럼 연습한다면 좋겠군요.

박탄고프는 그의 시선을 젊은 연출자들인 자하바와 까툴루바이쪽으로 옮기며 그들에게 이렇게 배우들을 훈련시키라는 눈빛을 주었다.

—다음으로 가봅시다!

—무자비한 점령이었습니다.

—전념했다고요?

박탄고프는 과장되게 흉내 냈다.

—점령, 점령, 점령.

뜰차노프는 음절 하나하나에 집중하며 발음했다.

—점령이었습니다. 점령이었습니다.

그리고 이러한 시간은 4시간이나 지속됐다!

• 회교 국가의 군주

두 개의 기나긴 바라흐와 깔라프의 첫 독백 대사들 가운데 박탄고프는 혹독한 폭격을 가했다. 박탄고프가 화술에서 '트집을 잡는' 이유는 정당한 것이었다. 전부는 아니지만 우리들은 그것을 이해할 수 있었다. 또한 그가 화술에서 트집을 잡는 또 다른 이유로는 《투란도트》 공연에서는 배우의 일상적인 화술이 이 공연과 맞지 않다는 것을 우리에게 실제적으로 설득시키기 위함이라는 것도 알 수 있었다.

　─그런데 '관객들'은 뭘 하고 계셨나요? 주무시고 계셨던 것 같던데요?

　갑자기 박탄고프는 우리에 대해 떠올렸다. 자다니, 우리는 잠들지 않았다. 오히려 우리들은 자바드스키와 똘차노프 못지않게 피로를 느꼈다. 왜냐하면 우리들은 각자의 소견들도 내지 못한 채 그들과 함께 그들의 실패하는 음절을 수없이 반복하여 들어가며, 혼잣말로 그들의 모놀로그 속의 개별적인 문장과 단어들을 되뇌면서, 전력을 다해 작업에 집중하고 있었기 때문이다!

　박탄고프도 이를 물론 알고 있었고, 사실 우리에게 화를 내려던 것도 아니었다.

　─그럼 이제, 모두 처음부터 해봅시다.

　늦은 시간이었음에도 개의치 않고 그가 지시했다.

　─그러니까 지금은 '관객들'의 참여를 포함해서 다시 한 번 장면을 연습해보는 겁니다. 연습실 안에서는 넋 놓고 있는 사람이 한 명이라도 있어서는 안 됩니다! 미리 말씀드리지만 이제 모놀로그를 하는 동안 저는 배우들의 완성되지 않은 행동들에 대해 코멘트를 할 겁니다. 시작하시죠!

　그리고 다시 한 번 새롭게 연습이 '돌아가기' 시작했다. 박탄고프의 지시로 만들어진 장면, 깔라프와 바라하와의 만나는 장면의 리듬은 우리 '관객들'의 마음에 쏙 들었다. 우리들은 그들에게 갈채를 보냈다. 그리고 똘차노프의 모놀로그의 시작 장면에서의 첫 2분간은 에너지가 매우 넘쳤다. 그러나 그 후에 에너지가 현저히 반쯤으로 줄어들었다. 그런 상황이 우리들에게도 감지되던 찰나 엄청나게 날카롭고 큰 소리가 들려왔다.

　─낯 뜨겁다! 건성으로 하나? 배우들! 무대에서 내려와라!

　그리고 휘파람 소리가 들렸다. 박탄고프가 볼썽사나운 모습으로, 입 속에 손가락을 집어넣어, 휘파람 소리를 낸 것이었다!

자바드스키와 똘차노프는 순간 혼란에 빠진 듯했다. 그러나 우리들은 박탄고프의 도발적인 야유를 이해했고, 우리들도 차례로 휘파람을 불어대기 시작했다.

그러자 박탄고프의 계산이 적중한 기적이 일어나기 시작했다. 돌연 똘차노프는 모든 관객들을 상대로 싸워서 이기려 들기 시작했다. 그는 갑자기 자바드스키 근처 다리 위로 (설치대 위) 뛰어오르더니 강하게 팔을 쳐들고는 필사적으로 소리쳤다.

─아! 부질없는 짓이었습니다.

그는 통곡했다.

─나 바라흐는, 왕자님의 부모님을 구하려 했지요. 무방비한 도시에서 이미 미쳐 날뛰는 술탄에게로 갔습니다. 내 동지들과 함께요!

─바닥에 완전히 엎드려서 연기하세요! 비극적인 절망에 바닥을 기어 다니는 겁니다.

어느새 휘파람을 멈추고는 박탄고프가 자리에 서서, 다시 한 번 배우들의 행동에 참여했다.

─칼라프도 바라흐와 함께 통곡하세요! 당신 어머니께서 돌아가신 거잖아요!

배우들에게 마치 생명수를 끼얹은 것 같았다. 배우들은 자신의 부끄러운 감정들을 벗어 던지고, 우리 관객들을 완전히 사로잡았다. 그리고 우리들에겐 이러한 배우들의 감정 노출이 이 장면에 합당하다고 여겨졌다!

그들이 모놀로그에서 이러한 몰입된 연기를 하는 동안, 박탄고프는 전혀 예상밖의 지시를 했다.

─의자를 칼라프에게 가져다주세요.

그가 명령했다.

−무늬 없는 비엔나 스타일・의 의자로요! 배우들은 행동을 멈추지 말고 계속 이어서 연기하세요! 희곡이 끝날 때까지 공연을 지켜보는 프로시니엄(proscenium) 무대 도우미 배우들께서 이 일을 하도록 하십시오, 보시다시피 배우들은 배역을 연기하느라 그것을 가져올 여력이 안 되니까요.

따르딸랴는 무대 커튼 뒤에서 면도 거품 그릇을 가지고 나오십시오. 그리고 그 안에 바라흐의 눈물을 받아서 모으세요! 진짜 바라흐의 눈물을 받는 겁니다. 그리고 모은 눈물을 가지고 관객에게 달려가서 보여주세요. '어떻게 우리 배우들이 연기하는지 좀 보세요. 이건 진짜 눈물이예요!'라는 듯이요!

박탄고프의 행동 지시 사항은 계속되었다.

−칼라프와 바라흐는 연기하는데 있어 한 치의 흔들림도 없어야 합니다. 그들은 완전히 창조적 상태에 빠져있으니까요! 그들의 영혼은 영감에 가득 차 있습니다! 배우들에게 수건 좀 건네주세요. 그렇지 않으면 눈물바다가 될 겁니다! 저들에겐 눈물 닦을 것이 전혀 없으니까요.

박탄고프는 계속해서 코멘트를 주었다.

−투란도트의 이름이 나올 때마다 은방울 종소리를 한 번씩 울려 주세요. 여러분, 뭐들하고 계시나요? 컵에 숟가락을 두드려서라도 소리를 내주세요!

무대 위 사방에서 무장 경비들이 나오도록 하세요. 무장 경비들의 손에는 창들이 들려 있습니다. 그 창끝에는 사형된 용맹한 전사들의 머리가 꽂혀 있습니다. 막대기에 이 쿠션들을 메달아 놓으세요.

박탄고프는 자신의 의자에 있던 쿠션들을 '희극 배우들'에게 던졌다. 마치 서커스 음악같은 빠른 박자의 북소리가 들려오자, 박탄고프는 직접 박자를 맞추면서 지휘했다.

−칼라프와 바라흐는 엎드리세요. 그리고 두려워합니다.

박탄고프가 지시했던 모든 것들이 완수된 것이었을까?

• 나무를 휘어서 세공한 스타일

우리 '관객들'에게 그 모든 일이 완수된 듯 보였다. 자바드스키와 뚤차노프는 정확한 화술을 유지하면서 자신들의 불운한 이야기에 대해 이야기했다. 그들은 그들의 모놀로그에 깊고 진정성 있는 감정들 가득히, 몰입하여 연기를 주고받았다. 사실 따르딸랴 역할을 한 슈킨이 배우들의 얼굴에서 받은 눈물의 양은 '시냇물처럼 흐르지도 않았고,' 작은 상자를 채우기에도 부족한 양이었지만 그럼에도 불구하고 우리들은 두 배우들이 서서 흘린 눈물과 흐느끼던 울음소리를 통해, 그 장면이 실제처럼 믿어졌다!

칼라프에게 의자를 주었던 장면에서 자바드스키는 매우 성공적인 미장센을 창조해냈다. 언제나 유리 알렉산드로비치 자바드스키는 무대의 소품들로 놀라운 독창성과 풍부한 표현력을 만들어냈다.

쿠션들은 '사형당한 용감한 무사들의 머리'처럼 만들어서 실제로 매우 끔찍하게 보였다. 몇몇의 유리컵들과 철제 재질 소품으로 낸 얇은 소리들 그러니까 못이나 숟가락, 작은 가위 등은 독창적인 음악을 만들어냈다. 아무거나 가볍게 두들겨 소리를 냈던 북소리는 무대의 전체적인 분위기를 지배했다.

하지만 제일 중요했던 것은 과연 박탄고프의 모든 제안들이 그 안에 그대로 실행되었냐 아니냐가 아니었다. 진짜 중요한 점은 극도로 진실한 배우들의 연기와 (배우들이 희곡 속 제시된 상황으로 행동하고 희곡이 의미하는 바를 끌어내기 위해 노력) 완전히 독창적인 방법들이 어우러져 관객들과 배우 사이의 온전한 소통을 결합시켜냈다는 것이다. 예를 들면 따르딸랴가 무대 뒤에서 가져온 수건으로 배우들의 얼굴을 닦아낸다거나 혹은 '눈물을 모으는 알'을 도와 그것을 관객에게 과장되게 연기하여 보여주는 트릭을 사용했음에도 불구하고, 주연 배우들은 '배역에서 빠져나오지 않고' 그것을 진지하게 받아들여 연기를 했다는 것이었고 배우들의 진지한 연기에도, 따르딸랴는 독창적인 방법으로 관객들과 소통을 했다는 것이다. 다시 말하면, 일종의 동심에서 나온 믿음들과 완전한 사실적 연기, 재치 있는 유머, 주저함 없는 대담한 감정, 주인공들의 드라마틱한 감정연기들을 결합하는 것이 이 공연을 결정하는 열쇠가 되었다.

또한 박탄고프의 재능으로 우리 '관객들'을 마치 진짜 이탈리아인들처럼 전반적인 연기 작업에 참여하고 적용시켜서 우리 동료 배우들의 에너지를 솟아나게 만들어냈는데 이 모든 프로세스를 체험한 우리들은 또 한 번 그의 재능에 탄복하게 되었다. 그러나 박탄고프에게는 여전히 아직 모든 것이 부족하기만 했다. 그는 자신의 심각한 병도 잊은 채 앞으로 돌진했다. 미래의 연극이 단번에 획득되어 생생하게 시작되었고 박탄고프는 멈추지 않았다.

그는 모든 새로운 것과 새로운 행동에 대한 즉각적인 준비 태세가 되어 있었다. 칼라프가 투란도트의 초상화에 넋을 놓고 보는 장면에 이르자 박탄고프는 순식간에 마분지에다가 투란도트의 초상화를 직접 그려서 무대 위로 던져 주었다.

또한 당시 희곡 안에 등장하는 이즈마일 배역이 확정되지 않았던 터라, 박탄고프가 직접 그 역할의 대사를 읽어주기도 했다. 사실 대사를 읽었다기보다는 매우 긴박하고 극적인 연기를 펼쳐 보였다. 이외에도 박탄고프는 자신의 자리에 서서, 누군가의 숄로 얼굴이 거의 보이지 않도록 감싸고는 (우리들은 회교도 여인들의 베일이라고 생각했다) 경박한 톤으로 스키리나를 대신해서 대사를 했고 (스키리나 배역을 맡았던 랴우단스까야는 이날 저녁 연습에 오지 않았다) 우리들은 폭풍 같은 박수갈채를 그에게 보냈다.

그러다 갑자기 그가 "맨 처음부터 해봅시다!"라고 하며, 처음부터 연습을 반복해 볼 것을 지시했다. 그리고 동시에 그는 이제부터 누구에게도 새로운 것을 요구하지 않을 것이며, 코멘트는 물론 어떠한 조언도 하지 않을 것이라고 예고했다.

—서둘러서 모든 장면을 픽스시키세요, 확실하게 확정하는 겁니다!

그는 강력하게 요구했다.

—연출가들은 이 장면들을 기록하십시오. 이제부터 장면을 연습 과정에서 '고쳐진 행동들' 모두를 외워두세요! 이제 여러분께서는 고쳐진 장면들을 전부 정확히 맞춰보고 완성시켜 내십시오. 저는 여러분들이 완성시킨 형태의 장면만을 받아서 볼 겁니

다! '관객들'은 졸지 말고 반응하십시오. 배우들과 함께 살아 있어 주세요. 여러분들은 배우들의 거울입니다. 여러분께서 그들의 연기를 북돋워주시고 그들의 진실한 행동에서나 감정의 진정성, 리듬, 톤이 낮아질 때나 실수에 대해 경고해주셔야 합니다!

이윽고 또다시 처음부터 연습이 다시 시작되었다. 박탄고프는 약속을 지켰다. 그는 누구에게도 코멘트를 하지 않았으며, 단 한 번도 연기를 중단시키지 않았다. 전체 에피소드들이 끝났을 때 배우들이 그에게로 시선을 돌려 "어땠어요? 우리 연습이 좋았나요 아니면. . ." 무언의 질문을 던지면 그는 철통같은 모습으로 허락할 수 없다는 듯 완고한 목소리로 말했다.

－다시 한 번 하세요! 처음부터 다시 한 번요! 그렇지 않으면 오늘 우리가 만들어냈던 장면들은 무너지고 사라질 겁니다. 금방 잊어버릴 거고요! 다시 한 번 하세요. 좀 나아졌어요! 밝고, 진실하고, 열정적으로, 즐겁게요!

모두의 에너지들이 소진되어 버릴 것 같았다. 하지만 천성적으로 예술인으로 타고난 배우들은 또다시 처음부터 끝까지 연기를 해냈다! 박탄고프 역시 다시 한 번 스키리나와 이즈마일 배역으로 참여했다. 그리고 놀랍게도 연습의 질이 앞서 했던 연습보다 훨씬 더 좋아졌다!

－흠, 이제야 무엇인가를 얻은 것 같군요.

박탄고프는 '다시 한 번'을 연습을 하게 될지 아니면 안 해도 될지를 기다리는 스튜디오 학생들의 표정들을 바라보며 천천히 말을 했다. 그의 '무엇인가를 얻었다'라는 말, 박탄고프는 '그 무언가'라는 수수께끼를 우리에게 남긴 채 우리의 연습실을 떠났다. 저녁 8시부터 시작한 연습은 끝날 쯤에는 거의 새벽 3시를 지나고 있었다!

마스크 연기

《투란도트》 연습 중의 일부분은 이른바 극장의 '작은' 무대라고 불리던 곳에서 이루어졌다. 그 연습에서는 주로 가면 배역을 맡은 배우들의 연습으로 진행되었다.

이미 처음부터 트루팔리지노 역할에는 P. H. 시모노프가, 따르딸랴 역에는 Б. Б.

슈킨이, 브리겔라 역으로는 O. Ф. 글라주노프가, 판탈로네 역에는 И. М. 꾸두랴브쩨프가 연기하기로 결정되었고, 이 부분의 담당 연출이었던 Ю. A. 자바드스키는 박탄고프 앞으로 그간 이들과 함께 작업을 해왔던, 각 배역들의 즉흥 장면 연기들을 시연해보였다. 희곡에서 가면 역할이 쓰여 있긴 했으나, 작가(카를로 고찌)가 이 부분을 '시나리오'의 주제들을 나타내기 위한 대략적인 줄거리로밖에 쓰지 않았기 때문에 그들의 비중은 겨우 몇 개의 에피소드들과 몇 마디의 대사 밖에 없었다. 그리고 배우들은 즉흥극으로 이 부분을 박탄고프에게 보여주었다.

박탄고프는 그들이 보여준 것 중 상당 부분들이, 실제 공연에서도 필요하고 합당하다고 말하며 이 부분의 연출가로서 자바드스키가 그간 가면 배역들과 함께 작업한 일에 대해 인정해주었지만 아직 이탈리아 희극배우 가면 역할들에게 있는 고유한 것, 그 캐릭터마다 가지고 있는 <알맹이>가 무엇인지 보이지 않는다고 말했다.

–따르딸랴는 어떠한 인물일까요?

평소처럼 그는 자기 자신과 동시에 주위 사람들에게 질문을 던졌다.

–가면 쓴 판탈로네의 배역과 가면 쓴 따르딸랴의 배역에는 어떠한 차이가 있죠? 성격적인 차이가 있습니까? 여러분들은 우리 극장 단원들 중 이 가면 쓴 역할을 연기하는 개성적 연기자들이잖습니까? 아니면 ≪투란도트≫에서 쓰인 대로 첫 번째 가면은 추앙받는 국무대신으로서, 두 번째 가면은 병무대신으로, 세 번째 가면은 황실호위대신, 네 번째 가면은 환관 내시들의 수장으로서만 연기해야 하는 걸까요? 저는 잘 모르겠군요.

박탄고프는 혼잣말로 대답했다.

–저는 무대 위에서 위 배역들의 직분들이나 전체 희곡 안에 포함된 조건으로만 이 역할들을 정당화시킨다면, 아마도 그 캐릭터마다 가지고 있는 본질적인 특성을 끄집어낼 수 없을 거라고 생각합니다. 저는 브리겔라라는 배역이 전체적으로는 근면하지만 형식적인 관리인이라는 것엔 동의합니다. 시야가 엄격하게 제한되어 있는, 꽉 막힌 인물이지요! 판탈로네는 다른 사람들에게 '유식한 체하는' 인물이고, 트루팔리지노는 첩들을 거느리는 천박한 인물이라는 것도 알겠습니다. 그런데 국무대신인 타르딸

랴에게서는 무엇을 찾아내야 할지 모르겠습니다. 그가 국무대신으로서 무슨 일을 하는지도 모르겠고, 다른 사람들과는 어떤 차이가 있는지도 모르겠어요.

어쨌든 저는 가면 쓴 네 사람 모두에게 어떠한 일관적인 4가지의 인간적 유형들이 존재할 것 같습니다.

가면 배역을 맡은 극단 배우들은 어떠한 특징들을 잡고 연기해야 할까요? 그들은 반드시 단순하고, 호감형 성격을 지니고 있어야 합니다. 그들의 첫 번째 과제가 관객들과의 소통이니까요. 그런 가면의 성격들로 연기하면서 배우들은 '심각한 주제'들을 관객들에게 전달해야 합니다.

가면은 본질적으로 그것들만의 고유한 유머를 가지고 있습니다. 여러 가지가 있지요. 인간의 숨겨진 부분을 풍자하는 유머, 학구적인 유머, 선량하고 순진한 유머, 유쾌하고 짓궂은 유머도 있습니다. 인간의 행동 안에 미묘한 뉘앙스로 다양하게 표현되는 이러한 모든 것들을 우리들은 실제로 '희극'이라 부릅니다. 물론 가면은 희극적인 것이고 희극적 형상을 가지고 있고요.

반드시 마스크 배우들은 트릭과 소품들을 가지고 상황 안에서 끝없는 기지들을 펼쳐내야 합니다. 또한 언변의 달인이어야 하고요. 질질 끌어서도 안 되고 재치도 있어야 합니다. 한편으로는 우아하고 세련되게 말할 수 있어야 해요. 그리고 마스크들은 어느 역할로든 변신할 수 있어야 합니다. 네 개의 마스크 캐릭터 이상의 캐릭터들을 보유해서 감각의 뉘앙스나 감정들을 즉각적이고 정확히 관객들에게 전달해야 합니다.

－그렇군요, 일종의 만능 재주꾼이네요!

자바드스키가 농담을 했다.

－바로 그겁니다.

박탄고프는 그의 말을 이어받았다.

－그들은 어떠한 악기로 연주를 하든, 그 음악에 맞춰 기막히게 노래하고 춤출 수 있어야 하며, 당연히 온갖 말투도 구사할 줄 알아야 합니다. 저들은 말더듬이들부터, 말을 참고 삼키는 사람들, 촉새처럼 말을 정확하고 빠르게 하는 사람들, 말미를 어눌하게 흐리는 사람들, 외국어, 사투리까지 모든 말투들을 사용할 줄 알아야 하고, 그 언어들을 확장시켜낼 수 있어야 하죠. 방금 제가 말했던 이 모든 것들을 마스크들이 적절한 행동

으로 옮겨낼 줄 알아야 하므로, 말하자면 그들은 만능 재주꾼이라 할 수 있겠군요.

—과연 그것들을 모두 할 수 있을까요!

판탈로네 역의 꾸드랴브쩨프가 약간 코 맹맹한 소리로 의기소침하게 말했다.

—바로 그거예요, 방금 당신이 비음을 넣어 말한 것처럼 그렇게 말을 하는 사람들이 있지요!

박탄고프는 꾸드랴브쩨프 식의 말을 똑같이 따라 하면서 강조했다.

—이 소리는 사람의 콧속에 있는 비창(鼻瘡)에서 내는 소리입니다. 우리나라 사람들은 이를 '코맹맹이'라고 하지요!

—아니에요, 저는 완전히 또렷하게 말할 수 있습니다. 저는 전혀 비염이 없어요. 제가 예전에 《결혼》에서 신랑을 역할을 했을 때 그런 화술을 구사했던 것은, 그 배역의 성격이 그랬기 때문에 일부러 그렇게 연기한 거였습니다.

꾸드랴브쩨프가 부끄럽다는 듯이 말했다.

—그러니까요, 저는 바로 그것에 대해 (코맹맹이 소리를 내는 사람들에 대해) 말하는 겁니다.

박탄고프가 웃었다.

—하지만 일상에서는 그러한 역할의 특징들을 사용해 버릇하지 마세요. 쉽게 습관이 들어 버릴 수 있으니까요. 나쁜 습관이 배우를 돋보이게 만들어줄 리가 없습니다. 하지만 당신의 대단히 유식한 판탈로네 배역에다가, 콧소리를 내보는 것은 어떨까요. 자, 이제, 나머지 가면 쓴 캐릭터들을 위한 트레이닝을 해보는 게 좋겠군요. 창조적인 속임수들과 노래와 춤, 관객과의 소통, 그리고 방대한 재치들을 훈련해봅시다!

가면 배역을 맡은 스튜디오 배우들은 완전 사색이 되었다. 그 역할들을 해내기 위해서 얼마나 혹독하게 재능을 훈련하게 될지 두려웠기 때문이다. 물론 박탄고프는 단숨에 이를 눈치 챘다.

—너무 걱정 마세요.

그가 그들에게 말했다.

—우리들은 쉬운 것부터 시작해볼 겁니다. 지금 저와 여러분이 서커스장에 있다

고 가정해보죠. 장면(무대)은 서커스장입니다! 여기에서 아주 유명한 서커스 단장인 카를로 트루찌의 서커스 극단에서 젊은 신인 어릿광대들을 뽑는 콩쿠르대회가 열리는 겁니다. 어릿광대는 일종의 가면과 같습니다. 그리고 우리들이 앉아 있는 지금 이 관객석에는 카를로 트루찌 극단 내의 유명한 서커스 장인들과 엄격한 심사위원 몇 분이 자리해주신 겁니다.

서커스 극단은 우리의 아마추어 스튜디오와는 다릅니다. 물론 우리 스튜디오에는 대부분 재능 있는 배우들이 오지만, 간혹 '유명인'들의 친척이라는 이유만으로 평범한 사람들이 입학하기도 하니까요. 그러나 서커스 극단은 다릅니다. 투루찌, 메난드르, 가기멘, 부쉬와 같은 유명한 서커스 극단에서는 오직 진짜 장인만을 영입합니다. 좋은 광대는 제가 이미 여러분에게 말했었던 이탈리아 희극 가면-배우들처럼, 온갖 캐릭터를 보유하고 있어야 하고, 아크로바틱, 줄타기, 곡예나 마술, 심지어 조련까지 조금씩은 다 할 줄 알아야 하니까요!

지금 트루찌 극단은 수 백 명의 지원자 중에서 그의 서커스단 광대들과 걸맞은 광대를 뽑고 있습니다. 여기서 한 명, 혹은 많아야 두 명만이 선택되지요. 그러나 우리에게는 판탈로네나, 브리겔라, 트루팔리지노, 따르딸랴 역할에 걸맞은 네 명을 뽑아서 선택할 수 있을 만한 수백 명의 배우 지원자들이 없었습니다.

우리에겐 이미 네 명의 배우들이 이 배역들로 선정됐습니다. 그러니까 여러분들은 그 수백 명의 지원자들을 중 뽑힌 사람처럼 기막히게 해보십시오! 여러분들께서는 우리에게 그 탁월한 수준의 광대 모습들을 보여주시고, 서로 서로 겨루어 보십시오. 그렇게 해서 배우분들은 이탈리아의 코메디아 델라르테・를 만들어내기 위한 훈련을 확실히해보는 것이지요.

우리들은 예브게니 바그라찌온노비치 박탄고프께서 우리 동료들에게 무엇을 원

• 코메디아 델라르테(Commedia dell'arte). 이탈리아의 16-18세기에 유행한 일종의 즉흥극으로 그 연극의 형태는 오늘날까지 전해졌다. 이 명칭은 이탈리아 말 그대로 아르테(기술)를 가진 연기자들이 하는 코메디아(희극)라는 뜻이다. 보통 10명 정도가 공연하며 미리 정해진 대본 없이 열린 공간에서 소품도 거의 사용하지 않고 공연한다. 일반적으로 배우들의 즉흥 연기가 주가 되는 연극을 코메디아 인프로비자(즉흥 희극)라고도 부르며, 가면을 사용한다는 특징이 있어 즉흥 가면극이라고도 한다.

하는지 정확히 파악할 수 없었다.

　―그런데 선생님께서는 어떤 식으로 경쟁하길 바라십니까?

　자바드스키는 자신의 젊은 동료들에 대해 책임을 느끼는 연출가처럼 잠시 머뭇거리며 물었다.

　―아주 간단합니다.

　박탄고프가 대답했다.

　―무대 뒤에 온갖 가지의 헌 의상들이 담긴 바구니를 준비해주십시오. 만일 우리 배우들이 자신의 외형을 변화시켜야 한다거나, 자신을 뭔가로 꾸며야 할 경우, 골라 입을 수 있도록 바지나, 재킷, 코트, 모자, 넝마 조각들까지 모조리 준비해주세요.

　테이블 주변도 위와 마찬가지로 여러 가지 다양하고 가벼운 소품들을 놓아주십시오. 우리 스튜디오에 있는 것에 한해서 먹을 수 있는 진짜 빵 두세 조각, 컵, 양초, 접시, 스카프, 숟가락, 우산, 음료 병, 나이프, 스페이드 카드, 지팡이, 공, 안경, 고무줄 달린 콧수염과 턱수염, 그리고 즉시 쓸 수 있는 다양한 가발과, 화장 분첩, 연지까지, 다 준비해 두세요. 여기에 혹시 뭔가 추가할 것이 더 있을까요?

　그가 이미 우리에게 있던 전부를 말했기 때문에 따로 추가할 것은 없었다!

　―그러니까, 이렇게 하는 겁니다. 여러분들은 한 명씩 차례대로 무대에 나와서 객석의 우리들에게 카를로 트루찌 서커스단에서나 볼 법한, 뭔가 특별한 것을 보여주세요. 그걸 보고 우리가 환희를 느낀다면, 자리를 박차고 나와 무대로 돌진해서 여러분에게 키스와 포옹을 할 겁니다! 극단적인 경우, 박장대소하며 바닥을 뒹굴 수도 있고요! 자, 어서 연기해보세요!

　박탄고프는 유난히 생기 넘치고 즐거워 보였다. 그러나 '4가지'의 가면 역할을 맡은 배우들은, 말하자면 서 있어도 서 있는 것이 아니었다. 심지어 그들은 자리에 있지도 못하고, 무대 뒤로 들어가지도 못하며 안절부절 했다.

　―선생님께서는 이 과제들이 배우들에게 너무 어려울 거라 생각하지 않으십니까?

　자바드스키가 특유의 연약한 목소리로 물었다.

　―전혀, 그렇게 생각하지 않아요! 일반적인 희곡에서라면, 정확한 역할을 고찰하

기 위해 그냥 일반적인 연습을 해도 되지만, 지금 우리들이 하고 있는 투란도트 공연의 스타일은 그런 식으로 연습한다면 아무런 성과도 없을 겁니다! 지금은 자신에게 주어진 과제 앞에, 용감히 자신을 드러내고 자신들의 모든 재능을 사용하여, 어려움을 극복하고, 작업하여 움직여내야 할 때예요. 작은 것부터 시작해봅시다. 각자 가면들은 −무엇으로든 차려 입어서 변장을 하던지, 혹은 그렇지 않든 간에,−무대 위로 올라가서 1분 동안 우리의 주의를 끌만한 무엇인가를 보여주세요. 뭐든 원하시는 것으로 발랄라이카•를 연주하든지, 시를 낭송하던지 재치 있는 유머를 하시던지, 아크로바틱 선수처럼 놀라운 묘기를 부리던지 팬터마임을 하던지, 인상적인 연기를 하던지, 아무거나 하고 싶은 것들을 보여주세요! 끝난 다음에는 무대에서 퇴장하시고요. 각 일분씩만 보여주시면 됩니다. 각자 순서대로, 일분마다 두 번째, 세 번째, 네 번째 배우로 교체되는 거지요. 시간은 제가 직접 재도록 하겠습니다. 네 번째 배우가 끝난 후에는, 첫 번째 배우가 다시 등장해주세요. 다음 두 번째도 바꿔도 그런 식으로 계속 돌아가게 하십시오!

배우들은 가면 쓴 역할을 연기하는 동안 객석 우리들의 반응을 듣고 느낄 수 있습니다.•• 다시 한 번 상기해 드리겠습니다. 우리들(관객들)과의 교감, 진정성, 합당한 정도의 의외성, 이것들이 무대에 있는 동안 여러분들이 우리에게 보여주셔야 할 행동의 원칙입니다.

−그런데 이것이 카를로 트루찌와 무슨 관련이 있나요?

자바드스키가 또다시 흥미를 보였다.

−별 상관없습니다. 하지만 사실 이런 것입니다. 우리들이 카를로 트루찌처럼 라

• 러시아의 현악기
•• 이 책의 앞부분에도 나왔다시피 보통 러시아 연기 수업시간이나 공연 연습시간에는 배우들이 연기를 할 때 지켜보는 동료들이나 관람자들의 리액션들을 지양하고 있다. 왜냐하면 보는 이들의 반응들, 즉 당시의 일시적인 평가나 호응으로 인해 배우들이 배역을 완수하는데 방해가 될 수도 있고, 미완성된 배역은 평가 대상이 안 된다고 생각하기 때문이다. 때문에 평소 연습을 지켜보는 동료들은 무대에서 일어나는 일에 대한 반응을 자제하고 배우들도 간혹 연습의 참관자들에게서 반응이 나온다 해도 무시하고 연습에 집중하는 게 보통이다. 하지만 투란도트 연습에서는 주변의 반응을 일부러 유도하고 배우들도 그것들을 느끼고 받아들여 연기할 것을 요구했다.

찌41들을 그러니까, 배우들의 익실연기에 점수 매기고, 평가를 줌으로써, 배우들의 자
감(自感)에 당위성을 부여하고, 또한 배우들의 상상력을 불러일으키거나, 배우들이 연
기하는데 확실한 분위기를 조성해주는 것이지요!

　　의기소침해진 마스크 배역들이 무대 구석을 향해 가던 순간 박탄고프는 그들을
저지시켰다.

　　ㅡ무슨 일이시죠?

　　그들을 부르는 그의 목소리가 울렸다.

　　ㅡ근사한 예술적 과제를 눈앞에 두고 어떻게 그런 모습으로 걸어갈 수 있나요?
왜들 그렇게 풀이 죽어 있는 겁니까? 리듬은 또 왜 그렇고요?

　　제가 여러분들에게 벌이라도 내린 겁니까? 당장 다시 뒤로 돌아오십시오! 까즐롭
스키42 씨! 자리에 계십니까? 뭐든 좋으니 저들의 멍청한 멜랑꼴리함을 바람처럼 날
려버릴 수 있는 활기차고 신나는 곡들로 연주 부탁드립니다!

　　평소 박탄고프의 연출 작업에서 빠질 수 없는 부분은 음악이었다. 그는 심포니
부터, 오페라 곡들, 로맨틱한 음악들, 가요들, 댄스 음악까지 엄청나게 다양한 음악
들을 그의 연습에서 사용했다. 그는 음악을 결코 희곡의 삽입곡으로만 보지 않았고,
음악 역시 연기(공연)의 일부로 보았기 때문에, 음악을 공연의 에피소드로 사용하는
것을 좋아했다. 박탄고프는 모스크바 예술 극장에 지휘자로 온 И. А. 싼체를 만난
후, 환희에 차 있었다. 그는 장면 연기 음악들을 연습에서 수없이 사용했고 그것으
로 무대 위 배우들의 행동 리듬과 의미들을 강조했다. 항상 나는 박탄고프가 오페라
연출가로서도 뛰어난 작업을 할 수 있을 거라 생각했다.

　　박탄고프가 카즐롭스키에게 음악을 부탁하자마자 초자연적이고 원초적인 느낌
의 행진곡이 나는 제목조차 모르는 어떤 음악, 도무지 누구의 작품인지 알 수 없는
그러한 음악이 무대에 울려 퍼졌다. 카즐롭스키는 순발력이 번뜩이는 즉흥 연주자
이자 박탄고프의 과제를 순간순간, 잘 포착해내는 아티스트였기 때문에, 박탄고프
는 그의 재능을 높이 평가했다.

　　놀랄 만큼 경쾌한 느낌의 서커스 음악이 울려 퍼지자(혹은 군악대 음악이?) 가

면 역할들은 실제로 그 음악에 에너지를 받아서 무대 백스테이지로 갔다.

하지만 그 순간 또다시 박탄고프가 중단시켰다.

—아직 부족합니다. 배우들은 아직 음악의 리듬과 멜로디를 자신의 몸에 흡수시키지 못했습니다.

그는 까탈스런 목소리로 말했다.

—배우분들께서는 무대에서 음악에 맞춰 돌아다녀도 보고, 뛰어도 보고, 움직여도 보십시오! 알렉산드르 드미뜨리예비치 카즐롭스키 씨, 수시로 멜로디와, 리듬, 음색들을 바꿔주세요. 그리고 마스크 역할을 맡은 배우들은 음악 리듬 변화들에 따라 행동으로 정당화시켜 보세요(음악이 변할 때마다. 연기로 정당화시켜 보세요). 단순히 빠른 행동을 하거나 느린 행동을 하면서 외적으로만 연기하지 말고, 심리적 정당성이 있는 내적인 행동들로 과제를 수행하세요!

불쌍한 마스크들! 우리 맞은편에 있던 동료들에게 과제 하나가 더 늘어났다! 우리는 그저 우리 눈앞에 있던 동료들이 너무 안타깝게 느껴졌다. 물론, 우리들 역시 저곳에서 참여하고 있는 배우들처럼, 매순간 다 함께 참여해야 함은 이미 알고 있는 바였다. 박탄고프의 법에는 공연에 배우로 직접 참여하건 안 하건 간에, 연습실에 있는 한 누구도, 단 일초도 안심할 수 없고 벗어날 수도 없으니 말이다.

이윽고 강한 음악이 휘몰아쳤다. 카즐롭스키는 1분 30초에서 2분마다 멜로디와 리듬을 바꾸면서 박탄고프의 과제를 완벽하게 수행해냈다. 그러자 가면들도 곧 그 음악을 유기적으로 체득하게 되었다. 가장 용기 있게 시모노프가 앞장서서 무대로 나왔다. 그는 갑자기 무대 바닥에 미끄러지면서 마치 빙판 위에 스케이트 선수와 같은 동작을 흉내 냈는데, 솔직히 말하면 우리에겐 빙판장에 가면 항상 들을 수 있는 즐거운 소리가 들려오긴 했으나 그가 음악에 맞춰서 마치 피겨스케이트 선수처럼 따라 하는 행동들이 무척 마음에 들었다!

객석에서 저마다의 칭찬 소리가 들려왔다.

—나쁘지 않네요.

박탄고프가 말했다.

시모노프가 모범적인 실례를 보여주자 나머지 마스크 배역들도 음악의 리듬에 맞춰 행동으로 표현했다.

슈킨은 마치 학창시절 체육실에서 볼 수 있던 '기구들', 목마, 평행봉, 마루 등이 앞에 있는 것처럼 아주 신중하게 체조 연습을 했다. 슈킨은 뚱뚱한 사람의 <알맹이>를 따라서 살을 빼려는 듯이 최선을 다해 몸을 움직였고, 우리들은 그런 그의 연기를 보면서 웃음을 터트렸다.

글라주노프는 무대를 대각선으로 가로지르며, 엄격히 보행을 맞추어 걷는 모습을 보여주었다. 단, 꾸드랴브쩨프만이 자신이 뭘 해야 할 지 모르는 눈치였다. 그는 생각에 잠긴 채 서있었고, 동료들의 작업들을 관찰했다. 그는 그의 머릿속에서 자신만의 뭔가가 떠오르지는 않지만, 동료들의 연기를 모방하기는 싫었던 것 같았다. 하지만 우리들은 다른 마스크들의 연기가 만족스러웠기 때문에, 그의 무(無) 행동을 참아줄 수 있었다.

그러나 꾸드랴브쩨프는 우리의 예상을 뒤엎었다. 그는 2-3분 여간 무대 막 뒤로 자취를 감추었다가 자신의 옷 위로 와이셔츠 깃과 가슴 부위에 풀을 먹인 옷을 덧입고, 긴 채찍으로 무장하고서 무대 중앙 맨 앞줄에 다시 등장했다. 그의 머리는 가르마를 타서 윤기가 자르르하게 (물과 브러시로!) 다듬어져 있었고, 아주 위선적인 표정으로 거만하게 등장했다. 그는 무대 한가운데 서서 각자의 연기에 여념이 없는 그의 파트너들을 바라보더니 갑자기 흉악스럽게 얼굴을 일그러뜨려서 공중에 채찍을 휘둘렀다.

─이랴!

꾸드랴브쩨프가 소리쳤다.

시모노프와 슈킨, 글라주노프가 놀라서 몇 초간 그를 쳐다보았으나, 꾸드랴브쩨프가 분명한 서커스적 어조로, 재차 '이랴!'라는 날선 명령을 내리자, 이내 모두가 상황을 간파했다. 마치 합의라도 한 듯 세 명 모두 훈련된 말처럼 '이랴!'라는 명령에 따라 자신들을 표현했다. 그들은 각자 자신만의 방법으로 말처럼 '질주'했고, 일부러

원형으로 돌면서 달려서 서커스 경기장처럼 보이게 했다.

에튜드는 우리에게 새로운 것이 아니었다. 우리들은 에튜드를 다양한 연습으로 자주 사용했기 때문이다. 다만 우리들이 놀랐던 것은, 재능 있는 네 명의 배우들이 이미 발표한 네 개의 연기에다가—이미 만들어진 연기 위에—또다시 하나의 더 큰 에튜드로 확장시켜냈다는 것이 새로웠던 것이다.

자신의 아이디어가 만족스럽다는 듯 꾸드랴브쩨프는 무대 앞 가장 자리까지 '말들'을 이끌었고, 관객들은 그와 그의 동료들에게 박수갈채로 화답하는 식의 전통적 관객 인사가 극장을 가득 메웠다. 마스크 배우들은 성취감을 느끼며 객석의 예브게니 바그라찌온노비치 박탄고프 방향을 향했다.

—여러분들은 무엇을 하신 겁니까?

박탄고프는 그들의 흐름을 끊었다.

우리 동료들의 표정은 당신께서 우리에게 요구하고 실행하라는 과제들을 모두 충실이 이행했는데요!라고 쓰여 있었다.

—여러분께서는 연습 과제들을 발표만하면, 가면 안에 있는 <알맹이> 속에 들어간 거라고 생각하나요?

그가 계속했다.

—실망시켜드려 죄송하지만 여러분께서는 가면 연기를 아직 시작조차 안 했습니다. 저의 요구들을 정확하게 완료해주시길 바랍니다. 무대에서 가면 역할들은 차례로 교차하면서 지속적으로 출연할 수 있는 순서를 편성해주십시오. 제가 여러분께 드렸던 정확한 과제는 서로가 최선을 다해 경쟁하는 것이었습니다. 어떠한 형태로든 우리의 마음을 사로잡으세요. 아무 거라도 괜찮습니다. 대사를 한다거나 연기를 한다거나 노래를 부르거나 아크로바틱 등 뭐든 좋습니다! 이제 무대 앞으로 전진하세요!

배우들은 무대 구석의 막 뒤로 다시 되돌아갔다. 2-3분이 흐르자 시모노프가 우리 앞에 나왔다.

—친애하는 신사, 숙녀 여러분! 이제부터 여러분께서는 세계 9대 기적의 불가사의하고 경이로운 수학자 엘리-알리게브로를 만나시게 될 겁니다. 그는 머릿속으로

계산하고 추측해서 놀랍게도 참석하신 분들의 모든 생각들을 읽어낼 수 있답니다.

그는 마치 행사 사회자처럼 우리의 주의를 끌었다.

―됐다. 촌스럽다. 이미 유행이 한물 지나간 거라고!

박탄고프는 큰 소리로 말했다.

―됐다고요? 뭐. . . 됐으면 말고요.

시모노프는 간단하고 상냥하게 말하면서 우아한 스텝으로 무대 막 뒤로 돌아가려고 했다. 알리게브로 역할에 부담을 느꼈던 그는 그가 준비한 연기를 보여주지 않아도 되자 진심으로 기뻐하면서 무대 뒤를 향해 걸어갔는데, 그런 그의 모습에 객석 사람들은 웃음을 터트리며 호응해주었다. 퇴장하려던 시모노프는 객석에서 이러한 지지가 느껴지자 갑자기 댄스 스텝으로 되돌아와서 아주 자연스럽고 편안하게 말했다.

―당신들은 내가 필요 없다고 하지만 사실은 내가 당신들이 필요 없다네!

위의 말 구절은 의외였고 황당했다. 그러나 객석에서는 이러한 예기치 못한 시모노프의 대사로 인해 또다시 경쾌한 웃음이 터져 나왔다. 시모노프는 마치 승리자처럼 무대 막 뒤로 퇴장했다. 시모노프와 교체되어 슈킨이 나왔는데 슈킨은 자신의 배 위에 베개를 묶고 나왔다.

그는 무대 객석 가장자리까지 다가와, 객석을 향해 검지로 위협하는 손짓을 하더니 "이런― 이런― 이런, 우리를 보고 웃으면 못써요, 쯧쯧. . ."이라고 말했다. 그는 앙증맞게 배 위로 손을 얹으며 우리의 칭찬을 기다렸다. 그 스스로는 인지하지 못했으나, 사실 그는 그 순간 《성 안토니오의 기적》에서 자신이 맡았던 사제 역할과 매우 비슷해 보였다. 우리들 모두는 그 역할의 형상을 싫증이 나도록 봐왔기 때문에, 슈킨에게 호응을 할 수 없었다. 박탄고프 역시 침묵했다.

슈킨은 무대 맨 앞줄 끝에 계속 서 있다가 의기소침해져서 무대 막 뒤로 느릿느릿 퇴장했다. 그 뒤를 꾸드랴쩨프가 교체했다. 꾸드랴쩨프는 한쪽 다리를 절면서 등장했다. 또한 그 역시 무대 맨 앞줄에 서서, "저는 여러분께 안 좋은 소식을 알려주러 나왔어요. 우리들은 아무것도 해내지 못할 거예요."라고 말했고 또다시 코맹맹이 소리를 내면서 필사적으로 얼굴을 찌푸렸다. 객석이 조용해졌다. 실제로 지루함이 도래했다.

박탄고프는 노트를 꺼내더니, 그 안에 쓰여 있는 어떤 내용을 읽기 시작했다. 그 후에 반복된 '마스크 출연진들'은 어떠한 새로운 것도 보여주지 못했다. 음악 반주가 멈춘 지도 오래였다. 우리 중 몇몇은 피로감에 잠들기 직전이었고 당연히 '즐거운' 반응을 하기 어려운 상황이었다.

박탄고프는 연습시간에 이러한 '지루한 것'들을 좋아하지 않았다.

시간이 흘렀다.

돌연 박탄고프가 자리에서 일어섰다.

ㅡ여러분들은 그곳에서 연습 작업을 하세요.

그는 연출적 코멘트를 하지 않았다.

ㅡ저는 나가서, 메인 무대가 얼마나 완성되었는지 보고 오겠습니다.

그리고 그는 조용히 객석을 떠나려했다. 나 역시 공연 무대 부분 책임자로서 의무적으로 그를 따라 자리에서 일어났다.

ㅡ아닙니다. 됐어요, 지금은 당신이 필요 없습니다. 객석에 남아 계세요.

예브게니 바그라찌온노비치 박탄고프께서는 나를 멈춰 세웠다.

ㅡ당신은 연출가예요. 당신께서는 배우들과 어떻게 연습해야 하는지 배우셔야 합니다. 연기를 잘 못하는 서툰 배우들과도 함께 작업하는 방법을 배우셔야죠!

그리고는 박탄고프가 떠났다.

그의 말은 객석에 남아 있던 우리들이나 무대에 있던 사람들의 기운을 빠지게 하는 것이었다. 그러나 우리들은 별수 없이 연습을 계속 이어갔다. 우리 동료 배우들은 이미 앞서 했던 방법의 에튜드들을 한참 동안 계속 시도했지만, 객석의 우리들을 감동시키거나 관심을 끌지 못했다. 우리들은 박탄고프가 돌아오는 것을 불안해 하면서 기다렸다.

바로 그 순간, 넓은 펠트 모자를 쓴 슈킨이 나왔고 꾸드랴브쩨프가 그에 뒤이어

등상했다. 그는 일굴에 신축성 있는 턱수염을 달고, 머리에는 스카프를 감싼 채 등장했는데 마치 해변에서 햇볕을 가리려는 것처럼 보였다.

슈킨은 손에 삐로그*를 들고 있었는데, 어쨌든 그날만큼은 그 삐로그가 세상에서 제일 맛있는 음식 같았다. 그는 작은 조각을 한입 베어 먹으며 행복해했다. 꾸드랴브쩨프는 그 삐로그 한입 얻어먹으려고 그의 주변을 서성거리며 몹 닳아했다. 그는 알랑거리는 목소리로 한 입만 달라고 자신의 친구 따르딸랴에게 애원했다.

슈킨은 말더듬이처럼 꾸드라브쩨프에게(그 연기는 우리가 미처 예상 못했던 것이었다!) 삐로그는 노력하는 사람만 먹을 수 있는 건데, 판탈로네**는 게으름쟁이에다가, 작업하는 것도 싫어하고, 배역을 제대로 연기도 못하니 안 된다고 거절했다. 판탈로네는 앞으로 연기를 더 잘 하겠노라고 그에게 맹세했다. 그리고 따르딸랴 배역을 맡은 슈킨은 삐로그를 한 입 더 베어 물어 삼킨 뒤, 그의 손바닥에 남은 부스러기라도 먹을 건지 그에게 물었다.

판탈로네는 좋다고 했고 우스꽝스러운 모습으로 그 부스러기들을 모았는데, 그 와중에도 따르딸랴는 그에게 작업을 어떻게 해야 하는지, 훈계만 했다. 따르딸랴가 나머지 다른 조각을 떼어내자 판탈로네는 더 많은 부스러기가 떨어지도록 따르딸랴의 팔을 티 안 나게 흔들기도 했다.

그들 사이의 장면은 꽤나 길게 흘러갔지만, 우리들은 자신도 모르게 이들의 연기에 빠져들어 주의를 집중하고 있었다. 우리들은 그들 사이에 서로 주고받은 말들에 대해서는 별로 주의 깊게 듣지 않았다. 그러나 이 두 배우는 마치 두 명의 천진난만한 아이들 같이 연기하였고, 그것이 우리의 관심을 사로잡았던 것이다. 마치 둘 중 한 아이에게 알사탕이 있는데, 그 운 좋은 사탕의 임자는 침을 삼키며 그 맛을 만끽하는 동안 다른 한 아이는 그 달콤한 맛의 경로에 눈을 떼지 못하고 고통당하는

---

* 간식의 일종으로 한국의 핫도그나 호빵류의 음식
** 꾸드랴브쩨프가 맡은 역의 이름

듯한 표현으로 보였다. 이렇게 실제 삶에서 있을 법한 순간들을 두 명의 재능 있는 배우들이 그들만의 유머로서 정확하고 예리하게 연기해낸 것이다.

따르딸랴가 나머지 삐로그 조각을 입으로 베어 먹기 전, 그 유혹적인 먹이를 판탈로네의 코앞에서 왔다 갔다 하면서 그를 놀리는 것에 빠져 있을 때, 그 순간 예기치 못한 사건이 일어났다. 판탈로네가 따르딸랴 삐로그의 4분의 3을 덥석 베어 먹어버린 것이었다! 갑자기 당한 일에 몹시 놀란 따르딸랴는 쓰디쓴 눈물을 흘렸고 판탈로네는 양쪽 볼이 가득 찬 채로, 절대 아무나 놀리면 안 된다는 몸짓을 해보였다.

객석 문에서 박탄고프가 오랫동안 서 있었지만, 우리들은 그것을 눈치 채지 못한 채 이 천진난만한 팬터마임에 몰두되어 웃고 있었다.

─훌륭합니다.

그는 큰 소리로 배우들을 칭찬했다.

─나머지 다른 한 쌍도 무대로 빨리 나오세요. 가장 단순한 것을 과제로 삼아, 그것으로 연기를 해봅시다. 투르팔리지노는 온갖 것을 다 걸치고 나와, 브리겔라를 꾸며주세요. 그를 마치, 도시에서 제일 예쁜 미녀처럼 치장해주는 겁니다. 당신은 세상에서 제일가는 스타일리스트입니다! 브리겔라 앞에는 머리부터 발끝까지 비치는 상상의 거울이 세워져 있고 트루팔리지노는 거기서 그의 치장을 돕는 것인데, 브리겔라는 그가 뭘 해도 무조건 좋아하는 겁니다.

배우들은 완벽하게 박탄고프의 뜻을 이해했고 우리들은 또다시 흥미로운 장면을 구경하는 구경꾼들이 되었다.

트루팔리지노는 브리겔라를 위해 온갖 것을 다 해주었다! 그는 어디선가 둥근 케이크 상자를 가져와서 브리겔라의 머리 위에 올리고 (그 케이크 상자는 트루팔디노가 상자에 3개의 구멍을 뚫어, 그곳에 여러 색상으로 된 주름진 종이들로 만든 깃털 장식을 꼽아 만든 것이었다) 다리가 달린 작은 술잔을 뒤집어서 그의 귀에 귀걸이로 매달아주었다. 또 셔츠 양쪽 소매를 걷어 올린 그의 손목에 전선의 구리철사들로 만든 팔찌들을 몇 개나 채우기도 했다.

브리겔라는 아주 흡족해했다! 그 과정에서 그들은 서로 아무 의미 없는 말을 주고받았지만, 두 연기자들은 그 상황에 친진난만함과, 진지함을 자신의 과제로 삼아 몰입하여 우리들을 동화시켰기 때문에 객석에서는 즐거운 반응들이 수시로 일었다.

  ―자, 이제부터는 판탈로네가 유명한 치과의사가 되어 봅시다. 브리겔라와 트루팔리지노는 그의 조수들이고 따르딸랴는 환자입니다. 그의 이빨을 치료하세요!

  배우들은 이 새로운 과제를 실제로 흥분하면서 준비했다! 그들은 의자를 끌고 나오더니, 순식간에 도구들을 찾아와, 아주 기괴하고 이상한 치과용 천공기*를 만들어냈다. 준비 과정을 전부 지켜보던 환자 역할의 따르딸랴는 즉시 '역할에서 빠져나왔다'.

  ―예브게니 바그라찌온노비치 박탄고프, 저들은 나를 해칠 겁니다!

  슈킨이 애원했다.

  ―제겐 치료가 필요 없어요!

  무대에 있던 그가 박탄고프 쪽을 향해 절실히 외치자 객석에서는 진심에서 우러나온 폭소가 터져 나왔다.

  ―의사들은 이 말에 대해 어떻게 생각하시는지요?

  박탄고프는 정색을 하며 따르딸랴의 파트너들에게 물었다.

  ―의학적으로 환자가 치료를 거부할 경우에는 말입니다.

  알또움 왕의 궁정 학문 비서관인 판탈로네(꾸드라브쩨프)는 역할의 <알맹이>를 유지하면서 정말 진지하게 박탄고프에게 대답했다.

  ―그러니까 치료를 거부한다는 것은 확실히 병이 실제로 있을 때만 나타나는 특징입니다.

  그는 계속 이어 갔다.

  ―썩은 이를 뽑기 위해서는 환자를 덮쳐서라도(그는 일부러 무식하게 말했다) 굳이 입을 통하지 않고도, 다른 구멍을 통해서 뺄 수 있지요. 가능합니다. 귓구멍이

• 구멍을 내는 치과용 기구

나, 콧구멍 아니면 다른 구멍이라도. . .

그 순간 우리들은 그가 몰리에르 작품에서 등장하는 디아푸아루스 배역을 연기하는 것이라는 걸 깨닫게 되었고, 객석에서는 그의 무식하고 진지한 의사 연기 패러디 때문에 웃음이 흘러 넘쳤다.

─이빨을 뽑기 전에 어쩌면, 강제로라도 우리들의 친애하는 따르딸랴 씨의 머리카락을 몽땅 뽑아 버려야 할지도 모르겠군요. 혹시나 저 사람 머리카락에 이빨이 딸려 나올 수도 있으니까요!

판탈로네는 관객들의 호응을 계속 유지하면서 말했다. 객석에서는 배우의 뛰어난 애드리브에 한결같이 박수를 보냈다.

그 의사들의 망상적 치료 방법들은 슈킨에게 직접적인 위협이 되어 그를 놀라게 했고, 우리 앞에서 따르딸랴의 치료가 최고조에 이르던 순간 박탄고프는 장면을 중지시켰다. 배우들이 최고로 몰입되어 객석에 웃음이 넘쳐흐르자 나는 이 정도의 즐거움과 열정적인 장면이라면, 실제 공연 장면으로 가도 되겠다는 생각이 들었다.

─자, 그럼 이쪽으로 모여보세요.

박탄고프가 객석으로 배우들을 불렀다.

─이제부터 우리, 지금은 할 수 있었던 연기를, 왜 한 시간 전에는 할 수 없었는지에 대해 알아봅시다. 모르시겠습니까? 저는 알고 있습니다.

처음으로 즉흥연기를 시작했을 때, 여러분께서는 그것을 **미리 생각한 것들**을 보여주셨습니다. 물론 지금 저는 여러분들이 계획해 오신 배역들의 의미나 상상력, 의도(계획)들이 틀렸다는 것이 아니에요. 그러나 순간적인 즉흥연기를 위해서는 미리 계획한 생각들이 아닌, 행동 연기가 필요한 겁니다. 정확히 지금 우리 연습에서는 이러한 것들이 필요하죠! 똑똑함이나 멍청함, 순진함, 단순함, 복잡함 이 모든 것들도 마찬가지로 생각들이 아닌 행동으로 보여주어야 합니다. 쉽지는 않겠지만 배우들은 어떠한 주제라도 **행동으로** 연기할 줄 알아야 하니까요.

예를 들어 봅시다. 여기 바로 제 앞에 판탈로네와 따르딸랴가 앉아 있습니다. 제가 이들에게 행동 과제를 주겠습니다. 따르딸랴의 행동 과제는 책을 읽는 것이고, 판탈로네는 따르딸랴가 눈치 채지 못하도록, 그가 입고 있는 옷을 최대한 벗기는 거예요. 물론 따르딸랴는 자신의 옷이 벗겨지는 것을 '눈치 채지 못한다'라는 조건이 우리, 관객들을 위해 책임지고 수행해야 할 과제인 거지요. 그가 책에 매우 몰입되어 있다고 가정하세요. 물론 판탈로네는 깡패나, 도둑이 아닙니다. 이 사람은 따르딸랴의 친구예요. 하지만 그는 만약 인간들이 모든 필요도 없는 옷들에서 해방된다면 온 지구에 천국이 올 거라는 망상에 빠져있는 사람으로, 친구가 옷을 입고 있는 것을 방해하는 것이죠! 판탈로네는 워낙 자신의 생각에 몰두되어 있는 사람이라, 이미 친구들이나 친척들의 옷들은 능수능란하게 벗길 수 있을 만큼의 실력이 있고요. 여기까지가 여러분들의 행동으로 제시된 조건들입니다. 우리 눈앞에서 각자의 과제를 완수해주시길 바랍니다. 그리고 이에 앞서 알아 두셔야 할 것은. . . 여러분께서는 어떠한 주제로도 대화를 주고받을 수 있지만 대화하는데 있어서는 서로 최대한 세련되고 정중하게 행동해야 한다는 겁니다.

그리고 우리 눈앞에 새롭게 즐거운 장면이 펼쳐졌다.

−하이고. . . 우리 친구, 존경하는 따르딸랴 씨.

꾸드랴브쩨프가 슈킨을 다정한 목소리로 불렀다.

−또 이리 땡볕 아래서 독서 삼매경에 빠지셨네예. 참말로 안 덥습니까?

우리들은 꾸드랴브쩨프가 이 전에 사투리 연습했던 것을 기억해서, 그것을 곧바로 연기에 적용했다는 것을 확인할 수 있었고 게다가 그는 사투리에다 상냥한 뉘앙스를 한 번 더 넣어서, 한층 고의적으로 이상한 발음을 한터라 적잖이 놀라게 되었다. 우리들은 전체 《투란도트》 작업에 있어서 배우들이 완벽한 표준어를 구사했기 때문에, 우리들은 박탄고프가 그를 중단시키거나 혹은 그의 왜곡된 말들을 금지시킬 거라고 생각했다. 하지만 박탄고프는 꾸드랴브쩨프를 중단 시키지 않았다.

−제-제겐 겨-겨-겨-결코,

갑자기 따르딸랴 역의 슈킨이 말을 더듬기 시작했다.

−'더위란' 있을 수 없. . . 없. . . 없어요, 제가 책-책-책을 읽을 때는요.

슈킨은 꾸드랴브쩨프의 말이 끝나기가 무섭게 이어서 말했다.

―그래 예, 그렇다면 아마도 훤하고 쌈빡한 넥타이가 따르딸랴 씨한테 있어서 그런가봐예.

꾸드라브쩨프는 자신의 적용한 사투리에 한층 더 우스운 억양을 만들어서 말했다. 그리고 꾸두랴브쩨브는 사랑스럽다는 듯 자신의 파트너의 꽤나 낡은 넥타이를 길게 잡아 빼더니 슈킨 등 뒤로 넥타이를 넘겨 버렸다.

슈킨은 뭔가 낮은 소리로 중얼거리며 반응했다. 그는 독서에 몰입된 상태였다! 심지어 그는 맘에 드는 구절을 가끔씩 큰 소리로 인용하기도 했다. 그 사이 판탈로네는 넥타이를 칭찬하면서 매만지는 척하다가 따르딸랴 등 뒤에서 그것을 약삭빠르게 풀었다.

―존경하는 따르딸랴 선생님요, 선생님한테 이리 좋은 카라가 있었능교.

갑자기 판탈로네는 그를 치켜세우더니 손을 앞으로 해서 따르딸랴의 셔츠 옷깃에 있던 단추를 풀었다.

―"배-배-백-백작은 그녀를 세상에서 가-가-가-가장 사랑했다"

따르딸랴는 책 속에 흠뻑 빠져 텍스트를 큰 소리로 읽었다.

그 사이에 이미, 판탈로네는 따르딸랴의 다리 주변에 자리를 잡았다.

―아고마, 선생님은 어찌 이리 좋은 굽으로 된 신발을 신습니까?

그는 파트너의 발에 손을 집어넣으며 말했다.

―제가 발 치수 좀 재 드릴께예.

그는 구두끈을 풀면서 또다시 이상한 사투리를 썼다.

―"누-누-눈-눈처럼 하얀 모-목-목 덜미. . . 그의 눈엔 그-그녀가 배-백-백-백조처럼 보였다. . ."

책 속에 빠진 따르딸랴는 황홀경에 차 있었다. 우리들은 우리 동료들이 자신들의 과제를 자신만의 스타일로 된 화술을 구사하면서 순진한 연기를 보여주던 순간부터 이미 계속 웃고 있었다.

따르딸랴의 신발은 벗겨졌고 재킷 역시 마찬가지였다. 판탈로네는 음흉하게 따르딸랴의 바지를 쳐다보았다. 왜냐하면 그는 이미 양복바지의 멜빵까지 벗겼기 때문이다. 우리들은 머릿속으로, 곧 따르딸랴가 필연적으로 겪게 될 참사를 예상하면서 그 두 명에게서 시선을 떼지 못했다.

－충분합니다!

박탄고프의 목소리가 들려왔다.

－수고하셨습니다. 여러분도 보셨다시피 연기자들은 의무적으로 부여된 단순한 행동만으로도 정확히 연기를 해냈으며 전혀 예상치 못한 것들을 적용시켜, 제가 준 과제를 완수해 냈습니다. 꾸드랴브쩨프는 그것들을 잘 찾아내어 훌륭하게 해냈어요. 그럼 다음으로 넘어가 봅시다. 여러분께서는 사투리를 사용함으로써 역할에 숨어 있었다지만, 사실은 '자기 자신으로' 연기를 하셨습니다. 과연 알또움 왕의 최고 비서관인 판탈로네가 다정한 애교를 부린다거나 이상하게 발음을 한다거나 비속어를 쓰는 사람일까요? 또한 높으신 수상 따르딸랴 역시 말더듬 증을 갖고 있을까요? 그들이 그렇다는 것은 어디에도 나와 있지 않습니다. 그러한 것들은 그들의 책무와는 전혀 다른, 배역이 가지고 있는 지위와는 거의 상반된 조합이니까요. 그러나 바로 이 때문에, 그리고 그럼에도 불구하고 저는 여러분들의 그 '방언'들을 사용하는 것만큼은 말리지 않겠습니다. 그 '방언'들을 향상시키고 완성시켜 주세요. 단, 평소에 마구잡이로 사용하지 말고, 최대한 예술적 성질로서 그 방언들을 엄격하게 정제시켜서 세련되게 구사하시길 바랍니다.

게다가 이탈리아 코메디아 델 아르떼의 가면들의 특징 중에는 삶에서 평범한 사람들이 가지고 있는 언어적 결함들을 풍자하는 것도 있으니까요. 그러니까 이 경우 우리들이 이탈리아 연극 역사를 위반하는 것이 아니라는 것 입니다. 흠, 이것은 이미 역사가 우리에게 준 선물입니다. 지금 우리에게 중요한 것은, 여러분께서 성공적으로 언어의 특징들을 찾아내는 것입니다. 그래서 배우들이 '자신으로부터' 벗어나, 그 더듬어 찾아낸 언어들을 배역의 캐릭터로서 구축해내는 거죠. 안타깝게도 연습의 반이 지나도록 저는 이러한 작업이 이루어지는 걸 보지 못했군요.

어쨌든 마스크 배역들 연기에 필요한 배우 연기 요소들을 계속 찾아보겠습니다. 배우들이 단순한 행동을 정확하게 연기하기 위해서는 완전히 자유로운 상태에서 행동을 해야 합니다. 그리고 배우들은 정확히 선별된 행동들을 자유자재로 배역의 특징으로 접합시켜 완수하셔야 하지요. 4명의 마스크 배역을 맡은 배우들은 각자만의 확실한 특징을 체득하여, 각 4가지의 배역 안에 채워 넣으십시오. 각 마스크들이 가지고 있는 고유한 특징들을요. 인색함이라거나, 호색함, 의심스러움 등과 같은 특징들을 배역의 화술 속에나 걸음걸이 안에 채워 넣으세요. 배우들은 이러한 특징들로 행동을 해야 합니다.

  ─그 특징들은 저한테 어울릴 것 같아요, 제가 맡은 역할이 경호 대장이니까. 저는 의심이 아주 많은 사람인데다가.

  갑자기 브리겔라 배역의 글라주노프가 말했다.

  ─제 말이 끝나지도 않았는데 말을 끊다니요.

  박탄고프는 꽤 엄하게 그를 저지했다.

  ─논리의 맥락을 놓칠 수 있으니 이번만은 용서하겠습니다.

  계속해서 이탈리아 마스크들의 연기 성격에 관해 말하겠습니다. 배우들은 내가 무슨 행동을 하든, 혹은 내가 무엇을 위해서 그 행동을 하든, 순진한 믿음을 가지고 내게 필요한 행동을 하는 겁니다. 다른 누군가의 배역을 위한 행동이 아닌, 반드시 나, 꾸드라브쩨프인 판탈로네가 따르딸랴의 옷을 벗기는 행동이 필요하기 때문에 하는 것이지요. 정확하게 말하면 자신에게 필요한 행동만을 하는 거죠. 마스크 역할이란 언제나 '주워진 상황' 안에서 '나'입니다. 또한 마스크 역할은 사물과도 유연하게 작업할 줄 알아야 합니다. 판탈로네는 이 성냥갑을 애완용 다람쥐라고 생각하고 관계하면서, 원하는 연기를 무엇이든 보세요.

  박탄고프는 꾸드랴브쩨프에게 성냥갑을 던졌다.

  ─그리고 브리겔라, 당신은 당신 손에 들고 있는 두꺼운 막대기를 마치 예쁜 아기씨를 대하 듯 관계하고, 전반적인 행동 분위기를 찾아보십시오. 따르딸랴는 자신의 옷에 있는 단추들을 먹어보세요. 그것이 마치 세상에서 제일 맛있는 산해진미라도 된다 듯이요. 그리고 루벤-트루팔리디모는 세르반테스의 단편소설 속에 나오는 유리 학사가 되어 보세요. 자, 행동하십시오!

  우리 동료들은 놀랄 만큼 과감하게 그 작업에 착수했고 우리 앞에 멋진 즉흥 장면 연기를 펼쳐냈다.

따르딸랴는 자신의 세미 프렌치 재킷을 벗더니 아주 진지하게 단추의 맛을 음미해보고는 마치 고골 작품에 등장하는 쥐가 감자만두를 미친 듯이 갉아먹듯 갉아대기 시작했다. 세르반테스의 유리로 변해버린 학사에 대한 단편소설의 내용을 정확하게 기억하고 있던 시모노프는 초반부에 그것을 주제로 연기하다가 그 후로는 자신이 추가적으로 상상한 '유리와 같은' 신체 자감을 유머러스하고 탁월하게 표현했다.

―와인을 조금만 내 목구멍에 따라 보세요.

시모노프가 따르딸랴에게 부탁했다.

―난 투명 유리 인간이라 당신은 와인으로 변신하는 인간을 볼 수 있을 거예요!

브리겔라는 때로는 부드럽게 때로는 열정적으로 마치 숙녀를 대하듯 막대기를 대했다. 그는 막대기의 '어깨를 감싸며' 데이트를 했다.

객석에서는 큰 웃음이 터져 나왔다. 박탄고프도 만족스러워했다. 그는 마스크들의 에튜드 행동을 중지시키더니 배우들의 작업에 관한 칭찬을 하고는 다음의 말을 이어갔다.

―이제부터 마스크 연기를 위해 배우들이 반드시 숙련해야 할, 그 다음 과정을 말하도록 하겠습니다. 마스크들은 다음과 같은 자유롭고 살아 있는 화술을 숙련하셔야 합니다. 그러니까 쉽게 말하자면 내용이 빈약한 말을 해선 안 됩니다. 현명하되, 난해해서도 안 되고요, 충분히 있음직한 이야기를 하되, 억지스러워서는 안 됩니다. 누구와 어떤 테마로 이야기를 하던 자신감을 잃지 않고 화술을 구사할 수 있어야 하지요.

객석 곳곳에서 웅성거리는 소리가 들려왔다. 우리에게는 이 과제가 가장 실현 불가능한 과제라고 여겨졌기 때문이다. 박탄고프는 우리의 의심을 정확히 간파했다.

―네, 그렇습니다. 여러분들의 생각들을, 지나치게 장황한 수다스러움 없이, 경제적인 표현으로 쉽게, 그리고 현명하고 정확히 전달할 수 있도록, 평소 여러분들께서 속으로 생각하고 기억했던 것들을 분명히 구분해서 **말할 수 있어야 합니다**. 그리고 또한, 과장된 표정이나 교태 없이(아직 어린 소년들처럼!), 자학이라든가 가식적인 겸손함도 없이 물론 무례한 행위 없이 대화를 이끌 수 있어야 하죠.

이를 위해서는 평소에 평범한 주제들뿐만 아니라 그 이상의 주제들도 스스로 생각할 줄 아셔야 합니다. 속으로든 아니면 소리를 내서든 자기 자신과 특정 주제를 가지고 대화해보십시오. 평소 사람들의 행동이나, 심리들을 관찰하십시오. 여러분 주위에서 일어나는 모든 것들을 참조하시고요. 삶 속에 있는 아름다움들과, 그것과 가장 상반된 이면의 부분들도 함께 보십시오. 그것들을 비교하여 생각하는 방법도 스스로 배우셔야 합니다. 내면의 눈으로 삶의 그림들을 창조하시고, 거기에 의미를 부여할 줄 아셔야 해요. 이 세상에 사는 사람들의 생활양식들과 온갖 특성들, 전 세계 나라들의 모든 세기와 시대의 생각들을 이해하고 자신의 것으로 만드셔야 하죠. 자신의 대답으로는 언제나 세상을 아름답고 조화롭게 만드는 것으로 찾으시구요. 어떤 것에 반대해야 하고 무엇을 추구하셔야 할지 본인 스스로 아셔야 합니다.

─과연 이러한 것들이 마스크 역할을 위해서만 필요한 겁니까?

누군가의 질문에 잠시 정적이 흘렀다.

─당신 생각은 어떻습니까?

─저는 선생님께서 방금 열거하셨던 성질들은 모든 예술가들에게, 그러니까 미술이나, 음악, 작가들에게도 필요하다고 생각합니다! 예브게니 바그라찌온노비치 박탄고프.

─자신이 답을 알고 있는데 왜 굳이 저에게 물어보신 거죠?

─제 답이 맞는지 확인해보고 싶었어요.

─아! 끝도 없는 의심들과 '확인 절차'들이 또 나오는군요.

박탄고프는 상당히 예민하게 응대했다.

─놀랍게도 우리들은 자신을 신뢰하기보다는, 어떤 리더들이나 선생들로부터 해답을 찾기를 원하지요! 이 때문에 예술은 우리들을 자주 고통스럽고 슬프게 만듭니다. 사람들은 예술적인 것은 어려운 거라고 오해를 하고 있습니다. 스타니슬랍스키식의 방법으로 작업을 하는 것도 어려운 일이라고 오해하고 있지요. 하지만 스타니슬랍스키는 항상, 예술은 반드시 형식면에서는 아름답고 쉬워야하며, 내용면에서는 깊이 있어야 한다고 말했습니다. 그럼에도 불구하고 사람들은 그의 첫 번째 부분의 생각을 무시하고, 심도 있는 것에만 집착해서 깊게 파헤치더군요. 그 '깊이 있는 것'들 내면만

찾아 헤매죠. 신이여, 우리들이 고생으로 손발에 물집이 잡혀 굳은살이 생기기 전에는 어떠한 심리적 헤르니아•도 주지 마십시오 라고 하면서 스스로에게 고통을 줍니다!

그러나 과연 이러한 접근 방식으로 이탈리아 코메디아 델 아르떼 마스크 배역들을 해낼 수 있을까요? 정말로 세상을 향해 바로 이것이 러시아 배우들이다. 우리들은 오로지 깊은 생각만을 하는 배우들이고 깊은 감성이 있으니, 형식이 중요하지도, 필요하지도 않다라고 증명하셔야겠습니까! 얼마나 말도 안 되는 소리입니까! 중요한 것은 형식과 내용을 훌륭하게 결합시키는 거예요. '영감에 의한' 생각들이나 '형식들', 감정들을 각각 별개로 보여주는 게 아니라요!

배우들이 말하는 법을 체득해내지 못한다면 아무것도 할 수 없습니다. 그만큼 배우에게 화술은 중요한 겁니다. 실제 삶에서도 그렇죠, 저는 지금 비단 극 중 배역의 대사만을 가지고 말하는 게 아니에요. 말을 한다는 것은 이것은 생각한다는 것이고, 삶을 보고 듣고 있다는 것을 뜻합니다. 고로 이것은 무대적 행동이자 강력한 무대의 무기로 사용할 수 있다는 뜻이구요.

마지막으로, 마스크 역할을 위해 무엇이 필요한지 말하겠습니다. 배우 자신 스스로가 마음속에 그린 그림의 특징을 찾아서 재빨리 말하자면 아주 손쉽게, 배역의 화술이나, 걸음걸이 등 개별적이고 디테일한 외적인 모습으로 접목 시킬 줄 알아야 합니다. 그 역할의 습관과(심지어 뒤통수를 긁적이는 것이라 할지라도!), 디테일한 의상과 좋아하는 확실한 물건−스틱, 단추, 장갑 등−을 알아차리고 이용할 줄 알아야 해요.

여러분들이 역할의 특징을 찾아내는 즉시, 가볍고 쉽게 자신에게 그 특징을 **입혀 낸다면** 여러분께선 이미 자기가 알고 있는 자신이나 우리들이 알고 있던 여러분이 아닌 존재가 됩니다. 그래서 저는 따르딸랴가 얼빠진 말더듬으로 연기했을 때라든지, 사이비 학자 비서관인 판탈로네가 자신의 한마디 한마디에, 박식한 척, 잘난척하려고 이상한 발음을 해댔어도 반대하지 않았던 겁니다. 아직은 저들의 '획득물'들이 어떻게 귀중하고 새롭게 쓰일지 모르겠으나 앞으로 우리의 공연에 유용하게 쓰일 수 있기를 기대해보겠습니다. 우리 스튜디오 《투란도트》의 공연에 조금이나마 가치 있게 쓰이

• 그것이 돌출한 기관의 부분

리라 믿고 싶군요.

박탄고프가 일어섰다. 이 날의 저녁 연습은 모두 끝났다. 우리는 그의 말에 한껏 고무되어 흥분한 상태였다. 우리들은 비로소 필요한 만큼의 연습 진도가 나갔고 우리 동료들의 연기는 충분한 수준을 획득한 것이라 생각했다. 그래서 이제는 동료 배우들이 운명적인 새로운 작업들에 대해 더 이상 염려하지 않아도 된다고 생각했다.

몇 일후 예브게니 바그라찌온노비치 박탄고프는 다시 한 번 마스크들의 장면 연기를 지시했다.

우리들은 우리 동료 배우들이 고안해 온 새로운 장면들에 대해 기꺼이 웃을 준비를 하고 있었다. 그들은 꽤 용감하게 무대 위로 나가 라찌•들로서 연기하기 시작했다(당시 우리들은 이미 이탈리아 코메디아 델 아르떼에서 나오는 정확한 전문 용어들을 연습실에서 사용했었다).

그들은 이발사가 창문 넘어 그의 연인과 눈빛을 주고받으며 동시에 손님에게 면도를 하는 것과 돌팔이 의사가 순진하게 남의 말을 잘 믿는 환자에게 '외과수술'로 이빨을 잡아 뽑는 등의 즉흥극과 유사한 장면 몇 개를 보여주었다. 따르딸랴와 판탈로네는 지난 연습 시간에 발견하여 썼던 화술들을 사용했다. 시모노프의 트루팔리지노 마스크 역할에는 일련의 어려운 발음들을 빠르고 정확하게 말하는 사람으로 설정하여(잰 말놀이, tongue twister),•• 그 방법으로 자신의 대사를 넣어 행동으로 옮겨냈다. 브리겔라의 화술에서는 별다른 특징을 발견할 수 없었으나 강아지를 (!) 심문하는 엄격한 캡틴을 표현하려고 했다. 그는 그의 축구공으로 강아지를 대상 삼아, 연기로 보여주었다.

우리의 동료 배우들, 마스크 역할을 맡은 배우들 모두가 정성 들여 매우 완성도

• 앞서 언급했듯이 코메디아 델 아르테에서는 우스운 즉흥 장면을 연기하는 배우들을 라찌라고 불렀다.
•• 잰 말놀이. 발음 연습용으로 어려운 발음들만 모아 긴 문장으로 연결하여 말하는 연습

있게 장면을 만들어왔지만, 솔직히 말하련 어째서인시 우리들과 박탄고프에게는 재미있게 느껴지지 않았다. 객석에서는 배우들이 고안해 온 장면들에 대한 호응들이 일어나지 않았다. 박탄고프의 모습이 어두워지면 어두워질수록, 배우들이 풀이 죽어, 시들어가는 게 우리들 눈으로 보였다.

─아직도 보여줄 것들이 많이 남아 있습니까?

박탄고프의 목소리가 들려왔다.

─여러분께서는 저번 주에 관객들의 마음을 매혹시켰던 가면들의 2-3가지 연기 방법들만 반복했을 뿐 독창성이 결여된 것들만 상상해 오셨군요. 어디에서 **주제들을** 선택한 거죠?

박탄고프가 아이러니하게 강조했다.

─여러분들은 오늘 우리에게 준비도 없이 보여주려고 하셨습니까? 대답해보시죠!

─우리들은 이 장면들을 일주일 내내 고안해서 만들었습니다.

브리겔라 역의 글라주노프가 음울하게 깔린 쉰 목소리로 말했다.

─제가 언제 여러분들에게 **미리 고안한** 장면 연기를 가져오라고 부탁했습니까!

박탄고프는 또다시 강조했다.

─동료 여러분, 잘 들어 보십시오.

그는 전체 객석 쪽으로 몸을 돌렸다.

─우린 3년이나 함께 하면서 성실함과 수없는 노력들을 우리들의 작업에 쏟아왔지만, 아직까지도 여러분께서는 이러한 종류의 예술은 여타의 연기들과 어떠한 차이가 있는지, 이런 유형이 가지고 있는 고유한 특성을 이해하지 못하고 계신 거예요.

지금 우리들이 하고 있는 연극 작업은 바로 이탈리아 클래식 희극에서 사용되는 마스크 역할에 대한 것입니다. 그런데 여러분은 이것을 지극히 일상적인 역할로 상상해 오셨다는 것입니까? 만약 오늘 《문명의 열매》에서 나오는 삼촌 빼짜를 연기했다면 내일은 큰어머니 역할의 마냐를, 내일모레는 농부를. . . 이러한 일반적인 배역을 연기하더라도 그 다음 단계로는 마스크와 같은 역할도 할 수 있어야 하지 않겠습니까? 모든 작품에는 저마다의 작업 방식이 따로 있는 것인데 여러분께서는 오직 하나의 방식으로만 모든 공연예술의 <알맹이>를 표현하려고 생각하신 겁니까? 물론 여러분들께서는 제가 이토록 안달하고 걱정하는 신비한 <알맹이>에 대해 무척 궁금하시겠지요? 지금 말해드리겠습니다. 그것은 **일회성**입니다. 일회성! 일회성! 이 단어를 잘 기억해 두십시오. 어떠한 공연이든, 공연의 매순간, 순간은 일회적인 것입니다. 내일, 같은 희곡에, 같은 역할로서 같은 대사와 무대 장치가 나온다 하더라도 행동의 순간만큼은 모두 어제와 똑같을 수는 없다는 거예요. 절대, 결단코, 어제가 반복될 수는 없습니다!

매일 밤, 공연에 바로 이 <알맹이> 순간이 탄생되는 것을 보기 위해 관객들이 극장으로 오는 거예요. 그 영원히 살아 있는 일회적 순간을 위해서요! 오늘 배우들의 연기가 좋았다 해도 내일은 나쁠 수 있습니다. 혹은 내일모레에 천재적인 연기를 할 수도 있겠지요! 그러나 이것의 속성상 그 순간만큼은(비록 천재적인 연기의 순간을 경험했다 하더라도) 되돌아오지 않습니다. 그 순간이 일회적이기 때문이죠! 그런데 방금 전 여러분께서는 미리 고안하고 준비한 생각들을 기계적으로 **반복하셨습니다.**

하지만 지난 시간 여러분께서는 **여기, 지금, 이 순간**을 그 자리에서 **일어나게 했습니다!** 그것들은 일회적인 것들이었고, 우리들을 몰입시키셨습니다. 심지어 사소한 일들을 보여주었을 뿐이었는데도요. 그러나 그 사소한 것들은 진정한 창조적 배우의 감정과 영감 안에서 탄생된 것이었습니다! 한데 오늘은 여러분에게 아무것도 없었습니다.

박탄고프는 비통한 듯 침묵했다.

─그러면 도대체 어디에서 그러한 창조적인 배우의 감정을 얻을 수 있습니까?

누군가의 음성이 들렸다.

─어디에서 얻을 수 있냐고요? 어디에서?

박탄고프는 격양되어 반복했다.

─당연히 모든 것으로부터 얻을 수 있습니다. 여러분들에게 있는 온갖 타고난 자질로부터요! 그런 자질로부터 연습은 과제가 아닌 축제인 겁니다! 용기로부터도 그러한 감정을 얻을 수 있지요! 자신이 스스로 예술가라는 자긍심으로부터요! 내가 나 스스로에게 부여한 열정과 유머와 목소리와 훌륭한 발음 등으로부터도 얻을 수 있습니다! 내가 삶에서 무엇을 원하는지 아는 것으로부터요! 내가 무대의 원리들을 자유자재로 구사하는 것으로부터요! 내가 아마추어인데도 낙하산으로 내 장모 혹은 친척 큰

어머니가 수단과 방법을 가리지 않고 나를 무대 위로 끌어올려 세워 놓는 것이 아닌, 내 스스로가 연극의 전문가이자, 장인이라는 것으로부터요! 나에게 무대는 언제나 쉽고, 즐거우며, 기쁘다는 것으로부터요! 제가 여러분처럼, 관객을 두려워하지 않고, 관객을 사랑한다는 것으로부터요! 아니, 만약 여러분이 자신을 창조적 상태로 이끄는 방법을 모른다거나 여러분들이 필요한 만큼 그 창조적 상태에 머물지 못하신다면, 왜 극장에 오고, 무엇 때문에 이곳에서 작업을 하는 겁니까? 저는 이해가 안 되는군요!

맙소사, 저와 작업을 한지 몇 년이 지났는데, 아직도 그런 터무니없는 질문을 하십니까? 창조적 상태가 무엇이고, 그것을 어디로부터 가져오냐니요?

박탄고프가 이토록 화를 낸 것은 매우 드문 일이었다.

—그래, 여러분들은 니콜라이 골목 귀퉁이에서 나눠 준 배급권·으로 청어 꽁무니라도 얻어 볼 요량이었습니까? 아니면 이유식 '딸기잼'이라도 얻어먹고 싶었나요? 여러분들은 제게 연극을 배우러 온 게 아니라 요행을 얻으려 오셨던 것이었습니까?

'과연 그보다 심한 말이 있을까!'

—그렇다면 사랑하는 청년들이여, 비린내 진동하는 청어 꽁지들과 '잼'이나 얻어먹고 싶은 것이었다면 서둘러 떠나십시오! 아마도 다들 이미 알고 계실 거예요. 그것이 무엇이고, 그것을 어디에서 얻을 수 있는지를요. 자신에게서 극장을 해방시켜 주십시오! 지금이라도 늦지 않았습니다! 저와 3년 동안이나 작업을 한 뒤에야, 이 질문을 던진 사람은, 지금 당장 객석에서 일어나 나가 주십시오. 저는 제가 그 사람의 얼굴을 알지 못하도록 고개를 돌리고 서 있겠습니다. 하지만 오늘. . . 극장 안. . . 이 공간에. . . 그와 함께 있다는 것이 힘들군요!

그러더니 박탄고프가 실제로 얼굴을 돌렸다. 그리고는 아무것도 하지 않았다. 이윽고 질문자가 일어나 객석을 떠나갔다. 우리들의 경험상, 이러한 경우 우리들이 동료를 위해 박탄고프에게 변호를 한다든가 해명을 하는 것은 아무 소용없음을 알고 있었다. 물론 박탄고프의 말이 전적으로 옳기 때문이기도 했다. 우리들은 언제나

• 예전 러시아에서는 배급권으로 상품을 얻을 수 있었다.

창조적 자감 상태의 그를 보아왔다. 그는 아프거나 피곤하거나 심지어 어떠한 혼란스럽고 심각한 상황에서라도 일단 연습이 시작되면 그는 연습을 위해 순식간에 변신을 했다!

그렇게 시간이 흘러갔다. 과오를 범한 학생은 최대한 조용히 자리에서 떠났고 박탄고프는 그의 문 닫는 소리를 듣자마자 무대를 향해 바로 얼굴을 돌렸다.

－자, 그럼 이제 다시 작업으로 돌아가 봅시다!

그가 외쳤다.

－꾸드랴브쩨프의 에튜드 테마부터 해보죠. 쉽고 빠르고 재미있게요! 지금 경마장이 열린 겁니다! 우리의 4개의 마스크들은 모두 상금이 걸려 있는 경주말들이고요. 그 말들은 원 모양으로 연이어 서로 뒤따라 달리면서 우리 곁, 무대 가장자리까지 스치며 달리세요. 그리고 각자, 소리로든 행동으로든 어떠한 생각들이나 희망사항 같은 것들을 보여주십시오. 각자의 경주 말들이 가지고 있는 고유한 성격들도 표현해주시고요. 단, 각 말들의 성격들은 (실제 말(馬)들이 저마다 가지고 있는 습성들처럼) 반드시 달라야 합니다! 자, 그럼 빨리 무대로 가십시오! 여러분들은 눈 깜짝할 사이에 창조적 자감 상태로 들어갈 수 있습니다!

우리들은 박탄고프가 농담을 했다고 생각했다.

그러나 놀랍게도 이 단순한 연습 과제는 실제로 우리 배우 동료들의 기분을 행복하게 만들어주었고 그러자 우리 배우 동료들 모두는 이날 박탄고프가 제안했었던 온갖 다양한 성격의 즉흥연기들을, 순식간에 포착해서 완벽하게 실현시켜낼 수 있었다. 그 하루가 지난 뒤 지난시간 객석에서 쫓겨났던 스튜디오의 일원은 다시 우리의 품으로 돌아왔다. 그리고 박탄고프는 그 후에도 그가 누구였는지 결코 물어보지 않았다.

마스크 쓴 연기자들과의 연습은 전체 희곡이 완성되어 무대에 올라갈 때까지 계속 진행되었다. 그러나 그들의 막간극 대사들과 행동들은 오랜 시간 확정되지 못했고, 쉽게 윤곽이 잡히지 않았다. 우리들은 항상 배우들에게 명확한 창조적 자감 상태에서 나오는 것들만을 요구하고, 일회적인 것들만을 해야 했기 때문에 오랜 시간이 걸리는 거라고 생각했다.

슈킨과 시모노프, 꾸드랴브쎄브의 연기직 재능과 기술을 바탕으로, 가류노바와
슈흐미나, 깔쪼바, 제르쟈비나가 그것들을 연극 예술에 알맞게 탐구하여 발전시키
고 풍성하게 만들었는데, 그러면 그것을 가지고 예브게니 바그라찌온노비치 박탄고
프는 우리 앞에 대담하고 화려하게 공개했다.

판탈로네 —И. М. 꾸드랴브쩨브

따르딸랴 —Б. В. 슈킨

트루팔리지노 −A. И. 가류노프   브리겔라 −O. Ф. 글라주노프

밤 장면

　이후에 이어진 연습 중, 박탄고프가 '밤 장면'이라고 불렀던 작업들 상당 부분이 특히 흥미로웠다.

　−우리 투란도트 전체 공연 중 이탈리아 코메디아 델 아르테 부분은 거의 마지막 장면으로 넣어질 것입니다.

　그가 우리에게 말했다.

　−이는 전체적인 공연 맥락에서 볼 때 하이라이트로 볼 수 있습니다. 전반적으로 한밤중처럼 어둡고, 수수께끼와 같은 관객들에게 주인공의 운명을 끝까지 알 수 없게 하는 거지요.

　이 부분은 소위 우리 예술가들이 쓰는 말로 표현하자면 무엇보다도 가장 우선시

해야 할 것은 바로 리듬, 리듬, 또 리듬입니다! 격정적인 리듬으로 공연이 흘러가다가, 돌연 코믹한 에피소드들에 의해 멈춰지고 그러다 서정적인 리듬으로 변하면서, 또다시 비극적인 리듬으로 변화될 것입니다. 즉 장면들은 굴곡 있는 리듬으로 만들어지는 것이죠!

저는 이미 여러분들께서 크게 세 가지 부분으로 나눠서 연습해 놓으신 에피소드 장면들, 그러니까 스키리나와 칼라프의 장면은 희극적인 장면으로, 젤리마와 칼라프 장면은 서정적인 장면으로, 아델마와 칼라프의 장면은 비극적인 장면으로 공연에 사용할 것입니다.

그런데 이러한 우리의 전반적인 에피소드 장면들에다가 어떻게 해야 밤 중의 불안한 분위기들을 조성할 수 있을까요? 내일은 모두들 곧장 무대 위에 모이도록 하세요.[43] 그리고 모든 타악기들을 준비하십시오. 드럼이나 심벌즈 이외에도 드럼 스틱과 폭죽 등 소리를 낼 수 있는 도구들은 다 모아 놓으십시오. 알렉산드르 드미뜨리예비치, 당신은 내일 연습에서 오케스트라 연주 팀과 함께 슬프지만 강한 느낌의 화음들을 즉흥적으로 연주해주십시오.[44]

다음날 우리들은 새로운 메인 무대(!)가 있는 커다란 관객석에 모두 모였다. 당시에는 우리들이 미처 그것을 살 만한 시간이 없었기 때문에 객석 의자가 아직 구비되지 않은 상태였다. 그래서 우리들은 다른 장소에 있던 벤치나 의자를 가져와 앉았는데, 오히려 그것이 연습 분위기에 훨씬 더 예술적인 느낌을 돋우어 주었다. 무대에는 이미 ≪투란도트≫를 위한 공간이 마련되어 있었다. 더 자세히 말하자면 무대 위에는 '밤 장면'이 설치되어 있었다. 그곳에 흰색으로 된 동그란 틀 속에 커튼이 드리워진 전체적으로 침상처럼 보이는 세트가 심플하게 디자인되어 있었다.

무대 후방 벽 쪽, 발코니 주변 공간에는 칼라프 왕자의 침소를 지키는 브리겔라 장군의 초소가 있었다. 무대 연기 공간 주변으로는 회녹색의 가벼운 재질 천 들이 사방에 드리워져 에워싸고 있었다. 달은 도르래에 매달려 있었다.

우리 오케스트라는 관객석에서 오른쪽 방향에 있던 첫 번째 무대 천 뒤로 착석했다. 조명도 우리의 무대 조건에 '맞추었다.' 우리들은 박탄고프가 어두운 밤을 표현하는 듯한 뻔한 조명은 견디지 못할 것이라는 것을 알고 있었기 때문에, 깊고 푸르스름한 느낌의 조명을 무대 곳곳에 환상적으로 적셔냈다. 어슴푸레한 달빛이 '빛나고 있었다.'

박탄고프가 무대에 도착했을 때 무대 커튼은 닫혀 있었다. 예브게니 바그라찌온노비치 박탄고프는 기분 좋은 모습으로 들어왔다. 그는 거의 준비가 되어 개관을 앞두고 있는 새롭고 '커다란' 극장 공간을 바라보며 농담을 했다.[45]

—무너지지는 않겠지요?

그는 목조로 된 객석의 마루판의 견고성을 확인하기도 하듯, 큰 발걸음 소리를 내며 무대에 올라가 의도적으로 의미심장하게 말했다.

—객석의 조명을 꺼주십시오. 무대 커튼을 열어 주세요.

그는 관객석 중심에 위치한 그리 크지 않은 책상 옆 연출 의자에 앉아서 지시했다. 그리고 이내 불이 꺼졌다. 커튼이 열리자 우리 눈앞에 '밤 장면'이 펼쳐졌다. 흰색 침상 위에 칼라프 왕자가 잠들어 있었다. 브리겔라는 손에 램프와 작은 사다리를 쥔 채 왠지 굴뚝 청소부와 비슷한 모습으로 망을 보고 있었다.

—제가 부탁드렸던 준비들은 모두 하신 겁니까?

예브게니 바그라찌온노비치 박탄고프가 까뜰루바이와 자하바에게 속삭여 물었다.

—전부 준비했습니다.

연출자들은 박탄고프와 마찬가지로 조용히 대답했다.

—까즐롭스키의 오케스트라 팀도 제 자리에 있나요?

—제 자리에 있습니다. 예브게니 바그라찌온노비치 박탄고프.

—그러면 짠니(광대들)들은 어디 있습니까?

—객석에 있습니다.

—아델리마와 젤리마, 스키리나는 어디 있지요?

—무대 막 뒤에 있습니다. 무대로 등장하는 출입구에요!

—그럼, 이렇게 해주십시오. 까즐롭스키 오케스트라가 돌연 각자의 악기들로 불협화음을 내는 순간, 짠니들이 일상 용품들을 손에 들고 뛰어나와 냄비든 막대기든

소리 나는 것들 아무거나 무대 사방을 돌아다니며 소리를 내는 겁니다. 그러니까 관객들이 보이는 무대든, 아니면 천으로 가려진 공간이든 상관없이 짠니들은 사방팔방으로 왔다 갔다 하면서 무대에 혼란과 기괴함을 조성하는 것이지요. 이들은 오케스트라의 불협화음이 끊기기 전까지 들어갔다 나왔다 하면서 혼란을 유지해야 합니다. 야단스럽게 소란을 피우거나 난리를 치십시오. 얼마든지요, 될 수 있는 한 모두를 놀라게 하는 겁니다. 이해하셨습니까?

　　－그러니까, 까즐롭스키가 배우들에게 가서 이 과제를 지시하면 되는 거죠?

　　－물론입니다. 저 연기자들이 1분간 불협화음을 지속할 수 있도록 하세요!

　　－그러면 연기자들에게 여기에서 무슨 대사들을 하라고 할까요?

　　－당신 정신이 있습니까! 여기에 무슨 말이 필요합니까! 연기자들은 본능적으로 반응만 하면 됩니다. 짠니들이 이런 불협화음과 불안감들을 조성하는데, 아무런 계산된 생각들이 필요치 않아요. 연기자들은 이러한 요소들을 직접적으로 감지하고 반응하는 것이 이 일의 핵심이고요.

　　박탄고프의 모든 지시들이 수행되었다. 객석에 있던 다른 사람들은 보지 못했지만, 나는 박탄고프가 연출자들과 서로 속삭이며 이야기를 한 뒤에, 무대를 내려오는 것을 보았는데 박탄고프와 대화 후 까툴루바이가 짠니(광대) 그룹 배우들과 뭔가를 상의하는 듯한 모습도 목격하게 되었다. 공연의 총책임자로서 박탄고프는 그의 모든 아이디어를 연기자들에게, 연출가로 참여하는 제자이자 동료들에게, 물론 나에게도 쏟아냈다.

　　－자, 그럼 이제, 무대 커튼은 닫아주시고, 장면을 시작해주십시오. 런・을 끊지 않고 가보겠습니다.

　　박탄고프는 연출자들을 능청스럽게 바라보았다.

　　－여러분들이 저를 위해 어떤 것들을 준비했는지 보도록 하죠.

　　무대 커튼이 열리자 우리들은 이전과 같은 무대 세트를 보았다. 전체적으로 무

• 공연 연습 때 사용하는 말로, 준비된 연습 장면들을 전체적으로 끊지 않고 이어가 보는 것을 말한다.

대는 밤의 고요한 숨결이 흐르고 있었다. 초소에서 보초를 서던 브리겔라가 갑자기 이상한 딸꾹질 소리를 냈고 조심스럽게 벽을 두드렸다.

　—무슨 일인가?

칼라프가 퍼뜩 자신의 침상에서 일어났다.

　—아무 일도 아닙니다. 존엄하신 이방인이여.

그의 부하는 최대한 예의를 갖춰서 대답하려고 했다.

　—저는 단지 당신께 유령들을 두려워 말라고 미리 알려 드리려고 왔습니다.

　—유령들이라니?

칼라프가 재차 물었다.

　—아닙니다. 염려 마십시오. 물론, 지금 그것들이 아직 그쪽에는 없으니까요.

브리겔라가 자신의 대사를 미처 다 끝내기도 전에 무대 위에서는 뭔가 심상치 않은 일들이 벌어지기 시작했다. 무대 구석 쪽에 숨어 있던 오케스트라에서 저마다 강한 소리들을 내면서, 끔찍한 불협화음을 만들어냈다. 그러자 온갖 사방 군데에서 짠니들이 각자 환상적인 무기들—냄비, 프라이팬 등 소리가 나는 물건들—을 들고 튀어나와 그것들을 두드리며 지블리쉬 같이 뜻을 알아들을 수 없는 언어들을 주고받기도 하고, 소리도 지르면서 무대 곳곳을 뛰어다녔다. 그러다 오케스트라에서 다시 새롭게 꽝! 하는 소리를 내자 짠니들이 순식간에 자취를 감추었다. 칼라프와 그의 부하는 아연실색하여 한 사람은 자신의 침상으로, 다른 한 사람은 초소로 숨고는 어쩔 바를 몰라 했다.

무대는 죽음과도 같은 침묵이 깃들었다.

　—보시다시피, 그 어떤 유령들도 우리들을 해치지 않았습니다.

브리겔라는 부득이하게 이어서 말했다.

　—하지만 만에 하나 어떤 영혼이라든가, 요정 같은 것들이 자물쇠 틈새로 들어왔다면요. 생각해보십시오. 존귀하신 폐하, 제 아무리 저라 할지라도 어쩔 수 없잖습니까?

브리겔라의 대사에 객석은 웃음이 터져 나왔다.

왜냐하면 방금 무대에서는 박탄고프의 계획대로 우리들로선 상상하지 못했던, 말도 안 되는 일들이 무대에서 일어났기 때문이다.• 우리들은 방금 펼쳐진 장면들이 예브게니 바그라찌온노비치 박탄고프의 마음에 들 것이라고 확신했다.

하지만 예상은 빗나갔다!

－브리겔라가 말하는 '영혼들'이나 '요정들'은 어디 있었습니까?

불만 가득한 그의 목소리가 울려 퍼졌다. 아델마, 스끼리나, 젤리마!

－우리의 사랑스러운 아가씨들은 대체 어디에 있지요?

－우리들은 무대 위에 있었습니다. 저희는 저희들의 등장 순서를 기다리고 있었어요.

배역 이름으로 호명된 연기자들은 상냥하지 않은 톤으로 말을 하던 박탄고프의 질문에, 사태 파악을 하려는 듯 주저하면서 대답했다.

－대단하십니다!

박탄고프가 비꼬았다.

－저는 바로 여러분들 '유령들'과 '요정'의 등장 신(scene)을 위해 사전 분위기를 만들었는데 정작 그 주요 배역들은 무대 뒤에 태연하게 앉아서 자기 대사 순서만을 기다리셨군요! 이 장면은 여러분들이 주인공입니다. 그런데 이 장면의 주인공인 당신들께 등장할 타이밍을 따로 말을 해줘야만 합니까! 저는 이 장면에서 여러분들이 궁전 뒤를 몰래 빠져 나와 이곳으로 이동하는 동안 혹시 중간에 누군가와 마주치진 않을까 몹시 두려워하는 하는 순간순간들을 표현하려 한 것이었습니다. 그러니까 저는 불안한 분위기와 상황을 미리 조성하여 여러분들이 이러한 분위기들을 입고 연기할 수 있도록 장면을 창조해 드린 것이었는데, 여러분들은 오직 자기 대사 순서만 기다리고 계셨군요! 대단하십니다! 우리가 방금 보았던 '밤 장면'을 위한 전조 신(scene)은 모두 취소하도록 하겠습니다.

• 희곡의 대사로만 보면 무서운 상황인데, 박탄고프는 그것과 반대로 무섭지만 코믹한 장면을 연출했다.

―예브게니 바그라찌온노비치 박탄고프!

관객석에서 연출가들의 목소리가 들려왔다.

―이 장면은 너무나 표현적이고 흥미롭습니다. 다시 한 번만 연습할 수 있게 해주세요! 이제 연기자들은 그 '혼란' 상태의 장면에 참여하여, 자신의 연기에 적용시킬 수 있을 겁니다.

―진짜 우리들은 이 장면에서 짠니(광대들)들과 함께 연기에 참여해야 하는 줄 몰랐습니다!

―당신들은 '모르셨던 거군요!'

박탄고프는 또다시 격분했다.

―당신들은 워낙 순진무구한 영혼들인데다가 정직하고 훌륭한 시녀들이라서 모르셨군요!

그는 여배우들을 책망했다.

―혹시 나머지 공연의 참여자들도, 무대 위에서 어떻게 존재하고 참여해야 하는지 모르시는 거 아닙니까? 수상들이나, 비서들, 현자들 하인과 몸종들은 어떻게 해야 할까요? 이 연기자들도 마찬가지입니다. 여러분들도 궁전의 저마다의 자리에서 자신의 배역만을 생각할 것이 아니라 칼라프, 투란도트, 알토움의 감정까지도 생각하셔야만 합니다!

제가 이것을 어떻게 여러분에게 설명해야 할지 모르겠지만... 꼭 하나 꼭 알아두셔야 할 것이 있습니다. **전체 희곡**에서 각자 **자신의 배역 부분만**을 보고 연기하지 마시고, **희곡 전체**를 보고 이해한 다음 거기에서 각자의 배역을 연기해야 한다는 것을요.

자, 모두 무대 위로 올라가 무대 막 뒤에 서십시오! 시종, 노예들, 현자들, 알토움, 투란도트 등 오늘 이 궁전 안에 있는 모든 인물들은 무대로 가서 대기하고 계십시오 장면의 서막부터 다시 연습해봅시다.

박탄고프가 호명한 배역의 연기자들은 재빨리 무대 위에 올라갔다.

―저들은 다시 한 번 오케스트라의 불협화음을 기다릴 겁니다.

예브게니 바그라찌온노비치 박탄고프는 근처에 앉아 있던 연출자 그룹에게 속삭였다.

─지금 저 배우들은 무대 뒤에 모여서 밤 장면에서 칼라프에게 발생할 사건에서, 각자가 어떻게 숨을 것인지 혹은 어떻게 두려워할지를 준비하고 있을 거예요. 그러니 우리가 저 배우들을 속여 봅시다. 지금 까즐롭스키에게 가서, 원래 오케스트라 팀이 연주하기로 했던 불협화음 말고, 약간 감성적인 왈츠 곡으로 빠르거나 느리게, 무작위로 연주해 달라고 전해주십시오. 짠니들은 소리 지르거나 으르렁대면서 놀라게 하지 말고 오직 나오는 음악에 따라 리듬을 맞춰서 움직이라고 이야기하세요. 단, 절대로 짠니를 제외한 무대 위 배우들에게는 아무 말도 마시고요!

음악이 시작되는 것이 장면을 시작한다는 신호예요! 무대 위에 팬터마임의 유령들과 브리겔라의 이전과 똑같은 대사부터 할 겁니다!

박탄고프는 무대 위에 대기하고 있던 모든 배우들을 위해 아주 큰 소리로 순서를 정리해주었다. 다시 한 번 새롭게 무대 막이 열렸다. 브리겔라는 보초를 서고 있었고, 칼라프는 평화롭게 자고 있었다. 다시 한 번 "오늘은 나타나지 않을 겁니다"라는 유령을 지칭하는 브리겔라의 불안한 대사가 들려왔고, 무대 뒤에서 오케스트라가 연주하는 단순하고 감성적이지만 조금은 묘연한 느낌의 왈츠곡이 (당시 우리에겐 그렇게 느껴졌다) 흘러나왔다.

분명 이 장면의 주요 배우들은 자극적인 음악이 나오기를 기대하며 무대 어디든 뛰어들 준비를 하고 있었는데 갑자기 기대와는 다른 고요한 음악이 흘러나오자 매우 놀라서 얼어붙어버렸다. 게다가 이번에 광대들은 프라이팬들을 두드리지도, 길길이 무대를 뛰어다니지도 않았으니 말이다. 매우 우스운 순간이 펼쳐졌다. 객석에 앉아 있던 모두가 웃음을 터트렸다.

─이것이 여러분들이 진부하다는 실례입니다!

박탄고프는 그의 목소리가 무대에서도 별문제 없이 들릴 만큼 큰 목소리로 말했다.

─그리고 보시다시피, 이 일은 순식간에 일어나는 거예요. 배우들은 미리 불협화음에 맞는 감정을 준비했기 때문에, 새로운 상황을 수용해서, 그 무대 분위기에 맞는

연기를 하지 못했던 거죠.

하지만 무대 위에 있던 배우들의 연기는 금방 좋아졌다. 박탄고프가 말을 이어
가는 사이, 몇 초 만에 배우들은 새로운 상황에 적응해서 장면을 바꿔 나가기 시작
했기 때문이다. 우리들은 아델리마, 스키리나, 그리고 젤리마가 인적이 드문 무대
한 모퉁이에서 유연한 동작으로 몸을 숨기는 것과, 알또움 황제 배역을 맡은 바숩이
어떤 옷감 한 필을 뒤집어쓴 채 가부좌를 틀고 앉아 있는 모습을 보게 되었다. 알또
움 황제는 자신이 뒤집어쓰고 있던 주름 잡힌 천 사이로 곁눈질로 주변을 살피며,
부처와 비슷한 모습으로 앉아 있었다. 거의 발끝까지 늘어진 땅에 닿을 만큼 긴 베
일을 덮어써 몸을 숨긴 투란도트의 몸종들은 무대 위를 미끄러지듯 지나갔다. 현자
들의 좌석에는 특별한 환상이 가미되어 있지 않았지만, 현자들도 황제가 착용한 것
을 본떠서 만든 듯한 터번 같은 것을 머리 위에 둘러쓰고는 무대 구석구석에서 가부
좌를 틀고 앉아 있었다. 짠니들은 무대 곳곳에서 등장하였고, 소리 없이 과제를 수
행하면서 (그들은 부드러운 재질의 슬리퍼를 신고 있었다) 무대 곳곳을 뛰어 돌아다
니다가 이내 각기 다른 방향으로 자취를 감추었다.

'유령' 연기는 아델마 배역을 연기한 A. A. 오라치코가 가장 훌륭히 해냈다. 그녀
는 바닥끝까지 늘어진 검은 베일의 의상을 입은 채 보폭을 작게 해서 이동했는데
그 모습은 실제로 발을 움직이지 않고 무대 위를 떠다니는 것처럼 보였다. 그리고
이 모습은 아주 인상적이었다. 한편 왈츠는 주요 멜로디에 리듬만을 계속 바꾸어서
연주되고 있었다.

—이 왈츠는 어디에서 나왔던 곡이죠?

박탄고프가 조용히 물었다. 하지만 아무도 그 질문에 대답하지 못했다. 왈츠 곡
은 우리에게 익숙한 단순한 곡이었지만 우리들은 그 곡을 어디에서 들었었는지 기
억해내지 못했다. 마임이 지연되어 늘어지고, 내용이 더 이상 발전되지 않자 박탄고
프는 음악을 중지하라는 신호를 주었다.

전 등장인물들이 순식간에 무대 사이드 윙으로 사라졌다.

브리겔라와 칼라프는 그들이 있던 그 지리에서 곧바로 대사를 주고받았다.

—왕자님, 왕자님께서는 진정 아무것도 못 보셨습니까?

용맹한 브리겔라 장군이 물었다.

—아니, 전혀, 아무것도 보지 못했네.

현명한 왕자가 대답했다.

—잠이나 더 청해 볼까요?

브리겔라가 제안했다.

—잠이나 더 자세.46

꽤나 딱딱해 보이지만 아름다운 자신의 침대에 누울 준비를 하면서 칼라프가 대답했다.

곧이어 잔망스러운 스키리나의 등장이 이어졌다. 랴우단스카야는 이 배역의 연기하는데 있어 본인 스스로가 매우 좋은 작업을 체득해냈다. 그녀는 박탄고프나 연출자들이 순간적으로 하는 아주 작은 코멘트들을 자신만의 언어로 해석하고 수용해서 그녀만의 예술적 개성으로 그것들을 손색없이 실현시켜냈다. 그녀는 본인이 맡은 스키리나라는 배역이 가지고 있던 막연한 심리적 뼈대만을 가지고도 내적으로는 우아하게, 외적으로는 귀품 있게 결합시켜 형상을 만들어 냈다. 또한 그녀는 이 배역에서 기이한 행동으로 우스운 등장을 발견하여 시도하기도 했으며, 그녀만의 순진함과 단순함으로 이 배역의 매력을 배가시켰다. 그녀만이 가지고 있던 독특한 유머는 관객들을 사로잡았으며, 그녀에 대한 관객들의 호감을 크게 불러일으켰다.

스키리나와 칼라프가 나오는 에피소드에서는 배우들이 워낙 혼신의 힘을 기울여 연습했기 때문에 연출가들이나 박탄고프가 단 한 번도 이 부분의 연습을 중단시키는 일이 없었다. 스키리나 배역을 맡은 라우단스까야는 실제로 유령이 나타나던 시간, 자고 있던 왕자의 머리맡 부근에서 (물론 고찌의 희곡에 쓰여 있던 대로, 군복으로 '갈아입은 채') 소리 없이 감쪽같이 나타났다. 그녀는 그녀의 갑작스러운 등장을 위해서 미리 침대 밑으로 들어가 숨어 있으면서 칼라프와 브리겔라의 장면 내내 그 밑에서 참을성 있게 누워 있다가 정확한 순간에 등장했던 것이다. 다음의 문장은 젊은 여배우 라우단스카야의 예술적 특성을 잘 드러내는 그녀의 말이다; <무대 위에서 한 순간이라도 좋은 연기를 선사할 수 있다면, 어떠한 것도 '헌신'할 수 있다!>

스키리나의 퇴장 후, 칼라프가 미처 다시 잠들기도 전에 투란도트의 사랑스러운 시녀, 젤리마가 새롭게 등장했다. 젤리마 배역은 레미조바가 맡아서 연기했는데 우리의 젤리마 배역은 너무나 어리고 순진한 소녀였던지라 이토록 어린 소녀가 아직 어두운 밤에 게다가 남자 혼자 자고 있는 방에 온다는 것이 벅차고 괴로워 보여서, 우리들 모두는 (나중에는 관객들 모두가) 걱정으로 마음을 졸였다. 어찌나 사시나무 떨듯이 떨던지. 그녀는 공포에 질려 있었다! 젤리마는 말을 최대한 빨리 하느라, 오히려 말을 더듬거렸다.

이 에피소드도 별문제 없이 쉽게 지나갔다. 극장에서 가장 어린 여배우였던 레미조바는 극단의 주연 배우와 만나는 이 장면에서, 희곡 속 시녀로서 문학적인 내적 대사들을 부끄러워하면서도 진심을 다해 연기했다.

자바드스키 역시 농담이 아니라 실제로도 매우 멋진 배우였다! 그는 실제에서나 무대에서나 잘생긴 청년이었다! 당시 수많은 모스크바 안의 극장 단원들 중에서, 그처럼 그 배역에 완벽히 잘 어울리는 잘생긴 '멜로드라마의 주연 배우는', 찾아보기 힘들었다.

그리고 곧 칼라프와 아델마(호라산 공주 출신이었던 아델리마)의 만남 장면이 이어졌다. 박탄고프는 연습할 때마다 이 장면을 비극이라고 칭했었는데 이 장면은 실제로도 드라마틱했다. 아델마 배역을 맡아 했던 오라치코는 이전의 장면 연기 《엘렉트라》에서 우리들이 이전에 단 한 번도 볼 수 없었던 열정과 연기 기술로 우리들을 전율시켰었는데 오늘 역시 이 칼라프와의 장면 연기에서도 매우 탁월하게 주도해서 연기하는 것처럼 보였다.

그런데 갑자기 박탄고프의 "스톱!"이라는 외침이 들려왔다.

─이것이 당신이 관객들에게 보여줄 수 있는 전부입니까, 아쌰?[47]

조용한 그의 목소리가 들려왔다.

–다시 한 번 장면을 연기해보겠습니다. 예브게니 바그라찌온노비치 박탄고프.

오라치코는 대답 대신 제안을 했다.

–그러시지요!

이번 에피소드는 젤리마가 떠난 뒤 아델마가 칼라프에게 도착하는 것부터 시작되었다. 그리고 우리들은 오라치코가 이보다 더 이상 연기를 잘할 순 없을 거라고 다시금 생각했다.

그런데 또다시 "스톱!" 소리가 들려왔다.

–지금 당신은 최대치의 열정을 보여주셨습니까?

침착한 톤의 박탄고프 목소리가 우리에게 숙명적인 질문을 하는 것처럼 느껴졌다. 여배우는 침묵했다. 그리고 객석에 불편한 침묵이 도래했다.

–즉 이것이 전부란 뜻이군요!

박탄고프는 마치 뭔가를 결론 내리듯 재차 확인했다.

–이것이 전부라니요!

그가 반복했다.

–안됩니다. 그러니까, 우리 극단 단원 중에는 비극 배우들이 없다는 말이군요. 제가 이 장면은 비극이라고 말하지 않았습니까! 비극은커녕 **드라마 배우** 수준에도 못 미칩니다.

박탄고프는 자신의 말을 강조했다.

–뭐 어쩌겠습니까! 우리는 우리들의 공연 계획을 포기해야 하는 게 맞을 것 같군요. 이 공연을 연출적 마술과, 다정하고 멋진 왕자, 그리고 투란도트 공주의 서정적이고 순진한 시녀 역할만으로 만들어낼 수는 없으니까요. 이 공연은 희비극이 아닌, 단맛이 다 빠진 맹탕과 다름없습니다! 아델마가 없으니 희곡 속 본질도 없는 것이죠! 지금 《투란도트》 공연 연습이 완전히 끝났음을 알려드립니다. 이제 마음대로 하십시오. 내일 저는 이 사안에 대해 콘스탄틴 쎄르게예비치 스타니슬랍스키와 블라디미르 이바노비치에게 전달하도록 하죠.

박탄고프는 배우들이 이 어려운 장면을 도무지 살려낼 방법이 없다고 생각했는지 완전히 비통해하며 열변을 토해냈는데, 그 말인즉슨 방금 그의 말은 농담이 아니라는 것을 의미했다. 우리들은 예브게니 바그라찌온노비치 박탄고프가 당장 오늘 밤에라도 모스크바 예술 극장에 전화를 걸어, 스타니슬랍스키와 네미로비치-단첸코에게 방금 우리에게 했던 말을 전할 수도 있다는 것을 알 수 있었다! 이미 우리 스튜디오에서는 두 번이나 이처럼 공연을 중단시켰던 역사가 있었기 때문이다!

—그리고 지금 가장 안타까운 것은, 제가 당신, 아싸(오라치코)를 너무 믿었다는 겁니다. 지금까지도 믿고 있지요. 하지만 당신은 뛰어난 재능과 목소리를 갖고 있으면서도, 너무 몸을 사립니다. 그런데도 그 배역으로 '연기 실력'이 보이길 바라시고요.

박탄고프는 자리에서 일어났다.

—다른 극장에 가서나 그렇게 연기하십시오. 저는 당신을 방해하지 않을 겁니다. 오히려 내일 곧바로 당신이 제1스튜디오로 입단할 수 있게 길을 열어드리지요. 약속합니다. 당신은 제가 제1스튜디오로부터 벌써 여러 차례 우리 스튜디오 배우들을 '영입'하겠다는 제의를 받은 것을 알고 계시잖습니까.

그리고 이것은 사실이었다! 이 순간 박탄고프는 오직 사실만을 이야기하고 있었다. 그러자 우리들의 가슴은 쿵쾅거렸고 갑자기 모든 게 암담하게 느껴졌다.

우리의 아델마가 갑자기 객석을 등지고는, 고개를 떨어뜨리고 어깨를 들썩이며 소리 없이 흐느껴 우는 모습이 보였다.

—우십시오, 맘껏 눈물을 흘리세요, 아마도 그러는 편이 제일 낫겠네요!

박탄고프는 무자비하게 말하더니, 갑자기 그 주변 바닥에 놓여있던 의자를 걷어차면서 출구 쪽을 향해 나갔다. 어째서인지는 모르겠지만, 바닥에서 마치 기타가 튕기는 듯한 소리가 났는데 아마도 나무와 나무가 서로 부딪히면서 날카로운 소리를 냈던 것 같은데 그 순간 칼라프 침상에 있던 오라치코가 필사적으로 뛰쳐나와, 객석의 박탄고프에게 가서 소리치며 눈물로 호소했다.

안됩니다. 안돼요, 연기하겠습니다. 연기하고 싶어요. 가지 마세요.

—저한테 말하지 마십시오, 대상은 제가 아니에요! 저 말고 칼라프에게 가서 이렇

세 말하십시오!

박탄고프는 자신의 지팡이로 칼라프 역을 맡은 자바드스키를 가리키며 예민하게 그녀를 뿌리쳤다.

－방금 제게 한 것처럼, 당신의 가장 핵심적인 장면의 대사를 칼라프에게 하십시오! 그에게 얼른 달려가세요!

심지어 박탄고프는 자리에서 지팡이로 무대 바닥을 쾅쾅 내리치며 재촉했다.

그리고 기적이 일어났다!

당신 눈앞의 쇠사슬에 묶여있는 경멸스러운 이 노예는

호라산 왕의 딸인 아델리마,

왕위를 위해 태어났지만, 지금은

불행한 사람, 보잘 것 없는 시녀일 뿐. . .

아델마는 **실제로** 쓰라린 눈물을 하염없이 쏟아냈다! 오라치코의 목소리는 응축되어 확연히 달라져 있었고, 다른 음성처럼 들렸다!

내 형제도, 마치 당신과 같이,

오만한 투란도트를 무조건적으로 사랑했지,

도시의 성문 앞에서 당신은 그의 머리를 볼 수 있을 거야.

아델마는 단순히 눈물만 흘리는 것이 아니었다. 그녀는 복수를 부르짖었다! 또한 그에게 경고하듯 말했다!

삼 형제가 모두 잔인한 죽임을 당했다.

언니와 나는 단번에 이승과 작별하기로 결정했고,

급류가 흐르는 깊은 강물로 몸을 던졌어.

－좋습니다!
박탄고프가 큰 소리로 외쳤다.

언니들은 죽었지만 누군가 나를 구했고,
그는 나를 끔찍한 투란도트의 노예로 바쳤다!

우리들은 진심으로 우리의 여배우 입을 통해 나온 대사들이 극도로 풍부한 의미들과 비주얼, 감정으로 전해졌다고 생각했다. 지금 우리들의 눈앞에는 완벽한 비극 전문 여배우는 아닐지라도, 최소 뛰어난 전문 드라마 배우 수준의 여배우가 무대 위에 서 있었다. 아델마와 칼라프의 마지막 장면이 끝나자 박탄고프는 무대 위로 올라가서 아델마 배역을 맡아 연기했던 오라치코를 꼭 안아주었다.

－자, 이제는 연습을 계속 진행할 수 있을 것 같군요.
그는 관객석 자신의 연출가 책상 쪽으로 되돌아가면서 말했다.
그리고 끝도 없는 "한 번 더! 한 번 더! 한 번 더!"가 시작되었다.
박탄고프는 배우들이 어느 순간 필요한 수준의 실력을 달성해냈다 하더라도 거기서 멈추지 않고, 언제든 배우들이 쉽고 기쁘게, 그리고 그 수준의 창조적 영감에 완전히 차오를 수 있어야 한다고 생각했다. 때문에 이날 온갖 다양한 방법들로 밤새도록 연습을 연습했던 '밤 장면'은 훗날 공연으로는 거의 쓰이지 않았으며, 공연 때의 미장센은 그날 연습했던 미장센들과는 많이 달라졌다.
박탄고프 덕분에 오라치코는 그녀의 엄청난 잠재력이 폭발하였고, 모든 배우들도 각자가 가지고 있던 감성들의 진척을 드러냈으며 마침내 박탄고프가 반드시 필요로 했던 무대 표현을 수월하게 찾아내게 되었다.
박탄고프는 배우들과의 연습에서 종종 잔인할 정도로 혹독했지만 우리들은 그가 그런 모습을 보이는 것은, 그의 높은 예술적 기준 때문이자 타협하지 않는 예술가이기 때문이라고 이해했다. 물론 예브게니 바그라찌온노비치 박탄고프가 극장 젊은 배우들과의 실제 인간관계에서는, 확실히 연습 때의 성격적 결함들을 볼 수 없었기 때문이기도 하다.

예브게니 바그라찌온노비치 박탄고프는 극장에서의 삶과 시를 진정하게 사랑했다. 그는 '밤 장면' 리허설(rehearsal)에서 상투적인 것들은 다 없애버리고 보다 고양된 시적 정신을 불어 넣었다. 예술적이었던 그는 이 장면을 연습할 때 '정시마다 울리는 유럽의 벽시계 종소리'를 울리며 시작한다든가, 쉬는 시간 짬짬이 왈츠 같은 부드러운 음악을 사용하며 장면을 연습하곤 했다.

−그런데, 방금 배우들이 이 장면에서 왈츠 곡에 맞춰 연기했던 곡은 어떤 곡이었나요? 작곡자가 누구죠?

어느 날 그가 물었다.

−이 곡은 우리들이 직접 작곡한 겁니다.

카즐롭스키가 대답했다.[48]

−어떤 악기로 이 곡을 연주하셨나요? 이질적이기는 하지만 우리의 '중국적이지 않은' 공연 음악으로는 제격이군요!

−파피루스 종이를 여러 겹으로 접어서 만든 종이 하모니카로 연주한 겁니다.

카즐롭스키가 대답했다.

−매우 훌륭합니다. 이러다 모스크바 전체가 우리 음악을 따라 하면 어쩌죠? 그렇게 되면 좋겠네요!

박탄고프가 잠시 생각하며 말했다.

실제로 ≪투란도트≫에서 연주된 왈츠 곡을 포함한 전체 음악들은, 러시아뿐만 아니라 전 유럽에도 인기를 얻게 되었다.

밤 장면. 《칼라프에게 온 아델마》 무대 제 3막

밤 장면. 《칼라프에게 온 스키리나》 무대 제 3막

아델마 —A. A. 오라치코

프롤로그와 피날레 창조 과정

《투란도트》의 연습이 약 한 달 정도 남았을 즈음 박탄고프는 유난히 기분 좋은 모습으로 스튜디오에 왔다.

－음, 오늘은 중요한 부분을 찾아볼 겁니다. 연극의 도입과 끝부분이죠.

그가 말했다.

우리들은 깜짝 놀랐다. 우리들 생각에는 공연에서 제일 중요한 장면들도 아직 준비가 되지 않았는데 난데없이 공연의 시작과 피날레 부분을 연습한다니!

아, 지금 연습 일정도 벅찬데 여기에 뭐를 더 집어넣는단 말인가! 제발 박탄고프가 스케줄대로만 그것도 힘들면 최소한 '계획대로만!'이라도 연습했으면 좋으련만! 솔직히 말하면 우리들은 날마다 그때그때의 계획에 맞춰서 박탄고프에게 보여줄 당일 연습할 부분을 미리 준비해오는데, 박탄고프의 변덕으로 그날의 새로운 과제를 내주는 날이면, 우리 입장에서는 당일 그가 내준 새로운 과제의 '핵심'을 찾아내는 것이 여간 어려운 것이 아니었다. 사실 이것이 우리들이 그의 이러한 행동을 진짜 두려워했던 이유였다. 그러니까 오늘 원래 박탄고프에게 보여주기 위해, 이 전날, 젊은 연출가들과 배우들이 미리 연습해서 준비한 연기는 제쳐두고(박탄고프는 자신이 지시했던 것을, 젊은 연출가들과 배우들이 발전 및 완성시켜서 가져온 장면들을 확인하는 대신), 박탄고프는 공연에 들어갈 또 다른 새로운 장면을 연습하는 것으로 진도를 빼는데 힘썼다. 여타의 연출가들과는 달리, 그는 그만의 특별한 재능으로, 공연을 준비할 때 전체적인 작품의 큰 그림(전체 주제)을 파악한 뒤 각 장면마다 분리된 (소)주제를 따로 정해놓고 (그 각각의 장면의 (소)주제들은 전체 주제와 연결이 된 것이었다) 장면들을 연습했다. 때문에 그는 이처럼 희곡의 순서대로가 아닌 희곡의 순서와는 상관없이 하는 개별 장면 연습을 좋아했다. 그러고 보니 장면을 꼭 순서대로만 연습해야 한다는 연출법은 없지 않은가? 과연 공연에 내용과 형식 기준에 따라 순서대로 연결해서 연습한 뒤에 공연을 올려야 한다는 연출 규칙이 있단 말인가?

　―이제, 공연 도입 부분을 탐구해보죠!

　박탄고프는 우리들이 놀란 것에 개의치 않고 새로운 지시를 했는데 어딘가 모르게 엄숙해보이기까지 했다.

　―여러분 전원에게 공연의 도입 부분의 방법을 제안하겠습니다. 먼저 단 하나 꼭 지켜야 할 것이 있습니다. 칼라프와 바라흐의 첫 번째 장면을 시작으로 해서, 상투적인 형식이 아닌 일반적인 이탈리아 코메디아 델 아르테에서 쓰는 방식으로 무대에 나오는 겁니다. 즉, 축제처럼요! 누구에게, 어떤 아이디어가 있으신가요?

　전 배우들이 객석에서 입장하는 것은 어떨까요?

　―진부합니다!

　―에브게니 바그라찌온노비치 박탄고프, 선생님께서 예전에 제안하신 대로, 극장 복도 계단에서부터 관객들을 만나는 거예요.

　―비밀스러움이 깨지거나 신비로운 예술의 즐거움이 노출될 위험이 있어요. 관객

들은 스키리나의 땋아 늘어뜨린 머리칼이나, 알토움의 수염을 잡아당길지도 모릅니다!

　−예브게니 바그라찌온노비치 박탄고프. 선생님께서는 관객들과 극단 전체 작업 과정이 만나지길 바라셨잖아요.

　−작업이라. . . 어떤 작업과 만날 수 있겠습니까? 가만있어 보자. 루벤(시모노프), 요즘 배우들과 함께 훈련하고 있는 자네의 리듬 작업을 지금 우리에게 보여줄 수 있겠나?

　−무대에서 보여드려도 될까요?

시모노프가 물었다.

　−당연히 무대에서 보여줘야지!

박탄고프가 강조했다.

몇 분 후, 무대 위에 향후 공연의 참여자 전원이 세워졌고 카즐롭스키는 무대 막 뒤의 그랜드피아노 근처에 있었다. 까즐롭스키가 시모노프의 신호에 따라 신나는 행진곡을 연주하기 시작하자, 무대 위에 있던 모든 사람들은 평소대로 다양한 리듬 연습 과제를 순서대로 수행하기 시작했다.

박탄고프는 침묵으로 무대를 바라보며 뭔가에 대해 골똘히 생각하고 있었다.

시모노프 지시 하에 배우들이 연습 과제를 보여주던 중, 무대는 한순간, 일시 정지(빠우자)가 발생했다.

　−방금 여기까지는 워밍업(warming-up)이었습니다. 도입 부분이라고 할 수 있지요.

시모노프가 설명했다.

　−자! 이제 준비되셨지요! 이랴∼ 간다!

그는 본격적인 지시를 시작했다.

그 순간 참여자 전원의 손에서는 형형색색의 한 작은 공들이 나왔고, 동시에 그랜드 피아노에서 새로운 왈츠 리듬의 멜로디가 연주되었다. 그 공들은 오래되어 연식이 다 되어 버린 테니스공에다가 여러 가지 밝은 색으로 덧칠한 것이었는데, 배우들이 공중으로 그 공들을 던지자 아름다운 광경이 펼쳐졌다. 스튜디오 배우들은 그것들을 매우 능수능란하게 다뤄냈다. 그들은 리듬을 깨지 않으면서도 그 공들을 던졌고 공중에서 공들을 분수처럼 만들어내는 어려운 일까지 해냈다.

박탄고프는 눈에 띄게 생기를 되찾았다.

그들은 공들로 에튜드를 한 이후에도 그것과 유사한 연습 과제들을 이어갔다.

어린아이들이 먹는 다채로운 막대사탕 같은 것으로 축제 행렬 에튜드를 시작하려던 차에. . .

—스톱!

박탄고프가 무대 위에 있는 배우들의 작업을 중단시켰다.

—잘했네, 루벤. 내 생각엔 지금 막 무엇인가가 나올 것 같군. 우리 의상들은 어떻게 되어가고 있나요?

그는 객석에 앉아있던 무대 담당 예술가 니빈스키에게 물었다.

—아직 제대로 준비가 안됐습니다. 전체 동화 이야기에서 나오는 중국적 상징이 드러나는 의상들은 거의 다 완성이 되었으나, 기본 의상들로 설정된 연미복들은 나데쥐다 뻬뜨로브나께서 파티 의상들의 디자인들을 심사숙고 하신 끝에 이제야 겨우 작업에 들어가기 시작했습니다.

이그나찌 이그나예비치 니빈스키가 그에게 대답했다.

—아주 좋습니다.

어떤 이유에선지 박탄고프는 기뻐했다.

—그 의상들은 여기 있겠지요?

박탄고프는 니빈스키에게 또다시 물었다.

—여기 있습니다. 예브게니 바그라찌온노비치 박탄고프!

—친애하는 니빈스키 선생님, 니꼴라이 미하일로비치 고르차코프와 함께 의상실로 가서 선생님께서 말씀하셨던 이미 준비된 각 배역들의 상징이 한두 개쯤 드러난 것들을 골라서 가져와 주십시오. 각 배우들 의상에 잠시 매치할 수 있도록요. 전부는 필요 없고, 모자, 턱수염, 콧수염과 같은 것들을 부분적으로 착용해 볼 테니, 그것들만

잠시 빌려 오십시오. 가능한 한 서둘러 돌아와 주세요! 그동안 저는 배우들과 여기에서 회의를 하고 있겠습니다.

나는 여기에 남아 박탄고프의 회의를 듣고 싶었지만 어쩔 수 없이 그 자리를 떠나 니빈스키 선생님과 함께 의상실과 분장실로 향했다.

니빈스키 선생님과 나는 의상실로 가서 각 배역의 의상에서 상징적으로 사용할 소품들로, 남성용 복장으로 준비한 망토들과 여성용 복장으로 준비한 다채로운 천 조각들을 넉넉히 그리고 매우 신속하게 골라냈다. 마스크들 배역의 의상들은 벌써 완벽하게 준비되었던 터라 그 배역들을 연기하던 배우들은 이미 연습 때마다 그 의상들을 착용하고 연습을 하고 있었다.

분장실로 자리를 옮긴 우리들은 예상 밖의 어려움을 만났는데 턱수염은 없었고 어떤 초등학생들이 놀다가 남긴 것 같은 고무줄에 매달린 콧수염만이 있었기 때문이다. 그것을 본 니빈스키 선생님은 주저 없이 그 콧수염의 고무줄들을 약간 변형시켜 보풀이 많이 일어난 두 개의 수건을 접붙여 바느질로 이어 달았고, 긴 턱수염처럼 만들었다. 그 밖의 두꺼운 종이로 만든 왕관, 장검들, 지팡이, 부채들은 모두 공연에서 사용될 수 있게 준비를 마친 완성된 것이었다.

우리가 객석으로 돌아왔을 때는 한창 축제 퍼레이드 연습 중이었다.

박탄고프는 우리가 가져온 것들을 모두 보더니 만족한다는 듯이 니빈스키 선생님 쪽을 향해 고개를 끄덕였다.

─이그나찌 이그나찌예비치 니빈스키를 위해, 우리들이 무엇을 연습했는지 다시 한 번 보여드립시다.

그는 연기자들에게 지시했다.

무대 커튼이 닫혔다. 오케스트라 연주자들의 신나고 활기찬 행진곡 연주가 울려 퍼지자, 4명의 마스크 연기자들이 무대 커튼 안에서 차례로 등장하더니 무대에 일렬로 일정한 간격을 두고 균일하게 섰다. 그들 중 한 명이 큰 동작으로 관객들에게 인사를 건넸고, 그러자 넷이서 한 목소리로 대사를 외쳤다.

—카를로 고찌의 작품 ≪프린세스 투란도트≫ 공연을 시작하겠습니다!

마스크 연기자들은 무대 커튼 양 갈래로 나누어졌다. 그리고 그들은 무대 커튼을 둥근 지붕 모양새로 매만져 입구를 만들어낸 후, 자리에 멈춰 섰다. 그들이 커튼을 매만져 만든 입구 사이로 배우들이 짝 맞춰 등장했으며, 웅장한 행진곡에 맞춰 무대 앞에 일렬로 정렬했다. 그들에게 충만한 흥분과 장엄함이 느껴졌다.

그들의 흥분이 우리에게도 전해졌다. 이제 곧 무슨 일이 벌어질까?! 깊고 완전한 카를로 고찌의 드라마 이야기를 어떻게 배우들이 완벽하고 재미있게 재현하여 연기할까? 등의 생각이 스쳤다. 마지막으로 '주인공 배역'인 칼라프 역의 자바드스키와 투란도트 역의 만수로바가 등장했다. 마스크 연기자들은 무대 막 커튼을 제자리에 내려놓더니 연기자들 사이의 지정된 자리로 가서 자리를 잡았다.

—모두 스톱! 스톱하세요! 자리에 그대로 계십시오!

박탄고프는 또다시 큰 소리로 지시했다.

—이 다음을 어떻게 할지 아직 결정하지 않았습니다.

그는 니빈스키 쪽을 향해 말했다.

우리는 이 장면에서 그리 특별한 점을 발견하지 못했다. 그저 두 마스크 연기자들이 무대 커튼으로 출구를 표현했고, 거기로 전 배우들이 등장하는 장면인데, 이런 장면들은 대략 10분 정도만 연습하면 되는 것이었다. 그런데 박탄고프는 이 장면을 한 시간도 넘게 연습했던 것이다. 우리들은 의상들과 상징적인 소품을 선별하는 동안 시간을 수시로 체크했기 때문에 이 연습시간을 정확히 잴 수 있었다. 나는 니빈스키 선생님과 내가 너무 천천히 의상실의 작업을 해서 박탄고프가 일부러 배우들과 연습을 서두르지 않고 우리를 기다렸을 것이라 생각했다. 그러나 박탄고프는 우리를 기다리기는커녕 사력을 다해 이 행렬의 첫 순간을 연습했다.

니빈스키 선생님과 나는 대체 이 단순한 연출적 그림에서 어떻게 그토록 동요했던 것일까? 우리들이 무대 위 배우들과 함께 작업을 하는 동료 지간이라 그랬을까? 어쩌면 그래서였을지도 모른다. 그러나 그보다 중요한 사실은 배우들이 무대에 머무는 동안 각자의 합당한 행동들을 올바르게 인지하고 너무도 분명하고 정돈된 행동으로 연기를 했다는 것이다.

박탄고프가 어떠한 방법으로 공연 도입 부분의 그러한 그림을 (배우들을 등장시키는 장면) 탄생시켜 냈는지 아무도 나에게 설명해주지 않았다. 다만 박탄고프 스튜디오 배우 중 가장 성실한 사람 중 한 명이었던 К. Я. 미로노프[49]가 이 행렬을 만들 때 박탄고프가 배우들에게 요구한 것들을 나에게 별도의 메모로 전해주었다.

그는 직접 박탄고프의 연습을 기록하고 보관 중이었으며 나 역시 그 작업을 하고 있다는 것을 알고 있었다. 그와 나는 진정한 동료였기에 박탄고프가 행렬에 참가한 배우들에게 요구했던 목록들을 나에게 애써서 제본해준 것이다. 이것이 바로 그의 요구 사항들이었다.

1. 무대 위에서 최대한의 집중력.
2. 각자 자신을 배우로서, 창조자로서, 예술가로서의 완전히 확신할 것. 여기에 완전히 겸손한 자존감을 느낄 것.
3. 절대로 관객에게 '애걸복걸'하지 말 것. 자신들이 민중의 벗 바리·이자 관객들의 친구임을 영원히 자랑스러워할 것.
4. 생각, 대사, 화술, 발성, 행동들은 완전히 깨끗하고 명확히 할 것.
5. 무대 위에서의 완전히 집중할 것. 불필요한 군더더기들이 없어야 함. 특히 무대 위에서 배우들은 아무 생각 없이 짝 다리 하고 서 있지 말 것.

   자신의 자리와 다른 사람의 위치를 혼동하는 것은 큰 죄이고 이보다 더 큰 죄는 무대 위에 집중 안 하고 딴생각을 하는 사람들인데, 그러다 들킨 사람들은 마음속으로 자신이 죽을 각오를 해야 할 것이다(일주일간 스튜디오를 떠

• 곁에서 도와주는 사람 또는 친구

나 있게 될 것임). 그리고 우리들 사이에 금기된 일인 공연 중 배역으로서가 아닌 개인적으로 동료와 눈빛을 주고받는다는 것은, 공개적으로 나체를 드러내는 것과 같은 것인데, 만약 이 규율을 어기고 눈빛을 주고받는 사람들은 자신이 배우가 아니라는 것을 인정하는 행위이다.

6. 공연 중 리듬과 균형을 깨뜨리는 것은 예술가로서의 자신이 죽은 것이다.
7. 퍼레이드가 끝난 뒤에 내가 개인별로 평가할 것임(그리고 벌을 줄 것임!), 여기서 나는 박탄고프!

나는 우리들이 섬세하게 의상을 선별해내던 거의 두 시간 동안 박탄고프가 어떤 작업을 했었는지 알 수 있는 미로노프의 메모를 다 읽은 후 니빈스키에게도 그 메모를 보여주었다. 그리고 우리는 말없이 서로 바라보았다.

—그런데.

박탄고프는 조용히 니빈스키에게 이야기를 건넸다.

—다음으로는 무엇을 해야 할지 아직 모르겠습니다. 물론, 여기에서 관객들에게 어필하는 대사가 나옵니다. 이미 저기 구석에서 안또꼴스끼·가 제 부탁대로 뭔가를 고쳐 쓰고 있고요. 그런데 관객들에게 어필하는 대사가 끝나면 무엇을 해야 좋을까요? 저는 관객들에게 단지 대사만으로 이 공연의 장르를 소개하고 싶지 않습니다. 공연의 장르가 관객들 눈앞에서 보일 수 있도록 소개하고 싶어요.

—그러면 우리가 가져온 것들을 전부 사용해보면 어떨까요.

니빈스키는 천과 소품들이 쌓여 있는 것을 가리켰다.

—한번 시도해보죠!

어쩐지 박탄고프는 장난스럽게 보였다.

—무대 커튼 뒤, 무대 위에 가져온 모든 것들을 분산해서 놓아주세요. 무작위로 퍼트려 놓으세요, 흩어지십시오. 어서 움직이세요!

• 시인이자 번역가, 서브 작가

나는 재빨리 무대 스텝들과 함께 (퍼레이드에 참여하지 않은 배우들과도 함께) 무대 막 뒤의 통로를 통해 무대로 올라가 니빈스키와 준비했던 모든 것들을 무대 곳곳에 펼쳐 놓았다. 닫힌 무대 커튼 안에서도 나는 박탄고프의 목소리를 들을 수 있었다.

─지금 새롭게 음악이 다시 연주되면 무대 커튼을 넓게 끝까지 열어주십시오. 배우분들은 무대 위로 뛰어 올라가보시면, 앞으로의 여러분 공연 의상 위에 덧대어 입을 소품들이 보일 겁니다. 물론, 지금 여러분께서는 당연히 기본 연미복, 자신의 코트와 파티 의상들을 입었다 치고요! 무대가 열려 있는 상태에서 여러분들은 아까 루벤과 연습 과제로 했었던 리듬에 맞추어서, 각자 배역에 맞는 소품과 의상을 착용해주세요. 그리고 옷을 다 입으면, 이전과 같이 줄을 맞춰, 새롭게 모이는 겁니다. 이해하셨습니까?

나는 새 과제를 수행하는 연기자들의 새로운 퍼레이드가 보고 싶어서 연기자들이 대답도 듣지 못한 채 무대 뒤의 통로를 통해 객석으로 뛰기 시작했다. 나는 정확한 순간에 객석에 도착했다. 박탄고프는 무대 테두리에 서서 전체 배우들에게 최종 지시를 주었다. 그 후 그는 다시 자신의 연출가 테이블로 돌아왔다.

─음악 준비! 왈츠 연주해주세요!

그가 지시했다.

─무대 커튼 열어 주시고요!

배우들은 무대 장치 쪽을 향해서 객석을 등졌으며, 즉시 상징적인 옷들과 소품들을 향해 돌진했다. 하지만 그것들은 모두 섞여서 뒤범벅되어 있었기 때문에 배우들은 각자 자신의 의상에 맞는 상징들을 찾아내기까지는 꽤 오랜 시간이 걸렸다. 그리고 의상들을 착용하기까지는 더 많은 시간이 걸렸다. 마침내 배우들은 간신히 숨을 헐떡이며 새롭게 무대에 줄을 맞추어 일렬로 정렬했다.

─아무렴요.

박탄고프의 실망감과 고민스러움이 전해졌다.

─이번 시도는 실패입니다. 혹시나 했는데 역시나군요!

방금 박탄고프가 한 말은, 언젠가 모스크바 제1스튜디오 ≪촌극 행사≫에서 연기 발표했던 것에서 따온 말로, 풍자적으로 패러디한 속담 중 하나였다.

−하지만 만약 이렇게 해보면 되지 않을까요.

그는 얼마간 생각을 하더니 몇 가지 제안을 했다.

−일단, 몇 가지 조건이 있습니다. 첫 번째, 배우들은 이제 각자의 의상들과 소품들을 알게 되었으니 아무 곳에서나 헤매지 마시고, 그것들을 각자가 알아볼 수 있는 무대의 특정 장소를 지정하셔서 곧바로 개개인의 소품들과 의상들을 취할 수 있도록 하십시오.

두 번째, 지금 각자 자신들의 의상들과 소품들을 가지고 무대 밑으로 내려가 거울 앞에서 훈련하십시오. 어떻게 하면 각자 최단시간 내에 완벽하고 정확하며, 말끔하게 옷을 차려 입을지 체득하고 오세요. 여러분께서는 그 상징적인 소품들이나 옷들을 입고 벗는 모습을 완전히 예술적으로 보여주셔야 합니다. 지금은 우리에게만 보여주시겠지만 나중에는 관객들에게 보여주셔야 하니까요. 세 번째 조건입니다. 입기 쉬운 의상이든 어려운 의상이든 간에 배우들 전원이 동시에 입으셔야 합니다. 시간을 정하도록 하죠. 오늘은 일단 2분을 드리지요, 다섯 번째 연습 이후부터는 1분 30초를 드릴 겁니다. 그리고 실제 공연에서는 1분 안에 다 입으셔야 합니다. 여기에 누군가는 어려운 의상을 맡아서 옷을 입는데 시간이 많이 필요한 의상들도 있고, 입기 편한 의상들도 있을 텐데, 입기 편한 의상이 정해진 배우들은 티가 나지 않게 어려운 의상을 입는 배우들과 시간을 맞추어서 입도록 하십시오. 네 번째 조건은. . .

박탄고프는 전체 참여자들의 대열을 보더니 갑자기 말을 멈추었다.

−이게 무슨 일이죠? 왜 찌무르 배역의 자하바와 현자 배역 중 한 명인 발리힌에게만 수염이 있는 겁니까?

−우리에게는 수염을 주지 않았습니다.

나머지 현자 배역들은 불규칙한 합창처럼 대답했다.

−그냥 안 줬다고요?

그럼 여러분들 '허리'춤에 감싸 맨 것은 뭔가요?

−이것들은 긴 수건인데요.

-지금 무슨 소릴 하는 깁니까! 당신들은 니빈스키 선생님께서 스케치해 오신 것들을 보셨잖아요. 그 스케치에는 현자들 배역 중 누구에게도 허리띠가 없었으며 모든 현자들에게 수염이 그려져 있었습니다!

-하지만 이것은 긴 수건인데요.

-지금 자하바와 발라힌의 수염은 무엇으로 만든 걸로 보이시나요?

-저것은 수건으로 만들었네요.

그제야 나머지 현자 배역들은 자신들의 실수를 깨달았다.

-정말 끔찍하군요. 배우들의 상상력이 그것밖에 안됩니까!

박탄고프는 이미 '끓어올랐다.'

-배우들에게 수염을 매달라고 긴 수건과 고무줄을 주었더니, 그것으로 자기 허리춤에 둘러매다니요. 그간 우리들은 허울뿐인 현자 이야기들을 수없이 들어왔습니다. 그리고 여러분들은 얼마든지 그 배역을 마음껏 설정할 수도 있었고요. 그런데 기껏 그 배역에 설정한 것이 수염 없는 현자들입니까? 그러니까 딱 두 명의 배우들만이 자신의 배역의 <알맹이>로부터 나온 의상을 입은 거네요!

박탄고프가 강조했다.

-이것은 바로 우리 공연에 있어 제일 핵심적이고 가장 중요한 조건입니다. 여러분들은 반드시 무대 위에서 배역의 <알맹이>로서 입고 행동해야만 합니다. 어떻게 하는 거냐고요? 첫 번째, 배우들은 연출가의 의지대로만 움직이는 굼벵이처럼, 혹은 방금 여러분들이 제게 보여준 것처럼 기계적으로 움직이는 것이 아닌, 여러분들은 무대 위에서 매순간, 매초 창조적 예술가로 머무르셔야 하는 겁니다! 두 번째, 관객의 눈앞에서 여러분들은 예술가로서 공연 의상을 입어야 하며, 의상을 입는 순간 여러분들은 작품 속 배역으로 변신해야 합니다! 이미 내가 수천 번이나 말했듯 우리의 ≪투란도트≫ 공연의 <알맹이>로서요. 이 고찌의 작품에 무대 첫 시작의 그림은 이러한 예술적인 무대그림이 결정적인 포인트라구요! 아직 잘 모르시겠습니까? 이것이 어렵다면 이 작업을 그만 두시는 게 어떻겠습니까? 내일부터는 연출가에게나 배우들에게나 새로운 연극 양식이나 방법들을 전혀 찾지 않아도 되는 단순하고 쉬운 작품으로만 연습하도록 합시다.

여러분께서는 그렇게 쉬운 작품들이 없을 거라 생각하시나요? 물론 저에겐 세상에 그러한 작품은 없습니다. 하지만 여러분들은 찾을 수 있을 겁니다. 그렇고말고요!

대체 이게 무슨 일인가? 박탄고프는 겨우 수건 몇 장으로 인해, 얼마나 많은 에너지를 소비하면서 왜 이런 호통을 친단 말인가? 사실 본질은 그게 아니었다. 물론 우리의 박탄고프는 그런 분이 아니었기 때문이다. 박탄고프의 흥분 뒤에는 그리고 그의 코멘트 뒤에는 배우들이 <알맹이> 없이 혹은 배역의 <알맹이> 없이, 절대로 배역의 형상을 연기해서는 안 된다는 그의 근본적 연출 규칙이 숨겨져 있었다.

박탄고프는 해당 희곡 내용을 끝까지 파헤친 후 작가의 특성과 상응되는 그만의 형식을 찾아내서 공연을 만들었다. 또한 배우들의 무대 행동들은 해당 희곡의 목표가 적용된 것들로, 제각기 다른 창조적 방법들로 배우들의 행동들을 찾아냈다. 그의 모든 공연 방식들은 무엇보다도 먼저 높은 수준의 전문 연기 기술들이 바탕이 되어야 하는 것이었다!

―무대는 15분 후 퍼레이드를 처음부터 할 수 있도록 해놓으시고, 배우들은 지금 거울이 있는 밑으로 내려가 연습하십시오. 마스크 연기자들은 제가 있는 이곳 객석으로 오시고요! 여러분들은 여러분들을 제외한 나머지 동료들이 밑으로 내려 보내졌다고 해서, 자신들은 잘한 거라고 착각하시면 안 됩니다. 왜냐하면 여러분들은 이미 완성된 의상을 입고 계셨으니까요. 저는 지금 여러분들에게 공연의 중대한 과제를 주려고 합니다. 여러분께서는 공연이 진행되는 동안 어느 부분에서든 가령, 짠니들이 어색한 연기를 한다든가, 원래 우리 공연의 리듬과는 다른 리듬으로 흘러가는 것이 느껴진다든가, 혹은 뭔가 터무니없는 일이 일어날 경우, 여러분들은 각자 순식간에 그 장면에 나타나 지연된 작업들의 구멍들을 메우고, 리듬을 살려내는 등 즉흥 연기로 상황을 구해내셔야 합니다. 여러분은 4명의 잠들지 않는 이 공연의 보초병들입니다. 당신들은 우리의 공연과 제 앞에서 이 부분을 책임져 주십시오. 여러분께선 반드시 계속 무대에 머물러 있으면서 무대를 지키셔야 합니다. 이 일은 명예로운 일이자 책임이 막중한 일인데 감당하실 수 있겠습니까?

마스크들 배역의 배우들은 박탄고프의 극단적이고 특별한 제안에 당황하며 침묵했다. 박탄고프는 스튜디오의 원칙으로, 우리에게 집단에서의 책임감을 교육했고, 지금의 모스크바 예술 극장 제3스튜디오의 삶에 단단한 뿌리를 심어 놓았지만 우리들은 여전히 그의 어린 제자였을 뿐이라 가끔 그의 이런 제안들이 당황스러웠다.

－밑으로 내려가서서 제가 그들에게 주었던 과제들을 완수할 수 있도록 동료들을 도우십시오.

박탄고프는 이어서 우리에게 말했다.

－이 공연에서 이러한 작업은 연출 작업을 하는 여러분 단체에 첫 번째 연출 경험이 될 것입니다. 전체 현자 배역들과 시녀 배역들 그리고 《투란도트》 나머지 배역들을 각자 파트별로 균등하게 나누시고, 그들을 지도하도록 하십시오.

새로운 과제를 받아 든 마스크 배역의 연기자들은 근심 가득 안고 무대 밑으로 내려갔다. 박탄고프의 영원한 동료이자, 극작가이고 시인인 П. Г. 안또꼴스키가 박탄고프 쪽으로 다가와 앉았는데, 그는 스튜디오의 초창기 때부터 항상 존재했었다. 박탄고프는 성실하면서도 재능 있는 시인, 빠벨 그리고리예비치 안또꼴스키의 특별한 겸손함을 높게 평가했다. 그는 스튜디오를 위해서 어떤 일이든 작업에 착수해 실현시켜냈으며 수시로 보조하는 일을 마다하지 않았다.

당시 저녁, 안또꼴스키는 스튜디오 단원들과 멀리 떨어진 객석 한편에 앉아서, 가벼운 아이러니함이 느껴지는 관객 인사말을 약 한 시간 만에 써냈다.

－혹시 이것을 우리 공연에 맞게 살짝 고쳐도 될까요?

박탄고프는 안또꼴스키가 자신이 쓴 낭만적인 시와 같은 관객 인사말을 낭독하는 도중 그에게 물었다.

－물론입니다. 가능하고말고요!

안또꼴스키가 아주 흔쾌히 대답했다.

－저는 바로 이 부분의 매력적인 문구들을 노래처럼 연결해서 만들고 싶습니다.

박탄고프는 연필로 몇몇 문장에다 밑줄을 쳤다.

－그리고 당신께서 텍스트로 우리 배우들의 특성들을 가볍게 써넣으신 이 부분은, 우리 배우들의 연기를 코칭하는 자바드스키에게 위임해서 좀 더 매끄럽게 매만지

게 했으면 좋겠습니다. 만약 당신이 반대만 하지 않으신다면 당신께서 쓰신 텍스트의 틀에 최대한 맞춘다는 전제하에, 나머지 부분들을 자바드스키의 재량껏 만들게 하고 싶습니다. 그렇게 한다면 관객 입장에서는 우리 단원 배우들의 캐릭터를 보다 쉽게, 보다 즉흥적인 감각으로 이해할 수 있을 것입니다. 동의하시겠습니까?

─물론 동의합니다. 좋은 생각입니다. 그럼 지금 저는 알렉세이 드미뜨리예비치와 니꼴라이 이바노비치와 함께 노래에 걸맞은 모티브를 '써넣도록' 하죠.

─저는 이런 당신의 열정과 통찰력을 사랑합니다. 공연에서 이러한 것들은 얼마나 중요한 것인지 모릅니다! 이러한 것이야말로 재능이지요! 그럼 가서 일보시지요.

박탄고프는 안또꼴스키를 칭찬했다.

사실 나는 박탄고프와 안또꼴스키가 대화를 나누는 동안 밑에 내려가, 공연 참여자들과 함께 '거울 앞에서' 많은 작업들을 시간 안에 완수할 수 있도록 도와야 했기 때문에 위의 기록은 그들의 대화를 모두 기록한 것이 아닌, 가장 중요한 핵심만 추려 쓴 것이다.

시모노프가 객석에 와서 박탄고프에게 배우들이 의상을 보여줄 준비가 되었다고 알려왔다.

─좋습니다. 배우들 전원, 각자의 의상들이 놓인 자리 주변에 서게 하십시오. 그리고 당신은 음악에 맞춰서 이 퍼레이드에서 나오는 에피소드를 몇 번 지도해보도록 하세요.

─무대 커튼을 열지 말고 커튼 앞에서 약식으로 보여드릴까요?

─아닙니다. 커튼을 다 열어두세요. 저는 당신의 동료들이 작업을 완성해낼 때까지 감안하고 보겠습니다. 저는 당신이 극단 배우들과 오랜 시간 리듬 훈련들을 작업해 온 것을 알고 있기에, 이 에피소드 장면을 믿고 맡기겠습니다.

박탄고프의 말에 한껏 고양된 시모노프는 그에게 '위임된' 에피소드를 지도하려고 무대 위로 올라갔고, 박탄고프는 테이블 근처에서 까뚤루바이와 투라예프와 함께 몇몇 행정적인 일들을 상의했다. 그러나 박탄고프는 '곁눈질'로 무대 위에서 어떤 일이 진행되는지 분명히 주시하고 있었다. 시모노프는 객석에 있던 자신의 의자를 직접 무대 위로 가져다놓고 피레이드에 참여하는 배우들에게 각자 지정된 소품과 의상들 주변에 서라고 조언하면서 순서들을 하나하나 확실하게 지시했는데, 그의 그런 모습이 마치 전장의 장군처럼 보였다.

－음악주세요!

이윽고 시모노프가 지시했다.

왈츠의 첫 박자가 나옴과 동시에 배우들은 그 리듬에 맞추어 무대 한편에 놓여 있던 각자의 개별적 의상들을, 엄격한 순서에 따라 조금도 서두르지 않고 착용하기 시작했다. 박탄고프는 주머니에서 큼지막한 은시계를 꺼내어 조용히 책상 앞에 올려놓았다. 배우들이 무대에서 '의상들을 다 갖춰 입자', 모두가 동시에 눈빛으로 서로 사인을 주고받더니 무대 가장 앞줄 가장자리로 나와서 줄을 맞춰 섰다. 지금의 것은 배우들이 밑에서 '거울 앞에서 연습하기 전에 보여주었던 첫 번째 장면보다 훨씬 분명하고 리듬에 차 있었다!

－3분 걸렸네요! 현자들이 모두 수염을 착용하는 데까지요.

박탄고프가 테이블에 놓여있던 시계를 보더니 조용히 한숨을 내쉬었다.

－다시 제자리로 돌아가세요! 전원 다시 의상들을 벗어주세요!

그 사이에 시모노프가 지시했다.

배우들은 그의 지시대로 원래 그들이 서있던 자리로 금방 뛰어 돌아가 의상을 벗었고, 그들의 '중국풍'의 모든 액세서리들을 그들의 다리 옆에다 그대로 내려놓았다. 그리고 다시금 왈츠곡이 연주되었다!

－지휘자님, 한 템포만 빨리 연주해주세요!, 알레그로 비바체•로요!

또다시 시모노프의 목소리가 들려왔다.

한 템포 빨라진 왈츠곡이 보다 활기차고 즐겁게 연주되자 배우들은 그 리듬에 맞춰서, 의상을 입고 벗는 전체 절차들을 다시 한 번 반복했다.

• 생기 있고 빠른 템포

—2분 30초 걸렸습니다!

박탄고프는 기껍게 시간을 쟀다.

—다시 한 번 하겠습니다. 왈츠 템포를 가장 빠른 장조로 연주해주세요!

루벤 시모노프는 열정을 다해 지시했다. 배우들 역시 이 연습의 필요성을 절감하여 별다른 불만 없이 그의 지시를 따랐다.

—지금 다시 한 번 연습하실 때는 그냥 아무 생각 없이 의상들을 입지 마시고, 모자들이나 검과 같은 소품들을 착용하기 전에 하나하나 리듬에 맞춰서 착용해보려고 노력해주세요. 만약 소품들 중에 공중으로 던질 것이 있다면 던지시고, 그네처럼 흔들어 밀어 올렸다 내렸다 할 것이 있다면 그렇게 흔들어 미셔도 됩니다. 불꽃놀이 하듯 신나게 놀아봅시다! 화려한 조명탄들이 소용돌이치는 거예요! 여러분께선 리듬의 달이들처럼, 움직이면서 연습해보세요!

박탄고프 포함 우리 모두는 루벤의 지시하는 모습에 깜짝 놀랐다. 루벤 시모노프에게서 '진짜 연출가로서의 면모가 일정 부분 드러나 보였기' 때문이다. 우리 신진 연출가들은 모두 그렇게 확신했다.

무대 위의 배우들은 각자의 의상들을 가볍게 공중으로 던지거나 수건으로 만든 수염들을 여유롭게 흔들어 밀면서 가지고 놀기 시작했는데, 우리들이 더욱 놀랐던 것은 배우들이 이전보다 훨씬 쉽게 공연 의상들과 소품 액세서리들을 다뤄내고 착용해내는 것이 보였기 때문이다. 배우들이 리듬감 있는 음악에 맞춰 기발하게 모자들을 공중으로 던지자, 무대 위에는 밝은 색 천들이 사방으로 흩날리는 것처럼 보였는데 이 모든 광경들이 매우 독창적이고 매력적으로 보였다. 그리고 그때 처음으로 배우들은 객석의 우리들에게 중국을 상징하는 의상들과 액세서리들을 무대 위에서 별 어려움 없이 착용할 수 있다는 것을 보여주었다.

배우들은 분명히 이것을 느끼고 있었다. 그들은 한층 고무되어 무대 사방으로 신나게 뛰어다녔다.

무대 위에서 배우들이 세부의상을 입고 있다.

─스톱! 이 방법을 채택하기로 하죠! 이 장면을 공연에 쓰겠습니다! 잘했네 루벤!
모두 루벤 시모노프에게 박수를 보냅시다!

그리고 박탄고프는 처음으로 앞장서서 박수를 쳤다. 우리들도 한마음으로 그를
지지하며 박수를 쳤고 무대 위 배우들 역시 그에게 박수를 보냈다. 시모노프는 예상
치 못한 성공에 약간 당황하는듯하다가 트루팔리지노 배역의 <알맹이>로 사방을
향해 답례 인사를 보냈다!

─자, 보십시오. 방금 이 에피소드 장면의 시간은 늘어나지 않고 오히려 단축되었
습니다. 지금 배우들이 연기했던 장면은 2분 걸렸습니다! 이것이 바로 올바른 방법으
로 리듬을 찾아냈다는 뜻입니다. 또한 그 리듬들은 배우들이 명확한 행동으로 갈 수
있도록 동기를 부여했습니다.

―방금 노래가 완성되었습니다! 멜로디에 가사를 붙였습니다. 보여드려도 될까요?

안또꼴스키의 목소리가 들려왔다.

―물론입니다! 부탁드리겠습니다! 모두들 이 노래를 외우도록 하세요. 저는 이 곡이 우리들의 노래가 주제가가 될 거라 확신합니다!

박탄고프는 주저 없이 대답했다. 그리고 객석 쪽에 놓여는 있었지만, 무대에 가까운 위치에 있던 피아노 앞으로 세 명이 섰고, 처음으로 피아노 반주에 맞춰 노래 가사를 부르기 시작했다.

우리의 단순한 노래와 함께

금방 공연이 시작되지요.

여러분들은 5분 후면 중국의

무서운 단두대 앞에 있을 거예요.

우리의 트리오(대본 보조 작가인 안또꼴스키와 오케스트라 '지휘자' 팀의 시조프와, 카즐롭스키)가 이 곡을 노래했는데 그들은 각자 직접 작곡을 한 창작자로서나 시인으로 부른 것이 아니라, 각자 나름의 특별한 동심을 발휘하여 마치 동화에서 나오는 순진한 어린아이같이 노래를 불러서 우리들을 매료시켰다. 그 노래가 얼마나 좋았는지, 우리들 모두가 그 곡을 따라 불렀던 것은 물론, 박탄고프 자신과 가끔 우리의 연습을 관객석 깊숙한 곳에서 몰래 관찰하던 내성적인 박탄고프의 아내, 나데쥐다 미하일로브나조차 따라 부르는 모습을 발견할 수 있었다.

모든 사람들은 곧 이 곡을 암송했다! 박탄고프는 프롤로그• 부분에 이 노래를 집어넣었고 이 노래가 끝나는 리듬에 맞춰 배우들이 무대로 퇴장할 수 있게 하였다.

• 무대 용어로, 공연의 서막이나, 혹은 공연의 첫 시작 부분에서 배우 한 명이나 혹은 여러 명의 배우들이 극의 내용을 소개하는 일

─이제는 모든 순서를 이어서 연습해보겠습니다.

박탄고프가 말했다. 그는 모든 것이 확정되기 전까지는 연습 때 휴식시간을 인정하지 않았다. 칼라프가 새로 나온 텍스트를 미처 숙지하지 못했기 때문에 안또꼴스키가 객석을 등진 채 그에게 프롬프터•를 해주던 중이었다. 빠벨 안또꼴스키는 무대 가장자리에 서있었다. 박탄고프가 안또꼴스키에게 주의를 돌려 말했다.

─오케스트라의 신호를 받아서 제가 직접 에피소드를 지휘하겠습니다. 친애하는 작곡자 여러분, 분명히 음악 순서들을 숙지하고 계신 것 맞으시죠?

박탄고프는 시조프와 카즐롭스키를 향해 농담을 건넸다.

─모든 준비를 마쳤습니다. 예브게니 바그라찌온노비치 박탄고프. 실망시켜드리지 않도록 노력하겠습니다.

─배우들도 모두 준비하세요! 전원 제 자리에 계시죠! 각자 '의상'도 확인하시고요. 긴장하십시오. 이 퍼레이드의 <알맹이>를 상기하세요. 여러분들은 몰리에르의 '흥행작'을 공연했던 훌륭한 배우 예술가들인 거예요. '우리의 단순한 노래와 함께, 금방 공연이 시작되지요.'

박탄고프가 노래의 첫 구절을 불렀다. 당시 우리의 눈앞에서 ≪프린세스 투란도트≫ 공연이 순서대로 이어졌는데, 무작위 에피소드들을 연습해 왔던 지난날들과는 달리, 이날 이후부터는 희곡의 내용을 순서대로만 연습하는 시간이 계속되었다.

지금 박탄고프가 이 공연의 프롤로그를 만들던 작업 과정을 떠올려보니, 그 장면들은 모두 한 목표로 매진한 행동들로 조화롭고 신속하게 일어났던 것이었다. 아마도 그랬을 것이다. 그러나 각 에피소드마다 완벽하고 정확한 퍼레이드의 형식과 내용에 도달하기 위해 당시 박탄고프와 박탄고프를 돕던 사람들은 얼마나 많은 노력을 쏟아 부으며 수많은 밤들을 지새웠는지 나는 기억한다. 에피소드는 어렵고도 힘든 많은 수고가 필요한 작업이었다. 하지만 나중에 관객들 눈앞에 펼쳐진 이 장면

• 무대 용어로, 배우들이 대사나 동작들을 미처 숙지하지 못한 상태라거나 잊었을 때, 작은 목소리로 대사를 알려주거나 동작을 지시해주는 역

은 매우 쉽고 우아하게 표현되어 마치 저절로 자연스럽게 일어난 것처럼 보였다.

그러나 첫 번째 프롤로그 연습은 오직 에튜드로만 만들어낸 것이었으며, 훗날의 근사한 공연의 도입 부분이 되었다.

박탄고프의 《프린세스 투란도트》 연습에 관한 내 기록의 마지막 리스트들을 검토하고 있자니 공연 피날레 장면을 탐구하던 밤이 기억난다.

그땐 이미 박탄고프의 건강이 매우 악화되었기 때문에, 그는 공연의 마지막 부분의 윤곽을 모든 이들과 함께 연습하면서 탐구할 수 없었다.

그는 곧장 객석의 가장 편안한 소파에 자리를 잡고는 '카를로 고찌의 작품, 《프린세스 투란도트》 이야기의 마지막 장면'으로는 마스크들이 무대로 나와 대사를 하면서 끝맺음을 하는 것으로 이 공연의 마지막 장면을 확정하려고 한다고 말했다.

ㅡ희곡의 마지막 에피소드는 반드시 칼라프와 투란도트의 결혼식이어야 합니다. 어떻게 하냐고요? 동화 속 이야기와 똑같이 하면 됩니다! 하늘에서 신성한 용이, 알또움 황제가 서있는 곳 앞으로 내려와서 (이 용은 왕이라든지, 제사장들 앞에도 종종 나타난다고 알려져 있지요) 투란도트와 칼라프 머리 위에 황금 왕관을 씌워주는 거예요!

박탄고프가 말했다.

ㅡ그다음 순간으로는,

박탄고프가 계속하여 이어갔다.

ㅡ관객들에게 작별 인사를 고하면 됩니다. 배우들이 새롭게 무대 가장 앞줄로 줄 맞춰서면, 투란도트가 당신의 마지막 대사를 하세요. "세상의 모든 남자들이여, 죄송해요. 제 변덕을 용서하세요. 제가 여러분 모두를 사랑한다는 것만 알아주세요!" 그리고 음악에 맞춰 무대 커튼 막 뒤로 퇴장하십시오.

아주 간단하게요! 그렇게 투란도트가 퇴장하면 알또움이 그 다음 대사를 시작하십시오. "자, 이제 궁전으로 돌아가자. 잠시도 지체하지 말고 궁전으로 가자!" 자, 그럼 방금 제가 제안한 이 부분들을 실행해주세요.

알또움과 투란도트의 마지막 대사까지의 그림은 이미 실제로 연습한 것들이었다. 방금 박탄고프가 말한 공연의 피날레 윤곽은 논리적이었고 별다른 문제도 없어 보였다. 연기자들이 마지막 미장센을 연기하기 시작했다. 모든 연기자들은 자발적으로 유배를 떠나는 비참한 아델마를 안타깝게 쳐다보고 있었다. 곧 아델마가 무대를 떠났다. 알또움은 불쌍한 아델마를 안타까워하면서 애처롭게 탄식하더니 갑자기 근처에 앉아 있던 티무르의 수염으로(수염은 수건으로 만들어진 것이었다) 눈물을 훔쳐냈다. 그는 어찌나 순진한 왕 같던지, 아이들을 위한 동화 속에 나오는 인물 같아 보였다! 그리고는,

─자, 이제 궁전으로 돌아가자. 잠시도 지체하지 말고 궁전으로 가자!

알또움 배역을 맡은 바숩은 여성용 치마로 만든 자신의 긴 망토를 넓은 소매 장식이 달린 손으로 우스꽝스럽게 잡아든 채 힘없이 두리번거리며 돌아보았다.

─저기, 그런데 우리 궁전은 어디 있지요?

그는 무력하고 온순한 왕의 <알맹이>로 객석의 박탄고프에게 물었다.

─우리들 중 왕이 누구죠? 당신인가요 아니면 저인가요?

박탄고프가 침착하게 대답했다.

─왕은, 그러니까 내가 왕이죠, 나의 궁전은 어디에 있을까?

바숩이 박탄고프의 톤을 흉내 냈다.

─자, 모두들 내 뒤를 따르라.

바숩은 돌연 즉흥 대사를 하더니 무대 뒤 벽 쪽 중앙에 있던 반원형으로 생긴 커다란 문을 향해서 방향을 틀었다.

알또움의 명령을 수행하기 위해, 모든 연기자들이 그의 뒤를 따라 움직였다.

─또다시 이렇게 무리를 지어서 모이다니요! 제가 여러분들에게 뭐라고 가르쳤습니까? 제가 무대 공간을 어떻게 채워서 활용하라고 했죠? 다시 뒤로 돌아가세요!

박탄고프의 지시가 들려왔다.

모든 배우들은 다시 시작점으로 돌아왔다. 바숩은 이전과 같이 여성용 치마로 만든 자신의 망토를 손으로 우스꽝스럽게 잡아 쥐고 있었다.

-여기가 아닌가 보구나.

그는 우울하게 말했다.

-모두들 나를 따라오너라! 다시 한 번 찾아보자꾸나!

바숩은 참지 못하고 또다시 즉흥연기를 해버렸다. 알또움의 뒤를 이어 칼라프와 투란도트, 현자들, 마스크들, 하인들이 무대에 부채꼴 대형으로 넓게 퍼져서 움직이기 시작했다. 그러자 갑자기 공중에서 커다란 용의 형상이, 알또움이 서있던 문 앞으로 내려왔다(그것은 박탄고프와 니빈스키가 미리 궁정 장소를 고안하여 준비해둔 것으로, 무대 배경 천에다가 금색으로 커다란 용을 화려하게 수놓은 것이었다). 순간 바숩은 그것이 의미하는 바를 완벽하게 이해했고 마치 제사장처럼 하늘을 향해 손을 뻗더니 신랑과 신부를 축복하기 시작했다. 칼라프와 투란도트가 무릎을 꿇자, 짠니들은 그들의 머리 위에 화환을 씌웠다. 무릎을 꿇어 자세를 낮춘 신랑과 신부 뒤로, 그들을 수행하는 현자들과 시녀들, 하인들 무리들도 그들을 따라 몸을 낮추어서 무대 공간을 매우 아름답게 구성하였다. 서있는 사람은 오직 알또움뿐이었다. 배경에 황금 용이 있어서인지 그의 모습은 유난히 장엄해보였다.

-이 다음엔 무엇을 해야 하나요? 혼례식을 다 마쳤는데요.

바숩은 무대 위에서 고개를 여전히 하늘을 향해 쳐든 채 박탄고프에게 물었다.

-혼례식은 전혀 치러지지 않았습니다. 방금 장면에서는 제일 중요한 칼라프와 투란도트에게 축복하는 성혼 기도가 빠져있었으니까요.

객석에서 박탄고프의 즉각적인 대답이 돌아왔다.

-제 대사에는 기도문이 없는데요.

알또움이 대답했다.

-여기에서 대사는 필요하지 않습니다. 퍼레이드에서 우리들이 어떻게 노래했었는지 기억하십니까?

-기억납니다.

-그렇게 하시면 됩니다. 퍼레이드의 모티브를 딴 음들로, 아주 슬프게 어떠한 축

복을 기원하는 말로서 입은 열지 밀고 '작은 소리로 중얼거리세요.' 알또움이 음악과 함께 처음 4박자 동안 이들 신혼부부를 축복하고 난 뒤에, 궁정의 나머지 모든 사람들도 이들의 축복을 기원하는 '소리를 작게 중얼거리십시오.' 음악은 퍼레이드의 멜로디에 맞춰, 슬프고 조용히 가만가만 들어와 주세요.

박탄고프가 지시했다.

퍼레이드 음악이 들려오자, 알또움 배역을 맡은 바숍은 아주 분명하게 다음과 같은 '작은 소리를 중얼거렸다.'

더 이상 무엇을 바라고 원하겠느냐.
떠나보낼 수밖에. . .
이 바보 같은 늙은이는 당신들과 함께하노라.
이들 부부가 부디 행복하길 바란다.
마지막 순간까지!

위에 인용된 알또움의 대사는 당연히 그가 입 밖으로 낸 소리가 아닌, 객석에 있던 우리들이 그의 '중얼거림'을 통해 가늠하여 알아들었던 말이다. 그의 미세한 표정연기의 표현들이 저 말을 해낸 것이었다!

알또움이 허밍이 끝날 무렵 무릎 꿇고 앉아 있던 전체 배우들도 그와 같은 음으로 입술을 열지 않은 채 낮은 소리들을 냈다. 모든 배우들이 칼라프와 투란도트를 떠나보내는 장엄하고 슬픈 기도를 했다. 그러던 중, 갑자기 객석의 우리들이나 무대 위에 참여하는 배우들이 깜짝 놀랄 만큼 빠른 템포의 퍼레이드 음악이 요란하게 흘러나왔는데 그러자 배우들은 한결 에너지 넘치고 한층 즐겁게 흥얼거리기 시작했다!

퍼레이드의 음악 소리가 빨라지면 빨라질수록 그가 기도하던 '중얼거림'은 점점 기쁘고 즐거워졌으며 결국 배우들은 입을 열고 간단한 음절로 부르기 시작했다.

라.라.라.라.라.라

라.라.라.라.라.라

이런 식으로 말이다.

—자, 이제 모두들 무대 가장 앞줄로 와서 서십시오.

박탄고프가 큰 소리로 중단시켰다.

배우 전원은 즐겁게 무릎을 벌떡 펴서 일어나더니, 순식간에 관객석과 가장 가까운 무대 맨 앞줄에 섰다.

—투란도트의 "제가 여러분 모두를 사랑한다."의 대사를 만수로바가 끝마치면 나머지 사람들은 리듬에 맞춰서 가볍게 인사하고 무대 커튼을 향해 양쪽으로 나눠서 퇴장하시면 됩니다. 퍼레이드 음악에 맞춰 "라.라.라"를 흥얼거리며 퇴장하세요. 관객들에게 인사를 건네면서요. 관객들과 헤어지는 인사를 나누면서 퇴장하십시오.

계속해서 객석의 박탄고프가 지시했다.

—그러면 마지막으로 무대 양쪽에서 각각 무대 커튼을 잡고 있던 마스크 배우들이 나와서 자신의 대사를 해주세요. "카를로 고찌의 《프린세스 투란도트》 공연이 끝났습니다." 그 대사를 마치신 후 무대 커튼 양쪽으로 퇴장하십시오. 이제 관객들의 박수갈채가 나옵니다! 그리고 다시 무대 커튼이 열립니다! 허! 왜 이리 우물쭈물 대는 거죠? 다시 무대 커튼을 여십시오!

곧이어 무대 커튼이 열렸으나, 배우들은 제각기 포즈로 어정쩡히 선 채 다음으로 뭘 해야 할지 몰라 했다.

—뭐죠? 여러분들은 이런 식으로 관객들과 작별 인사를 하실 겁니까? 제가 이미 객석에서 "박수갈채가 나옵니다"라고 말하지 않았습니까! 객석에는 관객들이 있습니다. 관객들은 여러분들께 감사의 인사를 전하는 겁니다. 그런데 여러분께서는 벌써 집에 갈 궁리만 하시다니요. 여러분들은 관객들과 인사하기 싫은 거군요.

박탄고프가 화를 냈다.

—혹시 아실까 모르겠지만, 마지막 관객이 자신의 외투를 받아 걸치고 극장 문을

열어 아르바트 거리로 나가기 전까지 그들은 여러분들의 손님입니다. 아시겠습니까? 관객들은 여러분들의 손님이라고요! 극장은 여러분들의 집과 똑같습니다. 관객들이 극장의 관객석에 있다는 것은 여러분의 손님들이 여러분들 집에서 가장 좋은 응접실에 계신 것과 마찬가지예요! 아직 손님들이 집안에 계신데도, 그 앞에서 옷을 갈아입기 시작하다니요. 배려도, 예절도 없군요!

—예브게니 바그라찌온노비치 박탄고프. 저희들은 미처 예상하지 못했던 것뿐입니다.

무대 위의 자바드스키가 그에게 이의를 제기하려 했다.

—아니요, 모두가 알고 있었습니다! 그리고 제가 지금 무엇에 대해 말하고 있는지 여러분들은 완벽하게 이해하고 있고요! 게다가 저는 이미 오래 전부터 여러분들의 공연 발표 때마다 이런 모습을 봐왔습니다. ≪성 안토니오의 기적≫에서나 ≪결혼≫에서도 봤어요. 여러분께선 공연에 대한 관객들의 칭찬과 박수갈채를, 마치 아마추어 배우들처럼 장난으로 우습게 받아들였습니다. 관객 인사 때마다 여러분께선 엉성한 연기를 하고 있었습니다. 제가 이렇게 말하는 정당한 근거는 여러분들이 혐오스럽고 거짓된 겸손의 모습을 하고 있었기 때문입니다.

박탄고프가 강조했다.

—여러분들은 지금 연기를 해서 지쳤다는 듯이, 축 처진 어깨로 송구스럽다는 미소의 얼굴로 서 있습니다. 여러분의 미소에는 자신들이 조용하고 침착한 사람들이라고 쓰여 있어요. 그런 표정으로 관객들에게 "왜 우리들에게 박수갈채를 보내시나요? 우리들은 박수 받을 자격이 없는 사람들이에요. 우리들은 아직 진짜 예술가들이 아닌, 단지 극장에 와서 잠시 연기를 한 것뿐인데, 박수까지 쳐 주시다니요. 왜들 이러시는지 모르겠네요. 죄송해요!" 아, 이 얼마나 편협하고, 이 얼마나 관객 앞에 무책임한 태도입니까! 사실 여러분들은 거만하고 야심 찬 극단적 이기주의자들인데요!

앞으로 우리 극장에서 다시는 이런 일이 없도록 하세요. 마치 군대 행렬처럼 엄숙하고 강인하게, 그리고 아름답고 다양한 모습으로 관객 인사를 할 수 있는 방법을 숙지하도록 하십시오. 물론 발레리나들이 하는 것처럼 일일이 극장의 모든 관객석 층마다 무릎을 굽혀 미소와 인사를 보낼 필요는 없습니다. 그들은 아마도 관객층이 귀족이었던 루이 14세 시대의 봉건제도의 전통이 남아서 그러한 인사를 보내는 것일 겁니다. 여러분들은 반드시 여러분들만의 형식으로 된 관객 인사가 있어야 합니다. 여러분 자신들과 관객들에 대한 긍지와 존중이 들어있어야 하죠. 과연 ≪오셀로≫를 연기했던 배우 살비니가 관객 인사 때, 자신의 '피곤함'을 관객들에게 느껴지게 했을까요? 언제나 그는 사랑하는 관객들을 위해서라면, 그토록 힘들고 열정적인 배역을 10번이라도 다시 연기할 수 있단 듯이, 매번 새롭고 건강한 모습으로 관객 인사를 하러 나갔습니다. 그러면 관객들은 그를 향해 외치지요! '앙코르! 앙코르! 브라보!' 그러나 여러분에게는 결코 '앙코르'와 같은 '다시 한 번!'을 외치지 않을 겁니다. 이미 이렇게 지칠대로 지쳐버린 불쌍한 형제나 자식 같은 배우들에게 관객들은 어떻게 한 번 더(!!!)를 외칠 수 있겠습니까! 집에나 제대로 갈 수 있을는지, 불쌍한 사람들 같으니라고 생각하지요! 부끄러운 줄 아세요!

이제부터는 오직 마지막 관객 인사만 연습하겠습니다. 백 번 반복해서 연습할 거예요! 마스크 쓴 배우들께선 수백 번 무대 커튼을 여닫을 각오를 하세요. 마스크 쓴 배우들이 무대 커튼을 닫고 있을 동안 배우들은 무대 커튼 뒤에서 각자의 위치를 바꾸어 보도록 하십시오. 순식간에 움직이세요! 광대들이 앞줄에 나와 있어도 되고, 시녀들이 앞으로 나올 수도 있고, 혹은 아델마가 앞에 있어도 되니 각자 좋을 대로 생각해보세요! 단, 항상 자신 있는 모습으로 만일 관객들이 원한다면 이런 공연쯤은 하루에 다섯 번도 더 연기할 수 있다는 자세로 서 계십시오!

박탄고프는 배우들에게 혹은 그 누구에게도 신랄하게 비판하고 무섭게 화를 내곤 했었지만, 우리들은 그의 '책망'이 단지 우리에게 모욕을 주려고 하는 말들이 아니라는 것을 알고 있었기 때문에 상처받지 않았다. 우리들은 언제나 그의 과격한 억양과 신랄한 말속에 숨겨진 진실들을 들어왔고 이를 인정했다! 이러한 그의 말들은 연출가의 독재적 성격에서 나오는 것들이 아니었으며, 가끔 극단 단원들이 무감각해질 때마다, 감각을 깨우려는 수단이었던 것이었다. 우리들은 박탄고프가 완전히 공정하게 우리에게 가장 중요한 예술가적 자질들을 훈육하려던 것임을 잘 알고 있었다. 그는 우리들에게 공연에서 스스로 엄격히 자신의 작업을 착수하는 방법들과, 자신이 머무르는 곳에 대한 책임감과 같은 예술적 자질들을 사랑으로 가르쳤다.

—제발 잊어버리지만 말아주세요!

그는 이처럼 혹독한 연습이 있던 날이면, 농담으로 단원들의 기분을 풀어주며 즐겁게 마무리했다.

이번 연습이 있었던 날 역시 누구도 상처받지 않았다. 실제로 우리들은 무대에서 마지막 관객 인사를 하는 법을 몰랐었다. 우리들은 관객들이 객석에 있는 동안은 공연이 끝난 것이 아니며, 관객 인사로 공연의 마지막 장면을 마무리해야 하는 것임을 그때만 해도 알지 못했다!

이날 저녁 박탄고프는 온전히 공연의 피날레 장면만을 연습했다. 그의 곁에 앉아있던 우리 젊은 연출가 그룹은 처음에 박탄고프가 혼례식에 참여하는 모든 이들에게 요구하던 경건한 '기도문'에 관한 말을 듣고는 무척 당황했다.

당대의 무신론자들에게 '혼례', '기도문', '제사'와 같은 단어들은 그 시대의 '이데올로기'에 반하는 단어이자, 불온한 것으로 보일 수도 있으니 말이다! 그러나 이렇게 조심스러운 이데올로기적 개념을 시적으로 단순화시키면서도 동시에 연극적으로 풀어낸 박탄고프의 계획은 놀라웠다.

수를 놓아 붙인 용 형상이 위에서 내려오는 꽤나 우스운 순간에, 난데없는 제사라니 누가 감히 예상이나 했겠는가? 게다가 퍼레이드 멜로디에 따라 배우들이 '기도문'을 읊는 모습은 전혀 종교적인 인상을 불러일으키지 않았다! 훗날 관객들은 이 '신성한 퍼레이드'가 연출된 장면이 나올 때마다 폭소를 터트렸다! 그러나 연습을 하던 당시 저녁까지만 해도 우리들은 어쩐지 이 장면이 아슬아슬하게 느껴졌다.

박탄고프는 공연의 피날레를 꽤 오랜 시간을 들여 완성했다. 그는 명확한 심리적 정당성에 기반을 두어 연습한 각 연기자들의 행동 리듬을, 매 미장센들로 완벽하게 전환시키고자 했다.

박탄고프가 희곡의 내용 속 사건을 발췌하여 만든 연극적 표현의 탐구 결과를 우리들은 단 한 순간도 감지하지 못했다. 심지어 칼라프와 투란도트의 혼례식과 같은 조건의 장면에서조차도 말이다. 박탄고프는 배우들의 연기에서, 그리고 디테일한 제스처에서 특별한 미장센으로 만드는 것을 중요시 여겼고, 그것들을 좋아했다.

　—기도를 할 거라면 하늘을 향해 손을 높게 뻗으세요! 아닙니다. 그건 너무 지나치게 현실적이에요. 다시 팔 위치를 제자리로 해보세요. 팔을 높이 들고 손바닥과 손바닥을 서로 붙여 '집' 모양을 만들어 보는 건 어떨까요? 훨씬 나아 보이는군요! 이제 팔을 '집' 모양 그대로 유지하시되, 움직이지 말고 속으로 기도에 집중해보십시오. 아주 좋습니다!

　공연에서의 그 장면은 좋을 뿐 아니라, 웃기기까지 했다!

　—알또움은 신랑과 신부를 축복하며, 최대한 진심으로 자신의 송축사를 '중얼대세요.' (알또움 배역을 맡은 바숍은 매우 감성적인 배우로, 대부분의 우리들이 그의 연기에 사로잡힐 만큼 감동적이고 진정성 있는 연기를 선보였다.) 그러면 나머지 궁중 신하들도 자신의 왕을 감동적으로 바라보면서 왕과 똑같이 최대한 진심을 담아 그들을 송축하는 자신들의 염원들을 "주문 외듯, 중얼대십시오." 잠시나마 칼라프의 고통을 생각해보세요! 진심으로 깊게 헤아려 보십시오! 이 멜로디의 근간에는 진정성이 있어야 합니다. 아직 진정성이 느껴지지 않습니다. 보다 따뜻하고, 가슴 깊은 울림이 있어야 해요!

　이러한 박탄고프의 제안들은 연기자들의 행동들을 크게 변화시켰다. 결과적으로 그 장면은 엄숙하면서도 동화 같은 무대로 연출되었다.

　—이제부터는 아주 조금씩 템포를 빠르게 가져갑시다. 다만 관객들이 무대의 변화를 전혀 느낄 수 없게끔, 티 나지 않게 조금씩 점차적으로 템포가 빨라지는 것이지요. 그리고 템포가 바뀌는 것에 대한 배우적 정당성을 찾아야 하는데, 일반 심리 드라마를 연기할 때처럼 각자가 다양하게 접근해보시겠습니까?

　박탄고프의 요구에 연기자들은 나름의 방식으로 저마다 내면의 정당성을 찾아 이 아이러니한 형식에 금방 접목시키는 것처럼 보였다.

　—만수로바, 당신이 관객들에게 모두를 사랑한다는 대사를 할 때 정확하게 말하십시오! 교태를 부리는 느낌이나 가식적인 느낌이 있어서는 안 됩니다. 그 말은 그간 죽어간 수많은 지원자들에 대한 자신의 회개와, 남아 있는 모든 이들을 영원히 사랑하겠다는 것을 증명하는 말이니까요!

투란도트와 칼라프의 혼례. 무대 제4막

배우들의 관객 인사(공연의 마지막 무대)

만수로바는 강력한 전염력이 있는 훌륭한 배우로서 박탄고프의 과제를 매우 섬세하게 수행해냈다. 그녀는 공연의 마지막 대사인 극적인 마지막 한 구절을 얼마나 진정성 있고 탁월하게 해냈는지 모른다! 만수로바는 타고난 재능으로 관객들의 마음을 매료시켰으며 언제나 관객들의 찬사를 일으켰다.

박탄고프는 배우들이 자신의 의도를 이해한다거나 배역을 창조적 삶으로 체현시켜내는 것을 볼 때면, 자신의 대담한 예술적 상상력을 아낌없이 쏟아 부었다. 그러나 배우적 상상의 토대가 좋지 않은 것들은 (가령 연기자들의 내적 상태가 충분히 장착되어 있지 않다거나 오직 외적 형태만 남아 있다거나, 유기적인 연기를 하지 않았다거나 등의 모든 경우의 것들은) 가차 없이 제거했다.

우리들은 언제나 희곡에 나오는 매 에피소드마다 최소 3가지의 다른 버전을 준비해서 만든 후 공연에 쓸 장면을 결정해야 한다고 생각했다. 그러나 박탄고프에게는 이미 4번째 버전이 준비되어 있었고, 어디선가 벌써 5번째 버전을 꿈꾸고 있었다!

공연의 피날레와 시작 장면을 이런 식으로 별도로 연습했다.

글 없는 책, 무대 위의 짠니들

나에겐 아직 박탄고프와 작업한 프로시니엄 무대 도우미들이었던 짠니 배우들 그룹에 대한 기록들이 조금 더 보관되어 있다.

그들은 공연에 반드시 필요한 배역으로 선택되었으나 그들이 본격적으로 연습을 할 수 있었던 시기는 박탄고프의 심사숙고 끝에 공연 디자인의 원리들이 최종적으로 확정되었을 즈음인 현저히 늦은 시기였다. 하지만 자주 박탄고프는 공연 전반적인 연출적 코멘트들을 모든 연기자에게 했었기 때문에, 짠니들은 항상 연습 시간에 있어야 했다. 여기 나에게 짠니가 투란도트의 초상화를 칼라프에게 스쳐 지나가듯 전달하는 장면이 기록되어 있다.

―이 순간, 짠니를 누구로 표현해야 합니까? 엽서나 판화 같은 걸 파는 장사꾼으로 연기하게 할까요?

젊은 연출가늘이 박탄고프에게 물었다.

─무슨 소리입니까? 누구로도 표현하면 안 됩니다! 짠니 배역의 핵심은 공연에 반드시 필요한 배우로 남아있으되 본질적으로는 관객들의 눈에 띄지 않은 겁니다.

박탄고프가 말했다.

─어떻게요?!

─어떻게요! 그러니까 어떻게 해야 할까요.

박탄고프가 상대의 외침을 흉내 냈다.

─짠니들과의 장면을 연습하실 때, 배우들을 훈련시키십시오. 짠니들이 등장하는 모든 순간마다. 그들이 마치 존재하지 않는 듯 연기하라고 요구하시고, 연습하세요. 누구로도 연기하지 말고요! 어떠한 표정도 연기하면 안 됩니다! 그들은 무대 위에서 그들 눈앞에 무엇이 펼쳐지든 절대로 상관해서는 안 됩니다.

─그렇다면 차라리 무대 스텝들을 쓰지, 왜 굳이 배우들에게 이 일을 시키는 겁니까?

젊은 선생님 중에서 누군가 '보호자'처럼 개입했다.

─당신은 아직 우리 학교의 젊은 배우들과 함께 하기엔 확실히 이른 듯하군요.

그 '보호자'는 학교의 선생님 중 한 명이었다.

─진정 당신은 이러한 극히 예외적인 연기 기술을 이해 못한단 말입니까. 짠니들은 칼라프가 휴식을 취하려는 '밤 장면'에서 아무렇지도 않게 가서 칼라프의 신발을 벗겨주고, 아델마가 자살을 시도할 때 어떠한 갈등도 없이 태연하게 그녀에게 칼을 가져다줍니다. 짠니들은 아무 연기도 하지 않은 것처럼 보이지만 사실 이례적인 특별한 연기를 하는 것이죠.

언제나처럼 박탄고프는 그의 상상력을 동원하여 순식간에 자신의 생각을 발전시켰다.

─또한 짠니들은 앞서 말한 것과 같이 아무렇지도 않게 ≪알또움의 궁전≫ 무대 배경을 '베이징 거리'로 바꿀 것이고, 공주와 결혼에 성공하지 못한 '사형에 처해진 무모한 사람들의 머리를 창살에 꽂아 나를 것이며, 사형 집행자들의 도끼도 갈아주고, 사형

집행자들이 바라하를 고문할 때, 바라하 근처에서 그의 눈물을 닦아주기도 할 겁니다.

—실제 공연에 방금 말씀하셨던 모든 장면들을 넣으실 건가요?

연출가들의 열정이 타올랐다.

—실제 공연에 쓰든 안 쓰든 그것은 중요한 것이 아닙니다! 중요한 것은, 여러분들이 훈련시켜야 할 짠니 배역의 배우들이 무대 위에서 자기 행동의 본질을 이해하는 것이지요. 루벤 시모노프, 자네는 어떻게 훈련하고 있지?

—이제까지는 무대 소품들을 사용한 연기와, 춤, 리듬들을 연습하고 있습니다.

'짠니들의 대표'로서 시모노프가 대답했다.

—그렇다면 자네는 이제부터 배우들이 무대 위에서 티 나지 않게 연기할 수 있도록 가르칠 수 있겠나?

—한번 시도해보겠습니다.

시모노프는 꽤나 심각하게 대답했다.

—객석에서 무대를 보는 것과 극장 복도에서 무대를 보는 것과는 차이가 있으니 지금은 무대와 더 멀리 떨어진 극장 복도에서 배우들의 연기를 보도록 합시다.

박탄고프는 이야기를 이어갔다.

—무대 배경들과 의상들, 무대 소도구들, 소품들 등 공연을 위한 모든 준비가 완료되면, 짠니들의 작업은 보다 더 중요한 형식으로 펼쳐 보이게 될 것입니다. 때문에 짠니들의 의상들은 단순하고도 눈에 띄지 않은 것이어야 하지요. 저는 이 부분에 대해 이미 니빈스키 선생님과 이야기를 끝냈습니다. 짠니들은 각 장면들의 세트를 바꿔 낼 때마다. 반드시 흠잡을 데 없이 움직여야 할 것입니다.

—선생님, 혹시 공연 중 어느 순간에 짠니들에게 곡예라든지 공중회전과 같은 재주를 부리게 해도 될까요?

시모노프는 무대 위 자신의 훈련 대상들의 연기에 뭔가를 첨가하고 싶어 했다.

—또 시작이군요. 즉, 내 말의 뜻을 전혀 이해하지 못한 거예요. 심지어 더 이상 설득시키고 싶지도 않군요. 분명 당신은 방금 내가 말한 대로만 짠니들이 연기를 한다면 우리의 젊은 짠니 배우 그룹들의 연기가 무대 위에서 지루해질까 두려우신 겁니다.

박탄고프의 질책이 시작됐다.

－예브게니 바그라찌오노비치 박탄고프 . .

－변명할 생각 마세요. 저 역시 배우인지라 천성적으로 타고난 배우들의 예술적 욕심을 잘 알고 있습니다. 좋습니다. 당신의 짠니 그룹에 '조건'을 걸겠습니다! 만약 당신께서 방금 제가 말했던 '비밀 열쇠'를 찾아내어 연기자들이 무대 위에서 그것을 성공적으로 실현시켜낸다면 별도로 프로시니엄 무대의 가장 앞쪽, 관객들 코앞에서 짠니들이 '팬터마임'을 할 수 있도록 배려해주겠습니다. 짠니들 중 단 한 명의 배우라도 제가 말한 것을 성공시켜낸다면 '팬터마임' 장면을 허락하지요.

말을 하면서도 박탄고프는 이미 자신의 상상 속의 뭔가를 '보고 있었다.'

－그리고 우리 극장에서 제아무리 입지가 막강한 배우라 할지라도 제가 허락한 그 별도의 여러분들의 장면만큼은 반대하거나 '무력하게' 만들지 못하게 하겠습니다. 아마도 우리 공연에 팬터마임과 같은 장면은 대단히 매력적일 것 같군요!

박탄고프는 수수께끼와 같은 자신의 말을 끝맺었다.

박탄고프가 반짝이는 눈빛으로 말을 하자 매일 쉬지 않고 시모노프와 연습을 해왔던 짠니 배역의 연기자들은 즉시 어두운 안색을 거두어들였다.

박탄고프의 말이 현실로 드러났다. 무대 배경이 설치된 후, 짠니들이 연습이 시작되자마자 관객들 눈앞에서 빈틈없이 무대 배경들을 바꿔내야 하는 중압감이 여섯 명의 짠니 연기자들 어깨 위로 고스란히 얹어졌다. 그러니까 짠니들은 관객들 눈앞에서 수많은 무늬를 이어 붙인 다양한 무대 배경들을 들어 올렸다 내렸다 하는 일을 군더더기 없이 깔끔하게 해내야 했다.

괄목할만한 점은 그들이 관객들의 눈에 '띄지 않는' 방법을 습득했다는 것이다. 시모노프는 자신만이 알고 있는 방법으로 자신이 담당한 6명의 배우들에게 '배우적' 감정들을 제거시켰다. 짠니 배역을 맡은 배우 중에는 리보바가 있었는데, 그녀는 박탄고프 스튜디오 창설 이래 박탄고프를 지속적으로 도와왔으며 늘 박탄고프의 과제를 완벽하게 이해하고 열성적으로 수행했던 배우이자 신임을 받던 배우였던 지라 아마도 시모노프를 많이 도와주었던 것으로 보인다.

리보바는 짠니 그룹의 <알맹이>와 같은 존재였다. 그녀는 눈에 보이지 않은 자기력처럼 마이너스 극이 플러스 극을 끌어당기듯, 그녀 중심으로 사람들을 끌어들이는 힘이 있었다. 또한 그녀 안에 고양된 품성과 예술적 규율들이 조화롭게 내재되어 있었기에 그녀와 함께 작업했던 모든 동료들은 그녀에게 매료되고 감동을 느꼈다.

짠니들의 작업은 매우 어려운 것이었다. 그들은 무대 커튼이 열려 있는 상태에서 (관객들이 보는 앞에서) 최소한의 시간 안에 음악과 리듬에 맞춰, 이전에 매달려 있던 무대 배경을 빼고, 둘둘 말려져 있는 새로운 무대 배경 그림으로 갈아 끼운 후 쥐주머니를 내려서 새로운 무대 배경이 펼쳐지게 해야 했다. 이 작업은 절대적으로 완벽한 협동이 요구되는 작업이었다. 여기에 박탄고프는 자신의 오래 전 계획을 실현했다. 관객들 눈앞에서 무대 장면을 변환하여, 관객들에게 무대 뒤의 작업을 보여주는 것 그는 이 작업 역시 예술적 영역으로서 배우들이 배역을 위해 작업하듯, 그만큼의 노력과 세심한 주의가 요구되는 것이라고 자주 말했다.

짠니 배역을 맡은 가여운 연기자들은 쉴 새 없이 무대장치 전환을 연습해야 했다. 그들의 작업은 나쁘지 않았지만, 여전히 뭔가가 부족해보였다.

—그런데 여러분들은 실제로 자신들이 누구인지 모르시는 것 같군요.

어느 날 박탄고프는 짠니들을 불러 모아놓고 말했다.

—저는 현재 여러분들이 모두 완벽하고 분명하게, 그리고 확실히 작업에 임하고 있음을 보고 있습니다. 하지만 공연 안에서 여러분들이 누구인지 모르겠어요. 그러니까 카를로 고찌 극단에서 당신들이 누구인지 모르겠다는 겁니다. 혹시 우리가 첫 연습시간에 했던 장면을 기억하십니까?

박탄고프의 수수께끼와 같은 질문에 대답 대신 정적이 흘렀다.

—여러분들은 사랑에 빠진 사람들입니다.

박탄고프는 자신의 질문에 진지하고 분명하게 스스로 대답했다.

—여러분들은 공연과 희곡, 연출가(박탄고프)뿐 아니라 우리 극단의 얼굴 간판, 유리 자바드스키 배우에게 반한 사람들입니다. 모스크바에서 자바드스키만한 인물이 어디 있나 한번 찾아보세요. 여배우 쩨찔리아 리보브나도 최고지요! 남자 짠니분들은(아

이고, 여기엔 '날리' 씨 한 분 밖에 안 계시지만) 만수로바를 사랑합니다. 그리고 만수로바의 아름다운 시녀들, 오라치코, 레미조바도 동시에 똑같이 사랑하고요! 그러니까 여러분들은 카를로 고찌 극단의 어린 새내기 단원들이자 그들의 동료로서 이 역할을 하시면 됩니다. 여러분은 무대에 참여하는 배우들이 마치 진짜로 유명 배우들이 나타난 것처럼 (장차 이들은 훌륭하고 유명한 배우들이 되겠지만) 어떠한 힘든 일이라도 기꺼이 해주는 거예요. 여러분들은 동경하는 마음으로 모든 배우들의 단추 하나하나까지도 신경 써주는 거지요! 여러분들 입장에서는 오라치코 망토의 주름을 정리한다거나 자바드스키에게 혹은 만수로바에게 손거울을 건네주는 일까지도 행복이자 꿈만 같은 일이니까요! 하지만 열렬한 연모라든지 감정, 웃음 등은 철저히 숨겨야 합니다.

짠니들은 정확히 예술 안에서의 위대한 공연과 배우들을 사랑하는 사람들이니까요! 이들은 공연이 끝난 뒤 극장 입구 주변을 맴돌며 배우들을 기다리는 일반 팬들과 같은 존재가 아닙니다. 이들은 언젠가 저들처럼 무대에서 직접 연기하고 작업에 참여하기를 원하는 사람들입니다. 여러분들은 《프린세스 투란도트》 공연 내내 그것을 꿈꾸는 사람들이죠.

이것이 바로 여러분, 독자적 팬터마임을 연기하는 짠니들의 테마가 될 것입니다!

다음 연습 시간까지 《투란도트》에 넣을 팬터마임을 대략 준비해서 제게 보여주십시오. 내용은 이미 아실 겁니다. 여러분들이 팬터마임을 연기하는데 주어진 시간은 5분입니다! 첫 번째로 루벤 시모노프가 짠니들의 팬터마임을 하나 연출해서 만드십시오. 그리고 고르차코프 씨께서도 따로 하나 더 만들어 보시고요!⁵⁰ 일단 지금은 다시 '힘든 작업'으로 돌아가 봅시다. 다시 한 번 모든 무대 세트들을 교체해주세요. 이 작업을 하실 때 '애정 어린 마음으로, 단 그 마음을 티 내지 말고' 임해주십시오!

박탄고프의 말은 짠니 역할을 맡은 배우들뿐만 아니라 우리 모두에게도 커다란 감동을 주었다! 그는 정말로 배우들의 천성을 꿰뚫고 있었다! 그는 무엇으로 배우들의 예술성을 불타오르게 하고, 어떤 것들을 가급적 주의해야 하는지, 너무도 잘 알고 있었다! 과연 무대 위에서 사랑을 표현하는데, 꼭 센티멘털한 감정과 유약한 미소로만 사랑을 표현해야 한다는 법이 있단 말인가!

놀랍게도 짠니들의 작업들은 완전히 달라졌다. 실제로 그들은 완전히 똑같이 움직였으나 전혀 달라진 모습이었다. 똑같은 움직임이었을지언정, 그들의 행동에는 생명이 깃들어져 있었으며 공연의 처음부터 끝까지 무대의 장면과 장면 사이에 애정 어린 마음이 흘러 넘실대었다. 관객들도 공연 내내 이 보이지 않는 기운들을 전부 느낄 수 있었다. 이틀 후 시모노프는 ≪프린세스 투란도트≫ 전체 내용을 명확하게 압축해온 짠니들의 팬터마임을 박탄고프에게 보여주었다. 배우들의 정교한 연기와 연출자의 기발한 재치로 채워진 예술적 솜씨를 발휘해 희곡의 내용을 함축적으로 만든 이 팬터마임은 상당히 매력적으로 보였다.

이번 팬터마임 장면에서도 박탄고프는 우리를 놀라게 했다. 그의 연출적 재능의 특징은 그는 언제나 모든 곳에서 때로는 개별적 디테일에서나, 혹은 배역 안의 특징들을 간파하여 기발한 생각들로 주변을 놀라게 했고, 향후 우리 공연에 특별한 흥미를 더해주었다.

―작업 결과가 나쁘진 않군요.

그는 팬터마임을 보면서 말했다.

― 빠른 시간 안에 완성하셨네요. 팬터마임이 유연하면서도 재치가 있습니다. 아이러니도 적절하고요. 하지만 내용만은 반대로 연기하셔야 합니다.

박탄고프는 딴 속셈이 있는 것처럼 즐겁게 웃었다.

―내 자식같은 여러분, 당신들이 만들어 오신 팬터마임의 내용은 실제 우리의 희곡의 내용과 똑같이 만사가 순조롭게 끝납니다. 이것은 옳지 않아요! 우리들은 반드시 관객들에게 결과를 속여야 합니다! 이 팬터마임이 우리 공연에 들어가는 순서는, 아델마가 본의 아니게 자신의 정체를 폭로하고, 다음날 아침 칼라프가 투란도트에게 재판을 받아 비극적인 죽음을 맞이하는 때인 '밤 장면'과 공연의 피날레 장면 사이입니다. 그 사이에 무대 커튼이 닫힐 때, 여러분께서 닫힌 무대 커튼을 배경으로 관객 코앞에서 팬터마임을 연기하는 것이지요. 여러분 중 누군가가 팬터마임에서 칼라프를 연기해서 그가 죽는 것을 표현해야 합니다. 아델마도 죽고 젤리마 역시 파멸하는 것을 보여주는 것이죠. 결국 투란도트 공주가 승리하는 것으로 관객을 속이는 겁니다! 그렇게 연기해보십시오! 관객은 팬터마임 배역들을 실제 희곡 배역들로 투영해서 똑같이 볼 겁니다.

원래의 희곡 줄거리를 간단한 팬터마임 줄거리로 멋지게 대역을 하시는 겁니다. 단, 희곡의 하이라이트가 다가오기 전까지만요. 그러다 관객들은 하이라이트에서 칼라프가 죽는 것을 보는 거예요. 그러면 관객들은 결국에 칼라프가 죽을 거라고 생각할 겁니다. 관객들 머릿속엔 다른 논리가 성립하지 않을 겁니다. 그리고 곧바로 진짜 우리 공연의 마지막 그림을 보여주기 시작하는 거지요. 관객들이 칼라프가 영악한 공주에게 적발되는 것을 본다면, 실제로 아주 심각한 기분을 느낄 겁니다. 바로 여기에서 그가 죽겠구나! 하고요. 객석에 칼라프의 불행한 운명의 기운이 사로잡히면 (우리 무대에 반드시 이런 분위기가 필요합니다!) 관객들은 그에 대한 연민을 느낄 것입니다. 그리고 칼라프에게 단검이 추켜올려집니다! 10분 전, 팬터마임에서 칼라프 대역이 죽임을 당했던 장면과 완전히 똑같은 장면이죠!

'아!' 하고 관객석에서 탄성이 터져 나올 겁니다. 하지만 그 순간 갑자기 얘기치 않은 행운이 찾아옵니다. 하지만 안심하긴 일러요, 팬터마임에서 아델마가 죽었듯 아직 아델마가 죽을 수도 있으니까요.

그래서 또다시 '아!!' 하고 탄성이 객석에서 나오겠죠. 하지만 이내, 또다시 안도할 것입니다. 바로 그 순간 우리의 '혼례' 장면이 나올 테니까요. 관객들은 선량하고 따뜻한 동정심으로 잠시 동안 진짜로 마음을 졸일 겁니다. 객석에서 흥분과 교란, 감동들을 불러일으키는 것은 공연에서 매우 중요한 것입니다!

그날 저녁 박탁고프가 우리에게 이야기해주었던 그의 예상은 실제 공연에서 완벽하게 적중했다. 관객들은 팬터마임에서 보았던 원래 희곡의 내용과 다른 결말이 실제 희곡의 결말일 것이라고 미리 짐작해서 받아들였다. 그들은 불안해하면서 마지막 장면을 기다렸다. 그렇게 관객들은 칼라프의 비극적인 운명을 진심으로 동정하며 조마조마해 하다가 감쪽같이 속았다는 것을 알게 되자 행복감을 느꼈던 것이다!

나를 쉽게 속인다 하더라도,
나는 되려 속임을 당해 기쁘다!

이 시에서 나오는 말들은 이 공연의 창작 과정을 분명하게 특정한 말이었다.

짠니들이 무대전환 준비 중이다.

프로시니엄 무대 앞에서 짠니들의 팬터마임. 무대 제3막

≪투란도트≫ 퍼즐 맞추기

≪투란도트≫ 연습에 관한 나의 기록은 끝을 향해 가고 있다. 하지만 지금 나는 박탄고프가 개별적 에피소드들을 연기했던 배우들에게 코멘트를 했었던 것에 대한 흥미로운 이야기가 떠오른다.

우리들은 <사형 집행 장면>을 연습하고 있었다. 그 사형 집행 장면 무대로는, 사전에 박탄고프가 요구했던 대로─투란도트 공주의 발코니 아래쪽에, 지하 감옥으로 가는 문처럼 보이는 크지는 않지만 깊숙한 공간을 만들어서, 그곳이 '사형 집행인들이 무수히 들어가고도 남을 만큼' 보이게끔 만들어졌다. 사실 우리에겐 4명의 사형 집행인들 자리만 있어도 됐었다. 또한 발코니 쪽에는 도르래로 지탱하고 있는 사형 밧줄과 목조 상자로 만든 단두대가 있었으며, 바라흐와 티무르를 '고문할' 사람들로 보이는 배우들이 그 주변에 있었다.

연출가들은 이 장면을 성실하게 연습했다. 무자비한 투란도트가 예민한 목소리로 사형 집행자들에게 온갖 가지의 명령을 내렸다. 선하고 유약한 젤리마 배역을 맡은 레미조바는 공주에게 바라흐를 살려달라고 간청했다. 바라흐도 온갖 '창조적 감정'을 동원하여 최선을 다해 연기했다.

티무르는 사형집행관 중 한 명의 칼 밑으로 순순히 자신의 머리를 숙여 넣었다. 그가 자신의 머리를 칼 밑으로 숙여 넣기까지 이전에 다섯 명의 머리가 참수되었다.

마침내 연출가들은 이 에피소드를 박탄고프에게 보여주기로 결정했다. 연출가들은 '무섭게' 분장한 사형 집행관들의 모습과, 지하 감옥으로 가는 길이 무서워 보이도록 '어두운' 조명을 주었으며, 지하 감옥으로 가는 길에 바라흐와 티무르를 현혹시키기 위한 금 무더기들을 (접시들 밑의 금괴에 전구를 설치해두고, 금괴에서 금빛이 새어 나가는 것처럼 만들었다) 세트 군데군데 놓아두었다.

박탄고프는 무대를 꼼꼼히 훑어보았다. 그렇게 한참을 생각했다. 그리고도 에피소드를 다시 한 번 연기하게 했다. 그리고 또 한 번 하게 했다.

─여러분께서는 우리 공연의 이 장면, 바로 이 순간의 형식을 대체 어떻게 해야

하냐고 끊임없이 제게 물어보셨습니다. 방금 여러분께서 제게 보여주신 장면을 예로 들어, 제가 직접 여러분께 시연해 드리죠.

그가 말했다.

─여러분들은 매우 신중하게 희곡의 내용을 재현했습니다. 여러분께서는 이 장면을 '분석하신 거예요.' 즉, 희곡 속 앞뒤 상호관계와 행동을 분석해서 이 장면의 목표를 확인하셨죠. 그러니까 여러분들은 이 장면의 목표가 바라흐와 티무르의 자백이라고 이해하신 겁니다. 그래서 이러한 에피소드에서 나오는 모든 사건에 배우들마다 적절한 정서적 재능을 쓰게 해서 '감정 연기'로 장면을 만들려고 하신 겁니다. 하지만 이 장면은 휴고와 같은 작가가 쓴 자연주의적 멜로드라마가 아닙니다. 다시 한 번 상기해 드리자면 이 장면은 ≪투란도트≫에서 나온 겁니다! 즉, 이 장면은 일반적인 작품을 대하듯 통상적인 계획으로 장면에 적용하고 만들면 안 된다는 뜻이에요. 이 장면은 반드시 장면을 정확하게 분석하되 내용은 덜 강조된, 외적 아이러니가 장면에 드러나야 합니다(물론 여러분들이 이 장면의 작업을 논리적으로 가정해서 연습해보는 것도 당연한 것이고 희곡에 쓰여 있는 그대로를 성실하게 연습해보는 것도 맞습니다). 다시 말하면 이 장면에서는 내용은 '보존하되,' 아이러니함이 살짝 드러나야 해요. 즉 코메디아 델 아르테의 특징이 이 에피소드에 가미되어야 한다는 겁니다.

장면은 다음과 같이 구성되어 있습니다.

가) 고문: 사형 집행자들

나) 바라흐와 티무르의 고통. 여러분께서 발견해내신 장면─'티무르가 고문 받는 그림'─과 다른 사형수들을 연속하여 '목을 치는' 장면은 좋았습니다. 그 장면은 바꾸지 말고 그대로 공연까지 가도록 하죠.

다) 투란도트의 명령, 스키리나의 눈물, 아델마와 젤리마의 싸움.

라) 황금: 현혹

위의 것들로 우리들은 앞으로 하게 될 우리의 연극의 장르와 부합하는 표현들을 만들어야 합니다. 그러니까 연출가의 상상력과 배우들의 능력을 합쳐서 각각의 형상과 그림들을 표현해야 하죠.

먼저 고문 장면은 저는 사형 집행자들의 저런 말도 안 되는 자연주의적 (사실적인) 분장을 차마 볼 수가 없군요. 우리 희곡에는 저렇게 성격이 분명한 분장에 대한 것이 명시되어 있지 않은데 갑자기 이렇게 사실적인 분장을 하고 나타나다니. . .

여러분은 배역들이 무서워 보이길 바랐군요. 기억해봅시다. 여타의 일반적인 공연에서 어느 배역이 가장 무서워 보였습니까? 우리 ≪투란도트≫도 의심의 여지없는 일반적인 연극입니다.

박탄고프는 잠시 생각에 잠겼다.

─다른 생각이나 의견이 없으신가요? 그렇다면 제가 직접 결정하죠. 여러분들이 펜싱 수업을 들을 때 얼굴을 가리는 철사로 된 마스크를 가져다주십시오. 그것을 가져오는 동안, 배우분들은 저쪽, 객석 구석에 놓여있는 거친 아마포・로 된 자루들이 있는 곳으로 가서, 그것들을 자신들의 기본 의상 위에 걸쳐 입으세요. 고르차코프 씨, 거기에 있던 것이 뭔가요? 혹시 스튜디오에 필요한 것들은 아닌가요?

─아니요, 필요 없는 것들입니다. 예브게니 바그라찌온노비치 박탄고프. 저것들은 오늘 관객석 주변 통로 사이에 깔려고 가져온 좁고 긴 양탄자들입니다.

─아주 좋습니다! 거기에 머리가 들어갈 수 있도록 구멍을 내서 자르십시오. 다 자르셨나요? 팔 양쪽도 자르셨죠? 양 소매를 걷어 올리십시오. 사형 집행인들은 언제나 맨 팔입니다! 이는 모든 희곡에서, 시대와 장르를 막론하고 마찬가지지요! 아, 펜싱용 마스크를 가져오셨군요, 좋아요! 일단 지금의 분장을 닦아내거나 수염과 가발은 벗는 것은 나중에 연습이 끝난 뒤에 하십시오.

자, 이제 마스크들을 착용하세요. 좋습니다! 관객들이 지금 여러분들께서 착용하고 있는 기존의 액세서리를 보고, 단숨에 여러분들이 누군지 알아보지 못하도록, 각자 어두운 색 리본이나 넝마로 각자의 마스크를 여며서 자신들의 정체를 가리세요. 정통적인 코메디아 델 아르테 방식을 따라서, 사형 집행자들 중 첫 번째 사람은 눈을 다친 것으로, 두 번째 사람은 이가 아픈 것으로, 세 번째 사람은 벌에게 코를 크게 쏘인 자국이 있는 것으로, 네 번째 사람은 딱히 떠오르는 게 없네요. 배우가 직접 창조해서 설정하세요! 자, 그럼 이제 보여주십시오!

・ 린넨 천, 아마의 실로 짠 얇은 직물을 통틀어 이르는 말

그리고 실제로 우리 눈앞에 놀라운 외형을 갖춘 네 명이 서 있었다. 그들은 각자의 의상 위에 거친 아마포 자루를 뒤집어써서 삐뚤삐뚤하게 걸치고 있었는데, 얼굴은 반씩 갈라져, 반은 그물로 가려져 있었고 나머지 절반은 어떠한 어두운 천으로 붙들어 여민 괴상망측한 모습이었다.

순발력이 뛰어났던 비비코프가 이번에도 그의 순발력을 발휘하여 권투 장갑을 손에 착용했고 박탄고프의 칭찬을 받았다. 슈킨은 얼굴의 절반을 검은색 광택이 나는 종이로 (스튜디오에 펜싱 마스크가 3개밖에 없었기 때문에) 고정시켰다.

—좋습니다. 그럼 이제 사형집행관들은 어떻게 고문을 해야 할까요? 여러분들은 바라흐 배역을 맡은 똘차노프를 열심히 고문합니다. 연속해서요. 그건 그렇고, 고문당하는 배우들은 바지를 포함한 모든 의상들을 벗으세요, 고문당하는 사람들이 옷을 다 입고 있는 것은 어디에서도 못 봤습니다. 그 옷들이 보이는 순간, 장면은 금방 지루해질 겁니다. 특히나 곧 다음 차례로 티무르의 머리가 베어질 텐데요.

—예브게니 바그라찌온노비치 박탄고프, 제 몸은 완전히 노출시킬 수 있는 몸이 아니에요. 장담하지만 이 일은 예의에 벗어나는 일이 될 겁니다!

똘차노프가 호소했다.

—과연 옳은 말씀이네요.

박탄고프는 호소하던 배우의 '팔뚝'을 바라보면서 동의했다.

—그럼 다른 방안을 제시해주겠습니까?

—제가 내일 살색 그물망을 가져와서 선생님이 원하시는 그림을 만들겠습니다.

늘 현명했던 요셉 모이시예비치 똘차노프가 대답했다.

—똘차노프, 그러니까 바라흐가 금방 몸을 가릴 수 있도록 시간을 드리지요.

박탄고프가 그의 의견을 수렴했다.

—이제 다시 고문하는 장면으로 돌아가 보죠! 이 장면에서는 시종일관 고문이 이어지는 것이 아닌 단 세 번만 고문할 것입니다. 이 에피소드의 전체적인 순서는 다음과 같이 할 것입니다. 발코니에서 투란도트가 명령하는 지점에서,—첫 번째 고문, 지하 감옥에서의 고문이 15초간 나오고, 젤리마와 아델마가 투란도트와 대화하는 지점

에서-두 번째 고문이 15초간 나올 것이며, 투란도트가 분노하는 지점에서-세 번째 고문이 나오는 겁니다! 스키리나는 서서 밑에 있는 금을 집어삼킬 듯한 눈빛으로 바라보며 일정한 음으로 신음 소리를 내십시오. 그 후 비극적인 아델마의 독백이 끝나면, 알또움 왕이 이곳에 온다는 소식을 듣습니다. 그 순간 순식간에 고문을 중지하는 것으로 이 에피소드를 완전히 끝내는 거예요. 여러분께선 이미 이 순서대로 연습을 해오셨지요.

무대에서 고문 장면은 어떻게 만들어야 할까요? 똘차노프의 이 '죽음의 무도' 장면은 사형 집행자들의 야만적인 괴성들, 고통 받는 비명들, 무시무시한 잡다한 소리가 섞인 불협화음이 나와야 합니다. 티무르는 이미 다른 왕들의 목이 순차적으로 내리쳐지는 것을 보았기 때문에 조용히 자신이 참수될 시간을 기다리고요.

똘차노프 장면과 티무르 장면, 이 두 장면은 별도로 분리하여 함께 연습을 완성해봅시다. 사형 집행 장면을 준비해주십시오. 꼭 기억하십시오. 누가 어떻게 똘차노프, 그러니까 바라흐를 고문할지를요, 그리고 잊지 마세요. 이 에피소드의 시간은 단 15초라는 것을요! 자, 시작해주시죠!

이윽고 냄비와 프라이팬들을 '두드려서 낸' 소리가 시끄럽게 울려 퍼졌고, 사형 집행자들은 야만적인 고함을 질러댔다. 그들은 똘차노프를 '강도 있게' 여러 번 가격하고 쓰러트렸다. 그리고 멈춰졌다. 박탄고프가 종소리를 울렸고 순식간에 모든 것이 중단됐다. 티무르는 호주머니에서 꺼낸 흑빵 껍질을 조용히 씹고 있었다.

－이 다음은 뭐죠? 왜 장면을 중단한 겁니까?

박탄고프의 목소리가 들려왔다.

－이 다음은 투란도트의 대사입니다.

까뚤루바이가 대답했다.

－전혀 아닙니다! 이 다음 장면으로는 사형 집행 장면에서 가장 중요한, 사형 집행자들의 휴식 장면이 나와야 해요! 엄청난 수고를 도맡아 하는 사형 집행자들의 휴식 장면은 이 공연에서 가장 무서운 장면이 되어야 하고요! 심지어 옛말에 '사형 집행자들의 고문보다 그들의 휴식을 두려워하라'라는 말도 있잖습니까.

물론 이러한 속담은 있지도 않았고, 앞으로도 없을 것이다. 하지만 박탄고프는 이 작업에 자신의 상상력을 강조하기 위한 것이라면 거침없이 무엇이든 예로 들었다. 때문에 누구도 나서서 세상에 그런 속담은 없다고 그에게 반박할 수 없었다!

사실 그럴 틈도 없이, 사형 집행자들은 사력을 다해 15초간의 '고문 작업'을 한 뒤 몇 분간 '휴식을 취하는' 장면을 실제로 놀랍게 시현해냈다! 어떻게 박탄고프는 이러한 개성 있는 '고문' 장면을 탄생시키고 찾아냈던 것일까? 가장 놀랐던 점은, 그가 이렇게 창조해낸 고문 장면의 형식을 우리가 신뢰할 수 있었다는 것이었다!

─고문 장면은, 고문하는 사람들과 고문을 받는 사람들 서로가 상호관계적입니다. 즉 이 장면은 서로 합을 맞추고, 함께 고민하셔야 할 것입니다. 우리들은 우리만의 '고문' 장면을 찾아냈습니다. 티무르는 자신의 '참수' 장면을 잘 찾아내셨어요. 티무르 배역을 맡은 자하바는 자신이 참수될 차례가 오려면 아직 한 사람의 머리가 더 베어져야하므로 그 시간 동안 뭔가를 씹어 드시면서 힘을 비축하면서 쉬고 계셨던 겁니다. 아주 잘하셨어요. 하지만 똘차노프는 여전히 '이도 저도 아닙니다.' 당신은 당신이 연기하는 장면을 사실적인 공연의 희곡이나 장르로 받아들여서 연기할 필요 없이, 오직 최소한의 고문에 타당한 '체험'만 연기하셔도 됩니다. 여기에서 말하는 '야만스러움'은 말하자면 벌판을 뛰어다니는 육고기를 직접 물어뜯어야 하는 '야만스러움'이 아닙니다. 당신은 고도의 내추럴한 '야만스러움'으로 연기하실 필요가 없다는 뜻입니다!

박탄고프는 발견한 것들을 계속하여 향상시켜 나갔다.

─즉, 삶에서 강제적으로 시켜서 해야 하는 일이라면, 뭐든지 고문이 될 수 있단 말이지요. 요셉 모이시예비치 똘차노프, 혹시 당신은 이러한 경험을 한 적이 없습니까? 기억을 더듬어 보세요! 이러한 행동은 연출가의 판타지에서 만드는 것보다 연기자, 당사자가 직접 경험한 기억으로 하는 것이 더 낫습니다.

─기억나는 게 뭔가 있긴 합니다. 학창시절, 모든 과목 중에 퇴역 장교 출신인 체육 선생님의 '제자리 뛰기'라고 불리던 수업이 있었습니다. 저는 유일하게 그 과목만을 싫어했습니다. 왜냐하면 수업 시간 내내 그 선생님께선 "어이, 빨리 달려, 더 빠르게 달려, 전속력으로 더 빨리. . ."하면서 소리를 지르셨거든요. 그분은 끝도 없이 우리들에게 그것을 강요하셨어요.

잠시 생각을 하던 뜰차노프가 대답했다.

 ―아주 좋습니다. 방금 말씀하신 당신의 기억은, 우리의 멋진 고문 형식으로 보일 것입니다. 그러니까, 우리의 고문 장면을 다음과 같이 설정합시다. 사형 집행인들이 당신을 고문하기 시작하면, 당신은 어떠한 감정도 없이 '제자리 뛰기'를 하십시오! 그들이 고문을 하면 할수록 당신은 더욱 더 빨리 뛰면 됩니다! 당신의 학창시절 때처럼요! 단, 장면의 효과를 위해 발코니에 있는 밧줄을 내려서, 당신의 겨드랑이에 묶으세요. 자, 연습해봅시다!

 결과는 기가 막혔다! 15초간의 사형 집행들이 광기 어린 고문과 뜰차노프의 '제자리 뛰기'의 장면 다음으로 고문관들의 휴식 시간이 이어졌는데, 그때에 맞춰 뜰차노프는 자신의 몸에 매달려 있던 밧줄에 몸을 맡긴 채 축 늘어뜨렸다. 이 행동은 배우가 미리 설정한 행동이었지만 매우 논리적이고 설득력 있게 보였다. 그러다 발코니에서 투란도트가 위협적인 어투로 젤리마와 이야기를 나누자, 또다시 펜싱 마스크를 쓴 기괴한 아마포 자루를 뒤집어쓴 사람들이 악마 같은 괴성을 지르고 뜰차노프도 또다시 제자리 뛰기를 했다! 그리고 티무르의 장면은, 곧 그의 머리가 참수될 것임을 조용히 암시했다. 이 장면은 박탄고프가 찾아서 설계한 대로 그 본연의 형태와 그림을 갖추게 되었다. 그러나 박탄고프는 우리 장면의 골격이 잡히긴 했지만 장면이 확실히 완수되었다고는 생각하지 않았다

 ―이제 발코니에 있는 숙녀들에 대해 이야기를 해보죠. 우리 사랑스러운 숙녀분들께서는 궁전에서 왜 그렇게 소리를 지르신 거지요?

 그는 만수로바와 레미조바, 그리고 오라치코를 향해 조롱하듯 물었다.

 ―저희들이 소리를 지르다니요? 저는 단지 저의 하수인, 사형 집행자들을 엄격히 다뤄서 바라흐와 티무르를 놀래게 해주고 싶었을 뿐이에요.

 투란도트 역의 만수로바가 의외란 듯이 말했다.

 ―제 생각에 평범한 모든 남자들은 사랑하는 여인이 천사같이 상냥한 모습으로, 그리고 순수하고 아름다운 목소리로 '달콤하게' 이야기를 시작할 때, 더욱 두려움을 느끼는 것 같습니다. 그러니 그들을 놀래게 하지 마시고 두렵게 하세요!

박탄고프는 직접 '달콤한 목소리'를 만수로바에게 시연해보이며 객관화시켜주었다.

─그렇다면 저는 어떻게 투란도트로부터 제 의붓아버지인 바라흐를 보호하죠? 저는 제 과제대로 소리쳤습니다. "사형 집행자들은 멈춰주세요! 하싼을 살려주세요!"라구요. 저는 바라흐의 가명이 하싼이라는 것을 알잖습니까?

젤리마 배역을 맡은 레미조바가 물었다.

─다루기 힘든 변덕스러운 여자를 대응하며 간청해야 하는데, 꼭 감정을 소진하며 표현하는 방법밖에 없을까요? 당신은 투란도트에게 시종일관 똑같은 소리를 반복하세요. 그 지겨운 소리가 투란도트를 짜증나게 할 겁니다. 그러면 그녀는 냉담해지겠지요. 자, 그럼 이렇게 합시다. 사형집행자들이 쉬는 시간에 투란도트는 아름다운 목소리로 티무르와 바라흐의 진짜 이름을 알려달라고 설득하세요. 젤리마는 누구도 괴롭히지 말고, 낮은 북소리와 같은 부드러운 저음으로 말씀을 반복하시고요. 한편 아델마는 겉으로는 매우 확고하고 순수하며 무심한 태도로 투란도트 공주에게 교활한 조언을 하십시오. 하지만 내면엔 엄청난 흥분이 있어야 합니다. 그녀는 투란도트의 노예가 된 이후부터는 자신의 모든 감정들을 억제할 수 있는 방법을 터득한 거죠. 그리고 스키리나는 기둥 근처에서 움직이지 말고 서서 일정한 음을 길게 끌면서 "으 . . . 으 . . . 으 . . ." 하고 갈망하는 소리를 내십시오. 그녀는 저 금들이 자신의 남편(바라흐)을 살릴 수 있을 거라는 유혹을 받는 겁니다. 자, 연습해보죠.

전체 장면의 그림들이 보다 선명해졌다. 희곡 본연의 내용을 잃지 않으면서도, 형식이 분명해진 것이다. 오히려 장면의 매순간들은 보다 흥미롭고 다양하게 확장되었다.

─자, 이제는 마지막입니다! 금빛의 색상이 좋지 않군요! 무엇으로 만드셨습니까? 박탄고프가 물었다.

─금색 유리들을 안에서 반짝거리게 만든 겁니다!

니빈스키가 대답했다.

─좋지 않아요! 이 경우에는 그 안에 큰 전구 하나를 숨겨 놓은 것보다 작은 전구 10개를 숨겨 놓은 것이 낫습니다. 지금 빨리 설치해주실 수 있습니까?

—지금 하겠습니다.

　스튜디오의 무대 조명 담당자이자 어떠한 효과도 낼 줄 알았던 훌륭한 발명꾼 빠뽀프가 즉시 대답했다.

　—그럼, 이제 전체적인 무대 노선을 찾아봅시다. 고문 장소는 어둡게 만듭시다. 어둡게 만들어서 오직 금괴에서 새어 나오는 불빛으로만 배우들이 보이게 하는 거지요! 사형집행자들은 모두 똑같은 마스크를 착용할 필요가 없습니다. 진부해보이니까요. 그러니 두 분께서는 마스크를 그대로 착용하시되 나머지 두 분께서는 검은색 윤택이 나는 종이를 얼굴에 붙이십시오. 그리고 먼저의 두 분은 아마포 자루를 착용하시고, 나머지 두 분은 테니스 상의를 입도록 하세요. 이렇게 입지 않는다면, 이 장면과 어울리지 않을 겁니다. 이 장면에서의 전체적인 리듬은 폭풍과 같은 빠르고 에너지 넘치는 템포로 갈 겁니다. 사형 집행자들이 고문을 하는 동안에, 여자들은 공포에 사로잡혀 부채로 얼굴을 가리세요. 고문이 끝나자마자 부드러운 조명이 무대를 밝혀주면, 투란도트와 그녀의 시녀들은 부드러운 목소리로 바라흐와 티무르를 얼마나, 어떻게 더 '고문할지'에 대한 의견 대립을 하시면 됩니다.

　—금빛이 준비됐습니다!

　그가 박탄고프에게 알렸다.

　—자, 그럼 마지막으로 연습해보겠습니다!

　그는 언제나처럼 외쳤다. 그러나 우리들은 그간의 경험을 통해 방금 그의 '마지막 연습'이란 말은 진짜 마지막 연습과는 거리가 멀다는 것을 알고 있었다.

　투란도트가 청순하고 상냥한 목소리로 말을 하자 (투란도트의 배역을 맡은 만수로바는 실제로 그녀가 가진 원래 목소리를 사용했다) 젤리마는 낮은 목소리로 끊임없이 자신의 유감에 대해 표명했고 아델마는 포로들의 처벌을 강력하게 요구했다.

　사형 집행자들이 괴성을 지르며 으르렁댔고 바라흐는 제자리 뛰기를 했으며, 티무르는 바닥에 쓰러졌는데 그 순간 이 장면의 전체 무대 조명이 꺼졌다. 그러자 무대 위에 금빛이 어슴푸레 빛나기 시작했다. 정말로 금에서 빛이 났다.

　엄청난 효과가 발생했다!

15초간의 고문 장면이 순식간에 지나갔다. 기진맥진한 사형 집행자들은 땀을 닦고 어깨를 펴면서 피로를 풀기 위해 출입구 앞에 걸터앉았다. 뜰차노프는 밧줄에 축 처져 매달려 있었다. 그러다 그는 앉아서 빵 껍질을 씹으며 힘을 비축하고 있던 자하바(티무르 역)를 향해 고개를 들었다. 그러자 곧 그들 위로 그들 위에 있던 여자들의 목소리가 들려왔다.

－이 장면을 다시 한 번 해봅시다!

－한 번만 다시 해보죠!

그리고 이내 다시 한 번 오라치코는 완전한 비극성을 갖추어 아델마의 모놀로그를 했다. 그리고 알또움의 성 입구에서 고문을 멈추라고 명령하는 장면도 반복했다.

－어떻습니까, 이제 이 장면의 그림과 형식을 찾은 것 같습니까? 어쩌면 또다시 누군가는 우리의 이 장면을 희곡의 **내용을 논리적으로 연결시켜 최대치의 무대적 형식으로서의 표현을 담아낸 것이 아닌,** 이 장면은 **추상적인 그로테스크를 담아낸 것**이라고 말할 수도 있습니다. 가끔 우리들은 진정한 의미를 이해하지 못하면서도, 아무 생각 없이 이런 말들을 사용하지요!

《프린세스 투란도트》 무대 제4막 스케치 －무대미술 디자인 И. И. 니빈스키

박탄고프가 우리에게 말했다.

박탄고프는 중국풍의 긴 의자에 앉아 있던 현자 배역을 맡은 배우들에게도 많은 관심을 기울였다. 그는 그 연기자들과 함께 그들의 배역 속 <알맹이>들을 신중하게 탐구했다. 우리들은 또다시 연출가가 배우들과 함께 배역의 형상을 찾아가는 흥미로운 과정들을 경험하면서 다시금 빛나는 연출 수업을 배울 수 있었다.

─여러분들 모두 잘하고 계십니다. 하지만 여기에 화가가 자신이 그린 그림의 운명을 결정할 마지막 붓 터치가 있어야 하지요. 화룡점정이 필요하단 뜻입니다. 아직 여러분들은 여러분들의 배역 속에 그 결정적인 씨앗 하나를 찾아내지 못했습니다. 이제 저와 함께 그것들을 찾아보도록 합시다.

어느 날 박탄고프가 현자들에게 말했다.

─이렇게 해봅시다. 여러분, 서로를 마주 보고 앉아주십시오. 다섯 분 모두요. 한 분이 남으니, 그 나머지 한 사람─발라힌 맞은편에 제가 앉도록 하겠습니다. 지금부터 여러분들은 서로를 바라보면서, 상대방은 모르고 있는─현재 상대방의 유감스러운 어떠한 점들을 생각하십시오. 유치한 것으로요. 그리고 알또움 왕을 연기하는 바솝께서는 평소 현자들을 연기하는 이 배우들이 맞은편 상대방에 대해 어떠한 부분들을 조금씩 아쉽게 생각하는지를 알아맞혀 보세요.

그리고 곧 발로자 모스크빈은 쥘쪼프 맞은편에, 가류노프는 까롤레프 맞은편에, 그리고 발라힌은 박탄고프 맞은편에 약간의 간격을 두고 앉았다. 바솝, 그러니까 알또움 왕은 이 상급 재판소의 수장이었던 셈이다. 하지만 우리들에겐 모든 현자들이 박탄고프를 따르는 것처럼 보였다.

─알또움 왕은 '사적인 감정을 뺀' 목소리로 (단, 현자들의 수장인 모습을 유지하면서) 우리가 상대방에 대해서 생각했던 것들을 '알아맞혀 보세요.' 우리들은 침묵하고 있다가 알또움이 우리들이 생각했던 바들을 모두 알아맞히면 그때 그에게 솔직히 자백하면 되는 겁니다.

박탄고프가 지시했다.

"쥘쪼프는 맞은편에 앉아 있는 바냐 모스키빈이 현자 배역을 어떻게 연기해야 할지 그의 아버지에게 물어봤을 거라고 생각하고 있다."

갑자기 알또움 왕 배역을 맡은 바숍이 말하기 시작했다.

―그리고 바냐 모스크빈은 쬘쪼프가 사납게 생겼다고 생각하고 있다. 똘랴 가류노프는 보리스 메포디예비치가 다른 사람들에게 사기 치듯, 자신에게도 사기를 칠 거라고 생각해서 속으로 웃고 있고, 보리스 메포디예비치는 그가 똘랴에게 어떻게 붙어먹을지 모를 것이라 생각하고 있다. 발라힌은 당신의 조끼에 단추가 하나 떨어진 것에 대해 생각하고 있고, 그리고 당신은. . . 발로쟈 발리힌의 손에 있는 연필에 대해 생각하고 있다. 자, 그럼 누가 내 말에 자백하겠는가?

바숍은 집중력을 잃지 않고 무미건조한 톤으로, 발라힌의 손에 있던 연필에 대해 생각하고 있다고 보았던 박탄고프를 향해 물었다.

―저는 발라힌의 연필에 대해 생각했던 것을 인정하옵니다. 왜 제가 이제야 말씀 드렸을까요.

그러자 놀랍게도 현자들 모두가 자신의 왕의 관찰한 것이 맞다고 인정했다.

―이런 방법은 통하지 않는 듯하군요! 다른 방법을 적용시켜 봅시다. 전원 제 맞은편으로 앉아주십시오. 우리들에게는 일반 사람들의 생각이 아닌, 현자들이 하는 생각들이 필요합니다. 네, 좀 더 동화적이고, 보다 풍자적이어야 하죠. 혹시 여러분 중, 걸리버의 여행기에 나오는 천공의 섬 라퓨타를 기억하시는 분 계십니까? 조나단 스위프트가 쓴 작품 말입니다. 보아하니 여러분들은 걸리버 여행기를 아예 읽지 않았거나, 읽었더라도 세 번째 이야기는 대충 읽어 넘기신 것 같군요. 어쨌든 그 작품 안에는 조나단 스위프트의 문학적인 풍자가 쓰여 있습니다.

그러니 우선 첫째로 걸리버 여행기에서 나오는 세 번째 단원을 다시 읽어보십시오. 그리고 둘째로 쬘쪼프께서는 어떻게 하면 파리를 코끼리만큼 크게 키울지 고민해주십시오. 이것은 제 생각이 아닌 고리키의 생각에서 나온 겁니다. 그리고 가류노프께서는 달에서 나오는 달빛으로 어떻게 레이스를 짤 수 있을지 고민해주시고, 까랄레프는 인간이 세 쌍의 귀를 사용할 수 있다면 그것을 신체의 어느 부위에 위치시키는 것이 가장 좋을지 상상해보세요. 그리고 발라힌은 손바닥에 있는 잔손금들을 어떻게 하면 3분 안에 셀 수 있을지를, 모스크빈은 모래로 자자나무 빗자루를 만드는 방법을 고안해보세요. 그리고 약 15분 후에 우리에게 그 테마의 결과를 보여주십시오.

여러분께서는 5분간 앉아서, 각자의 박식함을 동원하여 이 테마에 대해 생각해주십시오. 그동안 저는 발라힌에 손에 있던 연필을 바라보면서, 제가 무엇을 생각했었는지 말씀 드리겠습니다.

저는 그 연필로 우산을 만들면 좋겠다는 생각을 했습니다. 어떻게 만드냐고요? 그 연필을 땅속에 심고 물을 주면 됩니다. 어차피 연필은 나무로 만들어졌으니, 땅에 심고 물을 주면 자라겠지요. 어쩌면 이 연필이 종려나무에서 나왔을지도 모르잖아요? 만약 제 어깨에 그것을 걸쳐 쓸 수만 있다면, 종려나무는 우산과 똑같아질 거예요. 물론 종려나무를 우산으로 쓰려면 힘이 꽤나 들겠지만, 만약 내가 서커스단에 들어간다면, 내 근육을 키울 수 있으니 문제없을 겁니다. 흠, 그럼 현자들의 과제들은 어떻게 돼가고 있나요? 쬘쪼프, 준비되셨습니까?

—예브게니 바그라찌온노비치 박탄고프, 솔직히 저는 어떻게 파리를 코끼리로 만들어야 할지 모르겠습니다.

—그렇다면 저는 어떻게 연필에서 우산이 나온다고 했을까요?

—죄송합니다만, 그러니까 일종의 헛소리 같은 걸 하면 되는 건가요.

—현자 배역들은 언제나 헛소리들을 해댑니다. 어쩌면 우리 모두에게 현자들의 헛소리 기술이 부족한 게 아닐까요! 발라힌은 어떻게 되어가고 있습니까?

—예브게니 바그라찌온노비치 박탄고프, 저는 손에 있는 모든 잔손금들을 세기 위해서는 일단 손바닥을 자른 다음 세상에서 제일 커다란 확대경을 가져와서 그것을 만 배로 확대해서, 위원회 안의 최고의 수학자들과 점성술사, 손금 보는 사람들에게 보여야 한다고 제안하는 바입니다.

—음, 꽤나 어려운 제안이로군요. 계속 발전시켜 보십시오. 저는 여러분들 중에 위대한 현자가 나올 거라고 확신합니다!

박탄고프는 시선을 피하면서 짐짓 침착하게 대답했다.

만족한 발리힌은 자신의 문제를 연구하기 위해, 보다 깊이 몰두하기 시작했다.

발리힌의 성공적인 '헛소리'에 뒤이어, 까랄레프와 <u>모스크빈</u>, 그리고 가류노프에게 할당됐던 '연구들도 다소 놀랍게 이어졌다. 매우 합리적인 생각을 갖고 있던 쥘조프는 다른 사람들과 달리 완강한 고집을 피웠다. 그러나 반시간이 지나자 결국 그도 포기하고 '헛소리를 하게 되었다.'

그때 박탄고프는 모든 현자들에게 각자 주어진 테마들의 '헛소리'를 아주 작은 소리로 합창하라고 제안했다. 곧이어 우리들은 가장 재미있는 광경을 목격하게 되었다. 우리 동료들은 거의 아무런 제스처 없이, 심각한 표정으로 '헛소리'들을 속삭이면서 박탄고프가 현자들의 속삭임만큼, 작은 소리로 연주하게 한 음악에 맞춰 부드럽게 살랑대기 시작한 것이었다.

―이제 각 현자들은 자신의 이마에 검지를 갖다 대십시오.

박탄고프가 지시했다. 거의 자신을 가리키며 말하는 듯한 이 원초적인 제스처와 심각한 독백이 결합하여 정말로 완전히 우습고 천진한 형상으로 표현되었다.

―그런데 저희에게는 언제쯤 5분이라도 시간을 내어주실 건가요?

시녀들이 들고 일어났다.

―당신들은 무대에서 여러분들이 아름답다고 믿습니까?

박탄고프는 대답 대신 질문을 했다.

여배우들은 '네, 믿고 있습니다'라고 대답할 수 없었다. 무대에서의 아름다움과 실제 삶에서의 아름다움의 경계가 너무 미미했기 때문이다. 과연 그녀들의 어떠한 점이 실제보다 무대에서 더 낫다고 판별할 수 있겠는가!

―좋습니다. 이 질문을 다른 측면에서 접근해보도록 하죠.

박탄고프는 시녀들의 주저함을 이해했다.

―여러분들은 혹시 "대장이 되기를 꿈꾸지 않는 군인은 나쁜 병사이다"라고 한 나폴레옹의 말을 알고 계십니까?

시녀들 모두가 그 말을 알고 있다고 했다.

―그렇다면 "주인과 결혼을 꿈꾸지 않는 시녀는 나쁜 시녀이다"라는 말은 어떻습니까?

시녀들은 주저하면서 실제로 있을 수 있는 일이라고 인정했다.

—바로 이것이 여러분들의 <알맹이>입니다. 여러분들은 투란도트 공주가 되고 싶어합니다. 그러나 자신들은 결코 알또움의 왕궁에서 그러한 마음을 내색할 수 없지요. 물론 그녀들은 무대에서 자신과 가장 가까운 이웃들에게도 티를 내서는 안 된다는 것을 알고 있습니다. 여러분들은 관객들에게까지도 그런 마음을 숨겨야 하는 시녀들입니다. 알아두십시오. 그 어떤 작은 말일지라도 '대부분' 자신의 가슴속에 묻어 두어야 한다는 것을요. 그 '대부분'의 마음들은 칼라프를 바라보면서 몰래 눈빛으로만 보내십시오. 여러분들은 이 일을 하셔야 합니다.

—그런데 알또움 왕과 결혼하고 싶어 하면 안 되나요?

시녀들 중 가장 활발했던 여학생 슈흐미나가 물었다.

—알또움에게요?

박탄고프는 놀라워했다.

—글쎄요, 제 머리로는 상상해본 적이 없습니다. 당신은 이미 제 상상을 뛰어 넘은 것 같군요. 물론 저는 상관하지 않겠습니다. 어차피 딸을 떠나보낸 노인의 인생은 지루해질 겁니다. 알또움을 마음속에 택하세요!

—서로가 조용히 견제해도 되지 않을까요?

또 다른 시녀가 온순한 목소리로 물어보았다. 조심스러운 눈빛으로 물어보던 목소리의 주인공은 알렉세예바였다!

—하지만 저는 우리 시녀들 모두를 사랑하는데요!

순간 레미조바가 진심을 다해 외쳤다.

—아이고, 꼬마 아가씨!

성인 나이대의 시녀들인 루시노바와 시넬니코바가 '공연에서 가장 어린 여배우인' 레미조바를 (사실상 그녀들은 레미조바와 나이 차이가 조금밖에 나지 않았다) 단호하게 말렸다.

—제 생각에는 여러분들이 서로 매일 30분간 이렇게 아웅다웅 댄다면 여러분 모두 시녀들의 <알맹이>를 훌륭히 마스터할 기회가 많아질 것입니다.

박탄고프는 아이러니하게 말했다. 박탄고프는 웃었지만, 이 말은 이후 시녀 그룹의 중심에 새겨졌다. 이렇게 간단한 여배우들과 연출가와의 대화는, 훗날 공연에서 이렇게 대사가 거의 없는 역할들(외부에 시선이 부각되지 않은 역할들)에게 아이러니한 내적 감정들을 흘러나오게 하였다. 이들은 투란도트의 '경쟁자'들로서 여성성과 교활함을 완벽하게 공존시켜냈다.

이외에도 박탄고프는 티무르 배역을 맡은 자하바와 함께, 티무르 배역의 형상화를 위한 작업을 했다. 티무르는 자신의 왕좌와 아들, 그리고 아내까지 잃은 가혹한 고통을 겪은 노인 배역이었다. 그러나 자하바는 ≪프린세스 트란도트≫의 연기자 중 가장 경험이 많고 노련한 배우였다. 자하바는 이미 메테를링크의 희곡 ≪성 안토니오의 기적≫에서 나오는 박사 배역을 훌륭하게 연기한 적이 있었다. 거기에서 그는 내적으로는 깊게, 외적으로는 선명한 무대적 형상으로 명확하게 선보였다. 따라서 이번에도 어려운 자신의 과제—치명적인 '왕의 운명'과 고통스러운 아이러니를 자신의 배역에 진정성 있게 연결시켜내는데—를 특별한 어려움 없이 성공시켜냈다. 박탄고프는 자하바가 성공적으로 발견해내고 그려낸 배역의 그림을 거의 수정 없이 공연에 넣었다.

현자들. 중국식 긴 소파에 앉아 있는 그룹

투란도트의 시녀들

투란도트와 아델마가 왕자의 이름을 알아내려 하고 있다. 무대 제2막

투란도트가 티무르왕을 '고문하고 있다.' 무대 제3막

젤리마 ―A. И. 레미조바

이 장에서 쓴 박탄고프의 연습 기록은 위대한 《프린세스 두란도트》 공연을 상조하던 과정 중 일부분에 지나지 않는다.

결국 그 공연에 직접 참여했던 누군가가 곧 당시의 전부를 복원할 것이다. 하지만 나에게 이 기록이 중요한 이유는 우리의 젊고 훌륭했던 연극 교육자, 예브게니 바그라찌온노비치 박탄고프의 살아 있는 증언이자 연출수업이기 때문이다.

《프린세스 투란도트》 공연 전날 밤인 박탄고프의 마지막 연습은 꽤나 유명하다. 이후 이 공연은 모스크바 예술극장에서 그의 스튜디오 배우들에 의해 상연되었다.

예브게니 바그라찌온노비치 박탄고프에게는 철칙이 있었다. 그것은 그가 여러 스튜디오 그룹들과 함께 작업했었던 자신의 작품들이나 교육적 작업들을 그들과 어떻게 '작업하고 교육했는지'에 대해, 반드시 모스크바 예술극장의 스타니슬랍스키와 네미로비치-단첸코와 그 극단의 자신의 동료들에게 알리는 것이었다.

그는 그의 일기를 통해서 자신의 연출적 작업은 당연히 스타니슬랍스키의 교육적 활동에 대한 가르침과 모스크바 예술극장에서의 창조적 삶이 자신의 작품에 유기적으로 연결되어 확립되었다고 생각했으며, 자주 이것을 언급했다.

때문에 《프린세스 투란도트》 공연 최종 리허설이 있었던 그 엄숙한 날에도, 모스크바 예술 극장 단원들로 구성된 스타니슬랍스키 스튜디오의 핵심 배우들 대부분이 와서 객석에 자리하고 있었다. 그러나 정작 박탄고프는 이 리허설에 참석할 수 없었다. 치명적인 병이 그를 병상에 묶어 놓았기 때문이다. 그러나 그는 그의 규칙을 깨지 않았다. 그는 이날 저녁, 자신의 예술적 선배와 후배들인 스타니슬랍스키와 모스크바 예술 극장의 단원들에 자신의 공연을 선사했다.

이처럼 중요한 리허설 날의 관객들을 위해 박탄고프는 편지를 썼고, 그것을 칼라프 배역을 맡았던 자바드스키가 공연의 프롤로그에서 읽었다.

박탄고프가 관객석에 자리하고 있는 이들에게 보내는 편지에는 스튜디오 배우들과 겪은 어려웠던 창조적 길에 대한 이야기와, 공연에서 실험적 작업들이라 불릴

만한 모든 것들은, 고찌가 쓴 ≪프린세스 투란도트≫의 희곡의 무대적 결정을 가능하게 하기 위해 찾아낸 형식이라는 이야기, 그리고 스타니슬랍스키의 근본적인 예술 교육을 배우들에게 가르치는 것에 대한 어려움과 스튜디오 배우들의 미래의 꿈과 계획에 대한 내용이 쓰여 있었다. 그 다음 내용으로는 박탄고프가 자신의 제자들을 관중에게 소개하는 것이었다. 그는 오늘 공연의 참여자 대부분이 무대에 처음 서는 것임을 강조했다.

그는 편지를 통해 오케스트라에 대해서도 말해야 했다. 이 오케스트라는 스튜디오의 제자들로 구성된 것이며, 모든 악기들은 '심지어 가리비로 된 악기까지도' 그들이 직접 연주한 것에 대해 썼다. 또한 박탄고프는 공연의 무대 미술가로 이그나찌 이그나예비치 니빈스키를, 무대 의상에는 나데쥐다 뻬뜨로브나 라마노바를 언급했다.

– 연미복 의상 작업에 대해서는. . . 말하지 않는 편이 더 낫겠네요.

이렇게 박탄고프는 관객에게 보내는 자신의 편지를 농담으로 강조하며 끝맺었다. 그는 공연에서 사용했던 그 어떤 외적 형식이나 의상들, 그가 생각해낸 무대 배경 세트들, 스튜디오 제자들과의 새로운 작업 내용들은 전혀 쓰지 않았다.

박탄고프가 관객석에 보낸 편지는 커다란 역할을 했다. 이 편지는 새로운 공연으로 대중에게 심판 받는 자리에, 새로운 공연에, 새로운 배역으로, 게다가 처음으로 무대에 출연하는 배우들에게 반드시 필요한 상호 신뢰라는 보이지 않는 다리를, 관객석으로부터 무대까지 놓이게 하였다.

관중들은 박탄고프의 의도를 따뜻한 우정으로 혹은 동료애로 받아들였다.

박탄고프의 무대를 바라보던 스타니슬랍스키의 표정은, 예상 못했던 그의 연출적 판타지에 놀라워하며 진심 어린 열광으로 웃음이 만연해 있었다.

스타니슬랍스키는 공연의 첫 번째 중간 휴식시간에 박탄고프에게 전화를 걸어 그의 대단히 성공적인 공연에 대해 전했다. 통화를 마친 콘스탄틴 세르게예비치 스타니슬랍스키는 잠시 생각에 잠겼다.

  ─혹시 2막 후 공연 휴식 시간에 제가 예브게니 바그라찌온노비치 박탄고프에게 가 봐도 되겠습니까? 여기에서 그리 멀지 않지요?

  그는 박탄고프와 통화하는 곳에 있었던 스튜디오의 제자들을 향해 물었다.

  모두가 한 마음으로 스타니슬랍스키의 의견을 지지했다. 나는 콘스탄틴 쎄르게예비치 스타니슬랍스키와 동행할 것을 지시 받았다. 우리들은 박탄고프에게 우리가 가는 것을 알리지 않기로 결정했다. 나는 그렇게 한 시간 남짓의 불안한 시간을 기다리면서 생각했다. 과연 우리 공연의 두 번째 막도 첫 번째 막처럼 성공을 거둘 수 있을까? 혹시 두 번째 막을 본 후 스타니슬랍스키의 마음이 바뀌지는 않을까?. . .

  두려움은 불필요한 것이었다. 2막도 훌륭하게 흘러갔다. 나는 미리 마부를 대기시켜놓았다. 그리고 콘스탄틴 쎄르게예비치 스타니슬랍스키를 최대한 따뜻하게 옷을 입히고 마차에 앉혀 박탄고프에게로 갔다.

  스타니슬랍스키가 거실 복도에서 겉옷을 벗는 동안, 나는 예브게니 바그라찌온노비치 박탄고프의 방으로 들어갔다. 그는 침대에 베개들을 높이 괴고 누워있었다.

  ─방금 저는 스타니슬랍스키가 여기에 올 것이라는 소식을 들었습니다. 이미 알고 있어요.

  그는 내가 전하려던 말을 가로 막았다. 박탄고프의 시선이 잠시 나에게 머물렀다. 어느새 스타니슬랍스키는 방 문 앞에 서 있었다.

  ─저는 완전히 꽁꽁 얼어버렸어요. 너무 염려 마십시오. 당신의 공연은 아주 훌륭했습니다. 축하드립니다. 모스크바 예술극장 배우들은 환희에 차 있어요. 전 관객석에서 만족스러운 웃음들이 넘쳐나구요.

  스타니슬랍스키는 따뜻한 손을 건네며 뚫어지게 자신을 응시하던 박탄고프에게 말했다.

  ─그렇다면 콘스탄틴 세르게예비치 스타니슬랍스키, 선생님은 우리들의 작업을 인정하신 겁니까?

스타니슬랍스키를 바라보는 불안한 박탄고프의 눈빛이 파리하게 떨렸다.

－인정합니다. 저는 당신의 공연에서 재능과 독창성, 그리고 제일 중요한 삶의 기쁨을 보았습니다!

스타니슬랍스키의 인정은 박탄고프에게 여러모로 의미가 있었다. 그는 안색을 밝히며 깊은 숨을 내쉬었다. 스타니슬랍스키는 침대 곁에 다가가 앉아 자신의 커다란 손을 박탄고프의 뜨겁던 손으로 가져갔다.

－아무 염려 마세요. 힘을 아끼십시오. 저들에겐 아직 당신이 필요합니다. 물론 뛰어난 인재들이지만요. 젊은이들이 아주 많이 성장했더군요.

－사실입니다! 자바드스키, 슈킨, 오라치코도 그렇지요?

박탄고프가 배우들의 이름들을 읊었다.

－맞아요. 자바드스키는 매력이 넘치고 슈킨은 배역의 특성을 기가 막히게 발견해서 잘 표현했습니다. 오라치코도 자신의 배역에 드라마적 감정을 진심으로 깊이 느끼는 배우이고, 사랑스러운 만수로바와 레미조바 역시 상당히 훌륭한 배우들입니다.

스타니슬랍스키가 대답했다.

－선생님은 무대 위의 그들을 믿을 수 있었습니까? 저는 그들이 진정으로 무대 위에 살아 숨쉬며, 웃고 울기를 요구했습니다.

－사랑, 질투, 기쁨과 슬픔 같은 것들은 영원히 변치 않는 인간의 감정이에요. 관객들은 이 감정들을 잘 알고 있죠. 무대 위에서 배우들이 진정으로 살아서 이러한 감정들을 느낄 때만 관객들을 감동시킬 수 있습니다. 당신은 배우들에게 많은 것들을 채워 주었고, 그들은 성과를 얻었습니다. 당신은 오늘 승리하셨고 우리들을 정복하셨습니다.

스타니슬랍스키는 그가 잡고 있던 박탄고프의 손을 흔들며 그를 바라보았는데 이는 마치 아르바트 거리에 있던 박탄고프 극장의 공연 관객석에서 일던 기쁜 흥분을 박탄고프에게 고스란히 전해주려던 것 같았다. 박탄고프는 스타니슬랍스키의 눈에서 반짝이던 무대와 객석을 투영한 열기와 그 외의 모든 것들을 흡수하고 느꼈다.

스타니슬랍스키가 일어섰다.

   —공연 중간 휴식 시간을 더 이상 지연시킬 수 없을 것 같군요. 충분히 잘 쉬시고 속히 회복하십시오. 당신은 당신 자신을 너무 보살피지 않았어요.

   스타니슬랍스키는 매우 심각하게 말했다.

   —《투란도트》 공연에 아직 해야 할 일이 많이 남아있습니다. 이 공연은 향후 스튜디오 작업을 위한 밑그림일 뿐입니다. 여기까지 와주셔서 정말 고맙습니다.

   예브게니 바그라찌온노비치 박탄고프가 대답했다.

   스타니슬랍스키와 박탄고프는 한동안 말없이 바라보았다. 스타니슬랍스키는 다시 한 번 신중하게, 하지만 결연히 박탄고프와 악수를 한 후 방을 떠났다.

   극장의 관객들과 무대 뒤의 배우들은 스타니슬랍스키가 돌아오기를 기다리고 있었다. 그는 매우 흥분한 모습으로 객석에 착석했다. 무대 커튼이 열렸고 공연은 계속해서 성공 가도를 달렸다. 공연이 끝나자 관객들은 이 뛰어난 공연을 만든 박탄고프에게 찬사를 보냈다. 그리고 스타니슬랍스키는 다시 한 번 박탄고프에게 전화를 걸어 자신을 비롯한 모스크바 예술극장 사람들과 함께 이 위대한 예술의 승리를 축하했다.

   모스크바 예술 극장이 존재했던 지난 25년간, 이만큼의 커다란 승리는 거의 없었습니다. 숱한 극장들이 그토록 오랜 시간 찾아 헤매던 것을 당신께서 찾으셨습니다.

   이는 스타니슬랍스키가 《프린세스 투란도트》의 최종 리허설이 있었던 날 병석에 있던 박탄고프에게 쓴 것이다.•

• 박탄고프는 1922년 5월에 사망하였고 1922년 5월 31일, 모스크바 노보데비치 끌라드비쉐에 묻혔다.

그렇다. 이 공연의 창조자는 옛 것을 떠나보내야 했지만, 흔들림이 없었다. 그리고 그는 어떻게 해야 할지 알고 있었다. 누군가는 아직 이 기술 안에 있는 어떠한 중요한 색다름을 거부할 수도 있겠지만, 우리에게는 이것이 무엇보다 만족스럽다. 지금 우리는 '고통스럽고도 달콤하다.' 그리고 소름 끼치도록 기쁘다. 내 영혼은 이 공연을 만든 장인과 그의 동료들에게 진심으로 감사하고 있다.

이것은 네미로비치-단첸코가 출간한 책의 앞장에 쓴 말이다. 또한 1922년, 네미로비치-단첸코는 박탄고프에게 헌정하는 애도 모임에서 그의 창조적 특성에 관한 아이디어에 대해 계속해서 다음과 같이 말했다.

박탄고프는 자신의 창조적 세계를 모스크바 예술 극장으로부터 떨어뜨리고자 하지 않았습니다. 그는 다만 예술 극장의 약해진 전통으로부터 벗어나고 싶어했을 뿐입니다. 그 전통이란 것이 무엇일까요? 그것은 예술 극장 스스로도 벗어나고 싶어 했던 자연주의 공연이었습니다. 박탄고프는 이렇게 지루하고 암울한 자연주의로부터 자발적으로 벗어난 것입니다.

블라디미르 이바노비치 네미로비치-단첸코만큼 박탄고프의 창조성을 잘 특정지을 수 있는 사람은 아마 없을 것이다. 박탄고프는 단 한번도 (그의 마지막 공연에서조차) 자신의 창조적 정수를 표현하려든다거나 자신만의 창조적 열망을 충족시키기 위한 고민을 하지 않았다. 단지 박탄고프에게 이 공연은 그의 제3스튜디오의 단원들을 통해, 중국 공주에게 일어난 아름다운 동화 이야기를 모스크바 관객들에게 들려주는 장이었을 뿐이었다. 그리고 그의 극단은 관객들에게 자신의 진정성과 진실을 담아 이야기했다. 이들은 자신의 청춘과 창조적 기쁨과 삶을 향한 사랑과 예술, 공연과 미래를 향한 믿음에 대한 이야기를 들려주었다.

결론

나는 예브게니 바그라찌온노비치 박탄고프가 우리와 함께 했던 모든 수업들을 다시 한 번 기억해보며 그의 전반적인 공연 유산을 이해할 수 있었다. 이로서 나는 박탄고프의 창조 활동을 그 자체로 이해하는 데에서 머무르지 않고, 보다 심도 있는 연구가 극장의 젊은이들에게 널리 보급되어야 한다는 결론에 이르렀다.

이 책의 작업을 하면서, 나는 박탄고프의 연출적 특성들을 이론적으로 일반화시키거나, 그의 모든 창조적 활동의 측면들을 완전히 재현해내려 한 것이 아니다. 그 작업은 훗날의 극장 역사가들이나 연극 공연 전문 학자들이 완수해낼 것이다. 그들은 이 뛰어난 연출가이자 구도자인 박탄고프의 다각적 활동들을 종합적이고 깊게 조명할 수 있을 것이며, 소비에트 극장 문화의 형성에 있어 그의 역할과 의미를 밝혀 낼 것이다. 또한 혁명의 시대와 부합하는 새로운 예술 창조 길목에 있었던 그의 실수와 오류들 역시 분석해낼 수 있을 것이다.

나는 단지, 수많은 박탄고프의 활동 중 내가 직접 목격했던 실제적 측면을 하나의 시점으로 이야기 하고 그것들을 담아내려 노력했다. 그러나 이렇게 제한된 주제 내에서 소비에트의 가장 재능 있는 연출가이자 이제 살아 있는 전통이 된 그의 이름에 대해, 그리고 극장에서의 그의 존재 의미에 대해, 단지 몇 마디 말로는 설명할 수 없다.

최근 우리 연극인들의 레퍼토리 공연에 과감함이 부진하다는 불평들이 일어날 때면 사람들은 박탄고프를 떠올렸다.

그렇다. 박탄고프의 공연들은 근본적으로 무대에서의 표현이 달랐고, 궁극적으보 언제나 독창석이었기에 낭시 수많은 논생을 불러 일으켰다. 사람들은 이것을 예브게니 바그라찌온노비치 박탄고프의 풍부한 연출적 상상력의 결과라고 말한다. 물론 이것은 전적으로 옳은 말이다. 박탄고프는 언제나 자신의 창조적 상상력을 열쇠로 사용했다. 그러나 그의 연출적 재능을 그것만이 전부라고 말할 수 없다.

그의 놀라운 무대 형식에 대한 감각, 각각의 배역을 그려낸 선명한 그림들, 배역의 형상화, 그리고 그만의 기지 넘치는 재능으로 조각처럼 다듬어 닦아 놓은 명확한 무대 형상화는 모두 희곡에 나오는 내용에서 산출된 것이었다. 박탄고프는 희곡에서 나온 것을, 그의 무궁무진한 상상력과 특출한 재능으로 특정 인상을 끌어내어 극렬한 독창성을 창조해냈다.

박탄고프는 스튜디오들과 작업하며, 많은 실험했다. 그는 선명한 공연을 성취해내기 위해, 자신의 제자들을 가르친 것은 물론이요, 때로는 본인 스스로도 온갖 다양한 방법들을 어렵게 학습했다. 그래서 그가 공연에서 새로운 표현과 수단을 찾아 탐구하는 것은, 그의 창조적 노력들이 꽤 중요한 비중을 차지한다.

박탄고프는 그가 특별히 고심하여 연구한 배역의 외형적 디테일과 흥미로운 무대적 방법들을 미리 제자들에게 제시하고 알려주었는데 이처럼 그가 제자들에게 각 배역의 특징을 미리 알려주었던 이유는, 제자들이 그의 흥미로운 무대적 방법들을 특별하게 체득하고, 각 배역의 정수를 생생하고 선명하게 연마해낼 수 있게 하기 위함이었다. 이와 같은 그의 특정 방식들은 진정한 그만의 공연을 만들어내는 원천이라 말할 수 있다. 하지만 이러한 모든 것은 비단 겉으로 보이는 오락성으로만 이해해서는 안 될 것이다.

그의 이렇게 선명한 연출적 상상력의 예시들은, 최대한 관객들의 감정을 희곡의 내용과 연관시켜, 강력한 효과를 미치고자 한 것이었다. 그 예로 박탄고프는 ≪투란도트≫ 공연 무대를 근대 시대의 중국을 그대로 재현하여 채우기보다는 비탈진 무대를 만들고 이 위에서 티무르 역 배우에게 동화 속 이야기의 분위기를 내며 연기할 것을 강조했다. 또한 그는 이탈리아 코메디아 델 아르테의 프로시니엄 무대 도우미들이 쓰는 모자 대신 짠니들에게 단순한 스타킹을 머리에 쓰게 하거나 연미복 위에 가면을 쓰고 복장을 겹쳐 입혔다.

그는 이를 관객들에게 굳이 숨기려 하지 말 것을 조언하면서 관객들에게 우리들이 기존의 공연을 그저 재현하려는 것이 아니고, 대중 공연의 새로운 요소들을 탐구하고 있다는 것을 알리고자 했다. 그러나 이러한 제시나 외적인 방법만으로 박탄고프 공연의 독창성을 모두 설명할 수 없다. 그의 독창성은 그가 매작품마다 길고 고통스런 과정을 통해 표현적인 형식을 찾아 헤매어 생성된 것이었다. 그의 견해에 따르자면, 이러한 과정이 희곡의 스타일과 장르를, 보다 완전하게 표현할 수 있는 무대적 표현 수단이자 형식이며 유일한 가능성인 것이었다. 바로 이것이 그의 주된 과제였다.

박탄고프의 말기 작품들인 메테를링크의 두 번째 판 ≪성 안토니오의 기적≫과 스트린드베리의 ≪에릭 XIV≫, 안스키의 ≪가디북≫, 고찌의 ≪프린세스 투란도트≫, 체홉의 ≪결혼≫과 ≪기념일≫을 떠올려 보면 그가 최고의 무대적 표현이라 칭하던 '그로테스크'를 이러한 공연들을 통해 달성해 냈음을 확연하게 알 수 있다. 그러나 박탄고프가 이해한 그로테스크는 어떠한 극렬한 과장이나 저속하고 원초적인 캐리커처에 상응하는 것이 아니다.

박탄고프는 ≪프린세스 투란도트≫ 공연의 상연에 있어서도 자신의 목표를 관객들의 즐거움에만 두지 않았다. 그는 레온카발로의 오페라 ≪광대들≫의 주제처럼, 특별한 삶을 사는 것처럼 보이는 배우들의 삶이 사실 보통 사람들과의 삶과 다르지 않고, 무대 위에서 연기하는 예술가도 평범한 사람과 별반 차이가 없다는 것을 즉흥연기를 통해 조금이나마 보여주려 하였다.

한편 체홉의 보드빌 ≪기념일≫에서는 전부 '거꾸로' 바라보기를 통해 공연을 만들어내려는 시도를 하였다. 왜냐하면 그는 당시 러시아 혁명 이전 낡은 관료주의적 습성의 온상과 숨겨진 삶의 이면을 무대적 그림과 형식을 통해 예리하게 드러내서 관객들과 함께 같이 비웃기를 바랐기 때문이다.

—각자의 삶 속에 모든 해답이 있습니다.

박탄고프는 배우들에게 이처럼 말했다. 이에 배우들은 '변덕스러운 투란도트'의 질문처럼 자신에게 주어진 창조적 수수께끼의 해답을 각자의 삶 속에서 찾아야 내야 했다. 모든 배우들에게 주어진 수수께끼의 답들은 모두에게 행복한 결말로 귀결되지 않았다. 이들 중 많은 배우들의 운명은 과거에 불행을 겪었던 칼라프의 운명과 같은 고초를 겪어야 했다.

—무대 장면의 주제들은 삶의 주제들이다.

무대 위에서 '삶의 주제'를 구현한다는 것은, 그리고 배우들의 힘으로 인간의 성격들을 선명하게 재현해내는 것은 매우 기쁘기도 때로는 고통스럽기도 하다. 나는 이처럼 엄청난 배우들의 노고에 대해 관객들이 한 번 더 생각해주길 바란다.

박탄고프의 꿈과 계획들은 예상보다 더 멀리, 보다 넓게 확장되었다. 그 근간은 언제나 위대한 철학적 사상이 밑바탕 된 것이었고, 그는 그것을 예리한 연극적 형식들을 덧입혀 창조해냈다.

연출가로서 그는 배우들에게 공연의 표현은 무엇보다 선명하고 무엇보다도 대담한 창조적 사고를 통해 해낼 것을 강력하게 주장했다. 그는 낭만적이고 시적인 공연에서조차 날카롭게 갈등을 묘사하고 더 강력하게 열정을 표현하는 방법을 탐구했다. 그는 공연예술 안에서 최대한 현대적인 표현을, 어떻게 하면 보다 많이, 보다 강력하게 담아낼 수 있는가를 탐구하는 것이 자신의 삶에 주요한 과제로 여겼다.

박탄고프는 희곡을 상연하는데 있어 언제나 자신만의 방법을 찾아내는 매우 재능 있는 무대 장인의 한 사람이자 의심할 바 없는 극장의 존경할만한 어른이었다. 그는 배우들과 함께 배역의 형상을 창조하는 작업에 있어, 궁극적으로 신뢰할 수 있는 캐릭터들만을 만들어냈다. 박탄고프는 가끔씩 희곡에 나오는 진실이라고 믿기 힘든 상황들에서조차 배역들이 자연스런 캐릭터가 되게끔 추구했다. 이 역시 그만의 연출 방식이었다. 때론 연습 중에 캐릭터를 구축해내기 어려워 보이는 상황 속에서도 그는 예리하게 배역을 그려내고 내적인 정당화를 통해 있음직한 캐릭터를 창조해냈다. 그는 도무지 배역에 대한 캐릭터 정당화가 불가능해보일 때조차, 그러한 상황들 안에서도 존재할 수 있는 진실을 배우들이 발견할 수 있도록 도왔다.

박탄고프는 배우들의 본성을 완벽히 이해하고, 어떻게 하면 배우들을 '그곳으로' 인도할 수 있는지 알고 있었다. 그는 배우들에게 창조적 과제들을 제시하고 해낼 것을 요구하였고, 연기자들을 도와서 단시간 안에 배우들이 '그' 행동으로, '그' 적응으로, '그' 미장센으로 '그' 감정으로 입어낼 수 있도록 인도하였다. 또한 그는 배우가 역할을 체현해내는 과정을 보여주기 위해, 그가 직접 연기를 스스로 장면에 들어가 보여주기도 했다.

그는 공연 준비에 필요한 것들을 연습 **당일**, 매일마다 어떻게 조직하고 이끌지 고민하는 것이 필요하다고 생각했다. 요즘 하는 말로, 그는 희곡 안에 있는 행동의 분석을 '테이블에 앉아서' 하는 법이 없었다. 그에게 있어 작업의 기본은 연습 첫 날, 배우들과 연출가가 처음 만나는 순간에 바로 공연을 위한 연기가 탄생되는 것이었다. 그는 배우들의 무대 연기 장소를 그들이 어디에 있든지, 그때그때 맞추어, 놀랍도록 현실감 있게 고안해냈다.

―무대 위에서 배우들은 가상의 상황에 둘려 싸여 있습니다.

박탄고프가 우리에게 말했다.

―동료를 아버지라 부르고, 낯선 이에게 말을 걸며, 카툰의 그림을 진짜처럼 받아들이죠. 배우들이 이러한 가상의 것들을 자신의 진실로 받아들여 연기하는 순간이 바로 창조적 예술의 순간입니다.

—배우는 배우의 믿음으로 실제 하지 않는 현실을 관객에게 전달합니다. 관객들은 배우들 스스로가 지속적으로 믿고 그것을 온전히 표현해내는 그 순간에 배우들과 동행하며 살아 숨 쉽니다. 배우가 끝까지 무대 위에서 일어나는 진실들을 확신해내지 못하면, 관객들도 이를 느낄 것이고, 그 배우를 떠나 (집중이 깨져), 다른 측면에서 그를 바라보기 시작할 겁니다. 행여 그 배우의 연기가 매우 훌륭해보일지라도, 관객들은 이미 그를 믿지 않을 것입니다. 예를 들면 관객들은 극에 몰입하기보다는 그 배우 개인의 노력에 정말로 안타까워할 겁니다. 그렇다면 믿음이라는 것은 무엇일까요?

박탄고프가 우리에게 물었다.

—믿음이란 지금 우리의 연습 시간에 당신 손에 들려있는 그 공책을 그냥 공책이 아닌 초콜릿 상자라고 믿는 것입니다. 배우는 자신의 손에 노트가 들려 있는 것을 보는 순간, 단숨에 그것이 초콜릿이라고 믿을 수 없을 겁니다. 하지만 배우는 그 노트를 초콜릿 상자로 관계하고 다루어낼 수는 있지요. 자신의 진실로 무대적 진실을 만들어내기 위해서는 바로 이러한 것이 필요합니다.

배우는 자신 앞에 있는 사람이 실제 리어왕이 아닌, 자신의 동료라는 것을 알고 있습니다. 따라서 그 배우는 단숨에 자신의 동료가 리어왕이라는 것을 믿을 순 없어도, 그 동료를 왕으로 대하면서 관계를 시작할 수 있습니다. 우리는 이러한 자의적인 관계의 변환을 믿음이라고 부릅니다. '빈 의자들 위에 사람들이 앉아 있다고 믿으라는' 것은, '그곳의 사람들을 보라'는 것이 아닙니다. 후자의 요구는 허깨비들을 보라고 요구한 것이지, 배우들의 믿음을 요구하는 것이 아닙니다. 이렇게 말해야 할 것입니다. 만일 그 의자들 위에 실제로 사람들이 앉아 있다면, 당신은 그들과 어떻게 관계할지 해보십시오 라고요.

그렇다. 박탄고프는 보다 높은 수준의 연기 기술 문제를 제시했다. 그는 배우들의 연기 기술을 발전시킬 수 있는 근본적인 법칙들을 알고 있었다. 그 법칙은 배우들의 매 공연 작업에 드러나는 새로운 드라마적 소재들과 장면에 대한 새로운 방식의 관점이었다. 그는 오직 이 두 가지 원칙으로 배우들의 연기술을 향상시키고 윤곽을 다듬어냈다.

그가 연출가들에게 요구했던 것은 다음과 같다.

─연출가는 매번 새로운 작품에 들어갈 때마다 마치 자기 인생의 첫 번째 공연인 것처럼 대해야 합니다. 만약 연출가의 확신만 있다면, 희곡의 어느 순간에서든 주제를 넣어 표현할 수 있습니다. 연출가는 클라이맥스를 결정할 수 있으며 그 클라이맥스의 순간을 중심으로 주변의 장면들을 묶어낼 수 있습니다. 연출가는 연기자들이 각자 배역의 성격들을 드러내 보이고 배역으로서 행동을 결정하여 분명히 표현할 수 있도록 연기자들에게 필요한 모든 과제들을 구성해내야 합니다.

또한 각 장르에 내재된 특성으로 공연의 장르를 결정하되, 아직 세상에 알려지지 않은 장르라 할지라도 그 실제에 대한 두려움은 가지지 마십시오. 연출가는 비단 자신을 희곡을 포장해내는 사람이 아닌, 마치 작가와 공동 협력하는 창조자로서, 작가와 공연예술을 바라보는 시선이 같은 생각을 가진 예술가로 자신을 생각하고 작가를 도우십시오. 작가를 존중하되, 그에게 무릎 꿇지 마십시오. 공연은 재능 있는 배우들과 연출가, 무대 미술가, 작곡가들의 상호협력을 통해, 극작가 쓴 작품을 향상시키고 또렷하게 그리고 흥미롭게 만든다는 것을 기억하십시오.

극장은 관객들에게 전율을 줄 수 있어야 합니다. 관객들 눈앞에서 무대 위의 삶이 흘러가고, 배우들은 행동하며, 그 감정을 함께 경험함으로서 사람들은 기쁨을 느낍니다. 그 때문에 전율을 느끼는 것입니다.

이는 박탄고프가 우리에게 수천 번 강조한 것이었다. 박탄고프의 공연 안에서는 모든 것들이 살아 움직였다. 그의 공연들은 여러 방면으로 연관되어 적용되고 인식되었지만 종국적으로 분명한 하나는 남게 되었다. 《성 안토니오의 기적》과, 《결혼》, 《프린세스 투란도트》 등의 공연들이, 슈킨과 시모노프가 이끄는 소비에트 극장에 주목할 만한 배우 그룹에 의해 발전되고 성장하게 된 것이다. 박탄고프의 제자들이었던 그들은 계속해서 박탄고프의 전통을 발전시켜 나갔다.

그의 전통을 이어가는 일은 스승을 일찍 잃은 제자들에게 쉬운 것이 아니었다. 그들은 때로 실수를 저지르고 가끔은 쓰디 쓴 실패를 견뎌야 했으나 다음과 같은 박탄고프의 중요한 진실의 정수만은 변치 않고 지켜나갔다.

　－탐구하라! 언제나 탐구하라! 현대적 주제에서든 고전에서든 탐구하라!

이 살아 숨 쉬는 열정적 탐구 정신은 소비에트의 여타 많은 재능 있는 공연 집단들 사이에서도 박탄고프 극장만이 가지고 있는 위대하고 흥미로운 예술 방식이자 가장 으뜸가는 특성이 되었다.

박탄고프 제자들의 공연인, 막심 고리끼의 《에고르 불릭초프와 다른사람들》소비에트 무대에서 처음으로 그 강력한 메시지를 전했고, H. 빠가진의 작품 《총을 가진 남자》는 내전의 날, 혁명적 로맨스의 영감을 투사해낸 역사적인 공연이 되었다. 그 외에도 제자들은 박탄고프의 탁월한 전통을 이어가며, 소비에트 예술의 창의성과 풍부한 경험을 사용하여 서양의 고전들, 소련 작가들의 희곡들로 많은 공연을 함으로써 고유의 독창성과 뜨거운 삶의 호흡에서 의미 있는 차이를 빚어내었고 이를 통해 스승의 뜻을 풍요롭게 발전시켰다.

박탄고프의 제자들은 스승이 물려준 유산 외에 다른 원리들은 사용하지 않았다. 무엇보다도 그들은 예브게니 바그라찌온노비치 박탄고프와 함께 작업했던 단체를 해체하지 않았다. 그들은 공연예술계에서 박탄고프의 뜻을 따르고자 하는 모든 사람들을 불러들였다. 때문에 현재까지도 우리에게 박탄고프의 첫 제자들처럼 그가 봐도 자랑스러워했을 법한 극단 단원들이 아직 존재하고 있다. 이 극장 학교의 이름은 박탄고프의 제자들 중 한 명인 슈킨의 이름을 딴 Б. В. 슈킨 연극대학•이며, 지

• 박탄고프 극장 산하

금도 이곳에서는 선배 대가들의 온전한 헌신으로 후대 연극인들을 양성하기 위한 교육을 하고 있다.

이곳은 1913년 12월 박탄고프가 모스크바 대학생들을 중심으로 스튜디오를 결성, 다음 해 1914년 10월 23일 이곳에서 박탄고프는 스타니슬랍스키의 시스템을 체계화시킨, 그의 커리큘럼으로 첫 강의를 하게 되는데, 이날이 훗날 슈킨 연극대학의 개교기념일이 되었다. 1917년 박탄고프가 지도한 만수롭스까야 스튜디오의 공연이 성공적으로 끝나자, 이곳은 박탄고프 연극 스튜디오라는 명칭을 획득하게 되고, 이후 1926년 이 스튜디오 내에 연극 학교가 개설된다. 1963년 이 연극학교는 박탄고프의 제자 보리스 슈킨의 이름을 딴 슈킨 연극학교로 개명되었으며, 현재까지도 국립 박탄고프 극장 산하의 슈킨 연극대학이라는 이름으로 그 명성을 유지하고 있다.

내가 이것을 상기하려는 이유는 우리의 후학들을 칭찬하기 위해서라기보다 누군가는 이 학교의 창조적 스승과 그를 따르던 제자들의 예술적 삶을 분리하고 너무 단순하게 이해하려 들기 때문이다.

흠, 박탄고프는 겨우 5-6개 작품만을 상연했는데, 어떻게 그것으로 박탄고프를 평가할 수 있겠습니까! 만약 그가 지금 살아있어서 우리들이 그의 작품을 볼 수 있다면 좋을 텐데요.

가끔 이런 이야기를 듣는데 대체 왜 보지 못한다는 것인가? 최근 몇 년 간의, 바로 이곳에서 오른 공연들만 봐도 그것을 볼 수 있을 것이다. 고리끼의 작품 ≪에고르 불리초프. . .≫와 ≪포마 고르데예브≫, 빠가진의 ≪총을 가진 남자≫ 마민-시비랴까의 ≪황금빛 날≫, 하우프트만의 ≪해뜨기 전≫, 마르샤까의 ≪행운은 보지 않고 고통만을 두려워한다≫, 소련의 젊은 드라마 작가 알레쉰의 희곡 ≪하나≫, Э.데. 필립뽀의 ≪필루멘나 마르뚜라노≫, 이 모든 공연 안에는 박탄고프가 탐구했던 호기심어린 생각과 빛나던 열정, 그만의 날카로운 현대적 감각이 여전히 스며있다.

그리고 마침내 이곳은 공연 휴식시간이 되면 관객들이 밝고 넓은 통로의 극장 로비를 거닐 수 있게 되었고, 또한 벽면에 전시된 공연에서 사용되었던 예술가들의 스케치들과 배우들의 사진들, 연출가들의 구성 등 살아 있는 극장의 역사를 관객들이 한눈에 볼 수 있게 되었다. 이곳에는 찬사를 받은 공연들의 무대와 위대한 무대들도 있지만 때로는 혹독히 꾸지람을 받은 무대들 또한 존재한다.

　　이곳에서의 모든 공연 역사가 지난 35년간・ 박탄고프의 전통이 살아 숨 쉬고 있음을 분명히 보여주고 있는 것이다.

　　여느 공연과 분명히 구분되는 박탄고프 제자들의 훌륭한 공연을 통해 그의 전통은 그 전통 안에서의 진실한 감정과 깊은 의미들로, 그 전통 안에서의 분명함과 선명한 형식들로, 전통 안에서의 창조적 독창성과 용감함, 대담함으로 확연히 표현되어 그만의 길을 지켜가고 있다. 그리고 마침내 박탄고프의 이름을 딴 극장은 한걸음 더 나아간 사회주의적 리얼리즘 예술을 발전시켰고, 더욱 더 왕성하고 적극적인 활동을 하고 있다.

　　스승은 제자들 안에 이처럼 살아 숨 쉬고 있다!

• 2018년 현재 러시아 박탄고프 극장 산하 슈킨 연극대학은 개교 104년을 맞이하게 되며 박탄고프의 정신을 이어가고 있다.

ENDNOTE

1. 인도 요가의 부분.
2. 알렉산드르 알렉산드로비치 게이로트, 모스크바 예술 극장의 배우이자 <시스템>을 가르치던 선생님들 중 한 명이다.
3. A.I. 아다쉐프. 모스크바 예술 극장의 예술가, 1910년 모스크바 극장 학교를 개설했다.
4. 블라디미르 세묘노비치 깐쩰. 연출가, 모스크바 및 다른 여러 도시의 극장에서 흥미로운 형식의 공연들을 상연했다.
5. 박탄고프는 스타니슬랍스키와 같은 위대한 배우들과 함께 ≪모차르트와 살리에르≫라는 작품 연습을 하면서, 자신의 작업 가능성에 특별히 몰두했다. 스타니슬랍스키는 살리에르라는 배역을 연기하면서 박탄고프의 연출 작업에 도움을 주었고, 박탄고프 역시 어떻게 해서든 자신의 선생님으로부터 배운, 배우와 연출과의 예술적 작업의 어려운 지식들을 오용하지 않고 다시 그에게 되돌려 주고자 했다.
6. 스튜디오가 위치한 골목에서 이름을 따서 그 이름을 갖게 되었다(만스롭스키 스튜디오).
7. 원서에는 1921년 봄이라고 나와 있으나, 시기상 1920년 이전 시기로 추정된다.
8. 군스타가 이끄는 드라마 스튜디오
9. '하비마'라는 유태인이 이끄는 스튜디오. 하비마를 번역하면 무대, 가설무대라는 뜻이다.
10. 그 해 여름, 박탄고프 스튜디오의 대부분의 학생들은 낮에는 일을 하고, 박탄고프와는 저녁에 만나서 작업하는 야간수업제(저녁부터 새벽까지)로 공부를 하고 있었다. '온전히 배우는 일만 전념할 수 있는' 여건의 사람들은 당시에 거의 없었다.
11. 나탄 아시뽀비치 투라예프. 배우로 박탄고프 스튜디오의 선배들 중 한 명이다.
12. 레오뽈리드 안똔노비치 술래르쥐쯔키. 연출가, 모스크바 제1스튜디오 창립 멤버 중 한 사람.
13. 여기에서나 이후에도 보게 되듯 박탄고프는 연습시간에 희곡 속 텍스트를 재현함에 있어 학생들에게 어떠한 표현의 대사라도 작가가 담아놓은 정확한 텍스트대로 할 것을 요구하였고, 그 자신도 그것을 무한히 지향하였다.
14. 박탄고프는 특별한 음악교육을 따로 받지 않았다. 만돌린은 그가 가장 좋아했던 악기였다. 그는 어떤 음악을 들으면, 곧장 기타로 따라 연주하는 것을 잘했다. 그래서 그는 언제, 어디에서건 연습하는 곳마다 기타나 하모니카, 만돌린을 구비해달라고 요구했다.
15. 따찌아나 미트라파노브나 슈흐미나는 나스타씨야 찌마페브나라는 신부 어머니 역을 연기했다.
16. 예브게니 바그라찌온노비치 박탄고프는 그의 연기 수업에 배우 과정의 학생이 아닌, 연출 과정 학생들이라 해도 원하는 사람들이라면 누구든 와서 배울 수 있도록 수업을 열어 두었다. 이러한 연출과정 사람들로는, 시모노프, 라뽀뽀르트, 고르차코프, 마르골린, 야놉스키 등이 있었다.
17. 그가 '요구한 것들'은 곧 이루어졌다. 스튜디오 학생들 중 한 명이 그의 할머니에게서 배운 기가 막힌 방법을 알고 있었는데 그 방법은 암모니아 수 몇 방울과 가루 치약을 헌 모직 스웨터 천에 얇게 묻혀서 닦는 것이었다. 우리들이 그 방법으로 창문을 닦자, 창문에서는 실제로 '번쩍번

쩍하게' 광택이 났다.

18. 그 당시 스튜디오에서는 종종 박탄고프의 허가 하에 무료 장면 연기 발표회를 갖곤 했었다. 우리들은 그 무료 장면 연기 발표회의 이름을 ≪계속되는 연극들≫이라 불렀다. 이러한 연기 발표회는 까멘느이 대교라는 극장 스튜디오의 활동을 따온 것이었다. 이 시기에 관해서는 『박탄고프와 그의 스튜디오』라는 자하바의 책 속에 자세한 내용이 쓰여 있다.

19. 박탄고프와 루벤 니꼴라이예비치 시모노프와는 집안끼리 아는 사이였으며, 개인적으로 시모노프를 매우 아꼈기 때문에 박탄고프는 자주 시모노프라는 성을 부르는 대신에 그의 이름, 루벤으로 불렀다.

20. A. O. 군스트가 이끌던 드라마 학교에서 박탄고프 밑으로 이전해온 스튜디오 사람들.

21. 샬랴삔 스튜디오 학생들 중 그 해 여름, 박탄고프에게 배우려고 들어온 젊은 학생들.

22. 무대 위에는 무대 소도구들과 가구들이 있었는데 배우들이 했던 이전 동선들 때문에 몇몇의 세트들이 원래 있었던 자리에서 '이탈해' 흐트러진 상태였다.

23. 니꼴라이 빠블로비치 야놉스키

24. 베라 콘스탄티노브나 리보바

25. 이들 중엔 기아찐또바, 비르만, 디끼이, 삑조바, 우스뻰스까야가 있었다.

26. 루쥐스키의 아내.

27. 아르바트 거리에 있던 만수롭스키 스튜디오는 2개의 무대가 있었다. 처음에는 작은 무대에서 공연했고 건물 수리했던 1921년 11월 13일 이후에는 큰 무대가 오픈되었다.

28. 루슬란노프, 미로노프, 시모노프, 투라예프가 그를 따라다녔다.

29. 아나똘리 바실리예비치 루나차르스키.

30. 당시 우리들은 극장에서 이미 ≪투란도트 공주≫를 연습하고 있던 시기였다.

31. ≪프린세스 투란도트≫ 공연에 대한 P. H. 시모노프의 기사는 훗날 『예브게니 바그라찌온노비치 박탄고프에 대하여』라는 그가 쓴 책 속에 일부가 되었다. 그 기사의 내용은 이후에 『연출의 기술』과 『예술』(1956)의 논문집에도 기재되었다.

32. 레오뽈드 안또노비치 술래르쥐쯔키. M. 메테를링크의 ≪파랑새≫를 K. C. 스타니슬랍스키와 공동 연출했다. 박탄고프는 술레르쥐쯔키와 함께 1912년 파리로 가서 예술 극장의 연극 ≪파랑새≫를 공연하였다.

33. 베르거의 희곡 「홍수」 안의 역할들. 모스크바 예술 극장 제1스튜디오 공연.

34. 셰익스피어. 모스크바 예술 극장의 제1스튜디오에서 스타니슬랍스키의 공연.

35. 모스크바 예술 극장 제1스튜디오에서 디킨스의 ≪난로 위의 귀뚜라미≫를 상연하였다.

36. 극장 용어로서 '쥐' 주머니는 무대 천장 바, 로프에 매달린 무대장치들의 무게를 조정하기 위한 모래주머니를 뜻하는 것이다.

37. 나데쥬다 뻬뜨로브나 라마노바. 투란도트 공연의 여성용 의상들을 담당했던, 연극 의상 분야의 유명한 예술가.

38. 안나 알렉세이브나 오라치코.

39. 짠니-공연 무대 막이 열리기 전의 바람잡이 배우들.

40. 연습은 아르바트에 있는 이른바 고딕 스타일의 저택이라 불리던 공간에서 이루어졌으며, 당시는 아직 예브게니 박탄고프의 이름을 가진 극장이 만들어지기 이전이었다.

41. 이탈리아 코메디아 델 아르테에서는 이러한 즉흥 장면 연기들을 하는 배우를 '라찌'라고 불렀다.

42. 알렉산드르 드미트리예비치 카즐롭스키. 음악적 재능이 뛰어난 스튜디오의 배우이자 ≪프린세스 투란도트≫ 공연 음악 작곡가 중 한사람이다. 평소 박탄고프 연습에서 반주를 맡았다.

43. 당시는 전체적인 건물 리모델링이 끝난 뒤라 메인 무대가 준비된 상태였다.

44. ≪프린세스 투란도트≫ 공연 오케스트라 멤버들은 스튜디오인들로 구성되었으며, 굉장히 다양한 '도구들'로 (머리를 빗는 여러 종류의 빗 혹은 가리비 조개껍질 외) 연주하는 것으로 유명하다.

45. 모스크바 예술 극장 제3스튜디오는 1921년 12월 21일 개막되었다.

46. 브리겔라와 칼라프의 대사는 조금 더 많았으나 나는 여기에 그들의 대사 중에서 중요한 일부만을 적었다.

47. 박탄고프는 거의 스튜디오 모든 선배들, 극장의 주춧돌들을 그렇게 불렀다.

48. А. Д. 카즐롭스키와 Н. И. 시조프 ≪프린세쓰 투란도트≫ 공연의 작곡자들.

49. 콘스탄틴 야코블레비치 미로노프는 훗날 사단의 지휘관으로 러시아대조국전쟁(세계 제2차대전)에서 용맹이 싸우다 전사했다.

50. 나는 박탄고프가 짠니들의 팬터마임 장면을 만드는 선임 연출가가 있었음에도 불구하고 나를 그 다음 서열의 연출가로 위임해준 것에 자긍심을 느꼈다.

일러스트레이션

마스크 연기자들이 공연의 시작을 알리고 있다.

공연 참가자들 소개, 입장행렬

투란도트 -Ц. Л. 만수로바

알또움 -О. Н. 바숍

칼라프 -Ю. А. 자바드스키

칼라프 -Л. М. 쉬흐마토프

바라흐 —И. О. 톨차노프

티무르 왕 —Б. Е. 자하바

스키리나 —Е. В. 라우단스카야

짠니 —В.К. 리보바

이즈마일 ―K. Я. 미로노프   트루팔리지노 ―P. H. 시모노프

트루팔리지노와 시녀들

무대 제1막 스케치(긴 소파 그룹원들의 회의장) −И. И. 니빈스키

무대 제2막 스케치 −И. И. 니빈스키

칼라프가 투란도트의 수수께끼를 추측하고 있다. 무대 제1막

칼라프의 체포. 무대 제2막

티무르 왕과 그의 아들 칼라프 왕자의 만남. 무대 제4막

김영선

공연연출가

2005년 러시아 모스크바 국립 슈킨 연극대학(Театральный институт имени Бориса Щукина)에서 학사, 석사 졸업했으며, 백제예술대학 등에서 연기 및 세계 연극사 강의를 했다.

≪마드리드≫, ≪집으로≫, ≪목소리≫, ≪카라마조프 인셉션≫ 등을 연출했으며, 2013년 핀란드로 이주하여 현재 핀란드 헬싱키 Aika teatteri 소속으로, ≪그들은 과연 행복했을까?≫, ≪헬겐의 삶≫, ≪로우히≫, ≪배꼽 아래≫ 등의 작품에 참여했다.

sunnykim900@gmail.com

박탄고프 연출수업

초판 1쇄 발행일 2018년 5월 4일
H. M. **고르차코프** 지음
김영선 옮김

발행인 이성모
발행처 도서출판 동인
주 소 서울시 종로구 혜화로 3길 5 118호
등 록 제1-1599호
TEL   (02) 765-7145 / FAX (02) 765-7165
E-mail dongin60@chol.com
ISBN   978-89-5506-783-5
정 가 26,000원

※ 잘못 만들어진 책은 바꿔 드립니다.